国家出版基金项目
NATIONAL PUBLICATION FOUNDATION
上海高校服务国家重大战略出版工程

臧克和 郭瑞 主编

汉魏六朝字形谱

第四卷

华东师范大学出版社

𡕥部

【𡕥】

《說文》：，舉目使人也。从支从目。凡𡕥之屬皆从𡕥。讀若颹。

【夐】

《說文》：，營求也。从𡕥，从人在穴上。《商書》曰："高宗夢得說，使百工夐求，得之傅巖。"巖，穴也。

馬壹 7_40 上

○用射夐（隼）于高庸（墉）之上

北魏・元彝誌

○庶流夐古

北魏・封魔奴誌

○事成艱夐

【閺】

《說文》：，低目視也。从𡕥門聲。弘農湖縣有閺鄉，汝南西平有閺亭。

【𡘋】

《說文》：，大視也。从大、𡕥。讀若齤。

目部

【目】

《說文》：，人眼。象形。重童子也。凡目之屬皆从目。

【䀠】

《說文》：，古文目。

戰晚・十九年寺工鈹（三）

戰晚・十九年寺工鈹

戰晚・十九年寺工鈹（二）十九年寺工鈹（二）

戰晚・十九年寺工鈹（四）

戰晚・十九年寺工鈹（七）

戰晚・十九年寺工鈹（五）

睡・語書 11

睡・日甲《詰》44

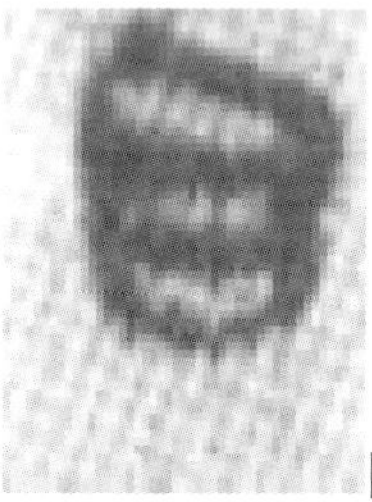
關・病方 368

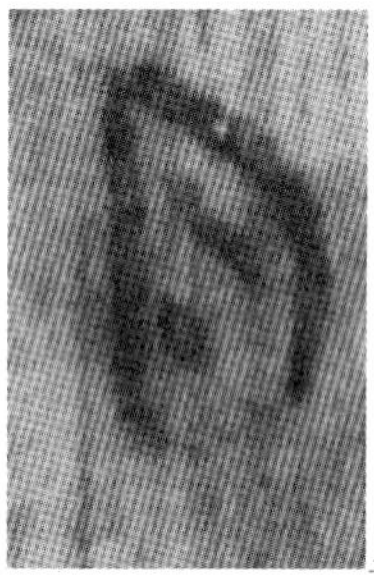
里・第八層 2271

馬壹 13_84 上

馬貳 36_47 上

張・脈書 2

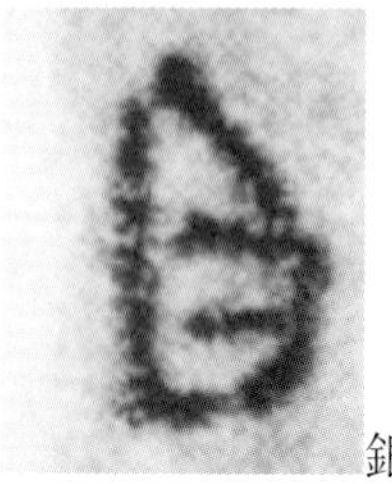
銀壹 76

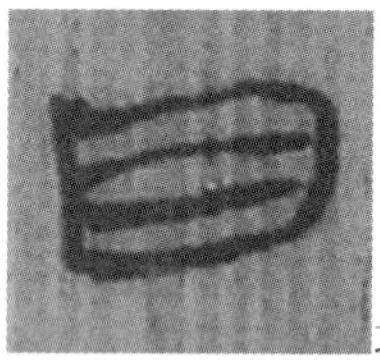
北貳・老子 33

敦煌簡 1473

金關 T21:198A

○目絕

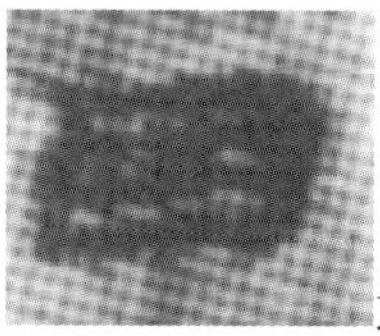
武・儀禮甲《士相見之禮》12

吳簡嘉禾・九七五二

秦代印風

○王昔

秦代印風

〇般目

廿世紀璽印三-SY

〇楊爲目印

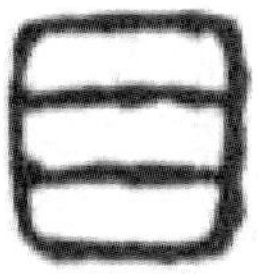
漢印文字徵

西漢・楚王墓塞石銘

東漢・成陽靈臺碑

東漢・武氏石室祥瑞圖題字

北魏・元誘誌

〇耳目猶臨萬古

北魏・元思誌

北魏・元隱誌

〇逕目必持

北魏・馮邕妻元氏誌

〇逕目必持

北齊・歐伯羅造像

【眼】

《説文》：，目也。从目皀聲。

北魏・楊大眼造像

北齊・無量義經二

北齊・維摩經碑

【𥌾】

《説文》：𥌾，兒初生瞥者。从目瞏聲。

【眩】

《説文》：眩，目無常主也。从目玄聲。

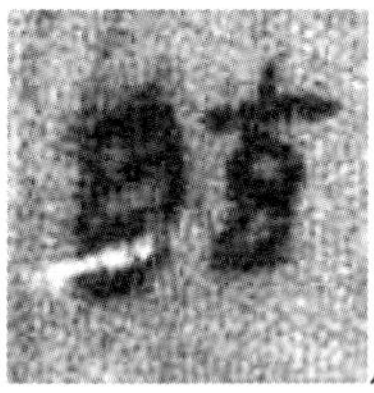
馬壹 42_15 下

○不惑眩焉

漢晉南北朝印風

○西眩都丞

漢印文字徵

○西眩都丞

北魏・元隱誌

南朝宋・劉懷民誌

【眥】

《説文》：眥，目匡也。从目此聲。

馬貳 98_8

北魏・元融誌

東魏・鄭君殘碑

【䀹】

《説文》：䀹，目旁毛也。从目夾聲。

【𥌖】

《説文》：𥌖，盧童子也。从目縣聲。

【瞦】

《説文》：瞦，目童子精也。从目喜聲。讀若禧。

【矈】

《説文》：矈，目旁薄緻宀宀也。从目臱聲。

【䀯】

《説文》：䀯，大目也。从目非聲。

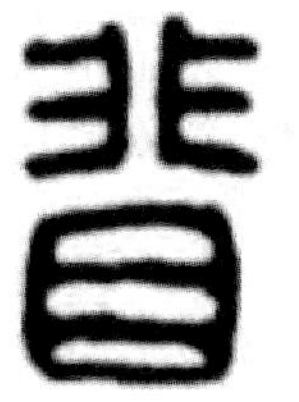
漢印文字徵

○王⿱非目

【⿱臤目】

《説文》：⿱臤目，大目也。从目臤聲。

【睅】

《説文》：睅，大目也。从目旱聲。

【睆】

《説文》：睆，睅或从完。

張·傅律 357

○皆爲睆老

北壹·倉頡篇 26

○肸嚮尼睆

漢印文字徵

○睆長之印

【⿰目爰】

《説文》：⿰目爰，大目也。从目爰聲。

【瞞】

《説文》：瞞，平目也。从目㒼聲。

【睴】

《説文》：睴，大目出也。从目軍聲。

【矕】

《説文》：矕，目矕矕也。从目䜌聲。

北壹·倉頡篇 40

○娓毃矕⿰女朵

【睔】

《説文》：睔，目大也。从目、侖。《春秋傳》有鄭伯睔。

【盼】

《説文》：盼，《詩》曰："美目盼兮。"从目分聲。

馬壹 174_33 下

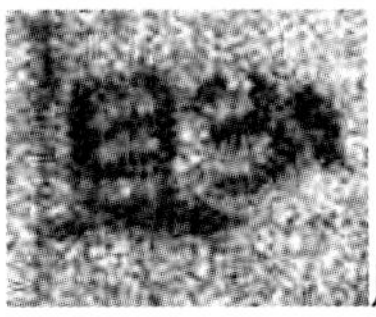
馬貳 37_45 下

金關 T23:924

○男曹盼年五十八

廿世紀璽印三-SP

○咸新安盼

歷代印匋封泥

○咸新安盼

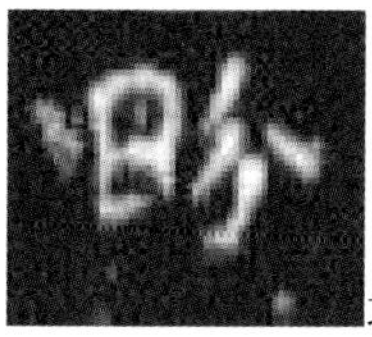
北周・董榮暉誌

【盱】

《説文》：盱，目多白也。一曰張目也。从目干聲。

【眅】

《説文》：眅，多白眼也。从目反聲。《春秋傳》曰："鄭游眅，字子明。"

【睍】

《説文》：睍，出目也。从目見聲。

【矔】

《説文》：矔，目多精也。从目雚聲。益州謂瞋目曰矔。

漢印文字徵

○矔成私印

漢印文字徵

○矔嘉

【瞵】

《説文》：瞵，目精也。从目粦聲。

【窅】

《説文》：窅，深目也。从穴中目。

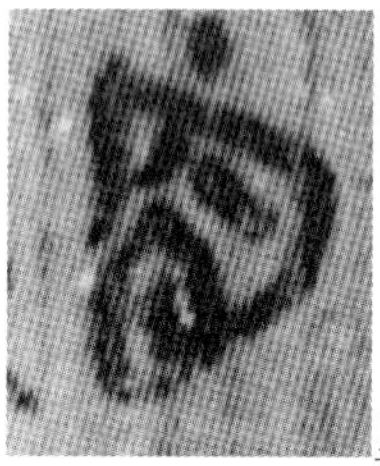
里・第八層 2101

馬貳 279_234/33

北壹·倉頡篇 14

〇鳭煦窅閣

漢印文字徵

〇段窅

北魏·李璧誌

〇至人窅眇

東魏·程哲碑

〇幼聰長窅

北齊·高淯誌

【眊】

《説文》：，目少精也。从目毛聲。《虞書》耄字从此。

【矘】

《説文》：，目無精直視也。从目黨聲。

【睒】

《説文》：，暫視皃。从目炎聲。讀若白蓋謂之苫相似。

漢印文字徵

〇臣睒

【眮】

《説文》：，吳楚謂瞋目、顧視曰眮。从目同聲。

【眡】

《説文》：，直視也。从目必聲。讀若《詩》云"泌彼泉水"。

【瞴】

《説文》：，瞴婁，微視也。从目無聲。

【盱】

《説文》：，蔽人視也。从目幵聲。讀若攜手。一曰直視也。

【䀠】

《説文》：，盱目或在下。

【晚】

《説文》：，晚瞖，目視皃。从目

免聲。

【眂】

《說文》：眂，眂皃。从目氏聲。

【睨】

《說文》：睨，衺視也。从目兒聲。

北魏・弔比干文

○歸中樞而睇睨兮

北魏・楊暐誌

○咸所嘗睨

【瞐】

《說文》：瞐，低目視也。从目冒聲。《周書》曰：“武王惟瞐。”

【䀢】

《說文》：䀢，視高皃。从目戉聲。讀若《詩》曰“施罛濊濊”。

【眈】

《說文》：眈，視近而志遠。从目冘聲。《易》曰：“虎視眈眈。”

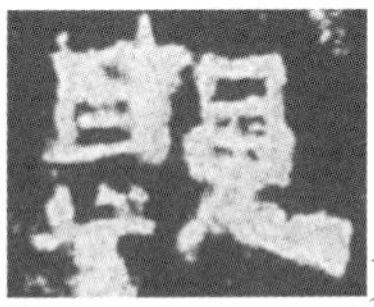
東漢・相張壽殘碑

○眈（覘）眈（覘）虎（虒）視

東魏・穆子巖誌銘

○眈眈大夏

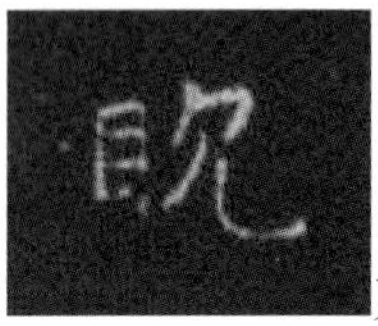
東魏・穆子巖誌銘

○眈眈大夏

【䀠】

《說文》：䀠，相顧視而行也。从目从延，延亦聲。

【盱】

《說文》：盱，張目也。从目于聲。一曰朝鮮謂盧童子曰盱。

秦文字編 554

北壹・倉頡篇 39

○淺汙盱復

廿世紀璽印三-SY

○五官掾王盱印

漢印文字徵

○盱台丞印

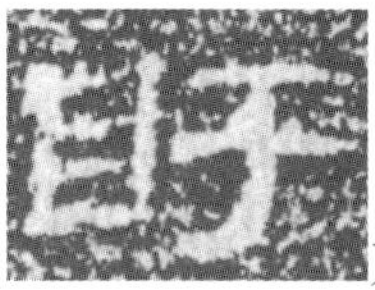
東漢·元嘉元年畫像石題記二

【睘】

《說文》：睘，目驚視也。从目袁聲。《詩》曰：“獨行睘睘。”

睡·日甲《詰》30

○一犬睘（環）

馬壹 258_3 上\19 上

馬壹 36_36 上

○前而睘（圜）後遂

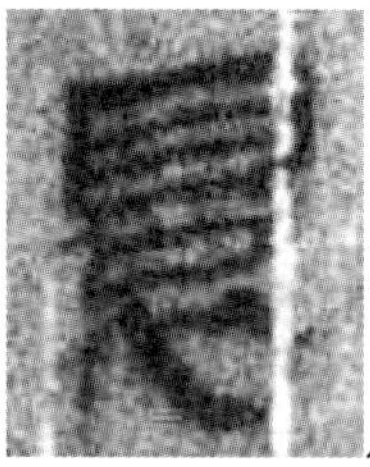
馬壹 4_4 下

○睘（旋）元吉

張·算數書 153

銀貳 995

北貳·老子 201

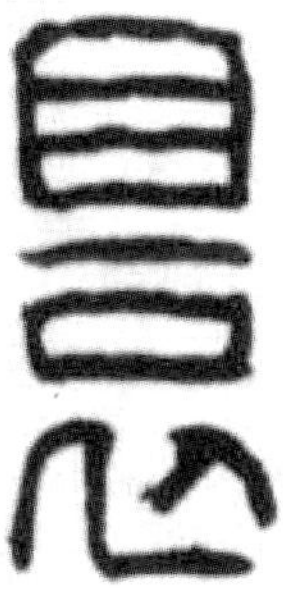
漢印文字徵

○睘偏

漢印文字徵

○[illegible]遷

【矎】

《説文》：矎，視而止也。从目亶聲。

【昒】

《説文》：昒，目冥遠視也。从目勿聲。一曰久也。一曰旦明也。

【眕】

《説文》：眕，目有所恨而止也。从目㐱聲。

【瞟】

《説文》：瞟，瞭也。从目𡍮聲。

【䁯】

《説文》：䁯，察也。从目祭聲。

【睹】

《説文》：睹，見也。从目者聲。

【覩】

《説文》：覩，古文从見。

漢印文字徵

○眭覩

東漢·北海太守爲盧氏婦刻石

○慘不忍覩

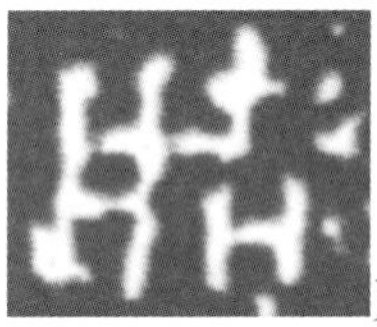
東漢·樊敏碑

○無文不睹

東漢·熹平石經殘石四

北齊·雋敬碑

○目𥈭（睹）其事

西晉·徐義誌

○不下堂而覩四方

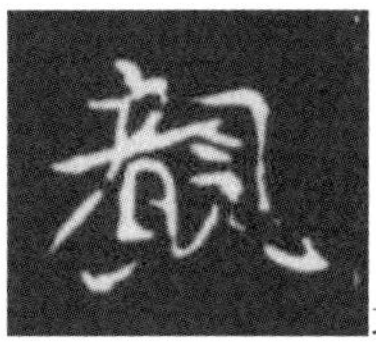
北魏·甯懋誌

〇覩而尤綀

北魏・馮邕妻元氏誌

〇覩静女之峻節

東魏・崔鸝誌

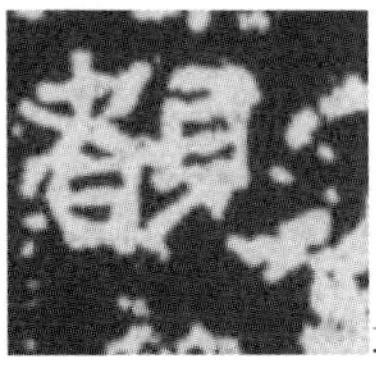
北齊・韓永義造像

〇覩之者淨信開明

北齊・朱曇思等造塔記

〇魏魏易覩

【眔】

《説文》：眔，目相及也。从目，从隶省。

漢晉南北朝印風

〇邯鄲眔

【睽】

《説文》：睽，目不相聽也。从目癸聲。

秦公大墓石磬

東漢・熹平石經殘石五

〇睽孤

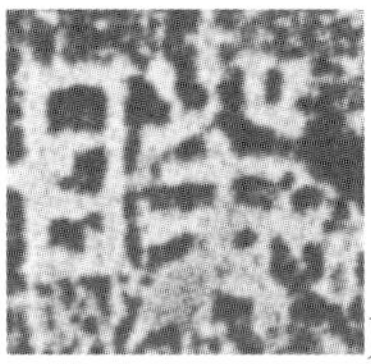
東漢・熹平石經殘石五

〇睽孤

北魏・慈慶誌

【眜】

《説文》：眜，目不明也。从目末聲。

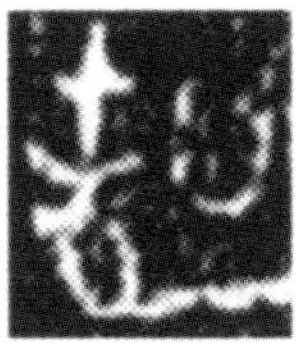
秦文字編 554

秦文字編 554

秦文字編 554

【瞥】

《說文》：瞥，轉目視也。从目般聲。

秦文字編 554

秦文字編 554

北壹・倉頡篇 41

○瞥嫳嫣媞

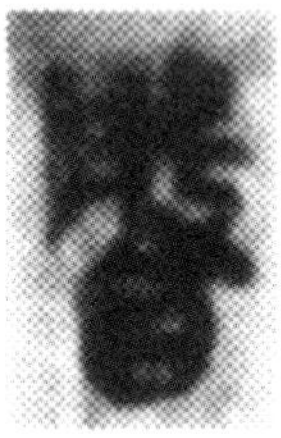
秦文字編 554

【辩】

《說文》：辩，小兒白眼也。从目辡聲。

【脈】

《說文》：脈，目財視也。从目𠂢聲。

秦文字編 554

【瞲】

《說文》：瞲，失意視也。从目脩聲。

【䃣】

《說文》：䃣，謹鈍目也。从目𦎫聲。

【瞤】

《說文》：瞤，目動也。从目閏聲。

【矉】

《說文》：矉，恨張目也。从目賓聲。《詩》曰："國步斯矉。"

【眢】

《說文》：眢，目無明也。从目夗聲。

【睢】

《說文》：睢，仰目也。从目隹聲。

嶽・得之案 181

金關 T24:541

漢晉南北朝印風

○睢陵家丞

漢印文字徵

○祭睢

漢印文字徵

○睢陵長印

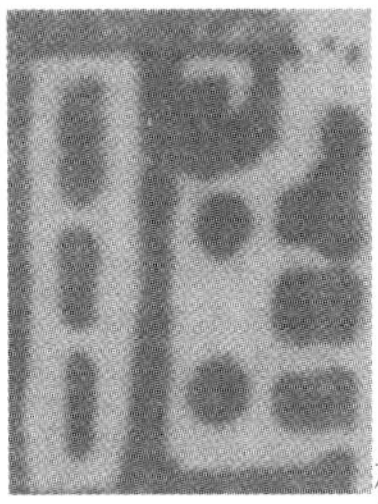
柿葉齋兩漢印萃

○睢陵馬丞印

漢晉南北朝印風

○祭睢

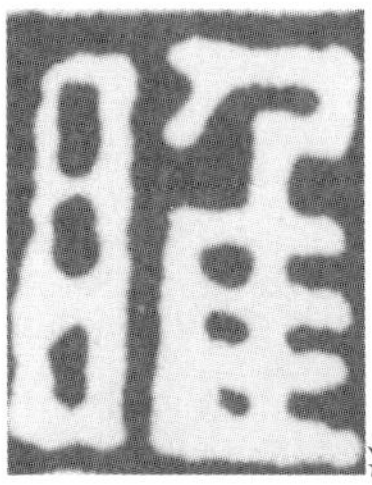
漢晉南北朝印風

○王氏睢印

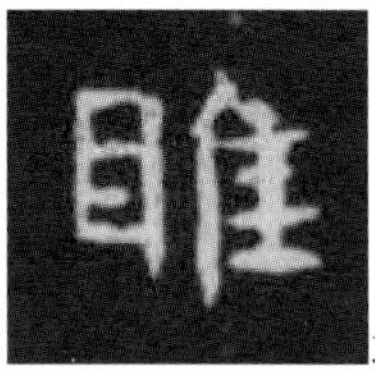
北魏・鮮于仲兒誌

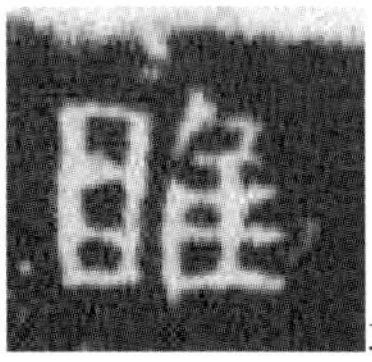
北周・董道生造像

【旬】

《説文》：，目搖也。从目，匀省聲。

【眴】

《説文》：，旬或从旬。

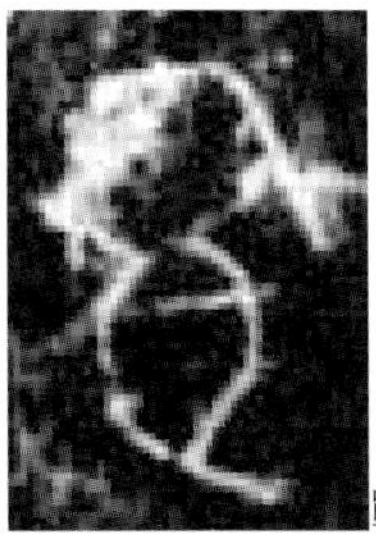
戰晚・二十年相邦冉戈

北齊・石佛寺迦葉經碑

○身長五百遊旬(旬)

北齊・無量義經二
○淨眼明鏡上下眴

【矆】

《説文》：矆，大視也。从目蒦聲。

【睦】

《説文》：睦，目順也。从目坴聲。一曰敬和也。

【𡙁】

《説文》：𡙁，古文睦。

秦代印風

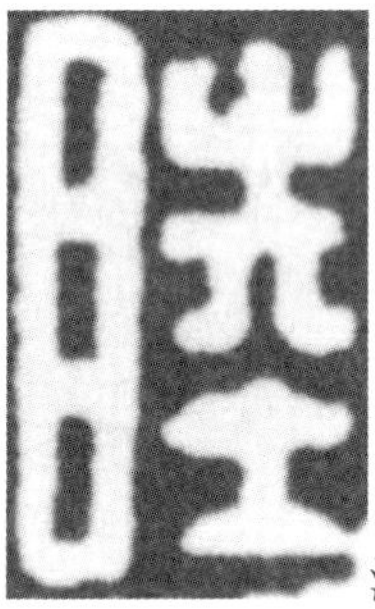
漢晉南北朝印風

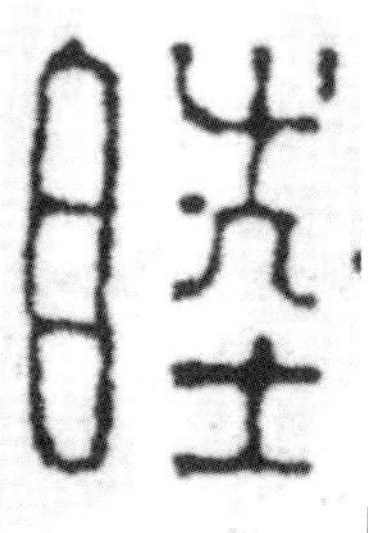
歷代印匋封泥

漢晉南北朝印風

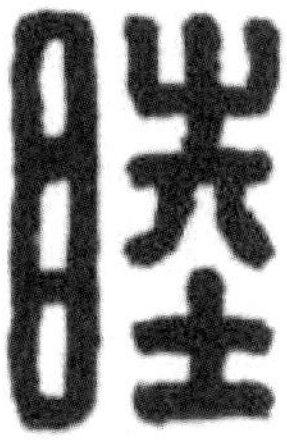
漢印文字徵

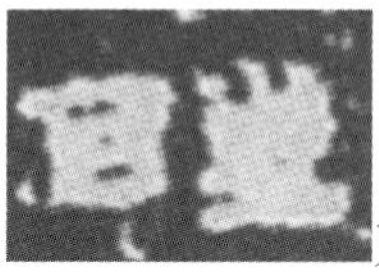
東漢・鮮於璜碑陽
○外睦遠鄰

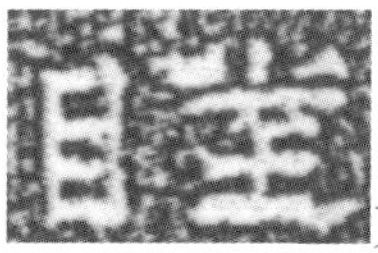
東漢・鮮於璜碑陰
○民殷和睦

北魏・張孃誌

北魏・元颺誌

北魏・元悌誌

北魏・元洛神誌

北魏・元純陀誌

○雍睦分房

北魏・元寶月誌

北魏・元詳誌

○光睦里人

東魏・趙胡仁誌

北齊・爾朱元靜誌

○敦親緝睦

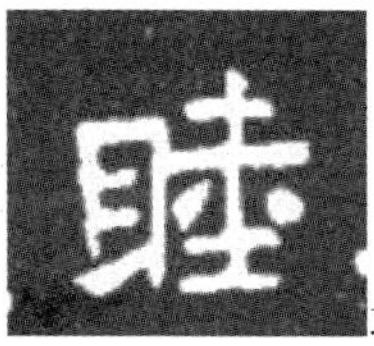
北齊・王憐妻趙氏誌

○內外和睦

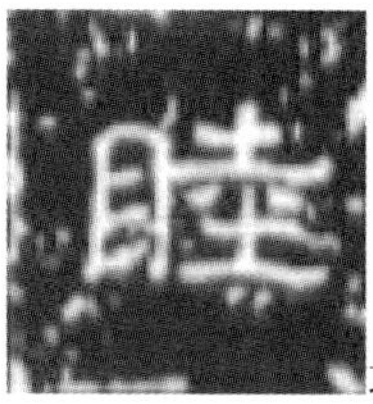
北周・安伽誌

【瞻】

《説文》：瞻，臨視也。从目詹聲。

嶽・魏盜案 157

○瞻視

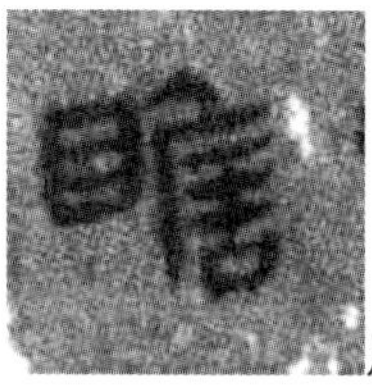
馬壹 136_59 上/136 上

○瞻言之

張・奏讞書 223

○左右瞻毋人以刀刺

魏晉殘紙

漢印文字徵

柿葉齋兩漢印萃

漢印文字徵

漢印文字徵

漢印文字徵

漢印文字徵

漢印文字徵

東漢・陽嘉殘碑陽

○瞻不及佇立

東漢・史晨前碑

北魏・元肅誌

北魏・石婉誌

北魏・元謐誌

北魏・李媛華誌

北魏・元欽誌

北魏・元子直誌

東魏・淨智塔銘

○表以寄高瞻

東魏・盧貴蘭誌

○瞻齊堂而超衛女

東魏・陸順華誌

○太子左瞻事

北齊・婁黑女誌

北齊・是連公妻誌

北齊・朱曇思等造塔記

○瞻疑似活

北齊・暴誕誌

北齊・常文貴誌

○瞻顏可貴

北齊・天柱山銘

【瞀】

《說文》：，氐目謹視也。从目敄聲。

里・第八層 458

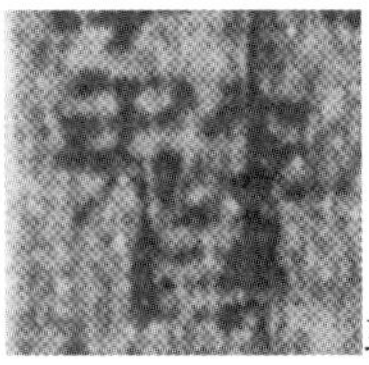
敦煌簡 1725

金關 T21:014

漢印文字徵

漢晉南北朝印風

【䁲】

《説文》：䁲，小視也。从目買聲。

【𥌓】

《説文》：𥌓，視也。从目監聲。

【䁈】

《説文》：䁈，省視也。从目，啓省聲。

【相】

《説文》：相，省視也。从目从木。《易》曰：“地可觀者，莫可觀於木。”《詩》曰：“相鼠有皮。”

戰中・四年相邦樛斿戈

戰晚・二十一年相邦冉戈

戰晚・丞相觸戈

戰晚・二十一年相邦冉戈

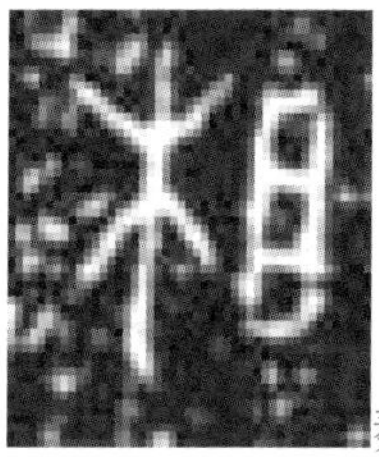
秦代・元年詔版五

秦代・北私府銅橢量

秦代・大騩銅權

秦代・元年詔版二

漢銘・壽成室鼎一

漢銘・綏和鴈足鐙

漢銘・臨虞宮高鐙二

睡・秦律十八種 71

睡・為吏 17

○相邦民或棄邑居

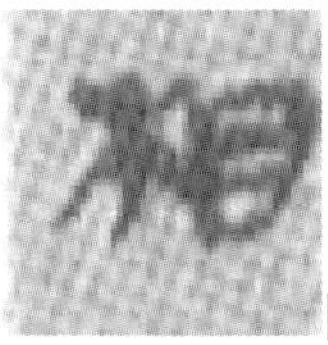
關・日書 191

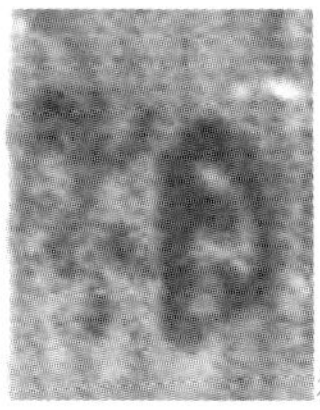
嶽・為吏 55

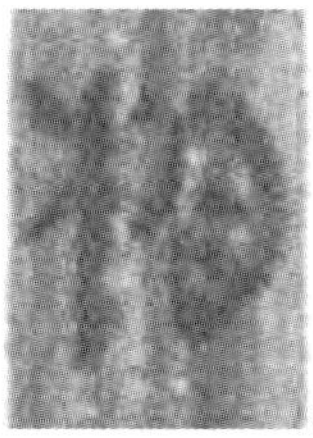
嶽・占夢書 26

里・第八層 25

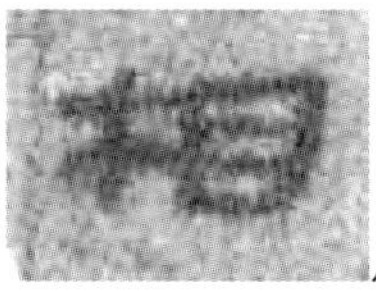
馬壹 37_35 下

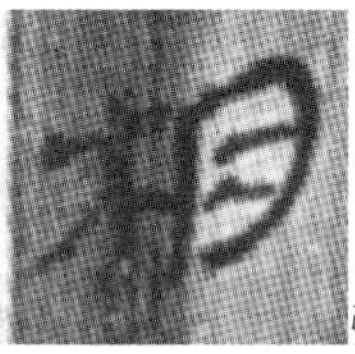
張・盜律 62

銀貳 1588

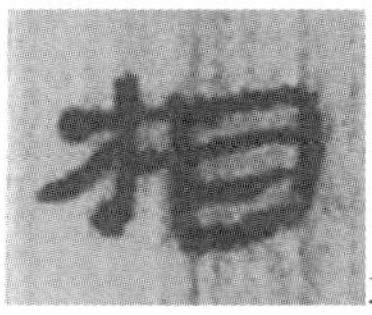
北貳・老子 128

敦煌簡 0046

○願數相聞

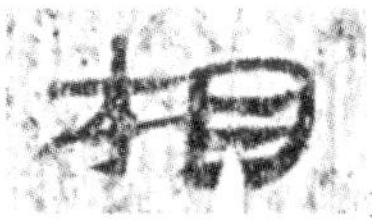
金關 T08:004

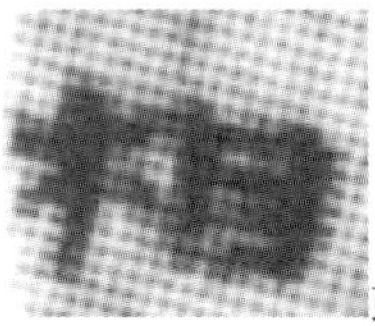
武・儀禮甲《士相見之禮》8

東牌樓 030 正

〇主簿相求賞

東牌樓 035 正

魏晉殘紙

秦代印風

秦代印風

秦代印風

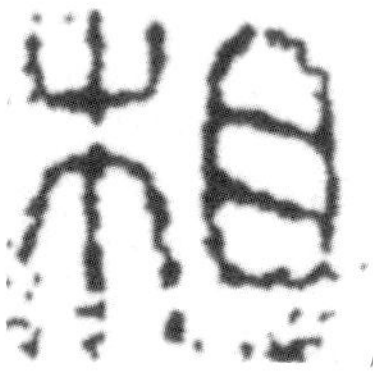
歷代印匋封泥

廿世紀璽印三-GP

廿世紀璽印三-SY

漢晉南北朝印風

漢晉南北朝印風

漢晉南北朝印風

歷代印匋封泥

廿世紀璽印三-SY

廿世紀璽印三-GP

漢晉南北朝印風

漢代官印選

漢印文字徵

漢印文字徵

○蠡吾國相

漢印文字徵

○相產

漢印文字徵

漢印文字徵

○趙相私印

漢印文字徵

○訢相光印

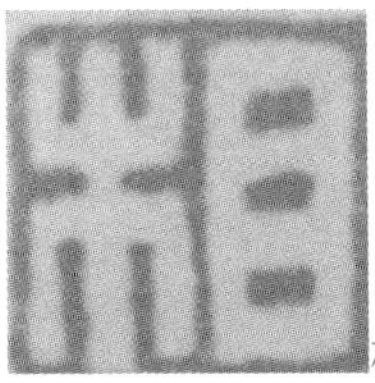
柿葉齋兩漢印萃

柿葉齋兩漢印萃

○高密侯相

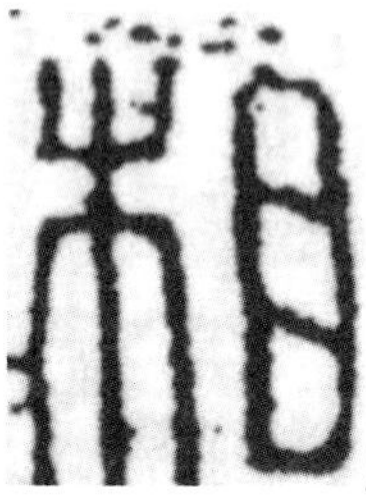
歷代印匋封泥

歷代印匋封泥

歷代印匋封泥

歷代印匋封泥

歷代印匋封泥

歷代印匋封泥

歷代印匋封泥

歷代印匋封泥

柿葉齋兩漢印萃

漢晉南北朝印風

○永寧男相

漢晉南北朝印風

○謝相私印

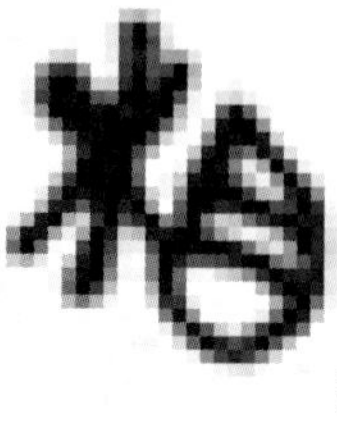
秦駰玉版

詛楚文・亞駝

泰山刻石

瑯琊刻石

東漢・白石神君碑

東漢・劉君石柱殘石

○琅邪相劉

東漢・景君碑

東漢・建寧三年殘碑

東漢・楊統碑額

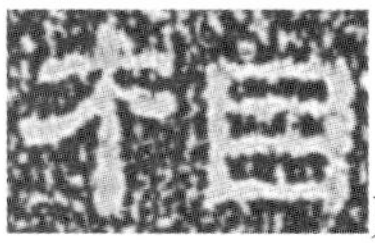
東漢・張景造土牛碑

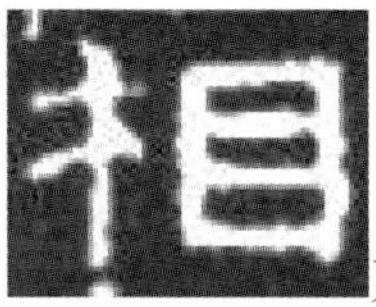
東漢・禮器碑

東漢・元嘉元年畫像石題記一

東漢・石門頌

東漢・北海相景君碑額

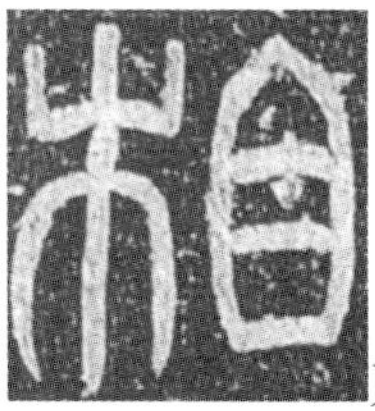
東漢・尚博殘碑

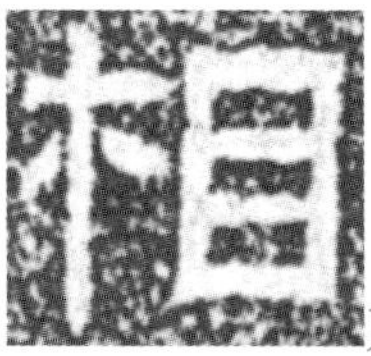
東漢・從事馮君碑

東漢・楊震碑

東漢・開母廟石闕銘

東漢・祀三公山碑

東漢・乙瑛碑

西晉・張朗誌蓋

北魏・元侔誌

北魏・寇猛誌

北魏・元天穆誌蓋

北魏・張正子父母鎮石

東魏・馮令華誌

北齊・婁叡誌蓋

北齊・崔芬誌

北齊・王鴨臉造像

北齊・韓永義造像

北齊・馬天祥造像

北齊・斛律氏誌

北齊・高潤誌蓋

【瞋】

《説文》：瞋，張目也。从目眞聲。

【眓】

《説文》：眓，祕書瞋从戌。

睡・語書 11

○佯瞋目

馬貳 65_29/63

北魏・慧靜誌

北齊・無量義經二

【䁫】

《説文》：䁫，目孰視也。从目鳥聲。讀若雕。

張・奏讞書 126

○辛卯䁫有論去五月

北壹・倉頡篇 14

○䁫煦窅閣

【睗】

《説文》：睗，目疾視也。从目易聲。

【睊】

《説文》：睊，視皃。从目肙聲。

【䀹】

《説文》：䀹，目深皃。从目、窅。讀若《易》曰“勿䘏”之“䘏”。

【睼】

《説文》：睼，迎視也。从目是聲。讀若珥瑱之瑱。

【睘】

《説文》：睘，目相戲也。从目晏聲。《詩》曰：“睘婉之求。”

【睧】

《説文》：睧，短深目皃。从目叡聲。

【眷】

《説文》：眷，顧也。从目𢍏聲。《詩》曰：“乃眷西顧。”

西晉・臨辟雍碑

北魏・吐谷渾氏誌

北魏・孫秋生造像

北魏・劉保生造像

○父母見存眷屬

北魏・解伯都等造像

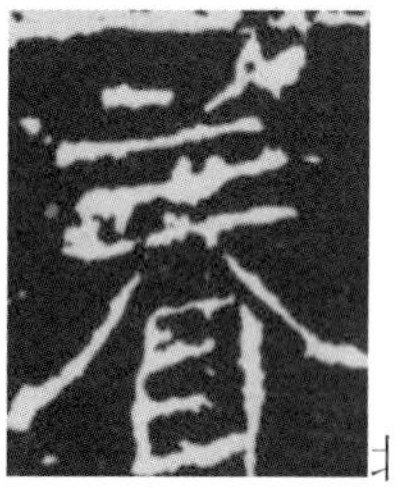
北魏・張相造像

○眷屬造

北魏・山暉誌

北魏・吴光誌

○又蒙寵眷

北魏・元譚妻司馬氏誌

○眷然迴首

北魏・元謐誌

○眷然西顧

北魏・元誘誌

北魏・元顥誌

○天子乃眷不怡

北魏・法香等建塔記

○斯願現在眷屬

北魏・慈慶誌

東魏・朱舍捨宅造寺記

○見在家眷

北齊・斛律氏誌

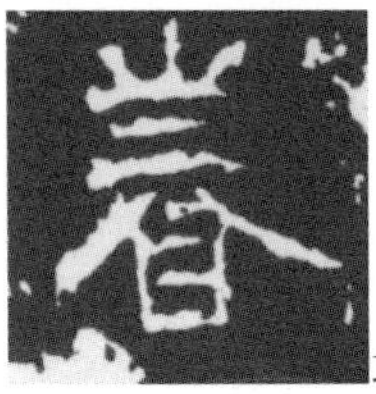
北齊・吴紹貴造像

○眷屬

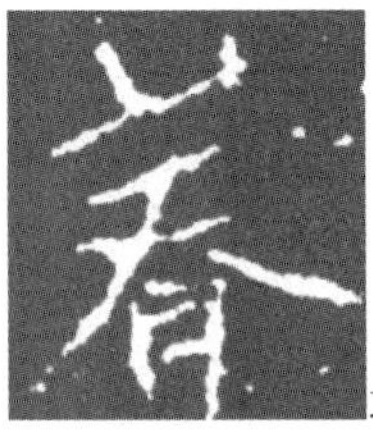
北齊・堂翫造像

○又爲居家眷養

北齊・高百年誌

○宸心迺眷

北齊・董桃樹造像

北齊・曹臺造像

○曹臺眷屬等

【督】

《說文》：督，察也。一曰目痛也。从目叔聲。

漢銘・劉金弩鐖

北貳・老子 163

○積正督（篤）萬

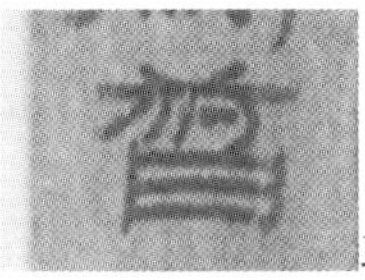
敦煌簡 0984

○共爲督賊劉況

金關 T30:086

○督蓬隧史遂再拜

東牌樓 035 正

○督郵

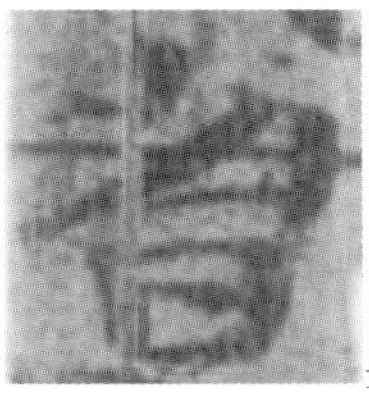
吴簡嘉禾・一一三四

○未部督軍

秦代印風

漢晉南北朝印風

○騎督之印

廿世紀璽印三-GY

○騎部曲督

廿世紀璽印四-GY

廿世紀璽印三-GY

○部曲督印

廿世紀璽印三-GY

○騎部曲督

漢晉南北朝印風

○部曲督印

漢印文字徵

漢印文字徵

柿葉齋兩漢印萃

○司馬督印

漢代官印選

○京兆尹門下督

柿葉齋兩漢印萃

○副督之印

漢晉南北朝印風

○萬藉鹽都

廿世紀璽印四-SY

○大都督印

漢晉南北朝印風

○渭陽邸閣督印

漢晉南北朝印風

○千人督印

漢晉南北朝印風

○騎部曲都

漢晉南北朝印風

○左積射五百人督印

東漢・鮮於璜碑陰

○故督郵

東漢・孫仲隱墓刻石

○督郵

東漢・北海相景君碑陰

○故門下督盜賊劇騰頌

東漢・石門頌

○都督掾南鄭巍整

東漢・元嘉元年畫像石題記一

東漢・禮器碑陰

○故督郵

東漢・夏承碑

○督郵

東漢・趙寬碑

○召署督郵

東漢・曹全碑陰

○故督郵

東漢・曹全碑陰

○故督郵

東漢・張遷碑陰

○故督郵

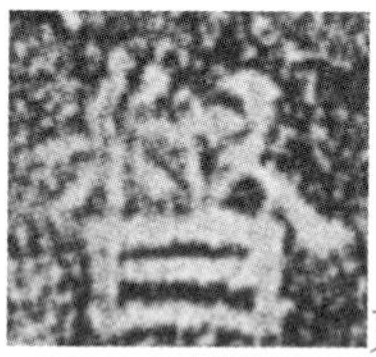
東漢・東漢・魯峻碑陽

東漢・陶洛殘碑陰

○督郵

東漢・西狹頌

○督郵部職

東漢・鮮於璜碑陰

○故督郵

晉・劉韜誌

○都督

三國魏・毋丘儉殘碑

西晉・劉寶誌

○校尉都督

西晉・管洛誌

北魏・元仙誌

○都督

北魏・元謐誌

北魏・寇治誌

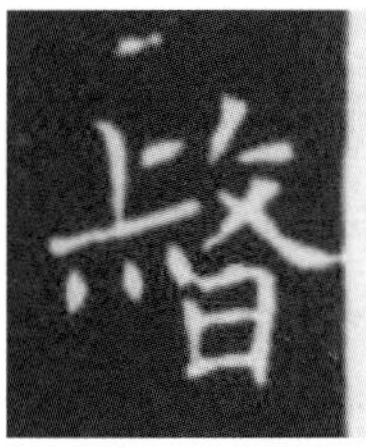
北魏・長孫子澤誌

○都督

北魏・王蕃誌

○都督

東魏・徐府君妻李氏誌

○都督

東魏・廣陽元湛誌

北齊・傅華誌蓋

○都督

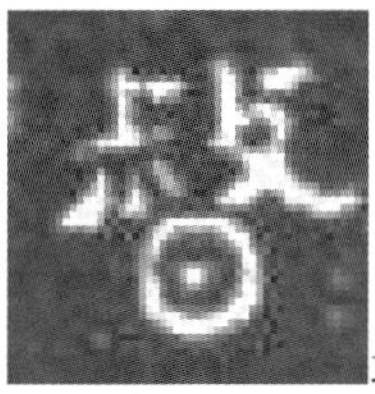
北齊・韓裔誌

○又遷新城正都督

北齊・張思伯造浮圖記

○都督

北齊・狄湛誌

【睎】

《説文》：睎，望也。从目，稀省聲。海岱之閒謂眄曰睎。

【看】

《説文》：看，睎也。从手下目。

【𥄫】

《説文》：𥄫，看或从倝。

東漢・浚縣延熹三年畫像石題記

西晉・徐義誌

北魏・元珽誌

北齊・赫連子悅誌

北齊・朱曇思等造塔記

北齊・元賢誌

〇看兹踰遠

【瞫】

《說文》：瞫，深視也。一曰下視也。又，竊見也。从目覃聲。

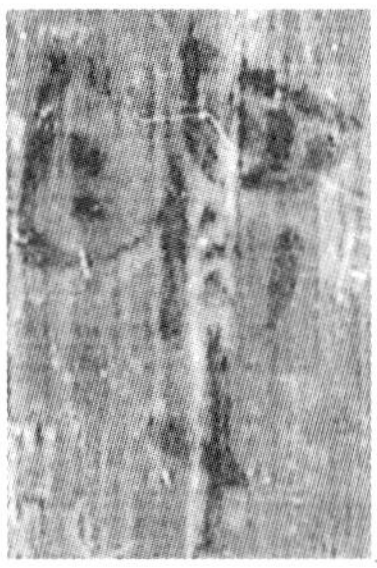
里・第八層877

〇獄佐瞫訊戌戌私留

秦代印風

〇狐瞫

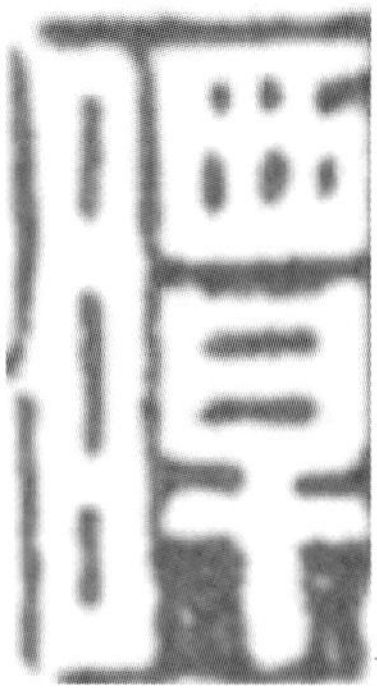
廿世紀璽印三-SY

〇僂瞫

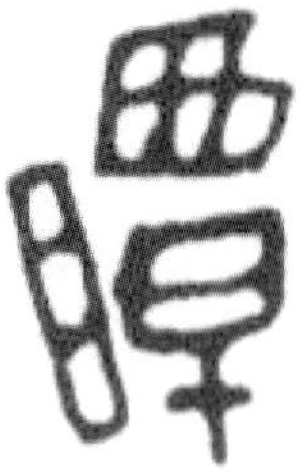
漢印文字徵

〇李瞫

【睡】

《說文》：睡，坐寐也。从目、垂。

【瞑】

《說文》：瞑，翕目也。从目、冥，冥亦聲。

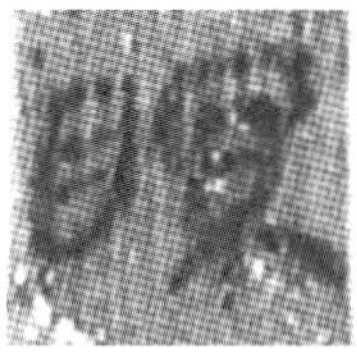
銀貳1644

〇窅瞑（冥）

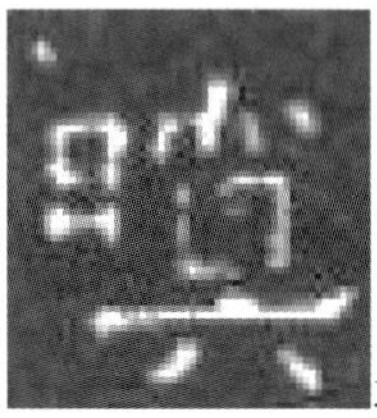
北齊・婁叡誌

〇山飛瞑雨

北齊・高湝誌

〇注瑟瞑臣

【眚】

《說文》：，目病生翳也。从目生聲。

睡・秦律雜抄 17

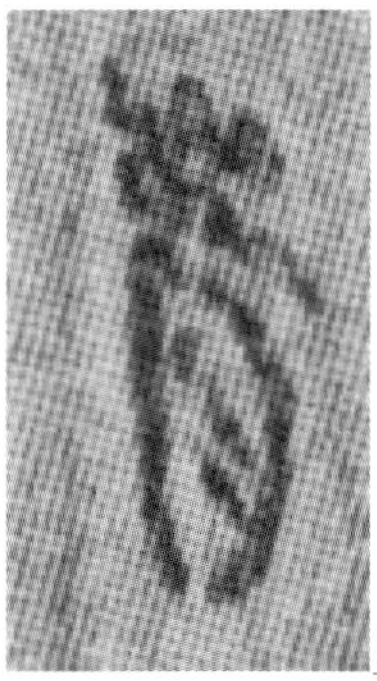
里・第八層 145

〇人上眚（省）

石鼓・鑾車

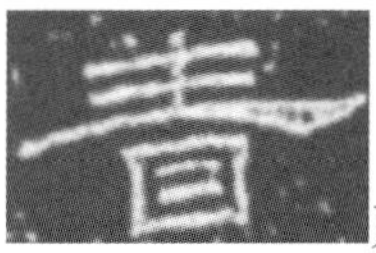
東漢・桐柏淮源廟碑

〇災（灾）眚以興

【瞥】

《說文》：，過目也。又，目翳也。从目敝聲。一曰財見也。

漢印文字徵

〇郭瞥

北魏・薛伯徽誌

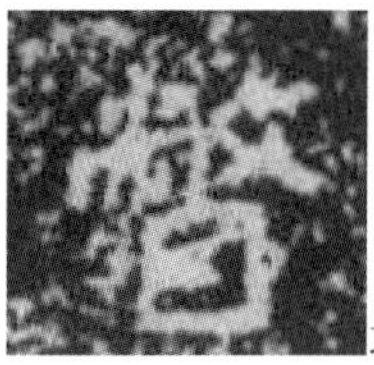
北魏・論經書詩

【眵】

《說文》：，目傷眥也。从目多聲。一曰瞢兜。

【瞢】

《說文》：，目眵也。从目，蔑省聲。

北壹・倉頡篇 71

〇瞢疑齰圄

【眏】

《說文》：，涓目也。从目央聲。

【眼】

《說文》：，目病也。从目良聲。

【眛】

《說文》：，目不明也。从目未聲。

嶽・學為偽書案 219

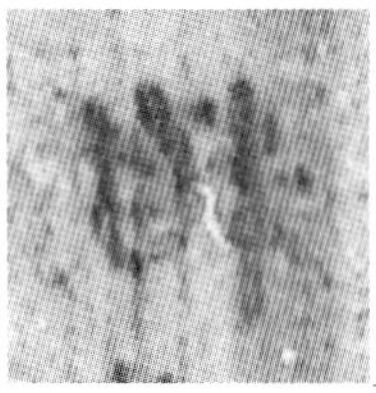
里・第八層 1668

○臣眛（昧）死

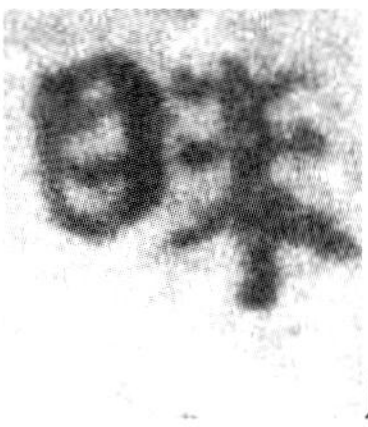
馬壹 110_171\340

廿世紀璽印三-SY

○趙眛

漢印文字徵

○臨眛

漢晉南北朝印風

○趙眛

【瞯】

《說文》：，戴目也。从目閒聲。江淮之間謂眄曰瞯。

【眯】

《說文》：，艸入目中也。从目米聲。

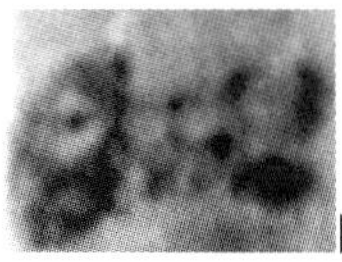
睡・日甲《詰》24

○卧者眯也不可以居

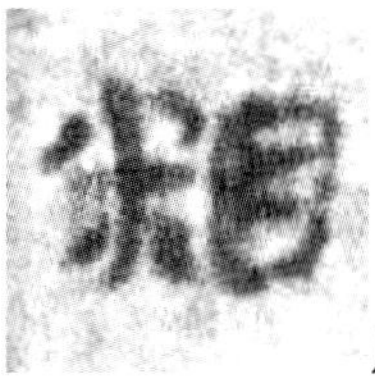
馬壹 101_147

○乎大眯（迷）是

漢印文字徵

○邪頭眯宰印

【眺】

《説文》：眺，目不正也。从目兆聲。

馬壹 144_21/195 上

廿世紀璽印三-SY

○廉眺印

北魏・乞伏寶誌

北魏・吳光誌

○以識亮眺卓

北魏・塔基石函銘刻

北齊・天柱山銘

北齊・八十人等造像

○影眺三空

北周・王德衡誌

北周・王通誌

【睞】

《説文》：睞，目童子不正也。从目來聲。

北壹・倉頡篇 7

○往来眄睞百五

【睩】

《説文》：睩，目睞謹也。从目彔聲。讀若鹿。

【⿱攸目】

《説文》：⿱攸目，眣也。从目攸聲。

【⿰目丩】

《説文》：，脩或从丩。

【眣】

《説文》：，目不正也。从目失聲。

【矇】

《説文》：，童矇也。一曰不明也。从目蒙聲。

北齊・狄湛誌

【眇】

《説文》：，一目小也。从目从少，少亦聲。

馬壹 7_37 上

北貳・老子 126

金關 T23:763

北壹・倉頡篇 70

〇婠嫛眇靖姑

漢印文字徵

〇廉眇印

漢印文字徵

〇魚眇

漢印文字徵

〇王眇

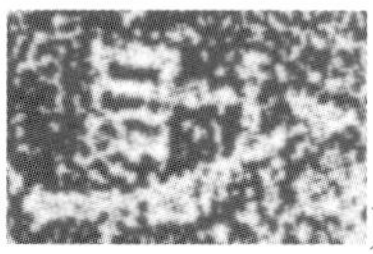
東漢・郎中鄭固碑

北魏・元朗誌

北魏・吳光誌

北魏・李璧誌

○至人窅眇

北魏・郭顯誌

北魏・元子直誌

○百齡猶眇（渺）

北魏・源延伯誌

○眇眇弱齡

北魏・元斌誌

東魏・元玕誌

北齊・狄湛誌

【眄】

《說文》：，目偏合也。一曰衺視也。秦語。从目丏聲。

北壹・倉頡篇 7

○匿往来眄睞百

十六國北涼・沮渠安周造像

○朗鑒獨眄

北魏・元彝誌

○惟賢是眄

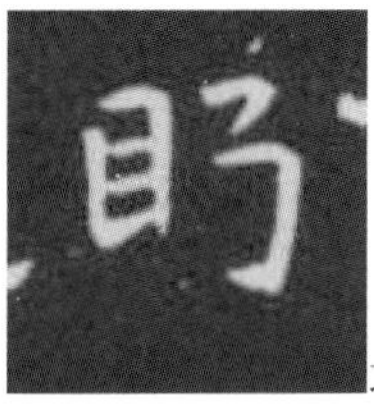
北魏・元弼誌

○顧眄生規

東魏・李挺誌

○顧眄生榮

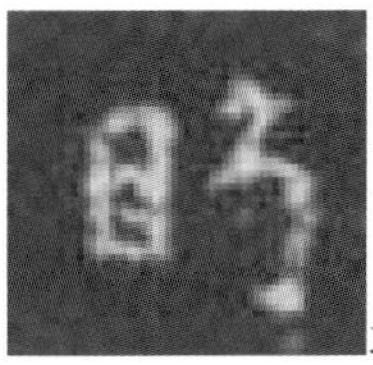
北齊・智度等造像

○眄而以得道

【略】

《說文》：，眄也。从目各聲。

漢印文字徵

○略漢私印

【盲】

《説文》：盲，目無牟子。从目亡聲。

馬壹 147_52/226 下

○人目盲

北壹・倉頡篇 51

○肤肤晴盲執囚

吳簡嘉禾・五一三六

○十三盲目雀兩足

吳簡嘉禾・九七五二

○廿二盲左目

東漢・曹全碑陽

東魏・廉富等造義井頌

東魏・慧光誌

北周・拓跋虎誌

【䁍】

《説文》：䁍，目陷也。从目咸聲。

【瞽】

《説文》：瞽，目但有眹也。从目鼓聲。

秦代印風

○義瞽

北齊・姜興紹造像

○□正瞽目

【瞍】

《説文》：瞍，無目也。从目叜聲。

【䁝】

《説文》：䁝，惑也。从目，滎省聲。

北壹·倉頡篇 67

○□嬐媘䁝魁鉅

漢印文字徵

○妾䁝

【睉】

《説文》：睉，目小也。从目坐聲。

【⿰目叉】

《説文》：⿰目叉，捾目也。从目、叉。

【睇】

《説文》：睇，目小視也。从目弟聲。南楚謂眄曰睇。

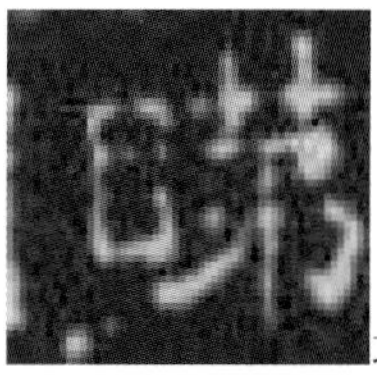
北魏·弔比干文

○泛目睇川

北魏·弔比干文

○歸中樞而睇睨兮

【瞚】

《説文》：瞚，開闔目數搖也。从目寅聲。

北魏·高猛妻元瑛誌

○一瞚(瞬)方遠

東魏·司馬興龍誌

○一瞚(瞬)之後

北周·李府君妻祖氏誌

○一瞚(瞬)無追

【眙】

《説文》：眙，直視也。从目台聲。

【眝】

《説文》：眝，長眙也。一曰張目也。从目宁聲。

【盻】

《説文》：盻，恨視也。从目兮聲。

秦文字編 562

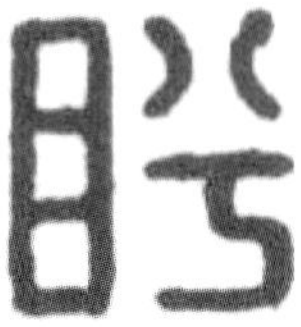
漢印文字徵

○徐盻君

東魏・廉富等造義井頌

○而盻(盼)蓬萊於靮菀

北齊・董洪達造像

○西盻(盼)京都

【䀎】

《説文》：䀎，目不明也。从目弗聲。

【瞼】

《説文》：瞼，目上下瞼也。从目僉聲。

【眨】

《説文》：眨，動目也。从目乏聲。

【眭】

《説文》：眭，深目也。亦人姓。从目圭聲。

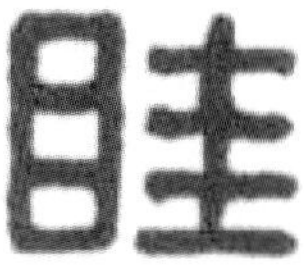
漢印文字徵

○眭臨私印

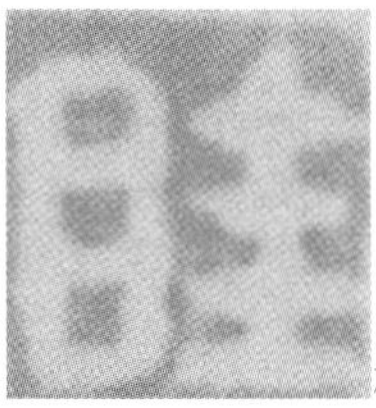
柿葉齋兩漢印萃

○譚眭印

【眹】

《説文》：眹，目精也。从目灷聲。案：勝字賸，皆从朕聲。疑古以朕爲眹。

【眸】

《説文》：眸，目童子也。从目牟聲。《説文》直作牟。

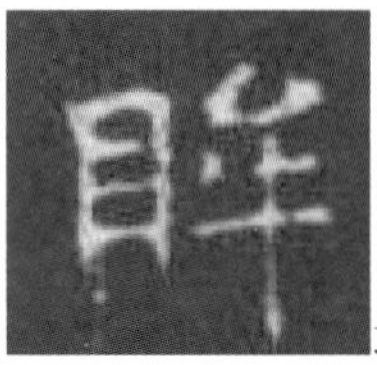
北魏・苟景誌

北魏・公孫猗誌

東魏・李挺誌

【睚】

《説文》：睚，目際也。从目、厓。

〖⿱一目〗

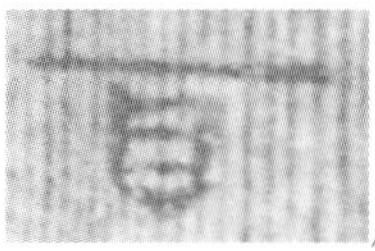居・EPT53.59B

○再拜⿱一目

〖⿱目王〗

廿世紀璽印三-SY

○⿱目王勝信印

〖⿵几目〗

吳簡嘉禾・五・二一一

○男子黄⿵几目

〖⿰目元〗

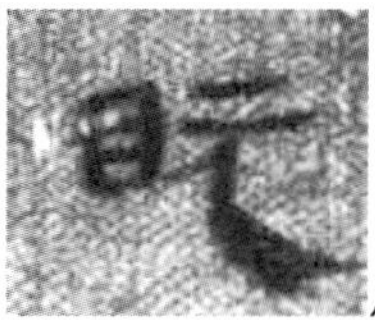馬貳 32_8 上

〖眎〗

漢印文字徵

○臣眎

〖⿱吾目〗

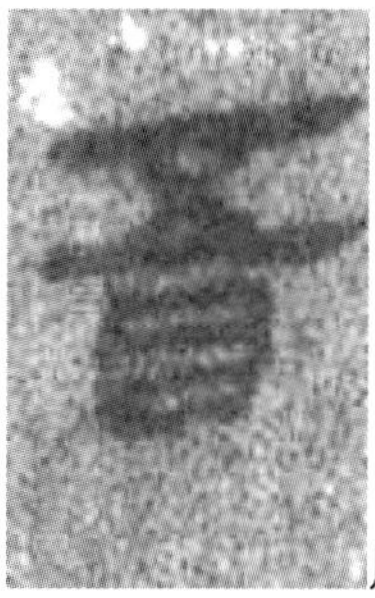馬壹 123_23 下

○亓（其）主不⿱吾目（悟）

〖眗〗

張・秩律 451

○德、眗（昫）衍

歷代印匋封泥

○眗衍導丞

〖盷〗

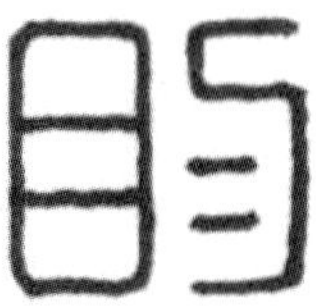漢印文字徵

○閻盷印信

〖眫〗

北魏·翟普林造像

○斯眫（盼）斯祈

〖眠〗

北齊·司馬遵業誌

○魯北遂眠

北周·韋彪誌

〖䀹〗

秦文字編 562

〖睆〗

張·脈書 40

○則目睆如無見

〖晐〗

北貳·老子 173

○晐（咳）絫旖（兮）台（似）無所歸

〖睌〗

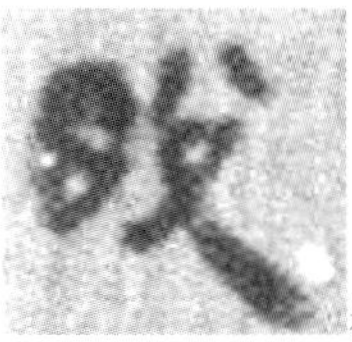
嶽·質日 2726

○睌嫗死

廿世紀璽印二-SY

○姚睌

〖睛〗

馬壹 103_9\178

○不能睛（清）

〖睫〗

馬貳 34_38 上

○時見睫本者也能反

〖冐〗

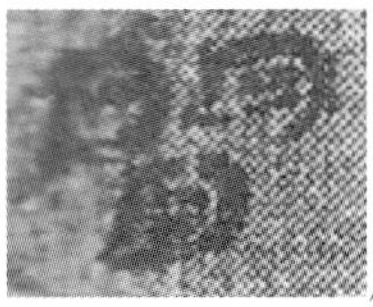
居・EPT51.86

○公乘冐

〖睝〗

秦文字編 562

秦代印風

○任睝

〖睥〗

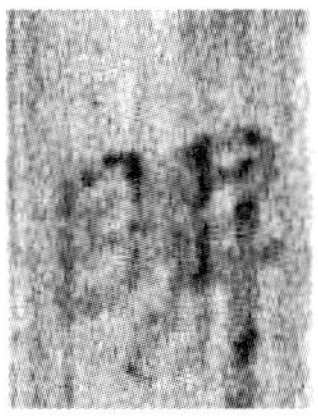
馬貳 204_21

○星尻睥（髀）能方

〖睫〗

北齊・無量義經二

○眉睫紺舒方口頰

〖睺〗

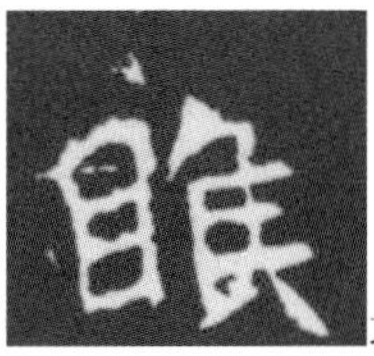
北周・曇樂造像

○羅睺敬造

〖睱〗

北魏・元寧誌

○睱（暇）寐龍門

北周・華岳廟碑

○每以講閱之睱

〖睸〗

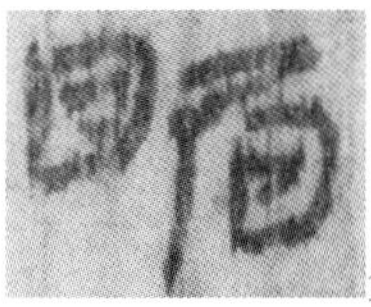
金關 T27:059

北魏・元周安誌

〖睩〗

漢印文字徵

〇睩仁私印

〖瞗〗

秦代印風

〇王瞗

〖瞙〗

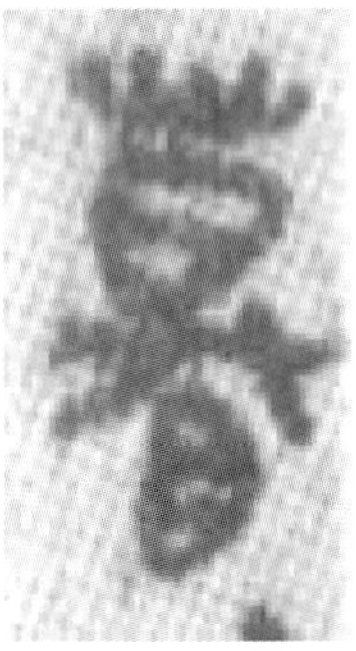
關・病方 368

〇女毋辟(避)眅瞙=者

秦文字編 562

〖瞞〗

銀貳 1679

〇己以瞞作

〖瞖〗

廿世紀璽印二-GP

廿世紀璽印二-SY

〇周瞖

〖瞰〗

北魏・弔比干文

〇游瞰曩風

北齊・高肅碑

〇俯瞰雙流

〖瞷〗

睡・日甲《詰》60

〇須（鬚）瞷（眉）

〖瞬〗

十六國北涼・沮渠安周造像

○瞬息之惡

北齊・柴季蘭造像

○瞬如朝露

北齊・報德像碑

○體瞬息之不留

〖瞏〗

西漢

○徹瞏有芳

〖𥌓〗

睡・日甲《梦》13

○惡瞢（夢）𥌓（覺）

〖矅〗

北魏・尉氏誌

北魏・元弘嬪侯氏誌

〖矖〗

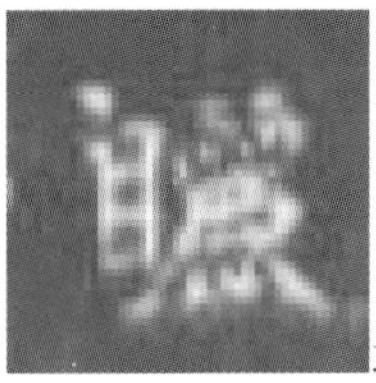
北魏・元邵誌

○目矖五行

〖矚〗

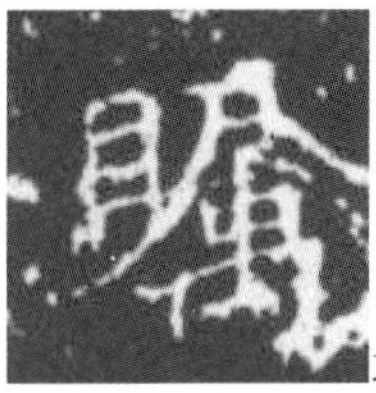
北魏・韓玄誌

北魏・元譚妻司馬氏誌

○祁祁是矚

北魏・奚真誌

○國祚經始

北魏・塔基石函銘刻

○詳眺四矚

北齊·等慈寺殘塔銘

○矚夫

䀠部

【䀠】

《説文》：䀠，左右視也。从二目。凡䀠之屬皆从䀠。讀若拘。又若良士瞿瞿。

【𥄎】

《説文》：𥄎，目圍也。从䀠、𠂆。讀若書卷之卷。古文以爲醜字。

【奭】

《説文》：奭，目衺也。从䀠从大。大，人也。

北壹·倉頡篇 30

○羕溢跂奭（奭）

眉部

【眉】

《説文》：眉，目上毛也。从目，象眉之形，上象頟理也。凡眉之屬皆从眉。

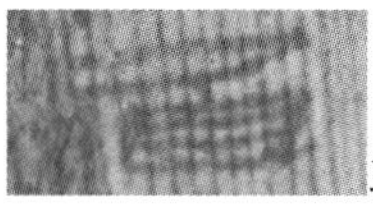
敦煌簡 1068

○里韓眉中縣官衣橐

東牌樓 147 正

○眉眉

廿世紀璽印三-SY

○張眉

漢印文字徵

○佛眉

北魏·乞伏寶誌

○方期眉壽

北魏·胡明相誌

○豈圖八眉之門不樹

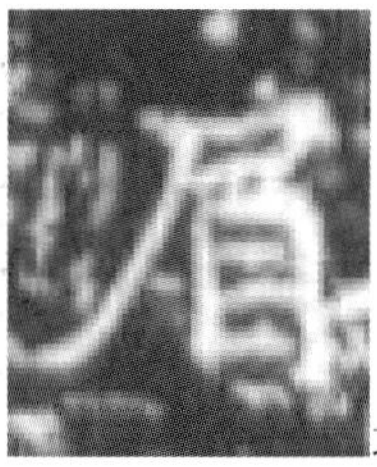
北魏・孫標誌

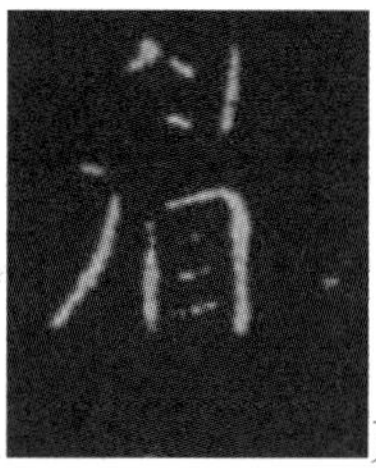
東魏・李祈年誌

○眉案研𥁄

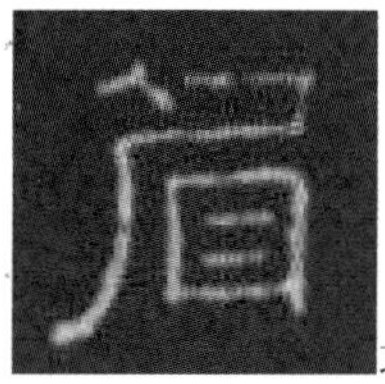
北齊・感孝頌

○所以斂眉長歎

北周・盧蘭誌

○齊眉舉食

【省】

《説文》：，視也。从眉省，从屮。

【㑒】

《説文》：，古文从少从囧。

漢銘・元康高鐙

漢銘・壽成室鼎一

漢銘・萬年縣官斗

漢銘・臨虞宮高鐙三

漢銘・元延乘輿鼎一

漢銘・臨虞宮高鐙四

里・第八層 145

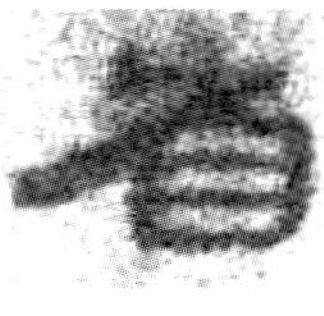
馬壹 3_8 上

○正有省（眚）不利

馬壹 48_11 下

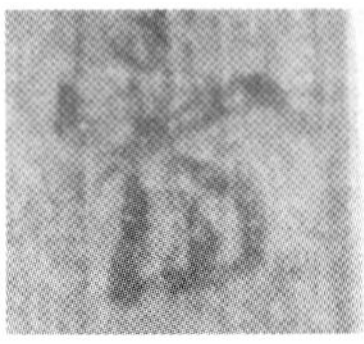
敦煌簡 0971

金關 T28:055

東牌樓 033 背

○復思省不

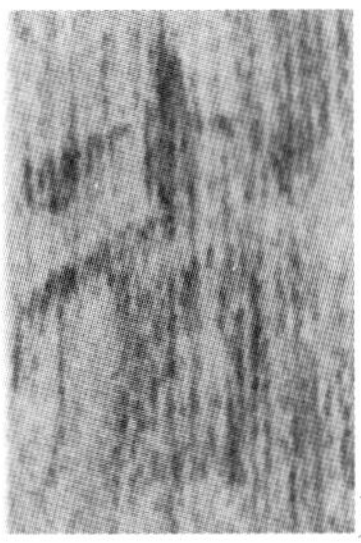
東牌樓 050 背

漢印文字徵

○徐省

東漢・張景造土牛碑

東漢・洛陽黃腸石六

○永建四年二月省

東漢・成陽靈臺碑

東漢・許安國墓祠題記

東漢・許安國墓祠題記

東漢・洛陽黃腸石三

○永建三年四月省

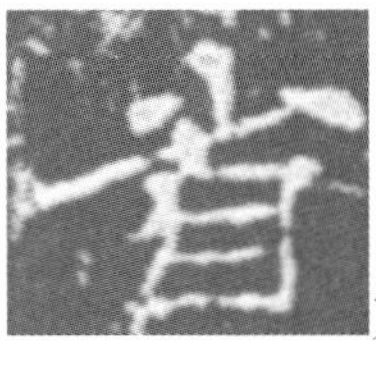
東漢・西岳華山廟碑陽

東漢・劉熊碑

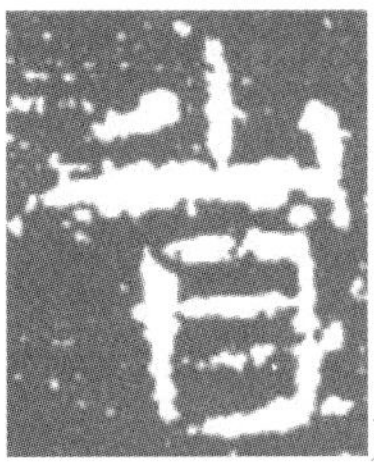
東漢・左達治黃腸石

○永建二年六月省

東漢・費孫治黃腸石

○永建三年四月省

西晉・石尠誌

北魏・寇憑誌

北魏・慈慶誌

北魏・于景誌

北魏・于纂誌

北魏・元欽誌

北魏・青州元湛誌

北魏・元恭誌

盾部

【盾】

《説文》：盾，瞂也。所以扞身蔽目。象形。凡盾之屬皆从盾。

睡・秦律十八種 115

睡・效律 59

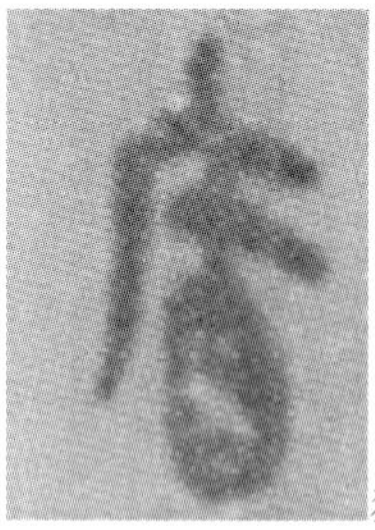
嶽・數 82

里・第八層 149

馬貳 259_14/23

馬貳 259_13/22

張・蓋盧 1

○盾（循）天

敦煌簡 1730

漢印文字徵

漢晉南北朝印風

○板盾夷長

廿世紀璽印四-GY

○板盾夷長

東漢・武氏左石室畫像題字

【瞂】

《說文》：瞂，盾也。从盾犮聲。

【䟸】

《說文》：䟸，盾握也。从盾圭聲。

自部

【自】

《說文》：自，鼻也。象鼻形。凡自之屬皆从自。

【𦣹】

《說文》：𦣹，古文自。

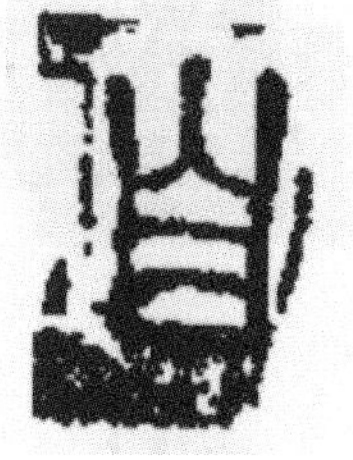
漢銘・聖主佐宮中行樂錢

睡·法律答問 125

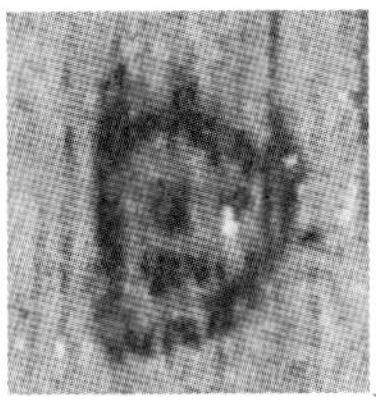
里·第五層 1

里·第八層 1443

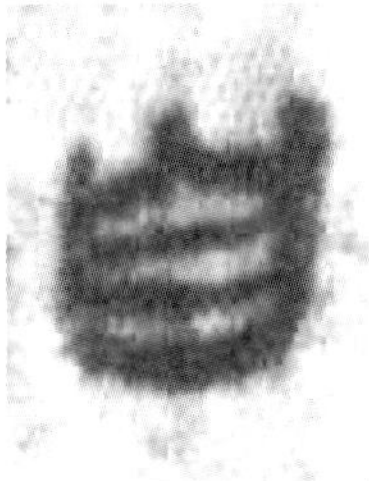
馬壹 149_66/240 下

敦煌簡 2390

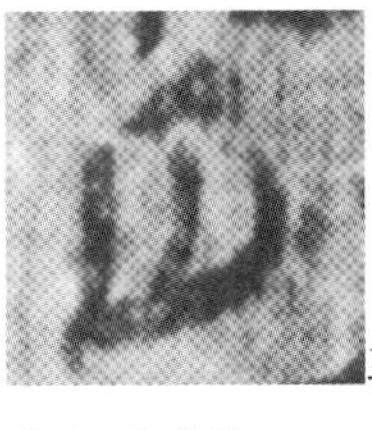
敦煌簡 0323

○己亥自取

金關 T24:728A

○見且自愛

金關 T24:073A

武·甲《泰射》42

廿世紀璽印三-SY

廿世紀璽印三-SY

廿世紀璽印三-SY

漢印文字徵

漢印文字徵

漢晉南北朝印風

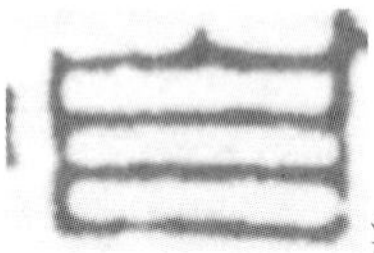
漢晉南北朝印風

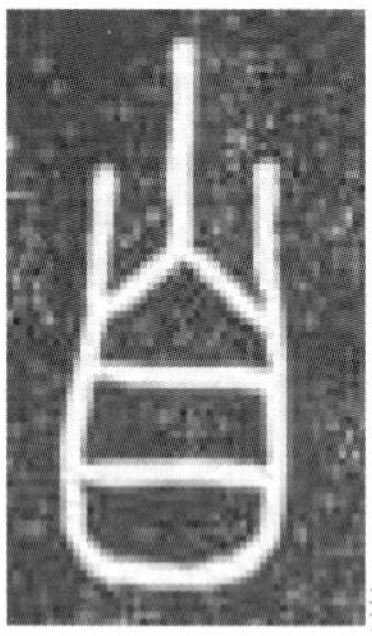
秦公大墓石磬

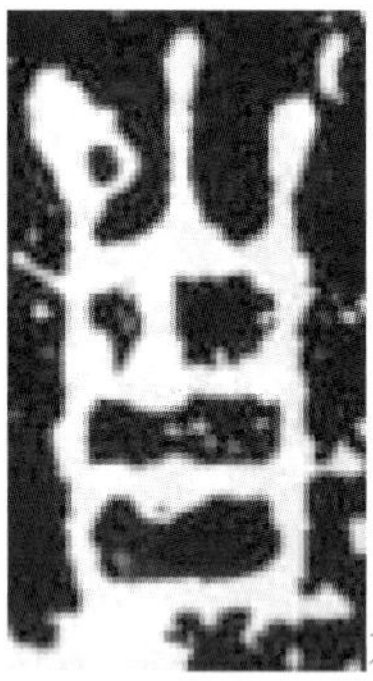
石鼓・霝雨

詛楚文・亞駝
○以自救殹

秦駰玉版

懷后磬

東漢・史晨前碑

東漢・從事馮君碑

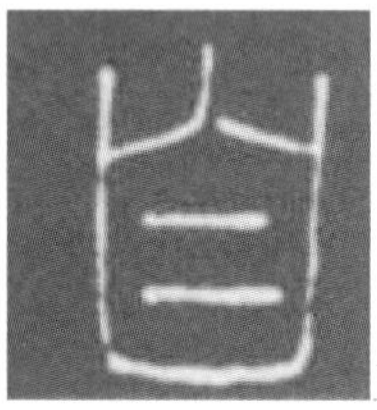
三國魏・三體石經春秋・篆文
○公至自齊乙巳公薨于

三國魏・三體石經春秋・隸書

三國魏・三體石經春秋・古文
○公至自齊乙巳公薨于

北魏・元澄妃誌

北魏·寇憑誌

【𦤃（臱）】

《説文》：𦤃，宫不見也。闕。

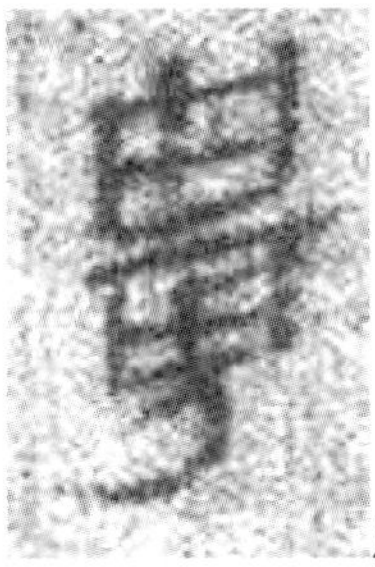
馬貳 33_16 下

○潰陽臱（翩）乎

〖⿰自乚〗

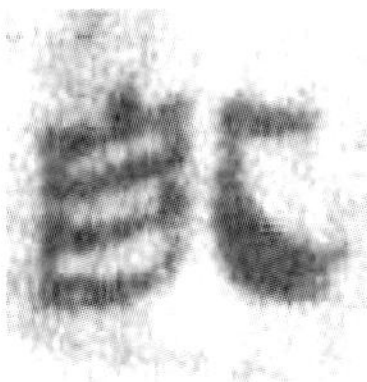
馬壹 147_47/221 下

○湛呵⿰自乚(似)或存

〖⿱自儿〗

北魏·元壽安誌

北齊·斛律昭男誌

白部

【白】

《説文》：白，此亦自字也。省自者，詞言之气，从鼻出，與口相助也。凡白之屬皆从白。

【皆】

《説文》：皆，俱詞也。从比从白。

戰中·商鞅量

戰晚·左樂兩詔鈞權

秦代·兩詔銅權三

秦代·兩詔銅橢量三

秦代·始皇十六斤銅權三

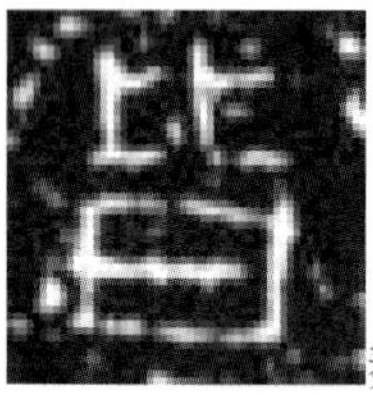
秦代・元年詔版五

秦代・始皇詔銅權十

秦代・始皇詔銅權一

秦代・始皇詔銅橢量四

秦代・元年詔版二

秦代・北私府銅橢量

秦代・始皇詔版一

睡・語書 5

關・病方 347

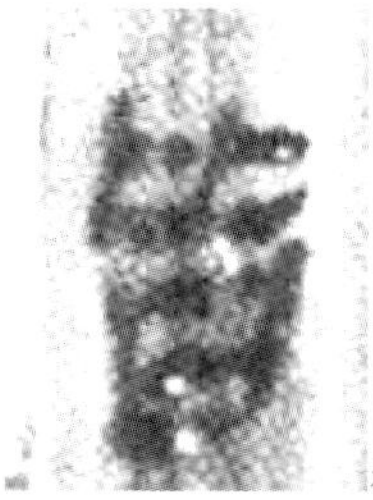
嶽・為吏 87

嶽・占夢書 30

里・第八層 13

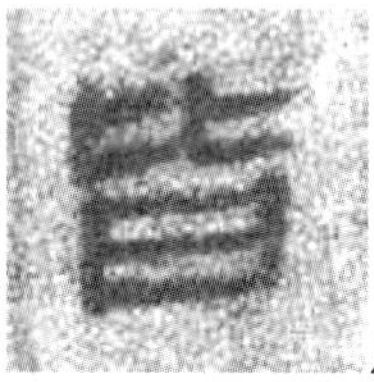
馬壹 44_33 下

張・賊律 1

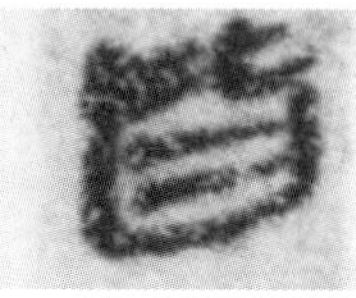
銀壹 258

北貳・老子 33

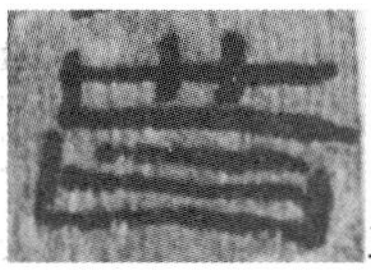
敦煌簡 1457A

敦煌簡 2146

金關 T07:112

武·儀禮甲《士相見之禮》12

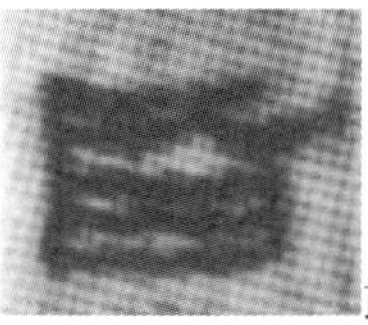
武·儀禮甲《服傳》2

東牌樓 035 正

○尊貴皆迷

吳簡嘉禾·五·三六四

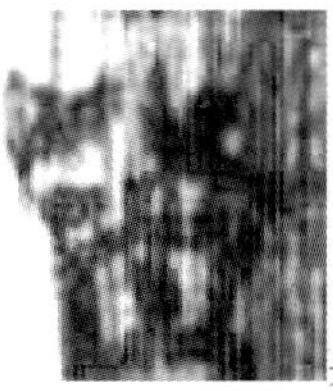
吳簡嘉禾·五·一〇九

○十畝皆二年常限畝

吳簡嘉禾·四·二五一

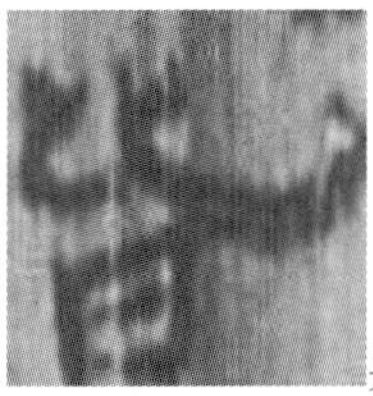
吳簡嘉禾·五·五八六

廿世紀璽印三-GP

○疑者皆明

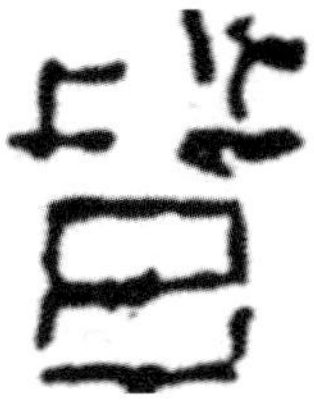
廿世紀璽印四-SP

○牛皆山

東漢·楊著碑額

東漢·楊震碑

東漢·元嘉元年畫像石題記一

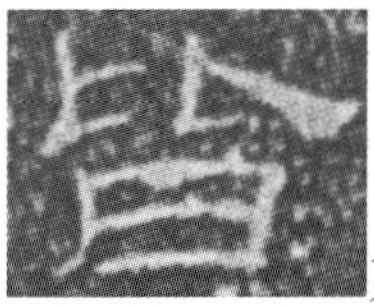
東漢·乙瑛碑

東漢・李孟初神祠碑

東漢・石祠堂石柱題記額

東漢・石祠堂石柱題記

○皆食大倉

東漢・西岳華山廟碑陽

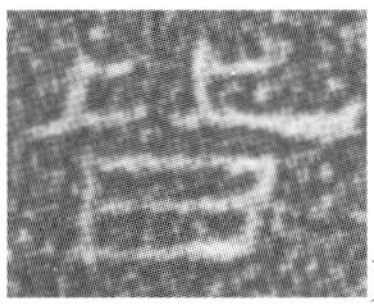
東漢・史晨後碑

東漢・夏承碑

東漢・趙寬碑

東漢・熹平石經殘石四

東漢・朝侯小子殘碑

東漢・成陽靈臺碑

東漢・肥致碑

西晉・石定誌

北魏・趙光誌

北魏・宋景妃造像

○皆同斯福

北魏・寇臻誌

東魏・高歸彦造像

○皆蒙福護

東魏・成休祖造像

北齊・竇泰誌

北齊・石佛寺迦葉經碑

○衆事皆當有

北齊・鏤石班經記

北周・現皆是摩崖

○現皆是古昔諸仙賢聖

北周・菌香樹摩崖

北周・日月佛經摩崖

北周・衆皆摩崖

【魯】

《説文》：魯，鈍詞也。从白，羴省聲。《論語》曰："參也魯。"

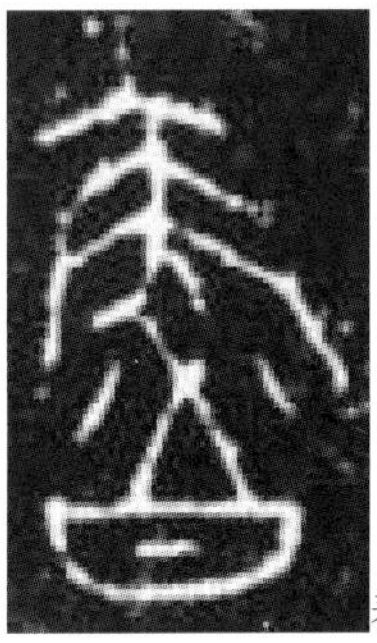
春早・秦公鎛

春晚・秦公簋

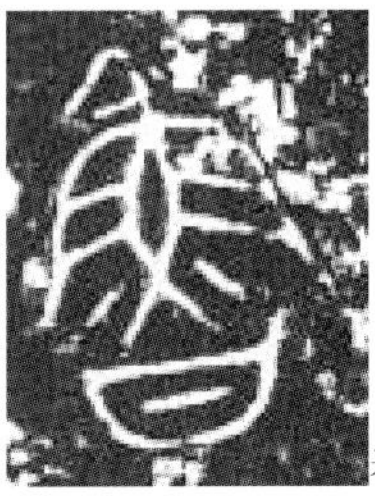
春早・秦公鎛

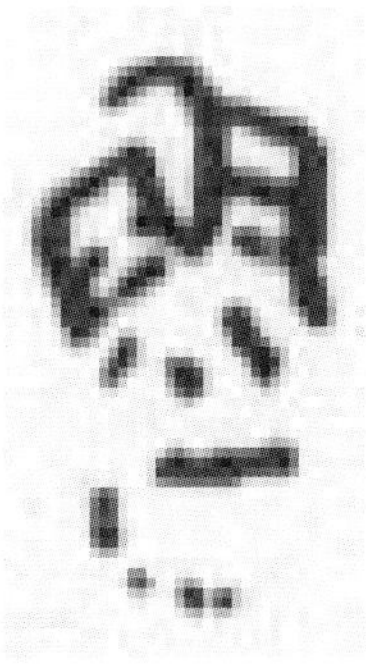
春早・秦子簋蓋

春早·秦公鐘

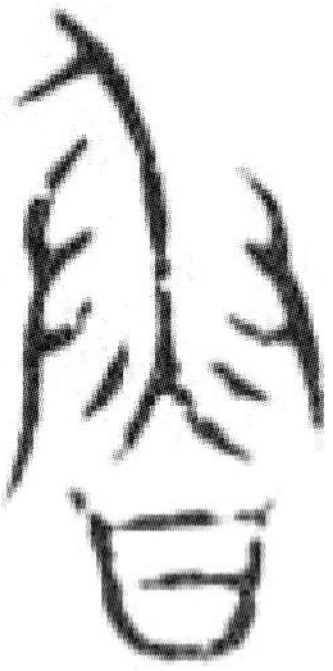
春晚·秦公鎛

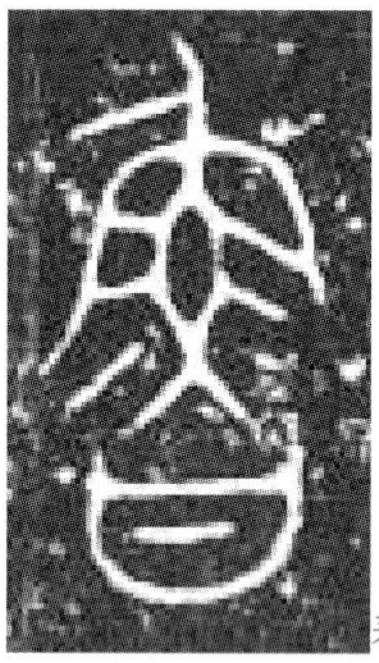
春早·秦公鎛

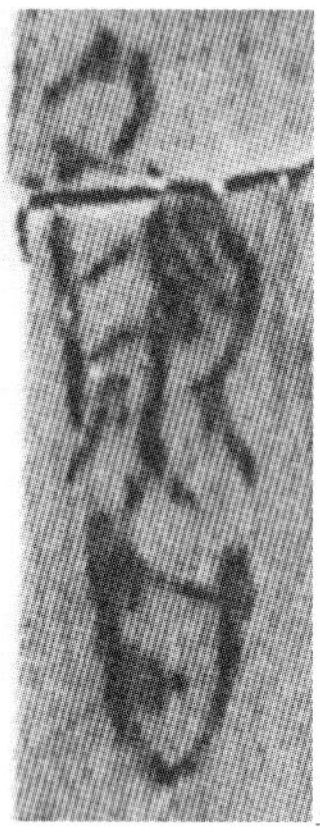
里·第八層 258

馬壹 226_96

馬壹 83_85

馬壹 77_72

張·津關令 520

張·津關令 522

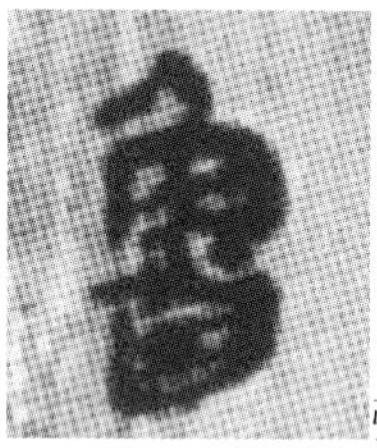
張·奏讞書 176

銀壹 800

○破蔽魯（櫓）百

敦煌簡 1117

〇秋里魯罷軍八月食

金關 T23:303

北壹・倉頡篇 62

〇攻穿襜魯壘部

吳簡嘉禾・五・四〇二

〇男子魯禮

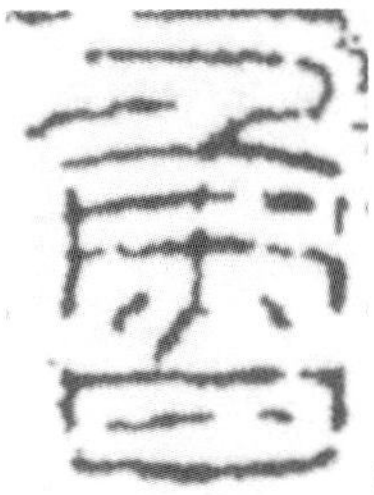
歷代印匋封泥

〇魯陽丞印

廿世紀璽印三-GP

漢晉南北朝印風

〇魯都鄉

漢晉南北朝印風

漢印文字徵

漢印文字徵

漢印文字徵

漢印文字徵

漢印文字徵

漢印文字徵

柿葉齋兩漢印萃

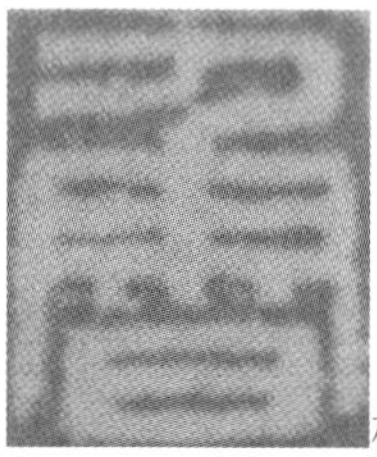
柿葉齋兩漢印萃

漢晉南北朝印風

漢晉南北朝印風

○魯巷夫印

秦公大墓石磬

東漢・禮器碑

東漢・乙瑛碑

東漢・乙瑛碑

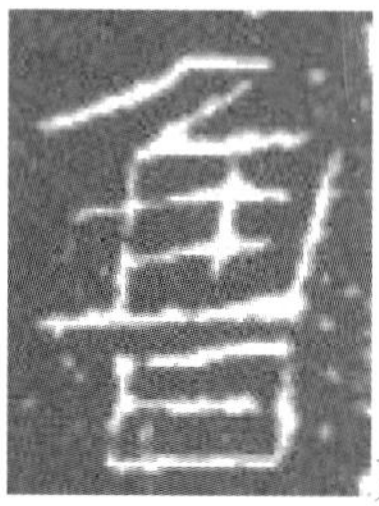
東漢・洛陽刑徒磚

○五任南陽魯陽

東漢・任城王墓黃腸石

○魯武央武

北魏・曹永誌

○東魯太縣

北魏・李媛華誌

北魏・元乂誌

○業通鄒魯

北魏・元舉誌

○或騰名魯衛

北周・法襲造像

○妻魯恭姬

【者】

《說文》：者，別事詞也。从白𣥠聲。𣥠，古文旅字。

戰晚・二十六年始皇詔書銅權

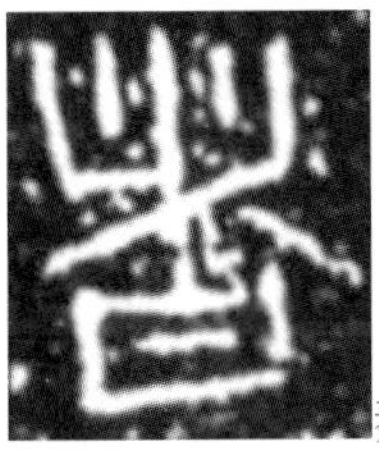
秦代・始皇十六斤銅權二

秦代・始皇詔銅方升一

秦代・元年詔版五

秦代・始皇詔版一

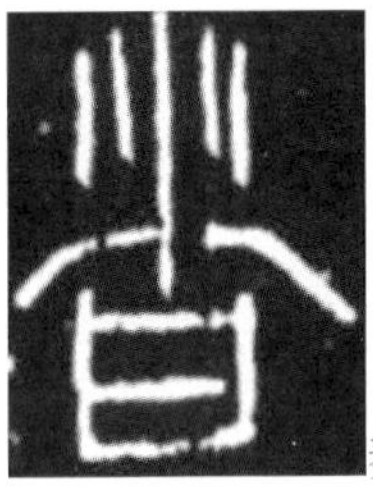
秦代・始皇詔銅橢量四

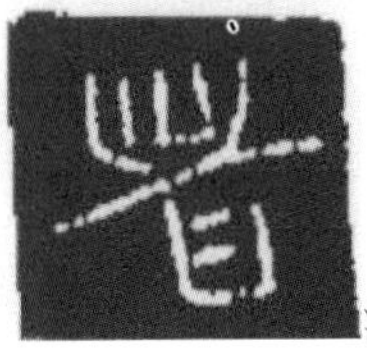
漢銘・雲陽鼎

漢銘・陽泉熏鑪

漢銘・中山宧者常浴銅錠二

漢銘・桂宮行鐙

漢銘・綏和鴈足鐙

漢銘・永始高鐙

漢銘・尚浴府行燭盤

漢銘・建昭鴈足鐙一

漢銘・壽成室鼎二

漢銘・南宮鼎三

漢銘・齊大官盆

睡・秦律十八種 37

睡・法律答問 187

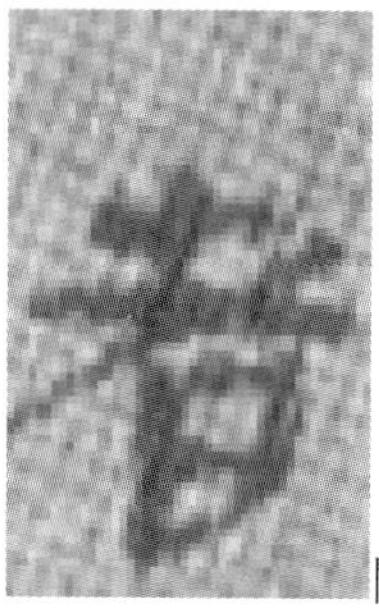
關・日書 227

嶽・占夢書 19

里・第八層 36

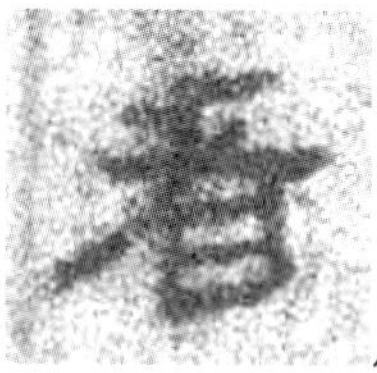
馬壹 44_42 下

馬壹 44_37 下

馬壹 109_141\310

馬壹 242_2 上\10 上

馬貳 35_39 下

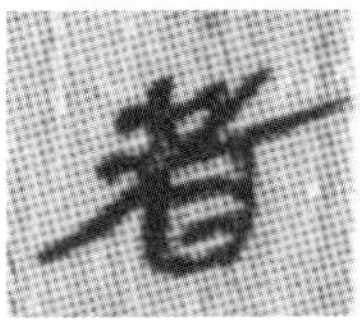
張・賜律 284

張・奏讞書 110

張・算數書 134

銀壹 809

○屏（庰）者必銜枚

銀貳 1187

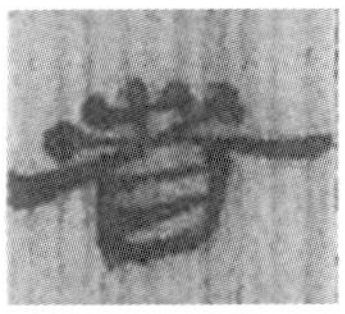
北貳・老子 212

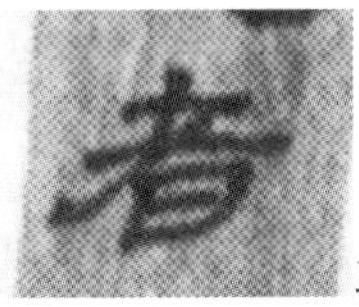
敦煌簡 0321

金關 T05:027

武・儀禮甲《服傳》23

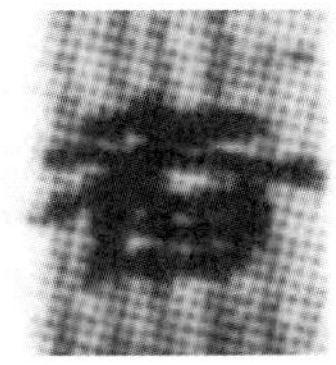
武・甲《燕禮》49

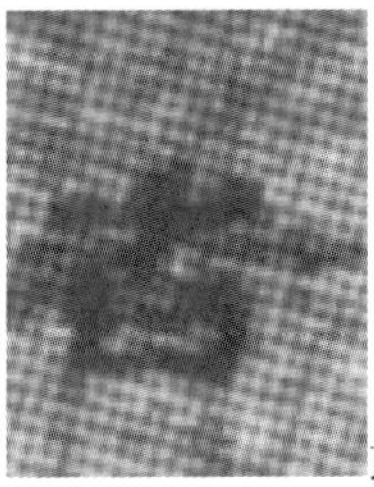
武・甲《泰射》13

○幕（冪）者舉幕（冪）

東牌樓 055 正

魏晉殘紙

魏晉殘紙

廿世紀璽印三-GP

歷代印匋封泥

歷代印匋封泥

廿世紀璽印三-GP

歷代印匋封泥

秦代印風

○者虜

秦代印風

○駱者

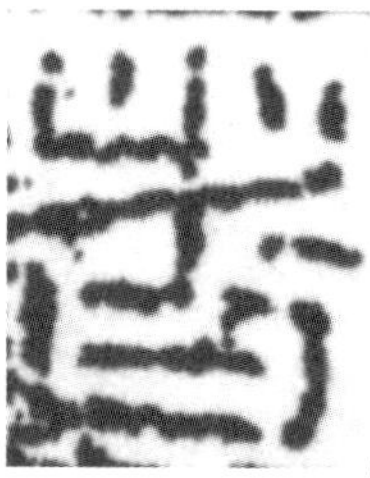
歷代印匋封泥

漢晉南北朝印風

○跡者單尉

廿世紀璽印三-GY

○官者丞印

廿世紀璽印三-GP

○鄉之印

廿世紀璽印四-GY

○天帝使者

漢晉南北朝印風

廿世紀璽印三-GP

○天帝使者

漢印文字徵

○李印段者

漢代官印選

漢代官印選

歷代印匋封泥

○齊宦都丞

漢印文字徵

漢印文字徵

○左河堤謁者印

漢代官印選

詛楚文・亞駝

○寘者冥室櫝棺之中

瑯琊刻石

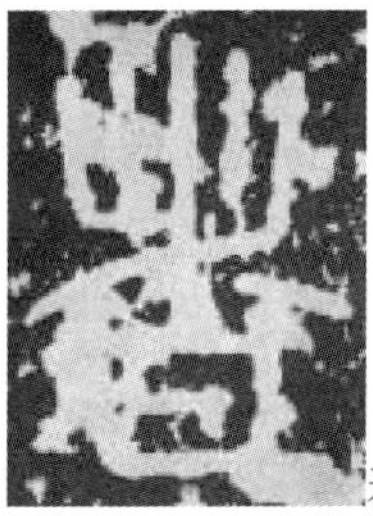
泰山刻石

東漢・王威畫像石墓題記

○使者持節

東漢・曹全碑陽

東漢・趙寬碑

東漢・肥致碑

東漢・司徒袁安碑

東漢・肥致碑

西晉・成晃碑

西晉・荀岳誌

西晉・徐義誌

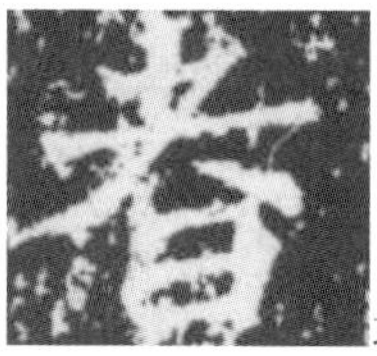
北魏・崔承宗造像

○少者益算

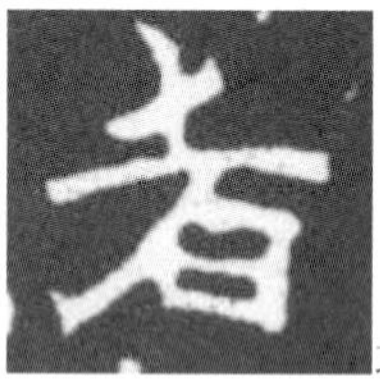
北魏・鞠彥雲誌

【皗】

《説文》：皗，詞也。从白𢏚聲。𢏚與疇同。《虞書》："帝曰：𠷎咨。"

【智】

《説文》：智，識詞也。从白从亏从知。

【𥏼】

《説文》：𥏾，古文𥏼。

睡・秦律十八種 105

睡・效律 35

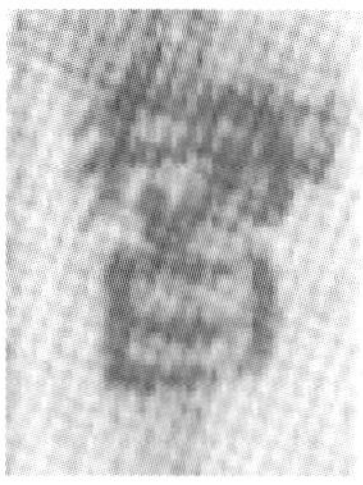
關・病方 376

嶽・為吏 2

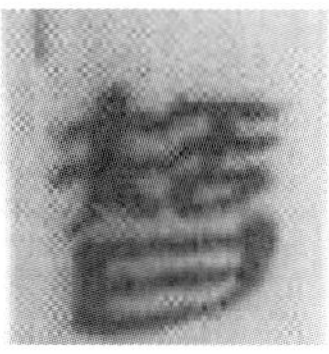
嶽・魏盜案 154

里・第八層 1733

馬壹 92_292

馬壹 87_190

馬貳 205_27

馬貳 129_21

張・盜律 74

張・奏讞書 142

張・算數書 38

銀貳 1182

北貳・老子 58

北貳・老子 194

金關 T10:153

○樂里智口

東牌樓 113

○達伯智

吳簡嘉禾・五・二六六

秦代印風

漢印文字徵

漢印文字徵

漢印文字徵

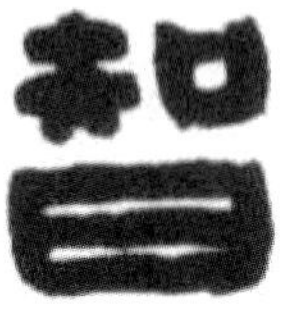
漢印文字徵

漢印文字徵

漢印文字徵

漢印文字徵

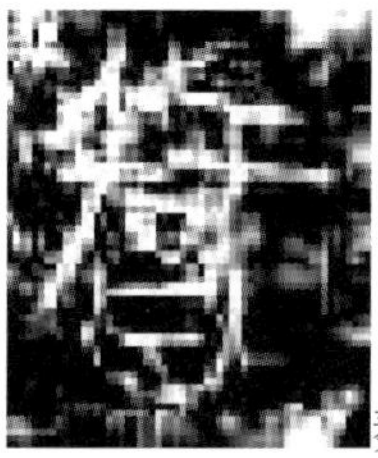
秦駰玉版

東漢・尚博殘碑

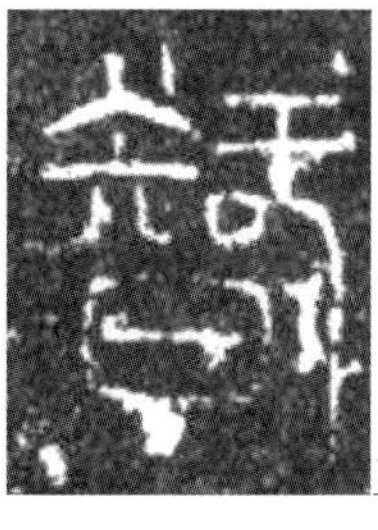
三國魏・三體石經殘・篆文

○智

三國魏・三體石經殘・隸書

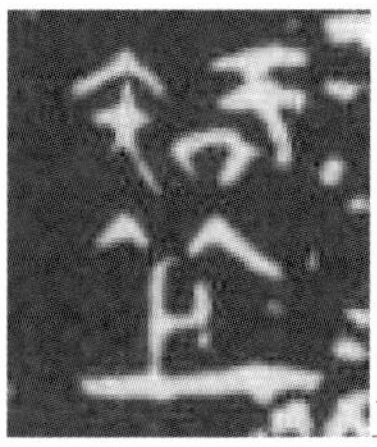
三國魏・三體石經尚書・古文

○弗敢智厥基永

北魏・元璨誌

○先公操智成仁

北魏・奚智誌

○諱智

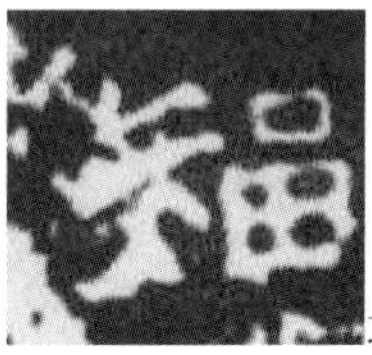
北魏・劉文朗造像

○兄道民劉文智

北魏・解伯都等造像

北魏・和醜仁誌

東魏・嵩陽寺碑

○仁智明敏

東魏・淨智塔銘

○淨智師

東魏・杜文雅造像

北齊・法懃塔銘

○棲禪照智

北齊・智妃造像

○比丘尼智妃

【百】

《説文》：百，十十也。从一、白。數，十百爲一貫。相章也。

【𦣻】

《説文》：𦣻，古文百从自。

戰晚或秦代・梡陽鼎

春晚・秦公鎛

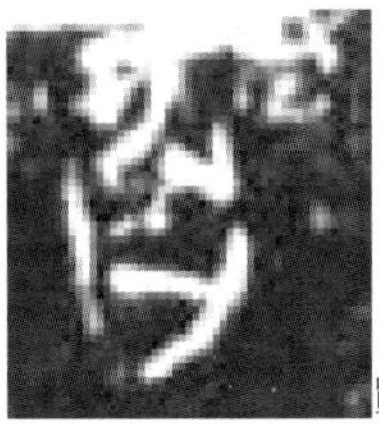
戰晚或秦代・梡陽鼎

春早・秦公鎛

漢銘・泰山宮鼎

漢銘・上林鼎一

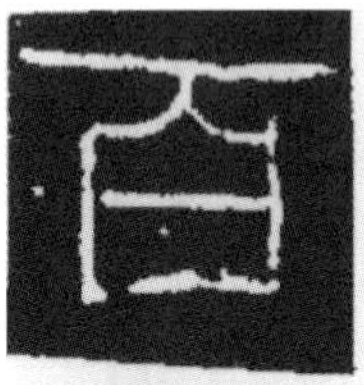
漢銘・衛少主鍾

漢銘・晉壽升

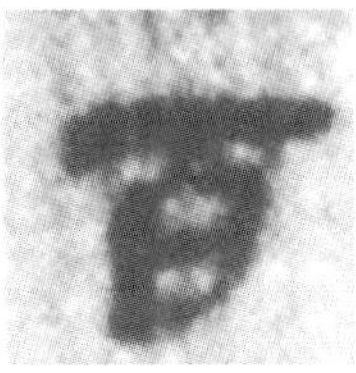
睡・秦律十八種 48

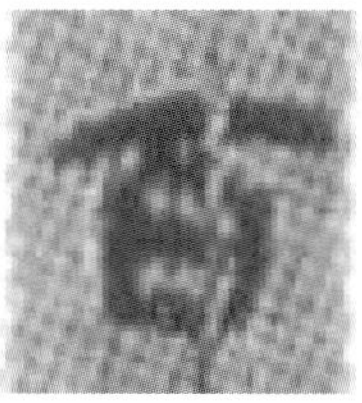
關・日書 253

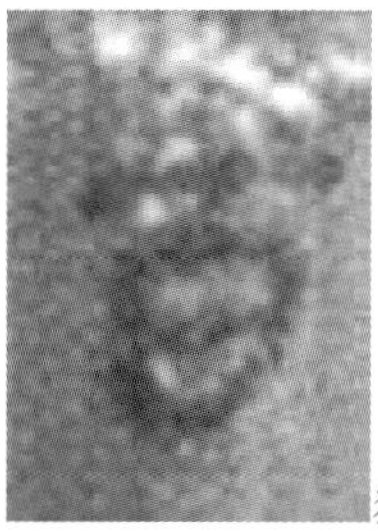
嶽・質日 3453

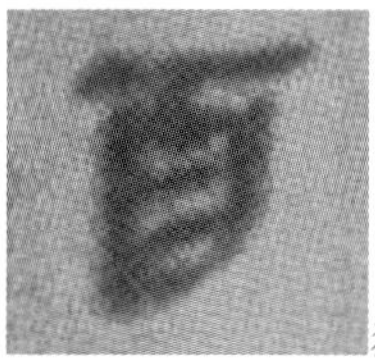
嶽・數 161

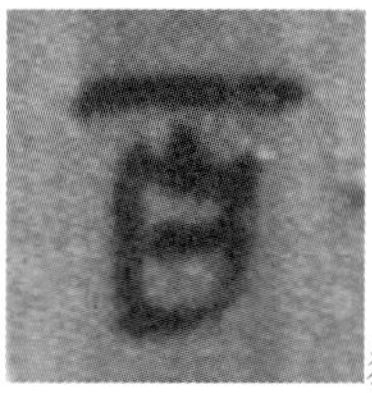
嶽・數 11

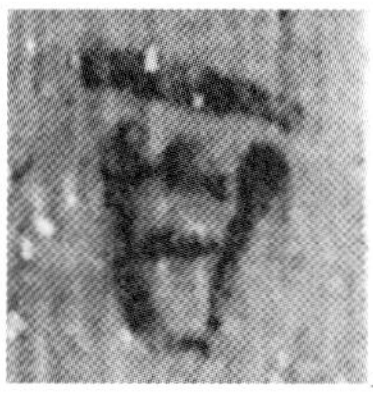
里・第六層 5

里・第八層 754

馬壹 5_31 上

張・盜律 55

張・奏讞書 174

張・算數書 11

○十萬百萬

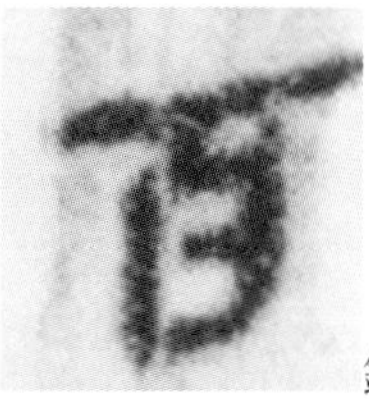
銀壹 93

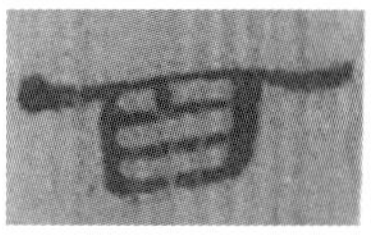
北貳・老子 33

敦煌簡 1185

○角第百卅三

金關 T01:093

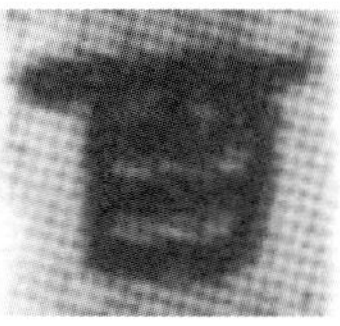
武・甲《有司》80

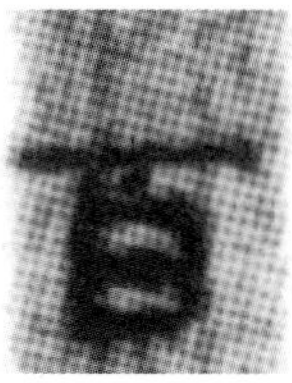
武・甲《燕禮》53

東牌樓 132

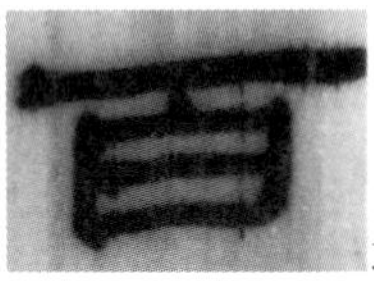
北壹・倉頡篇 7

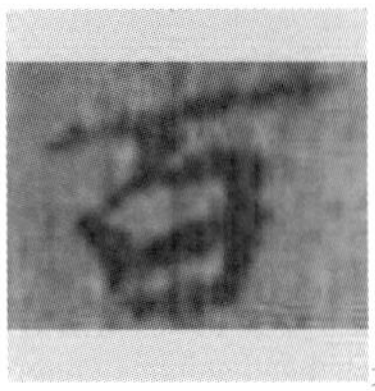
吳簡嘉禾・四・一四四

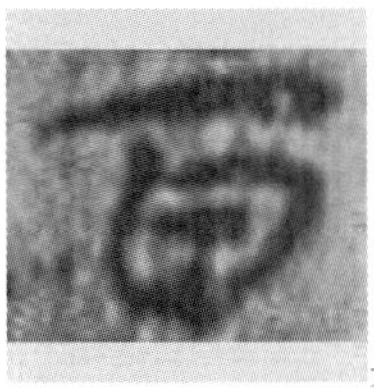
吳簡嘉禾・五・一二

○畝二百

吳簡嘉禾・四・四三六

○錢六百

秦代印風

漢晉南北朝印風

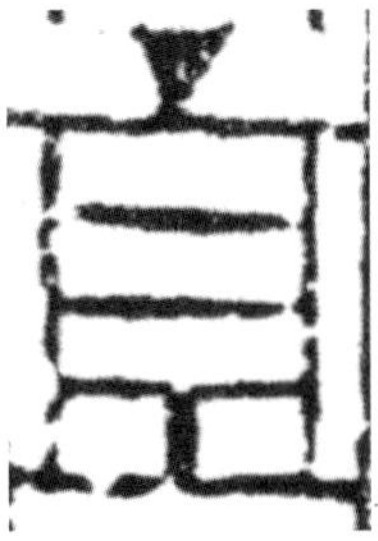
廿世紀璽印三-SP

○中門百万

漢印文字徵

漢印文字徵

秦公大墓石磬

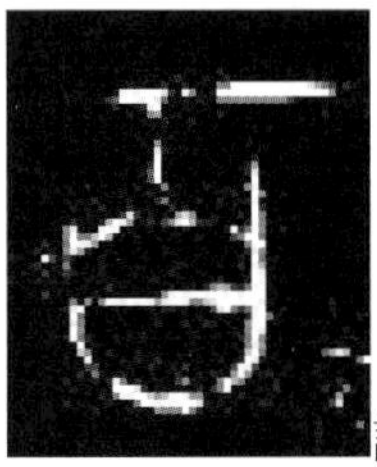
詛楚文・巫咸

○臨加我百姓

懷后磬

西漢

○第百上石

東漢・禮器碑

東漢・張遷碑陰

北魏・元倪誌

北魏・穆亮誌

東魏・高歸彥造像

北齊・石佛寺迦葉經碑

○□食八百

北周・百字摩崖

北周・盧蘭誌

〖皈〗

北魏・慧靜誌

北齊・柴季蘭造像

○擁耶皈正

北齊・宋敬業造塔

○勿識皈依

鼻部

【鼻】

《說文》：鼻，引气自畀也。从自、畀。凡鼻之屬皆从鼻。

漢銘・上林鐙

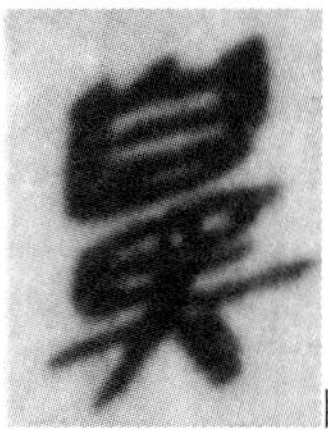
睡・法律答問 83

睡・日甲《盜者》72

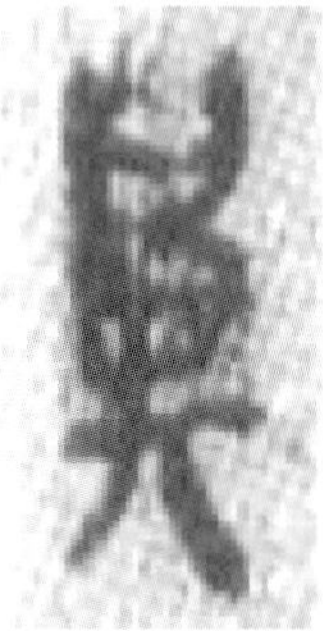
關・病方 346

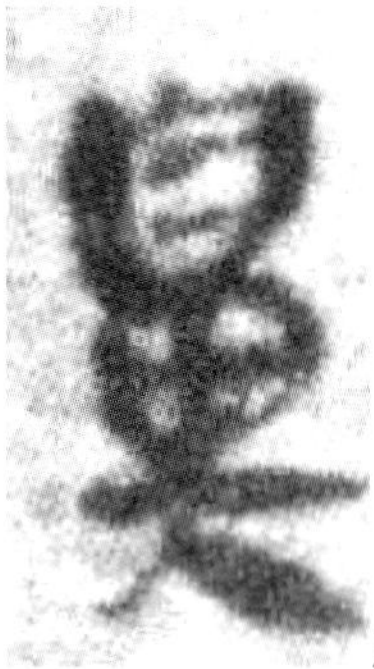
馬壹 104_40\209

馬貳 212_6/107

張・賊律 27

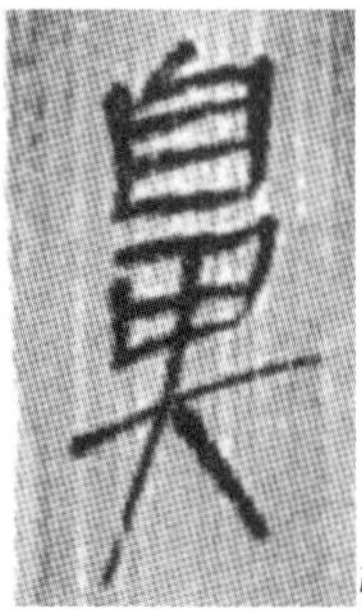
張・脈書 6

魏晉殘紙

秦代印風

○淳于鼻

廿世紀璽印三-SP

○薛鼻

漢印文字徵

漢印文字徵

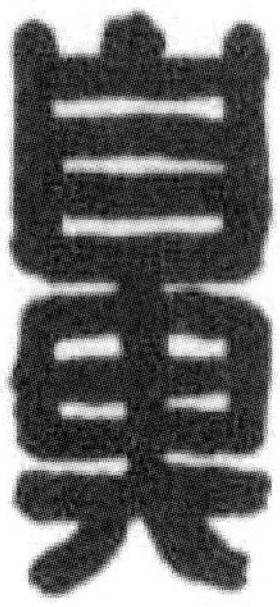
漢印文字徵

○唐鼻

漢晉南北朝印風

○申鼻

北魏·元延明誌

○兼以虎鼻表奇

北魏·楊昱誌

○鼻祖汾隅

北齊·無量義經二

○廣鼻脩面門開

【齅】

《説文》：齅，以鼻就臭也。从鼻从臭，臭亦聲。讀若畜牲之畜。

【鼾】

《説文》：鼾，卧息也。从鼻干聲。讀若汗。

【鼽】

《説文》：鼽，病寒鼻窒也。从鼻九聲。

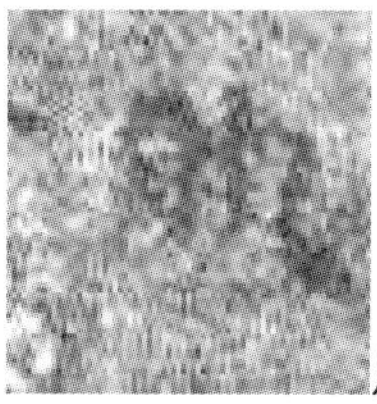
馬貳98_6

○鼻鼽頷頸甬（痛）

張·引書84

張·引書37

○鼽毋事

【齂】

《説文》：齂，臥息也。从鼻隶聲。讀若虺。

皕部

【皕】

《説文》：皕，二百也。凡皕之屬皆从皕。讀若祕。

【奭】

《説文》：奭，盛也。从大从皕，皕亦聲。此燕召公名。讀若郝。《史篇》名醜。

【奭】

《説文》：奭，古文奭。

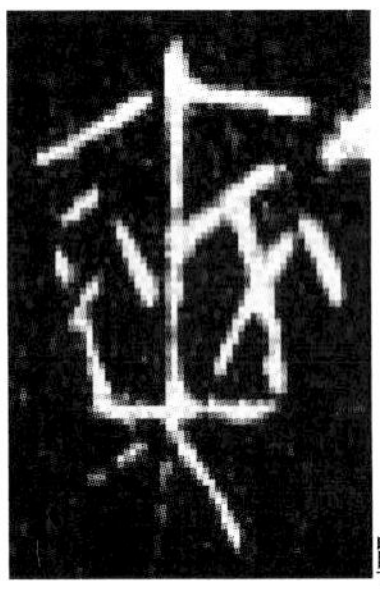
戰晚・十二年上郡守壽戈

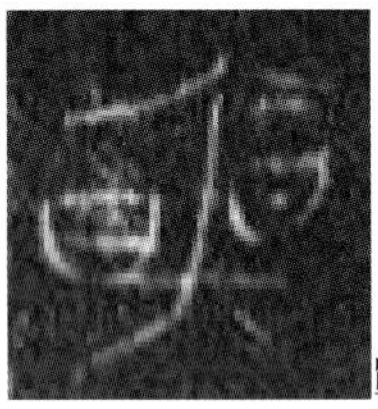
戰晚・八年相邦呂不韋戈

馬壹 90_250

○召公奭封於燕

秦代印風

○楊奭

漢印文字徵

○奭應

北魏・元欽誌

○共旦奭而齊軫

北魏・元暐誌

○旦奭受害

習部

【習】

《説文》：習，數飛也。从羽从白。凡習之屬皆从習。

睡・為吏 40

○變民習浴（俗）

敦煌簡 0526

○長王習私從者持牛

金關 T23:288

○令史習

東牌樓 035 背

○賤子習逸幺惶恐頓

廿世紀璽印三-SY

○禮習

漢印文字徵

○習封之印

東漢・熹平石經殘石四

○不孤直方大不習

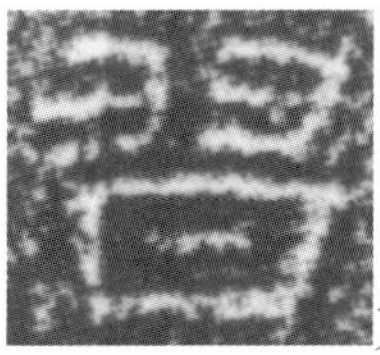
東漢・趙寬碑

北魏・高珪誌

北魏・楊範誌

○魏故弘農華陰潼鄉習

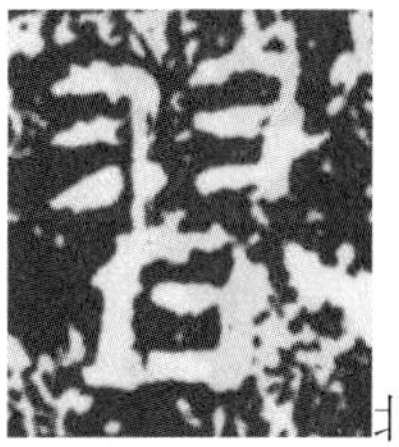
北魏・曹永誌

○中習儒道

東魏・元暐誌

○月習禮儀之事

【翫】

《説文》：翫，習猒也。从習元聲。《春秋傳》曰："翫歲而愒日。"

北魏・青州元湛誌

○翫園池

北魏・辛穆誌

○莚無綺翫

北魏・元煥誌

○好文翫武

東魏・廉富等造義井頌

○猛獸群隊而翫赴

東魏・張滿誌

○優遊翫道

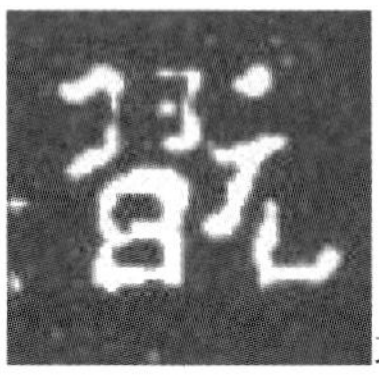
北齊・張潔誌

○綺翫誰珍

北齊・僧翫造像

○比丘僧翫

羽部

【羽】

《説文》：羽，鳥長毛也。象形。凡羽之屬皆从羽。

漢銘・永平十八年鐎

漢銘・羽陽宮鼎

漢銘・嘉至搖鍾

里・第八層 145

○人捕羽刻

馬貳 20_31 上

○辰戌羽也日中行五

張・算數書 57

敦煌簡 1784

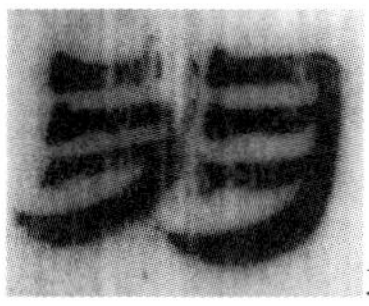
北壹・倉頡篇 37

○羽扇聶譽

吳簡嘉禾・五・一六七

○吏黄羽佃田

廿世紀璽印二-SP

漢代官印選

漢印文字徵

○羽廣

漢印文字徵

漢晉南北朝印風

漢晉南北朝印風

東漢・曹全碑陽

東漢・尹宙碑

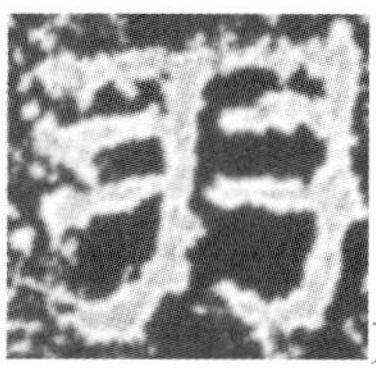
東漢・北海相景君碑陰

晉·洛神十三行

北魏·元羽誌

○刺史廣陵惠王元羽

北魏·高洛周造象

○高扶妻孔羽女侍佛

【翨】

《說文》：翨，鳥之彊羽猛者。从羽是聲。

漢印文字徵

○翨壽

【翰】

《說文》：翰，天雞赤羽也。从羽倝聲。《逸周書》曰：“大翰，若翬雉，一名鷐風。周成王時蜀人獻之。”

里·第八層 1662

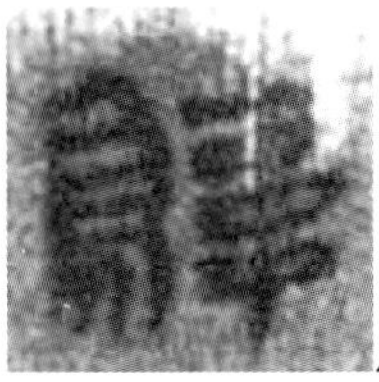
馬壹 13_89 上

○翰音登于天貞凶

漢晉南北朝印風

○楨翰甯部司馬

漢印文字徵

○楨翰寍部司馬

十六國北涼·沮渠安周造像

○望標理翰

北魏·昭玄法師誌

○散秩濡翰

北魏・乞伏寶誌

○翰飛詎已

北魏・元恭誌

○翰飛戾天

北魏・郭顯誌

○方馳逸翰

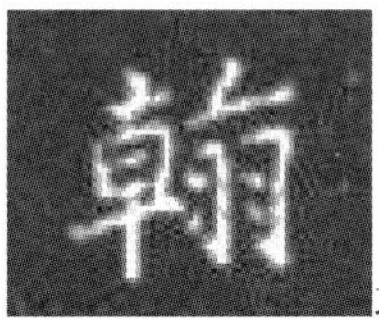
北魏・元隱誌

○史傳文翰

北魏・元珍誌

○周有良翰

北魏・王普賢誌

○抽情揮翰

北魏・元顯俊誌

○逸翰先折

北齊・元賢誌

○逸翰中夭

【翟】

《說文》：，山雉尾長者。从羽从隹。

漢銘・昆陽乘輿銅鼎

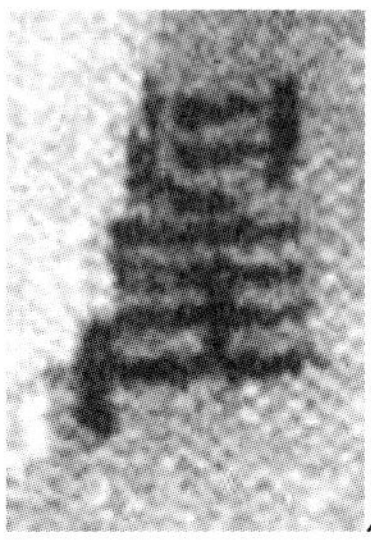
馬壹 177_74 上

馬貳 270_142/160

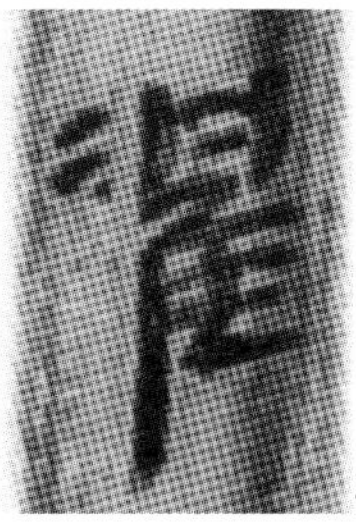
張・秩律 449

銀壹 533

敦煌簡 1462

○張翟如賓錢中

金關 T10:132

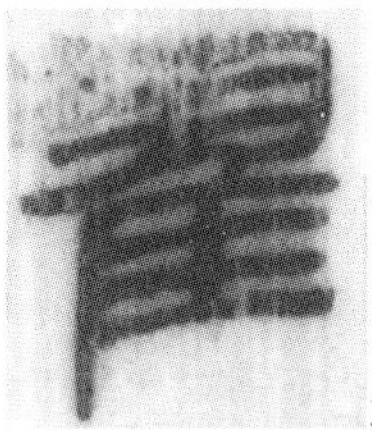
北壹・倉頡篇 8

○離異戎翟給賓

歷代印匋封泥

廿世紀璽印三-GP

○走翟丞印

秦代印風

○翟夫

秦代印風

○翟武

廿世紀璽印三-SY

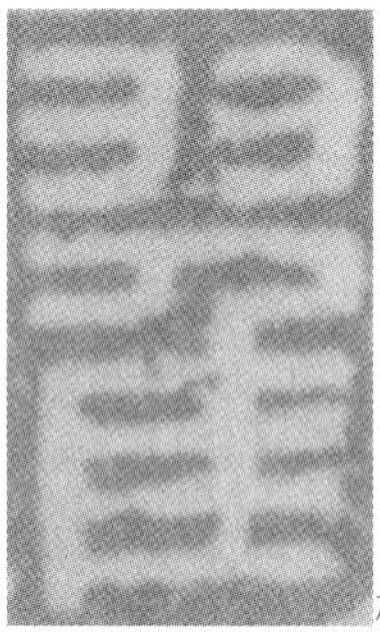
柿葉齋兩漢印萃

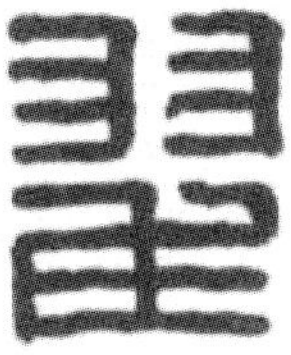
漢印文字徵

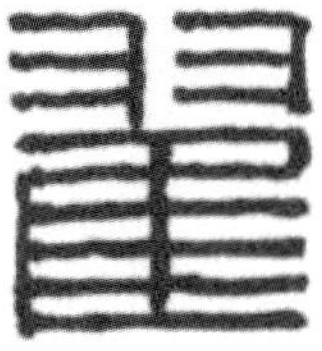
漢印文字徵

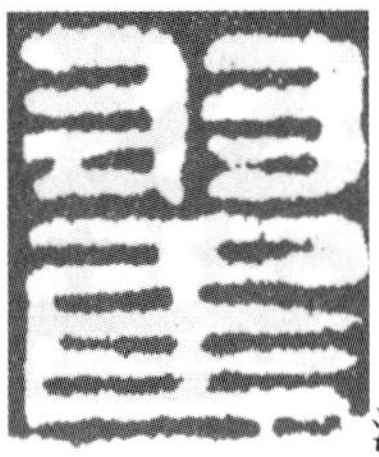
漢代官印選

漢印文字徵

漢印文字徵

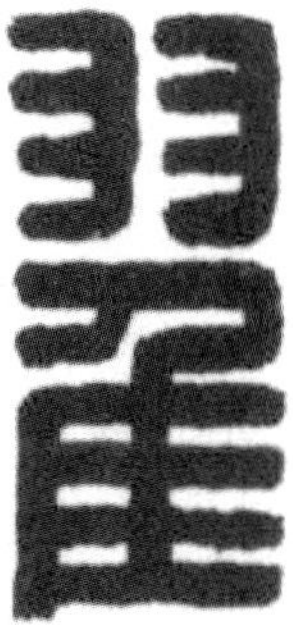
漢印文字徵

○翟綰

漢晉南北朝印風

漢晉南北朝印風

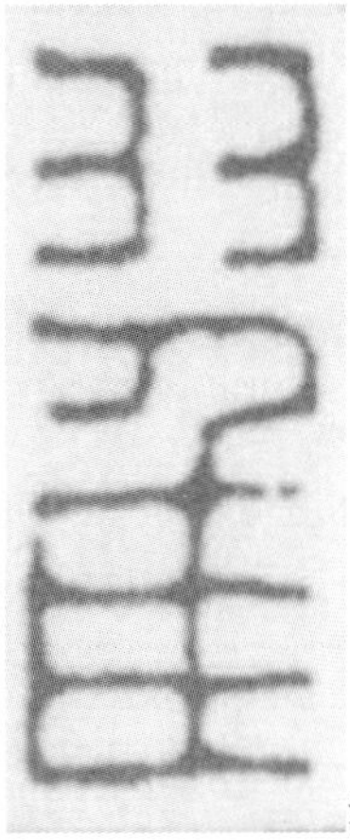
漢晉南北朝印風

漢晉南北朝印風

○翟譚

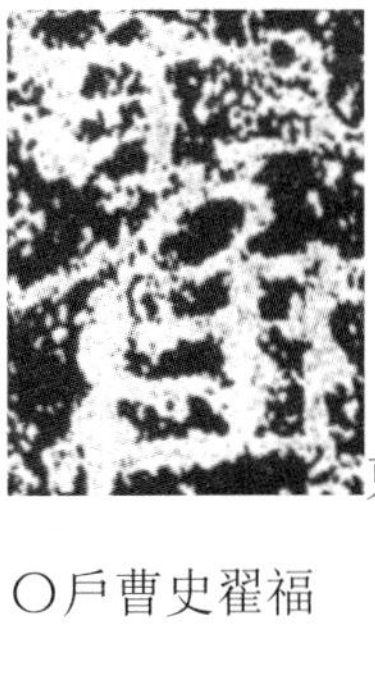
東漢・祀三公山碑

○戶曹史翟福

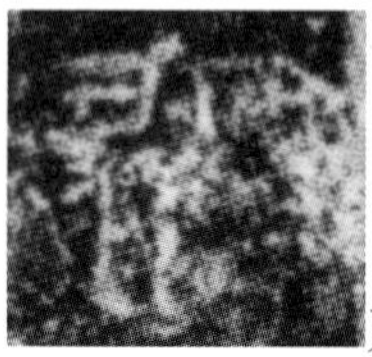
東漢・太室石闕銘

○陽翟平陵亭

西晉・左棻誌

○嫂翟氏

北魏・翟普林造像

北魏・道充等造像

東魏・元延明妃馮氏誌

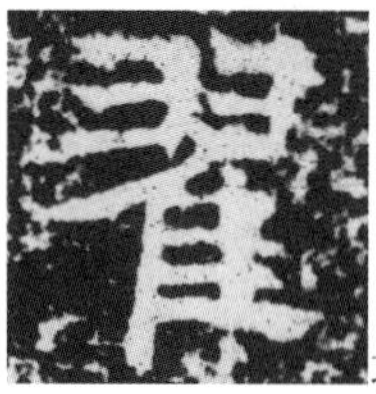
北齊・翟煞鬼記

【翡】

《說文》：翡，赤羽雀也。出鬱林。从羽非聲。

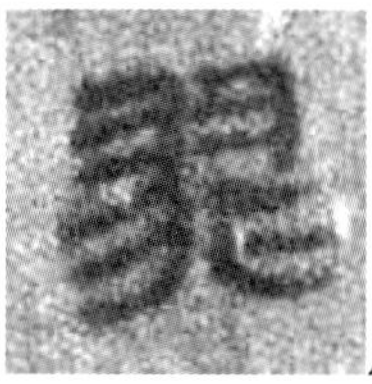
馬壹 7_36 上

○過之翡（飛）鳥

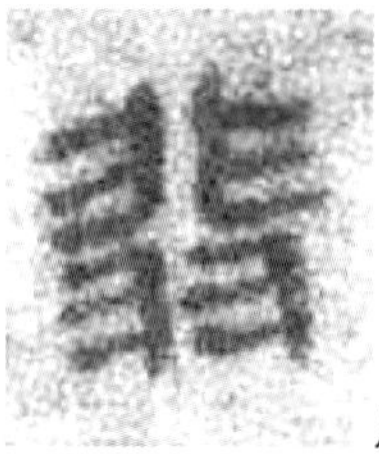
馬壹 7_35 上

○大事翡（飛）鳥遺

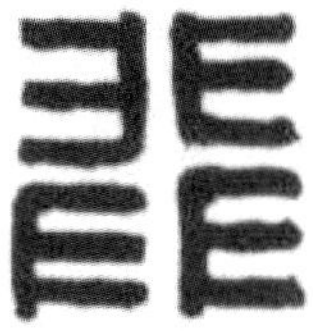
漢印文字徵

○翡雲私印

【翠】

《說文》：翠，青羽雀也。出鬱林。从羽卒聲。

敦煌簡 2002

○長高翠頓首死罪敢

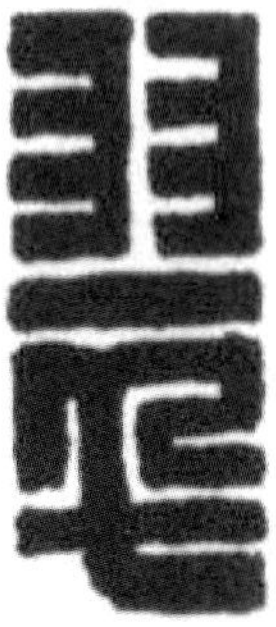
漢印文字徵

○棘翠

漢印文字徵

○臧加翠

漢晉南北朝印風

○郭翠私印

晉・洛神十三行

○或拾翠羽

西晉・臨辟雍碑

北魏・元暐誌

北魏・慈慶誌

○延佇翠儀

北魏・檀賓誌

北魏・堯遵誌

○翠蔭踰芳

北魏・王普賢誌

○翠幄凝辛

北齊・唐邕刻經記

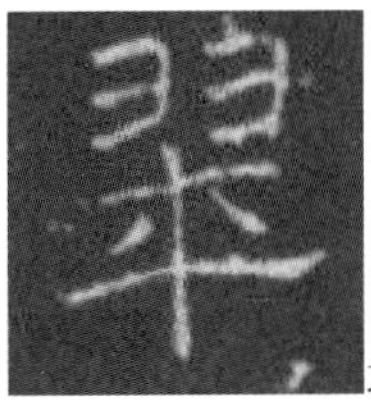
北齊・是連公妻誌

○雕翠石以立言

【翦】

《說文》：翦，羽生也。一曰矢羽。从羽前聲。

馬壹 82_59

○臣許翦以

銀貳 1148

○者善翦斷之如□會

北壹・倉頡篇 60

○亢弘兢翦眉霸

秦代印風

○李翦

漢印文字徵

○臣翦

歷代印匋封泥

○譚翦

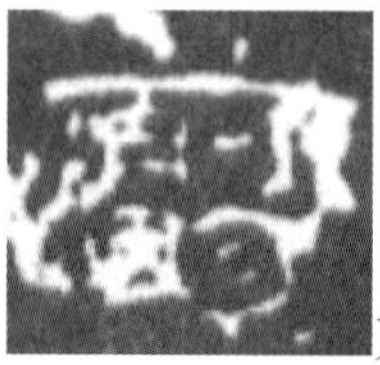

東漢・北海太守爲盧氏婦刻石

○翦髮明（朙）志

東漢・曹全碑陽

○翦伐殷商

北魏・王誦誌

北魏・元瞻誌

北魏・元懌誌

○翦黜姦權

北魏・元平誌

北周・若干雲誌

○秦之起翦

【翁】

《說文》：，頸毛也。从羽公聲。

漢銘・閔翁主家銅奩

漢銘・丙長翁主壺

秦文字編 606

秦文字編 606

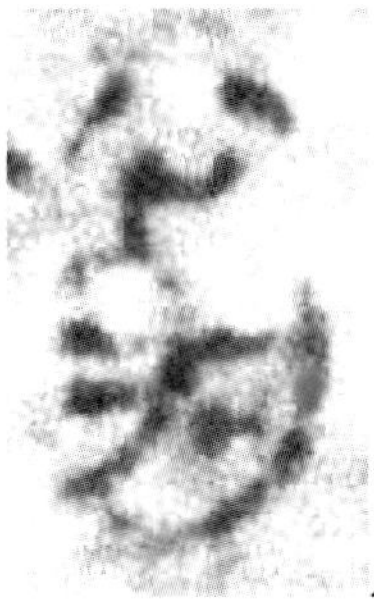
馬壹 90_236

○圍翁（雍）

馬貳 211_94

○強翁〈翕〉氣

敦煌簡 2266B

○言梁翁來戍足下前

金關 T07:015

金關 T06:067A

○幸報翁卿府都吏二

廿世紀璽印三-SY

○雍翁伯

廿世紀璽印三-SY

廿世紀璽印三-SY

○仇中翁印

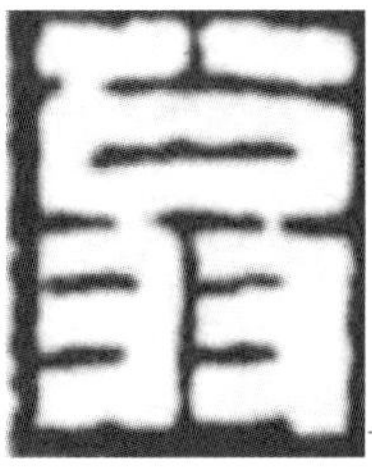
廿世紀璽印三-SY

○李少翁

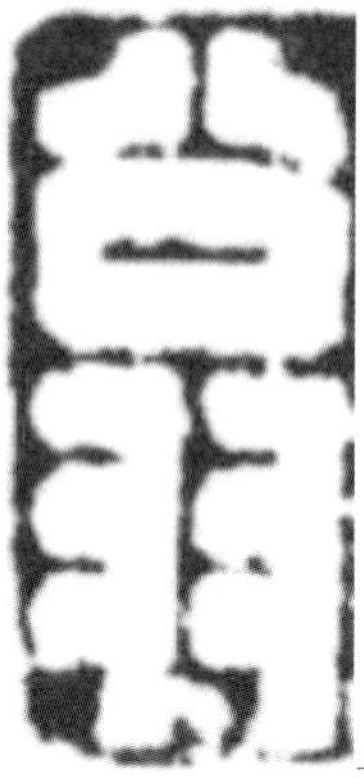

廿世紀璽印三-SY

○程翁

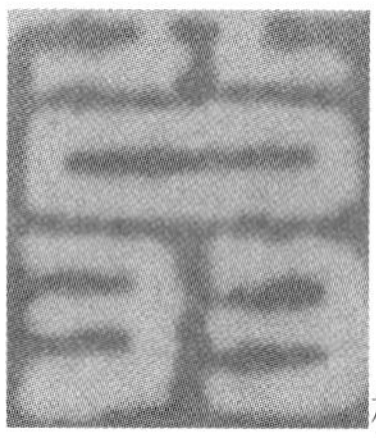

柿葉齋兩漢印萃

○宋翁孟

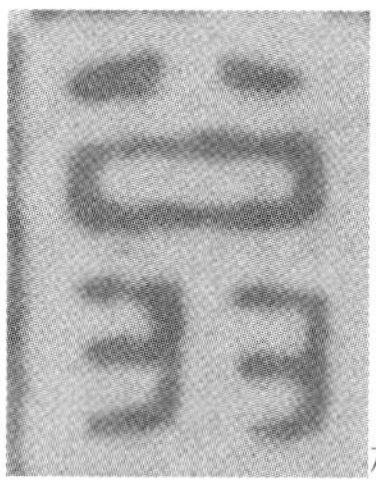

柿葉齋兩漢印萃

○顏翁子

漢印文字徵

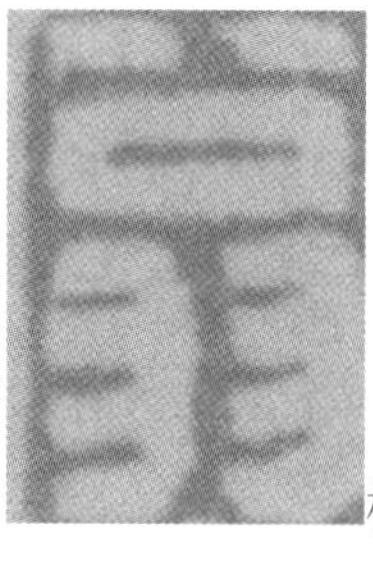

柿葉齋兩漢印萃

柿葉齋兩漢印萃

漢印文字徵

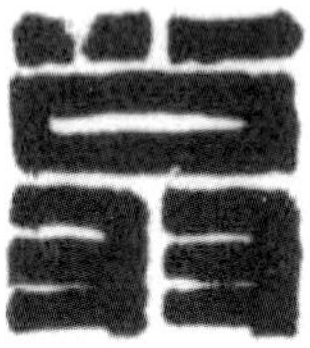

漢印文字徵

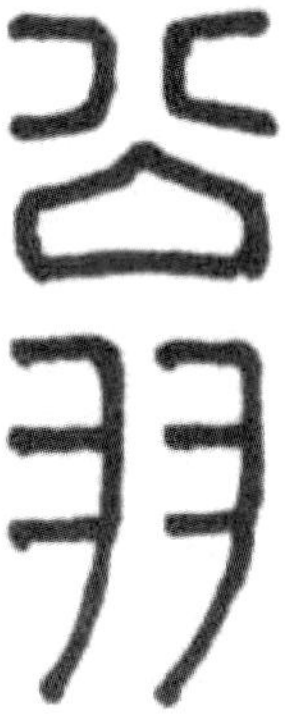

漢印文字徵

漢印文字徵

漢印文字徵

○徐翁孫

漢印文字徵

漢晉南北朝印風

○田翁孟印

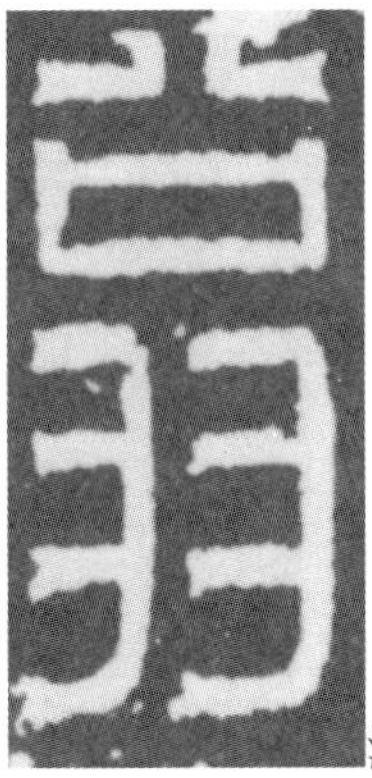
漢晉南北朝印風

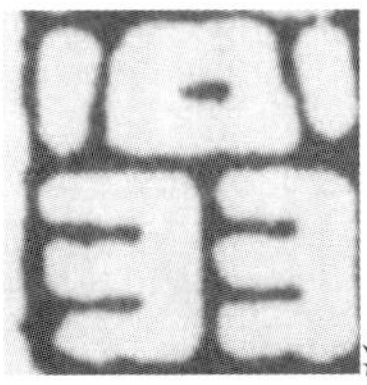
漢晉南北朝印風

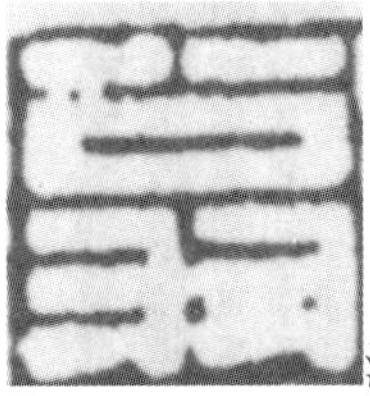
漢晉南北朝印風

漢晉南北朝印風

漢晉南北朝印風

○衛翁壹

漢晉南北朝印風

○笵翁中

漢晉南北朝印風

○司馬翁稺

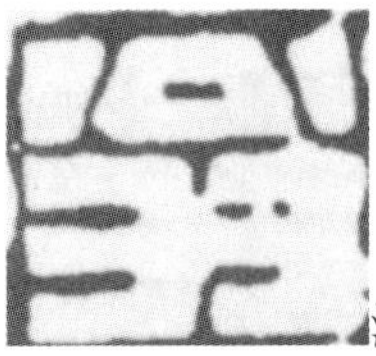
漢晉南北朝印風

○公上翁叔

漢晉南北朝印風

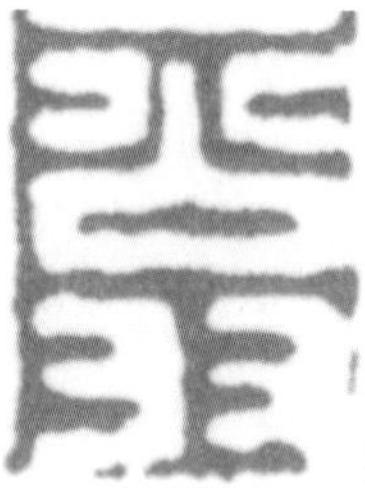
漢晉南北朝印風

○中翁之印

漢晉南北朝印風

○郭翁君印

東漢・趙寬碑

東漢・趙寬碑

東漢・析里橋郙閣頌

東晉・夏金虎誌

北魏・元昭誌

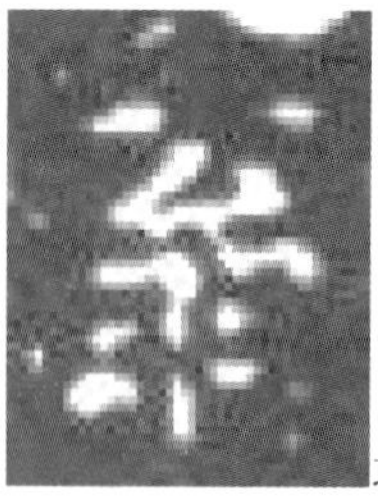
北齊・婁叡誌

○騎吹悲翁

【翄（翅）】

《説文》：，翼也。从羽支聲。

【𦐊】

《説文》：，翄或从氏。

北魏・笱景誌

○擅鳳翅於洛都

東魏・元顯誌

○八翅徒夢

【䩐】

《説文》：，翅也。从羽革聲。

【翹】

《説文》：，尾長毛也。从羽堯聲。

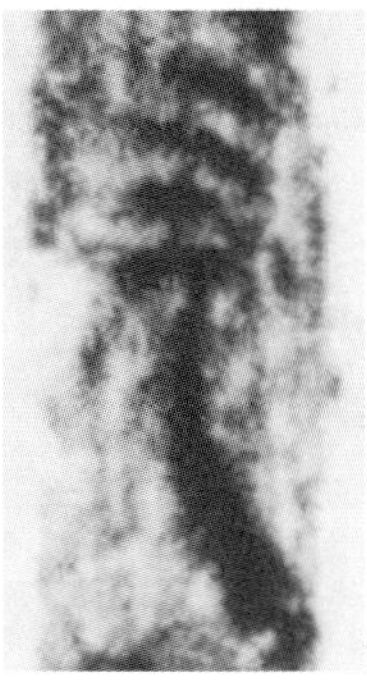
銀壹 919

○者之翹治也

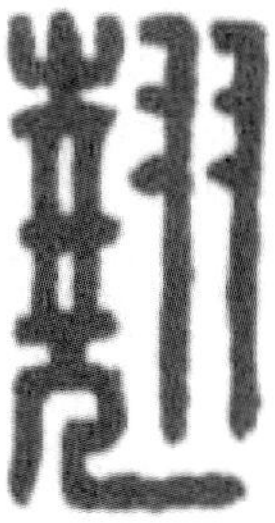
漢印文字徵

○祕翹

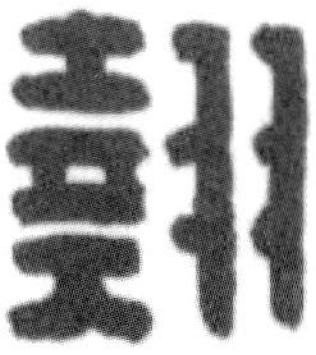
漢印文字徵

○殷翹之印

漢印文字徵

○泠子翹

東漢·北海太守爲盧氏婦刻石

○翹翹楚薪

北魏·元廞誌

北魏·檀賓誌

北魏·元颺妻王氏誌

○翹翹蔞楚

北魏·元颺妻王氏誌

○翹翹蔞楚

北魏·李端誌

○□披翹枝

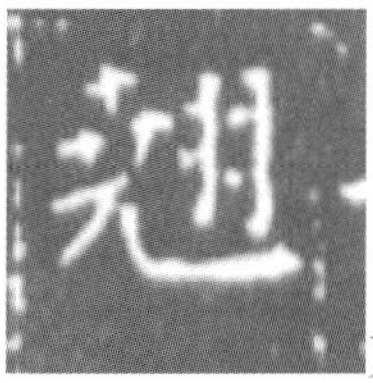
東魏·吕覎誌

北齊·赫連子悅誌

北齊·婁黑女誌

【翭】

《說文》：翭，羽本也。一曰羽初生

皃。从羽矦聲。

【翮】

《説文》：翮，羽莖也。从羽鬲聲。

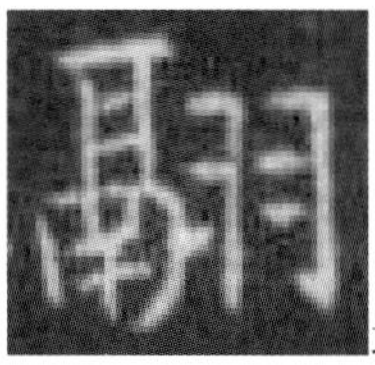
北魏・長孫盛誌

北魏・爾朱紹誌

北魏・爾朱襲誌

北魏・王翊誌

北魏・元顯魏誌

北魏・于纂誌

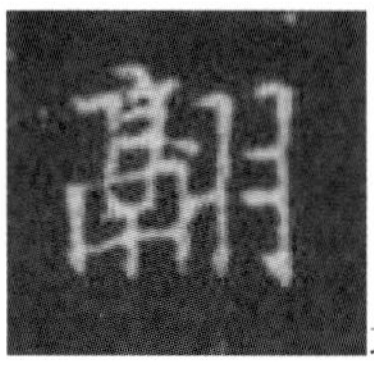
北魏・于纂誌

北魏・元謐誌

北魏・元秀誌

北魏・元譿誌

北魏・山暉誌

北魏・元演誌

【翑】

《説文》：翑，羽曲也。从羽句聲。

【羿（羿）】

《説文》：羿，羽之羿風。亦古諸侯也。一曰射師。从羽幵聲。

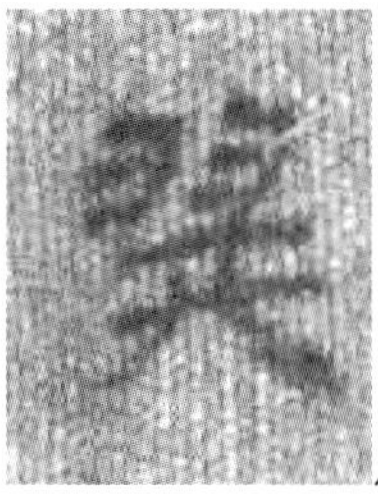
馬貳 134_4/55+59

○牀柧羿使子毋敢中

北魏・楊昱誌

○羿泥肆姦

【翥】

《說文》：，飛舉也。从羽者聲。

里・第八層背 2036

○從翥魋各一甲

秦代印風

○李翥

北魏・爾朱襲誌

○摶飄始翥

北魏・元悌誌

北齊・朱曇思等造塔記

○四翥風生

北齊・法懃塔銘

【翕】

《說文》：，起也。从羽合聲。

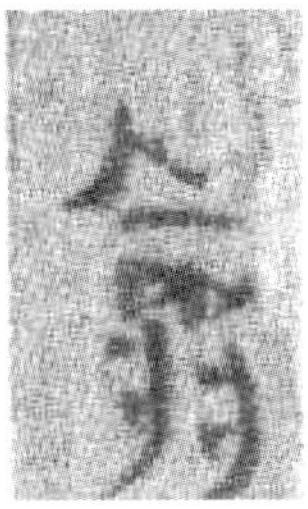
馬貳 205_29

○泉益（溢）翕甘潞（露）

張・引書 9

○足離翕

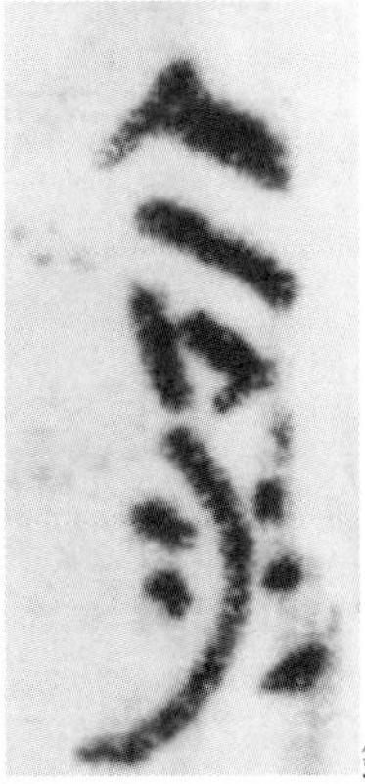
銀壹 685

〇庳（卑）翡（飛）翕翼虎

敦煌簡 0481A

〇庶民翕然

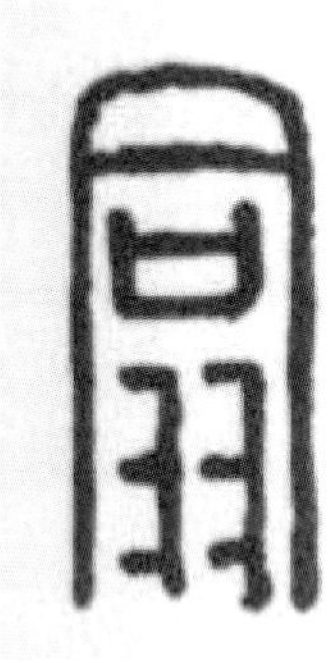
漢印文字徵

漢印文字徵

漢印文字徵

漢晉南北朝印風

〇封翕

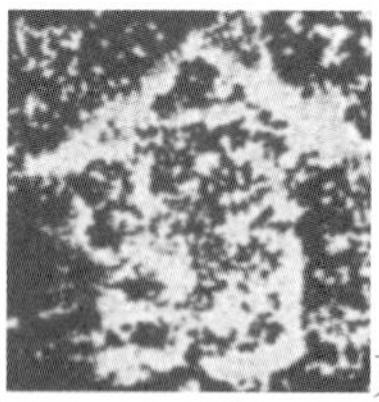
東漢・析里橋郙閣頌

東漢・西狹頌

北魏・元熙誌

東魏・元顯誌

【翾】

《説文》：，小飛也。从羽睘聲。

北魏・弔比干文

〇颯翾袂而上浮

北魏・王基誌

〇翾馥三才

【翬】

《説文》：，大飛也。从羽軍聲。一曰伊、雒而南，雉五采皆備曰翬。《詩》曰："如翬斯飛。"

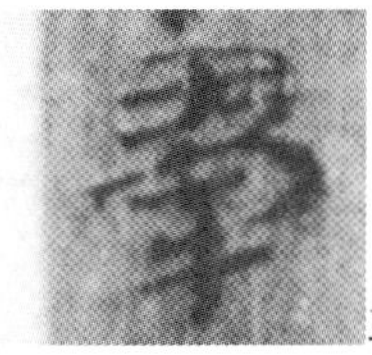
敦煌簡 0497

○及令輩解印授肉袒

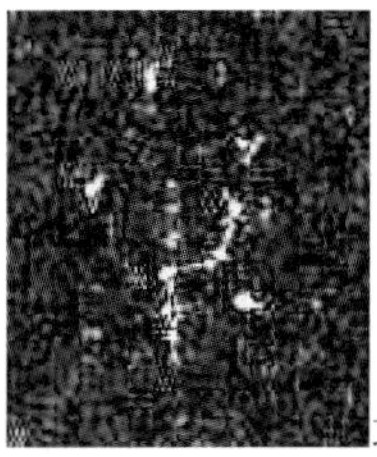
北魏・孫遼浮圖銘記

○春輩近止

【翏】

《説文》：翏，高飛也。从羽从㐱。

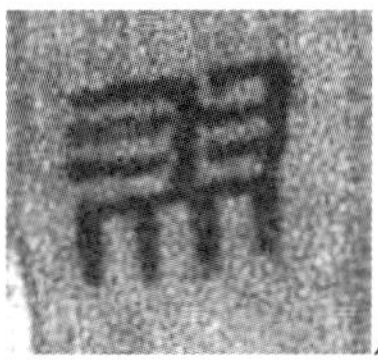
馬壹 136_65 上/142 上

○故不翏我有所周

廿世紀璽印二-SP

○臨晋翏

歷代印匋封泥

○臨晉翏

漢印文字徵

○翏成

漢印文字徵

○翏況之印

【翩】

《説文》：翩，疾飛也。从羽扁聲。

東漢・開母廟石闕銘

○翩彼飛雉

北魏・元項誌

○翩翩苦風

北魏・元項誌

○翩翩苦風

北魏・元秀誌

○元瑜謝其翩翩

北魏・王基誌

北魏・王基誌

【翜】

《説文》：，捷也。飛之疾也。从羽夾聲。讀若濇。一曰俠也。

【翊】

《説文》：，飛皃。从羽立聲。

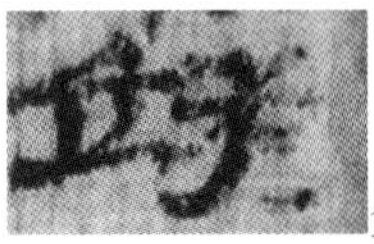金關 T30:224

○左馮翊武城竟里

廿世紀璽印三-SY

○慶翊私印

漢晉南北朝印風

○左馮翊丞

漢印文字徵

○左馮翊丞

漢代官印選

○左馮翊印

漢晉南北朝印風

○左奉翊掾王訢印

東漢・樂安利等字殘碑

東漢・曹全碑陰

○故門下賊曹王翊長河

東漢・白石神君碑

北魏・王翊誌

○公諱翊

北魏・張盧誌

○馮翊

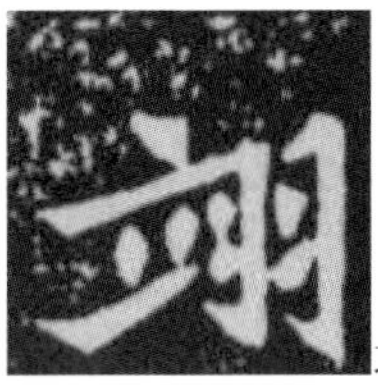
北魏・寇臻誌

○馮翊

【䎟】

《説文》：䎟，飛盛皃。从羽从冃。

【𦐇】

《説文》：𦐇，飛盛皃。从羽之聲。

漢印文字徵

○仝𦐇尤

【翺】

《説文》：翺，翺翔也。从羽皐聲。

漢印文字徵

○商翺印信

東漢・伯興妻殘碑

○陣翺佐力逸

北魏・元誨誌

○等翺翔之師

北魏・元茂誌

○翺翔疏苑

【翔】

《説文》：翔，回飛也。从羽羊聲。

漢銘・熹平鍾

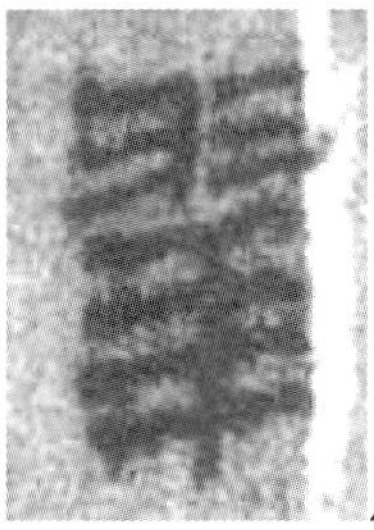
馬壹 4_4 下

○巧翔（祥）

柿葉齋兩漢印萃

○胡翔之印

漢印文字徵

○董翔印信

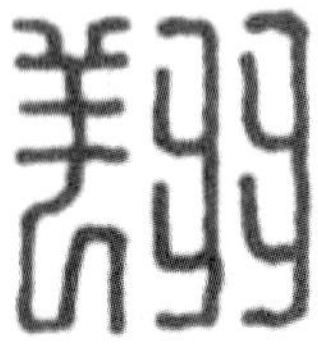
漢印文字徵

○宋翔印信

漢晉南北朝印風

○會翔

漢晉南北朝印風

○宋翔印信

東漢・肥致碑

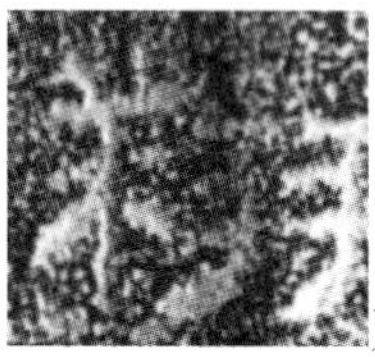
東漢・簿書殘碑

晉・洛神十三行

西晉・臨辟雍碑

北魏・元羽誌

北魏・元颺誌

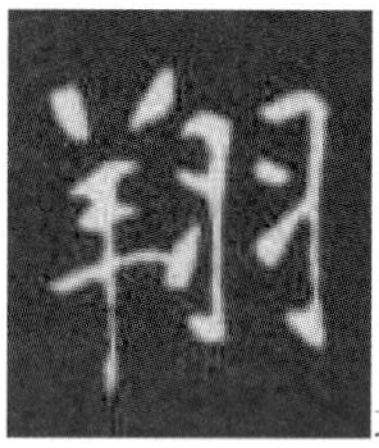
北魏・元誨誌

北魏・王悅及妻郭氏誌

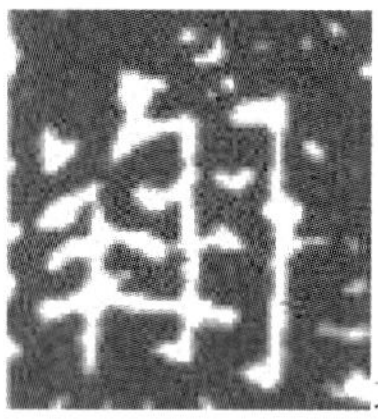
北齊・刁翔誌

【翽】

《説文》：翽，飛聲也。从羽歲聲。《詩》曰：“鳳皇于飛，翽翽其羽。”

北魏・高貞碑

○翽羽儲肩

【翯】

《説文》：翯，鳥白肥澤皃。从羽高聲。《詩》云：“白鳥翯翯。”

【翌】

《説文》：，樂舞。以羽䍿自翳其首，以祀星辰也。从羽王聲。讀若皇。

【翇】

《説文》：，樂舞。執全羽以祀社稷也。从羽犮聲。讀若紱。

【翿】

《説文》：，翳也。所以舞也。从羽設聲。《詩》曰：“左執翿。”

【翳】

《説文》：，華蓋也。从羽殹聲。

馬壹 136_164 上/141 上

○爲靜翳不動

北壹・倉頡篇 36

○癰疽旃翳篋笠

漢印文字徵

○程翳

漢印文字徵

○中翳之印

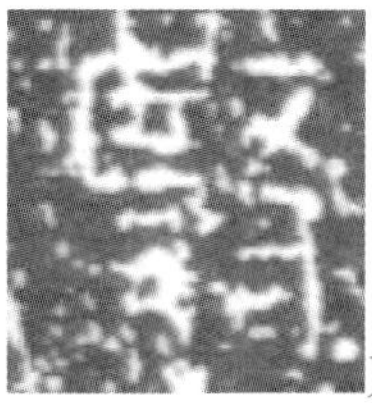

東漢・武氏左石室畫像題字

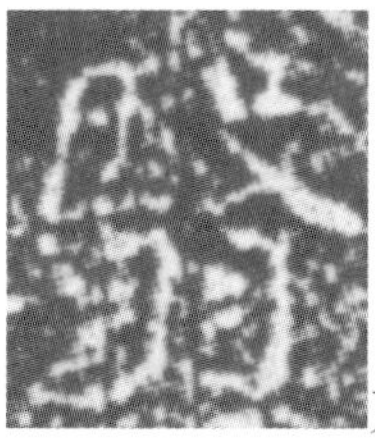

東漢・趙寬碑

晉・洛神十三行

北魏・伏君妻咎雙仁誌

○長翳松楊

北魏・奚真誌

○泉門永翳

北魏・吳光誌

○彼殊方永翳九陌

【翣】

《說文》：翣，棺羽飾也。天子八，諸侯六，大夫四，士二。下垂。从羽妾聲。

北魏・宋靈妃誌

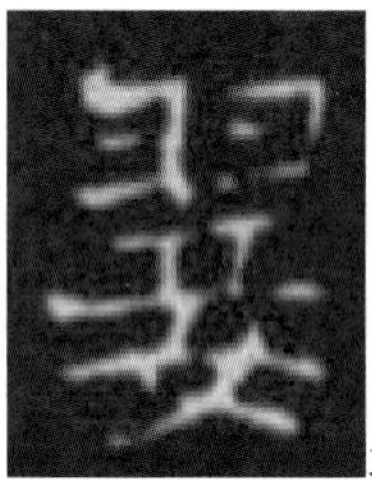
北魏・元鑽遠誌

北齊・庫狄業誌

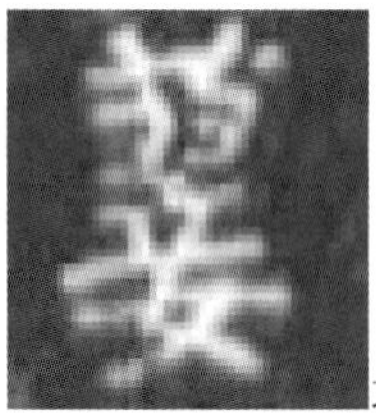
北周・乙弗紹誌

○晝翣隨轜

【翻（飜）】

《說文》：翻，飛也。从羽番聲。或从飛。

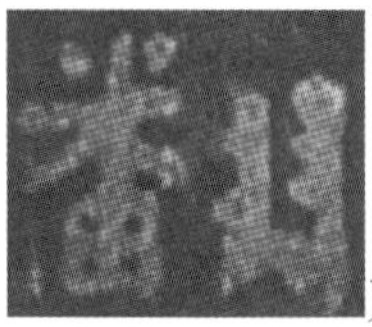
東漢・楊統碑陽

東漢・孟孝琚碑

北魏・王悅及妻郭氏誌

○徂鑣已飜（翻）

北魏・元信誌

○方乃接翮飜（翻）飛

北魏・元壽安誌

○飜（翻）飛紫闥

北魏・秦洪誌

○淵度長飜（翻）

北魏・元熙誌

○飜（翻）然改圖

北魏・元尚之誌

○雲翮中飜（翻）

東魏・王僧誌

○䎗（翻）飛下國

北齊・盧脩娥誌

○䎗（翻）從運往

北齊・牛景悅造石浮圖記

○飛檐聯䎗（翻）

北周・王德衡誌

北周・王鈞誌

【翎】

《說文》：，羽也。从羽令聲。

【翧】

《說文》：，飛聲。从羽工聲。

〖⿱羽于〗

漢印文字徵

○趙⿱羽于

〖翌〗

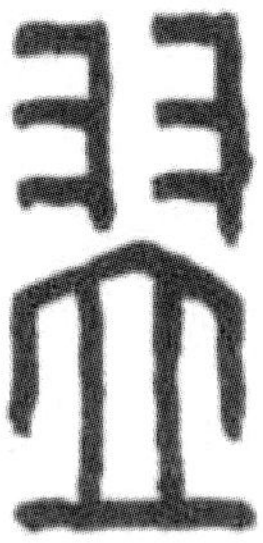漢印文字徵

○張翌

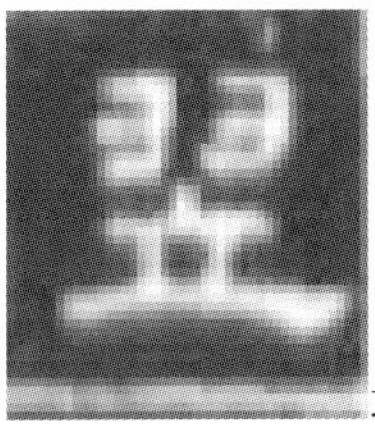北齊・高潤誌

○翌日弗瘳

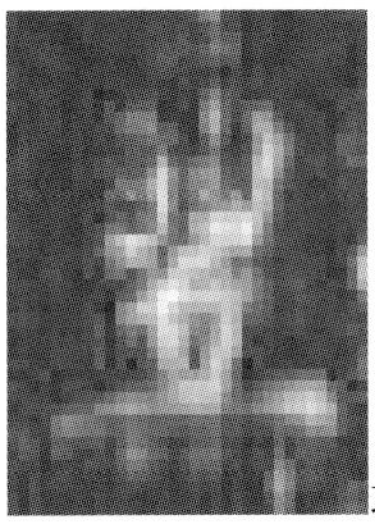北周・賀蘭祥誌

○翌日己亥

〖⿱羽青〗

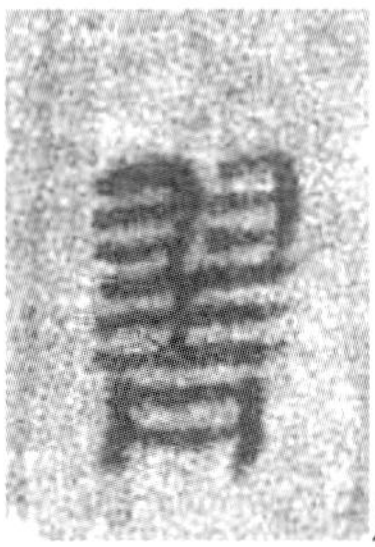
馬壹 133_27 下\104 下

〇名曰之（蚩）尤之䍐（旌）

隹部

【隹】

《說文》：，鳥之短尾總名也。象形。凡隹之屬皆从隹。

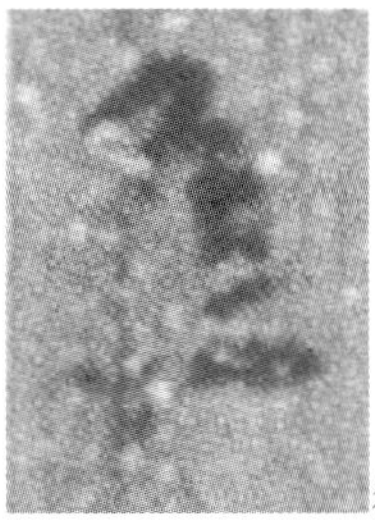
嶽・數 194

〇積隹（錐）者兩

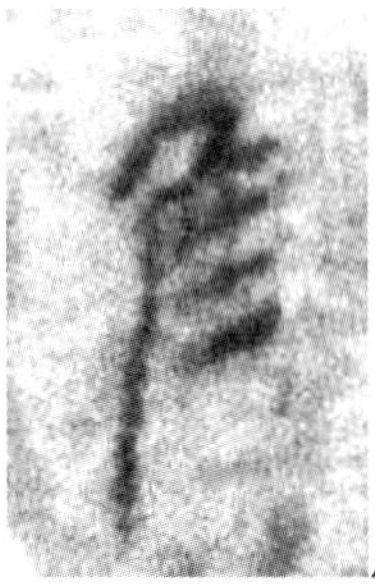
馬壹 91_265

〇以楚隹（隼）

銀壹 764

〇曰隹（唯）天

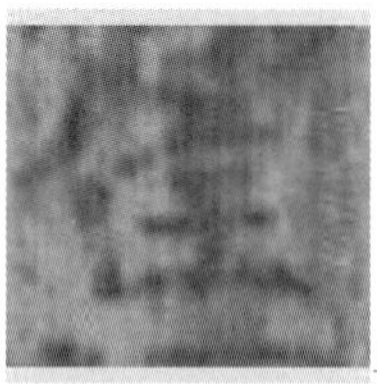
吳簡嘉禾・四・三八三

〇下丘謝隹

石鼓・汧殹

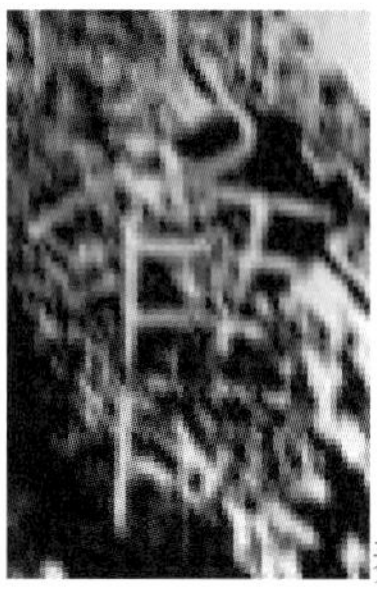
秦公大墓石磬

【雅】

《說文》：，楚烏也。一名鸒，一名卑居。秦謂之雅。从隹牙聲。

睡・法律答問 12

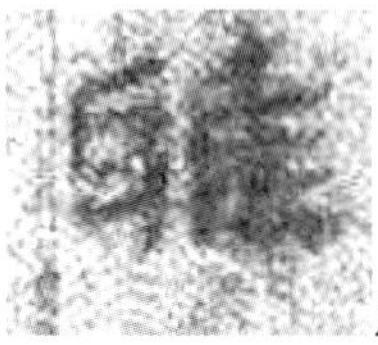
馬貳 35_31 下

〇烏雅（鴉）

張・奏讞書 218

敦煌簡 2016

○高子雅田卅畝

漢印文字徵

○徐雅子印

東漢・從事馮君碑

○□雅宣慈

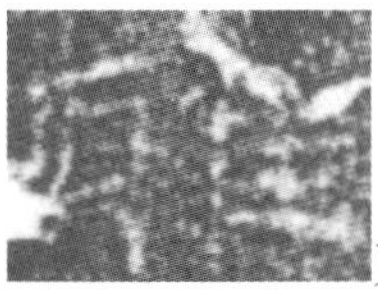
東漢・禮器碑陰

○魯孔曜仲雅

東漢・張遷碑陰

○韋元雅

東漢・譙敏碑

北魏・元壽安誌

北魏・元簡誌

北魏・長孫忻誌

○雅量

北魏・奚真誌

○量淵凝雅

北魏・元暐誌

北魏・爾朱紹誌

北魏・元誨誌

北魏・王基誌

○有毛闕雅量

東魏・元仲英誌

【隻】

《說文》：隻，鳥一枚也。从又持隹。持一隹曰隻，二隹曰雙。

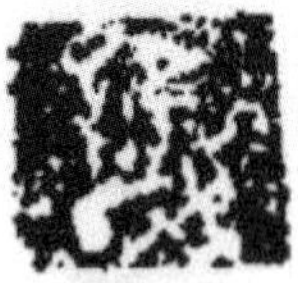
漢銘・漢建武釦

敦煌簡 1477

○隻一只

金關 T10:069

○二雞一隻

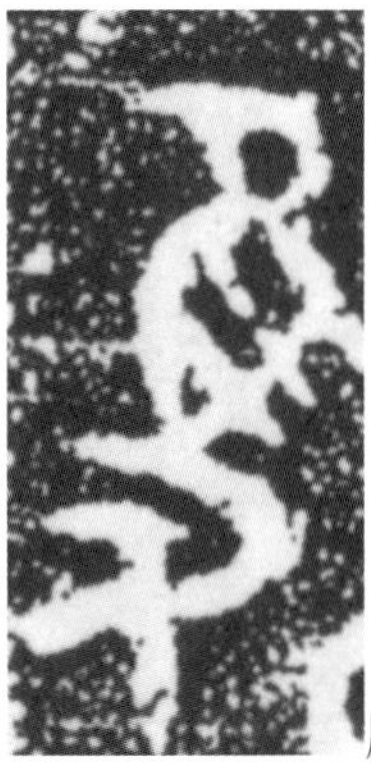
歷代印匋封泥

○閒隻

石鼓・鑾車

○閒隻

東漢・元嘉元年畫像石題記一

○中直柱隻結龍

【雒】

《說文》：雒，鵋鵙也。从隹各聲。

漢銘・中山內府鈁二

漢銘・中山內府銅盆二

漢銘・陽泉熏鑪

漢銘・洛陽市平器

漢銘・中山內府鈁一

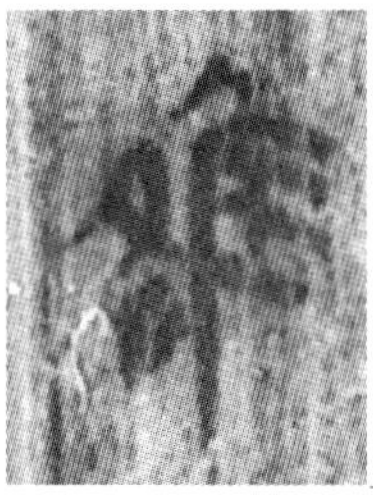
里·第八層 232

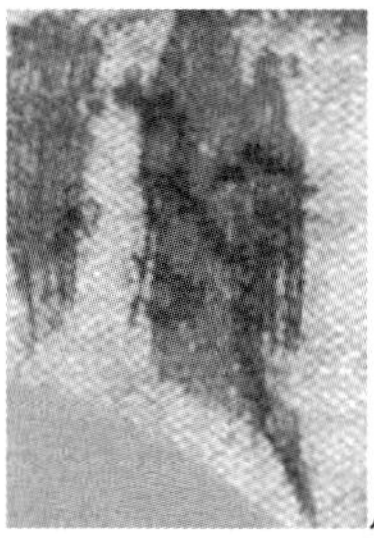
馬貳 118_175/174

張·秩律 451

金關 T24:266B

北壹·倉頡篇 57

○汜漳伊雒涇渭

歷代印匋封泥

○雒陽丞印

廿世紀璽印三-GP

○雒陽宮丞

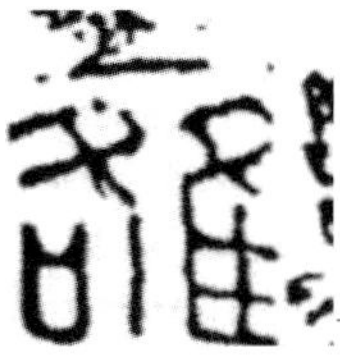
廿世紀璽印三-GP

○雒令之印

漢晉南北朝印風

○雒陽令印

漢印文字徵

○雒陽宮丞

東漢·李昭碑

北魏·元思誌

北魏·劉氏誌

北魏·王遺女誌

【闇】

《説文》：，今闇。似雊鴒而黄。从隹，㒳省聲。

【䨥】

《説文》：，籒文不省。

睡・為吏 23

〇槍闇（藺）環

馬壹 8_43 下

〇羞貞闇（吝）

馬壹 8_39 下

〇至貞闇（吝）

廿世紀璽印三-SY

〇藺廣利印

漢印文字徵

〇闇中

漢印文字徵

〇闇印廣利

【巂】

《説文》：，周燕也。从隹，屮象其冠也。冏聲。一曰蜀王望帝，婬其相妻，慙亡去，爲子巂鳥。故蜀人聞子巂鳴，皆起云“望帝”。

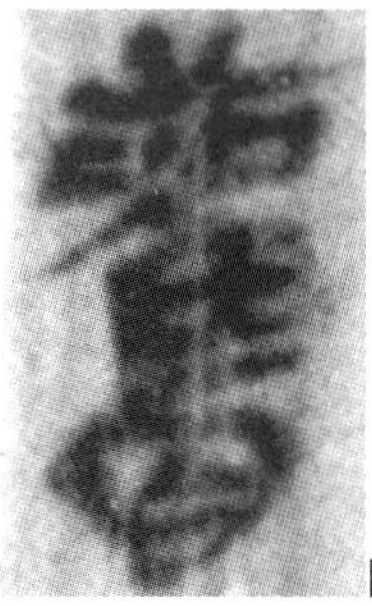
睡・日甲《玄戈》53

〇此（觜）巂致死心

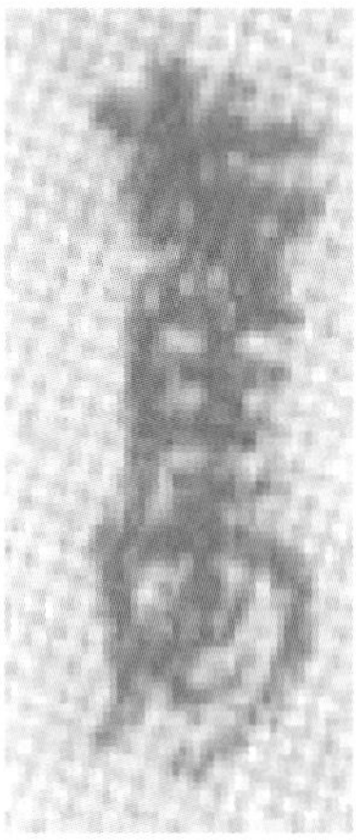
關・日書 225

〇此（觜）巂門有客所言

馬壹 5_21 上

〇有復（孚）巂(維）心亨行有尚

漢印文字徵

○巂都尉章

漢印文字徵

○巂太守

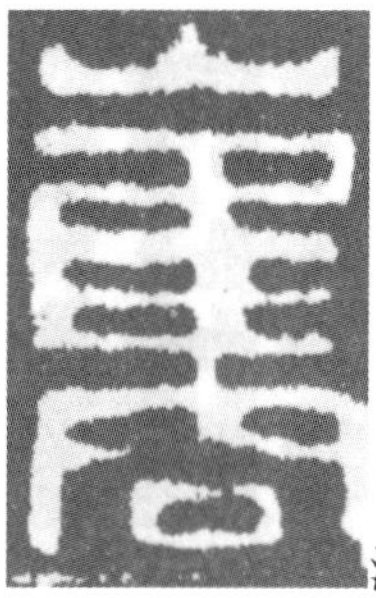
漢代官印選

○越巂太守章

漢晉南北朝印風

○越巂太守章

東晉・霍□誌

○建寧越巂興古三

【䧑】

《説文》：䧑，鳥也。从隹方聲。讀若方。

【雀】

《説文》：雀，依人小鳥也。从小、隹。讀與爵同。

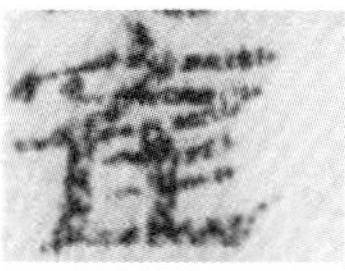
金關 T23:923

○長安雀昌里

漢印文字徵

○觀雀臺監

漢晉南北朝印風

○觀雀台監

東漢・四神刻石

○朱雀患禍欲來

東魏・元鷙妃公孫甑生誌

北齊・崔德誌

南朝宋・景熙買地券
○南至朱雀

南朝宋・王佛女買地券
○南至朱雀

【猚】

《說文》：猚，鳥也。从隹犬聲。睢陽有猚水。

漢印文字徵
○臣猚

【雗】

《說文》：雗，雗鷽也。从隹倝聲。

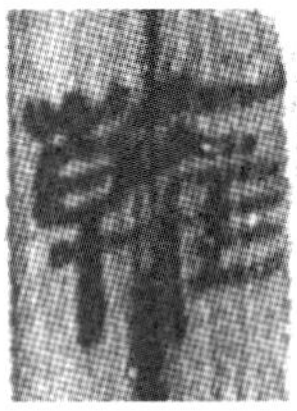
銀貳 1929
○大如雗（鶾）

【雉】

《說文》：雉，有十四種：盧諸雉，喬雉，鳪雉，鷩雉，秩秩海雉，翟山雉，翰雉，卓雉，伊洛而南曰翬，江淮而南曰搖，南方曰𪀚，東方曰甾，北方曰稀，西方曰蹲。从隹矢聲。

【⿰隹弟】

《說文》：⿰隹弟，古文雉从弟。

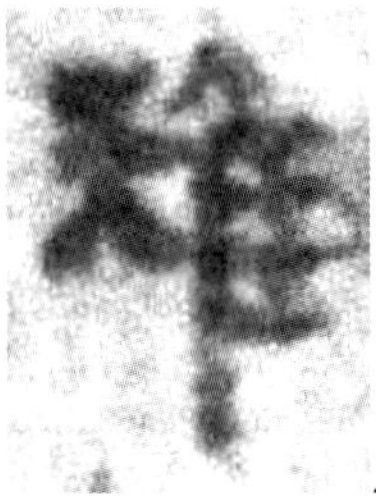
馬壹 114_22\425

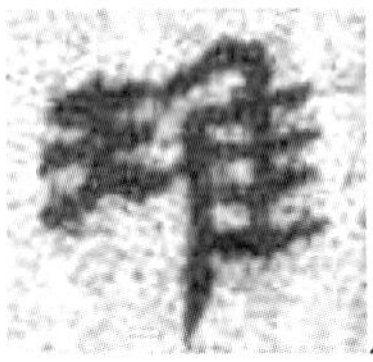
馬壹 12_73 下

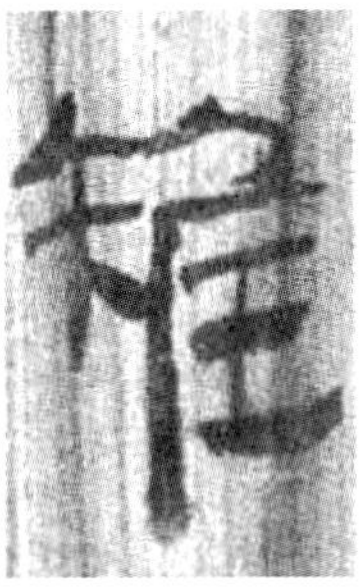
馬貳 268_118/135

張・秩律 457

北壹・倉頡篇 28
○帛雉兔鳥烏

廿世紀璽印三-SY
○雉循信印

漢印文字徵
〇雉崇私印

石鼓・田車

東漢・簡陽畫像石棺題榜
〇白雉

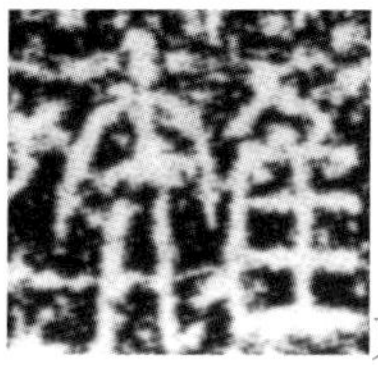
東漢・開母廟石闕銘

北魏・蘇屯誌

北魏・元朗誌

【雊】

《說文》：雊，雄雌鳴也。雷始動，雉鳴而雊其頸。从隹从句，句亦聲。

【雞】

《說文》：雞，知時畜也。从隹奚聲。

【鷄】

《說文》：鷄，籀文雞从鳥。

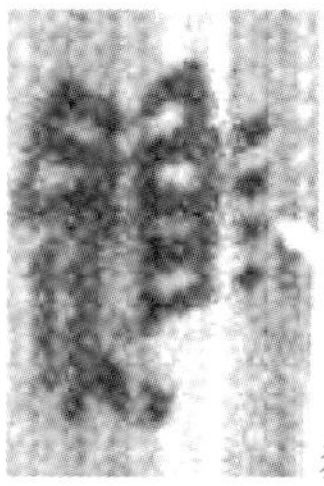
嶽・占夢書 5

里・第八層 950

馬壹 144_31/205 上

馬貳 296_13

馬貳 264_71/91

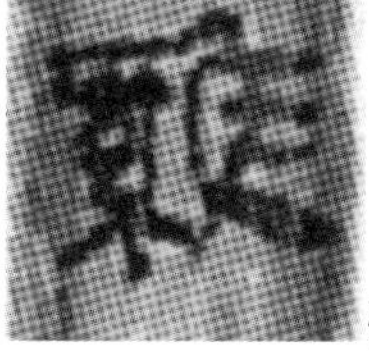
張・行書律 268

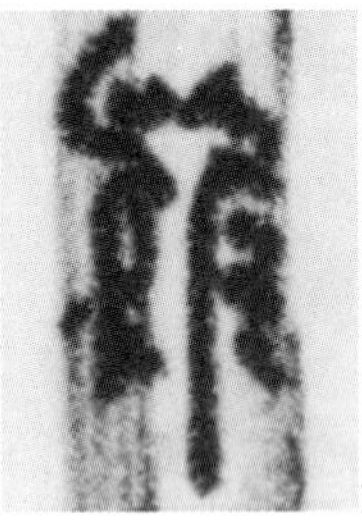
銀壹 911

○雞狗之聲

銀貳 1657

北貳・老子 120

金關 T07:001

金關 T24:096

東牌樓 036 背

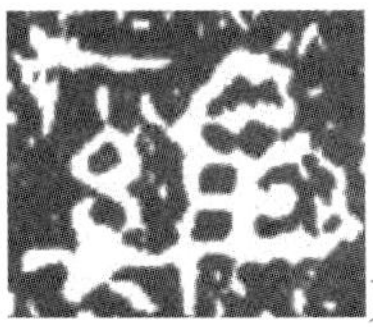
東漢・燕然山銘

北魏・□伯超誌

東魏・元延明妃馮氏誌

北齊・許儁卅人造像

北周・安伽誌

○志效雞鳴

【雛】

《說文》：，雞子也。从隹芻聲。

【鶵】

《說文》：，籀文雛从鳥。

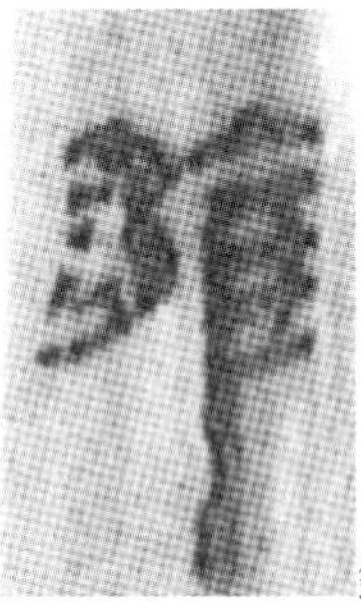
銀貳 1892

○捐雛瞉不列

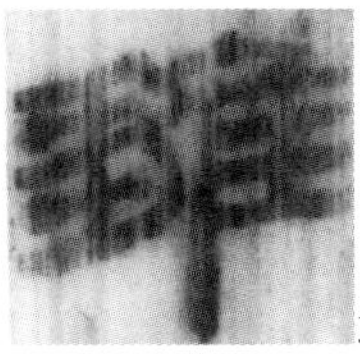
北壹・倉頡篇 28

○鳥烏雗雛

秦代印風

○張雛

漢印文字徵

○雛盧徒丞印

東漢・孟孝琚碑

○失雛

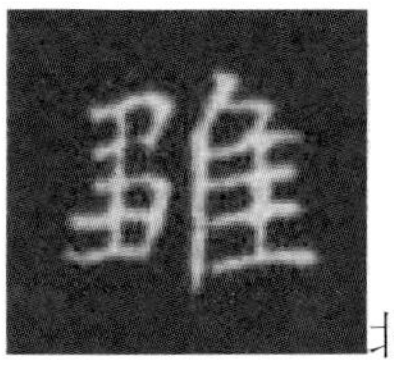
北魏・元子正誌

○致雛馬之徒

北齊・李君穎誌

○鳳雛龍胤

【雡】

《説文》：雡，鳥大雛也。从隹翏聲。一曰雉之莫子爲雡。

【離】

《説文》：離，黄倉庚也。鳴則蠶生。从隹离聲。

睡・效律 28

睡・日甲 10

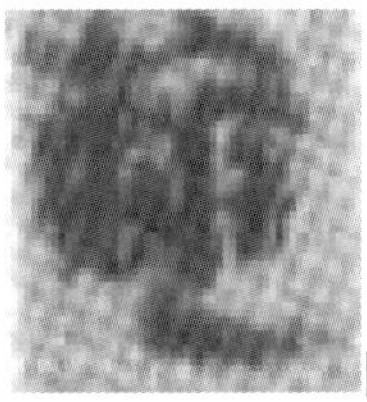
關・曆譜 54

馬壹 177_66 上

○離之軍□

馬壹 84_104

馬貳 266_89/106

馬貳 32_2 上

張・具律 104

銀壹 808

○井離城毋過廿步

銀貳 1561

北貳・老子 145

○能毋離虖

敦煌簡 0230A

○德魚離邑東循不及

金關 T23:731B

○在熇離中出公開之

金關 T29:097

○省卒離茭

金關 T27:052

○坐擅離署
地節

武・甲《特牲》51

○離肺一

北壹・倉頡篇 11

○試胡貉離絶冢

秦代印風

○臣離

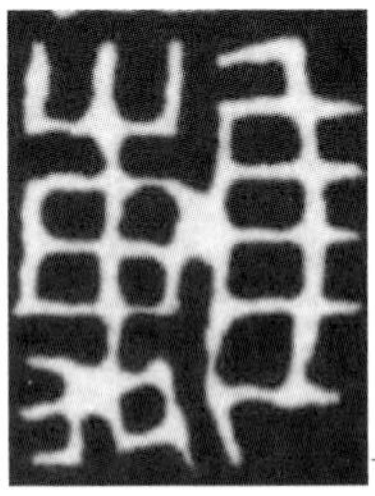
廿世紀璽印三-SY

○離印

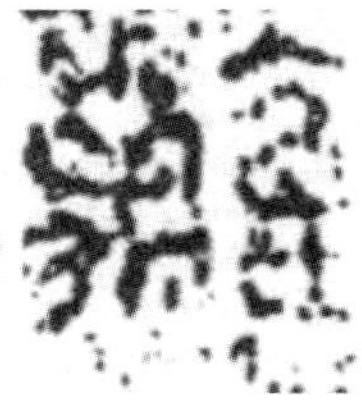
廿世紀璽印三-GP

○符離

秦代印風

○離印

漢印文字徵

○符離丞印

歷代印匋封泥

○符離丞印

漢印文字徵

○鐘離□

漢代官印選

○邳離侯印

漢晉南北朝印風

○苻離長印

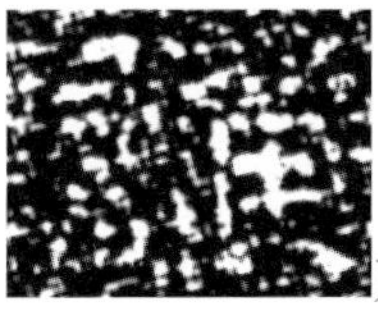
東漢・許安國墓祠題記

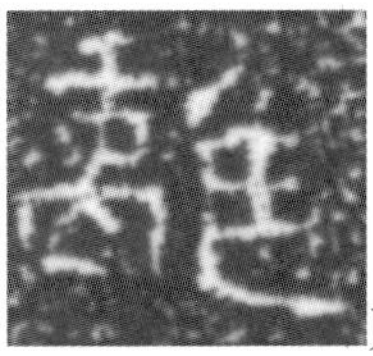
東漢・許安國墓祠題記

○闇忽離（離）世

東漢・石堂畫像石題記

○蚤離父母

東漢・祀三公山碑

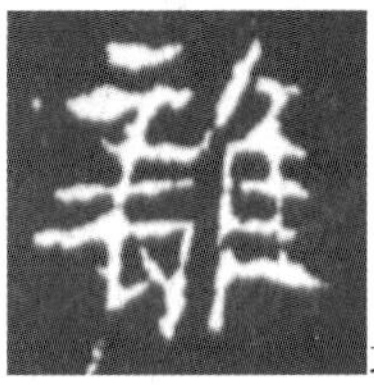
北朝・于敬邕等造像

○離苦得樂

北魏・元嵩誌

北魏・給事君妻韓氏誌

北魏・元尚之誌

北魏・慈慶誌

北魏・元子永誌

○父夙離（罹）固疾

北魏・元恭誌

北魏・元寶月誌

○離倫肆虐

東魏・鄭氏誌

【雕】

《説文》：雕，鷻也。从隹周聲。

【鵰】

《説文》：鵰，籀文雕从鳥。

戰晚・雕陰鼎

張・秩律 459

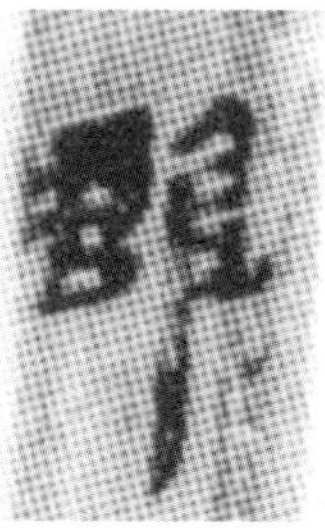
張・秩律 452

○道雕陰

張・脈書 51

○圜視雕（雅）

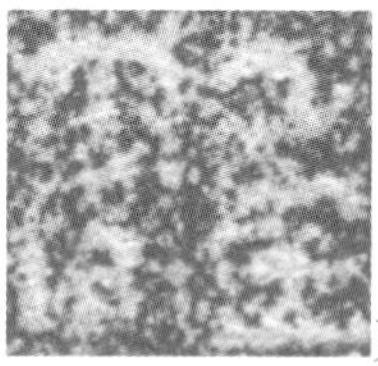
東漢・永壽元年畫像石墓記

北魏・元愔誌

北魏・元崇業誌

北齊・劉悅誌

【雁】

《說文》：䧹，鳥也。从隹，瘖省聲。或从人，人亦聲。

【鷹（鷹）】

《說文》：鷹，籒文䧹从鳥。

馬貳 263_59/79

○鷹巾羹一鼎

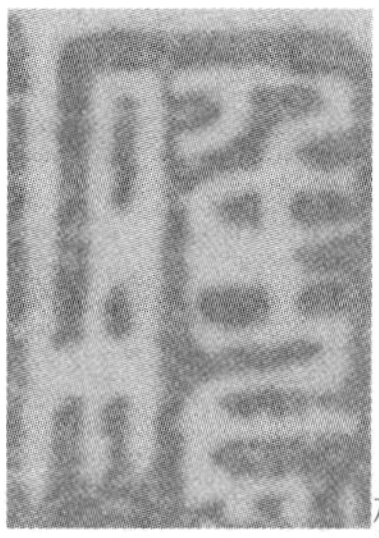
柿葉齋兩漢印萃

○鷹揚將軍章

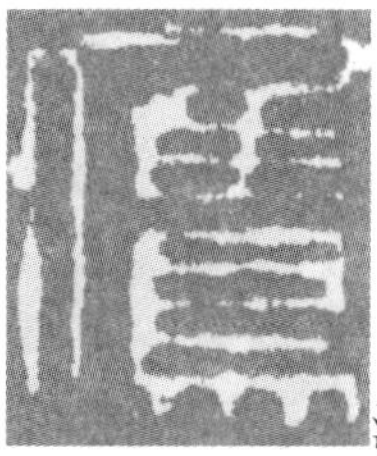
漢代官印選

○鷹擊司馬

漢晉南北朝印風

○鷹揚將軍章

晉・鄭舒妻劉氏殘誌

○鷹揚將軍

北魏・山暉誌

○魏故鷹揚將軍

【雓】

《說文》：雓，𨾴也。从隹氐聲。

【鴟】

《說文》：鴟，籒文雓从鳥。

【𨾴】

《說文》：𨾴，雓也。从隹垂聲。

【雃】

《說文》：雃，石鳥。一名雝鷅。一曰精𠛾。从隹幵聲。《春秋傳》：“秦有士鳽。”

【雝（雍）】

《說文》：雝，雝鷅也。从隹邕聲。

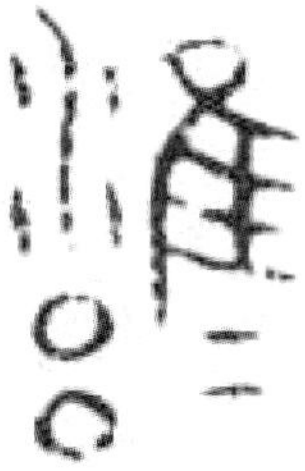
春晚・秦公鎛

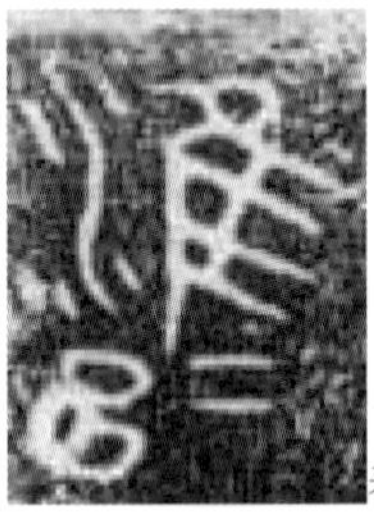
春早・秦公鐘

戰中・大良造鞅鐓

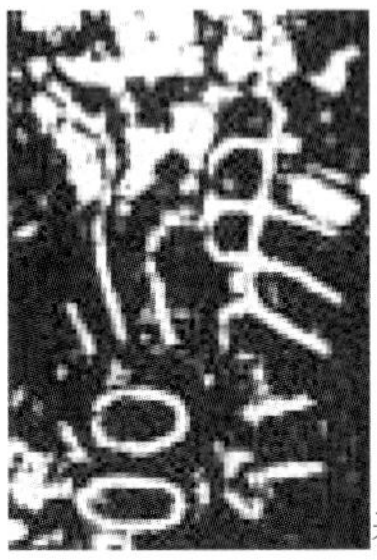
春早・秦公鎛

春早・秦公鐘

戰晚・三十二年相邦冉戈

戰晚・二十一年相邦冉戈

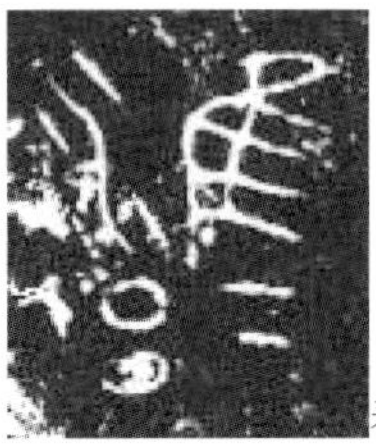
春早・秦公鎛

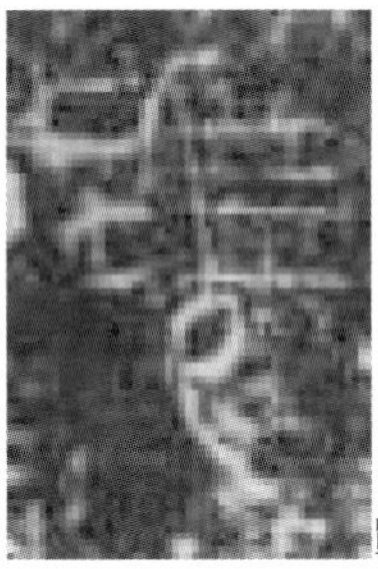
戰晚・雍工壺

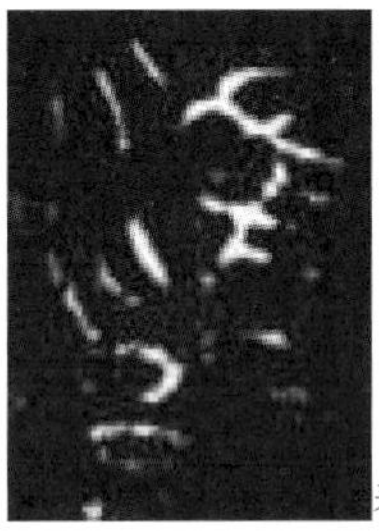
春早・秦公鎛

漢銘・雝一斗鼎

漢銘・雝庫鈅

漢銘・雝棫陽鼎

漢銘・羽陽宮鼎

里・第八層 1712

○病有郁廱（雝）

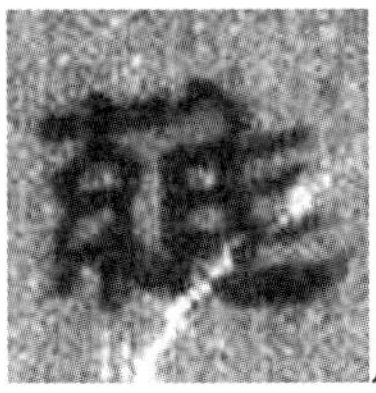
馬壹 127_63 下

○此胃（謂）二雝（壅）

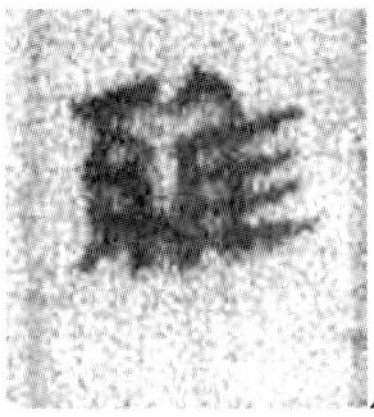
馬壹 127_62 下

○此三不辜三雝（壅）

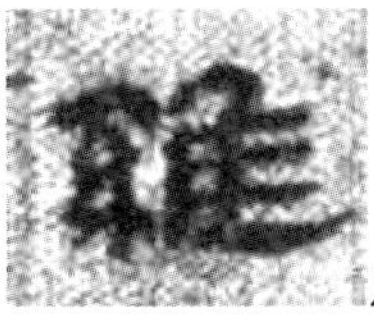
馬貳 32_7 上

○五色清（精）明雍（擁）

馬貳 265_85/297

○瓦雍（甕）甗一具

張・奏讞書 105

○買（賣）雝而得

敦煌簡 0639A

○寬榮雍尚

金關 T05:073

○青黑雍種廣哀雒半

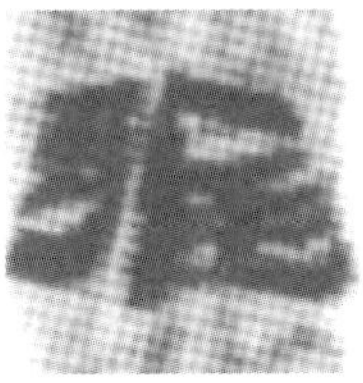
武・甲《少牢》10

○雍人論（倫）

吳簡嘉禾・四・二四六

○男子壬雍

廿世紀璽印三-GP

○左樂雝鐘

秦代印風

○陳雎

廿世紀璽印三-SY

○雎禹私印

廿世紀璽印三-SY

○雎翁伯

廿世紀璽印三-GY

○雎奴左尉

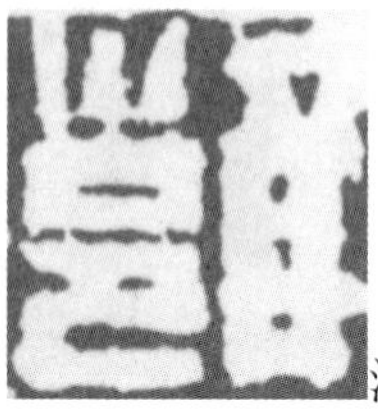
漢晉南北朝印風

○雎丘令印

漢印文字徵

○雎游

漢印文字徵

○雎賀

漢印文字徵

○雎彭私印

漢印文字徵

漢印文字徵

○雎奴左尉

漢晉南北朝印風

○巨雍千萬

漢晉南北朝印風

○趙雝節印

秦公大墓石磬

○龔雍

東漢・景君碑

東漢・曹全碑陽

東漢・司馬芳殘碑額

○爲雍州

西晉・臨辟雍碑

○以協時雍

西晉・臨辟雍碑額

○大晉龍興皇帝三臨辟雍

北魏・元項誌

○雍州刺史

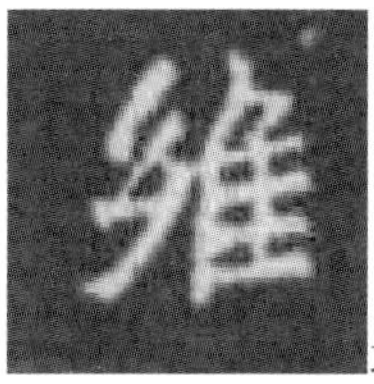
北魏・元瞻誌

○行雍州事

北魏・元謐誌

北魏・元尚之誌

○雍州刺史

北魏・元尚之誌

○秦雍涇梁益五州

北魏・元澄妃誌

○雍州刺史

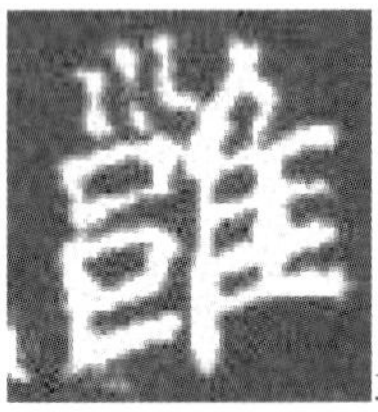
北魏・張孃誌

○閨門雝睦

東魏・李挺誌

東魏・司馬韶及妻侯氏誌

東魏・元季聰誌

【雂】

《説文》：，鳥也。从隹今聲。《春秋傳》有公子苦雂。

【雁】

《説文》：，鳥也。从隹从人，厂聲。讀若鴈。

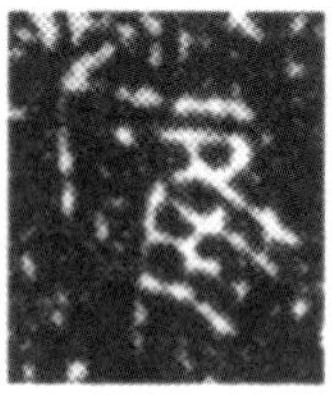
秦文字編 610

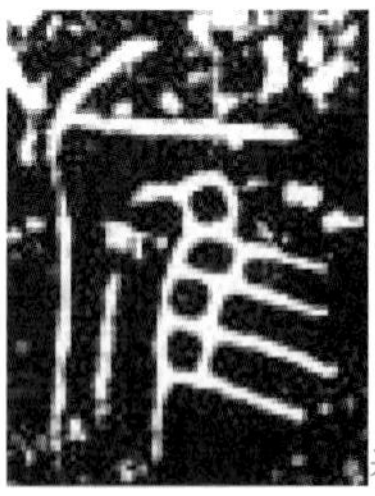
春早・秦公鎛

○雁(膺)受大令(命)

春早・秦公鎛

○雁(膺)受大令(命)

春早・秦公鐘

○雁(膺)受大令(命)

馬貳 222_20

○雁巾羹一鼎

銀壹 422

○便罷以雁

柿葉齋兩漢印萃

〇雁門太守

漢代官印選

〇雁門都尉

【黎隹】

《説文》：，黎隹黄也。从隹黎聲。一曰楚雀也。其色黎黑而黄。

【雐】

《説文》：，鳥也。从隹虍聲。

北魏・元乂誌

〇雐(霍)侯之輔漢

【雓】

《説文》：，牟母也。从隹奴聲。

【鴑】

《説文》：，雓或从鳥。

【雇】

《説文》：，九雇。農桑候鳥，扈民不婬者也。从隹戶聲。春雇，鳻盾；夏雇，竊玄；秋雇，竊藍；冬雇，竊黄；棘雇，竊丹；行雇，唶唶；宵雇，嘖嘖；桑雇，竊脂；老雇，鷃也。

【雩鳥】

《説文》：，雇或从雩。

【鳸】

《説文》：，籀文雇从鳥。

張・引書 70

〇而左雇（顧）三

張・引書 64

〇卅虎雇（顧）卅

東牌樓 130

〇雇東津卒五人

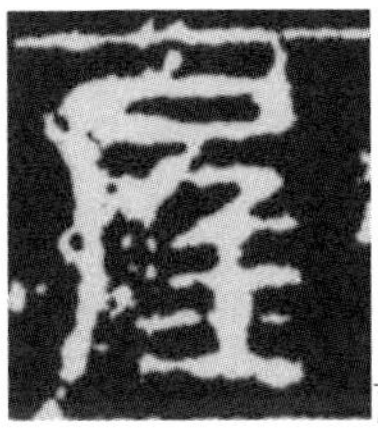
南朝宋・王佛女買地券

〇雇錢四

【雗（鶾）】

《説文》：，雗屬。从隹臯聲。

馬貳 295_3

○雒𩀱

銀貳 1779

○𩀱鳴畢箠

銀貳 1788

○主人不吉𩀱鳴

金關 T08:035

○𩀱陰

北壹・倉頡篇 27

○𩀱雒䲣雔

東漢・衛尉卿衡方碑

○鶉火光物

北魏・元纂誌

○歲在鶉首

北魏・元濬嬪耿氏誌

○歲馭鶉火

【𩀟】

《説文》：，雗屬。从隹酓聲。

【䳜】

《説文》：，籀文𩀟从鳥。

銀貳 1810

○𩀟鳴木華

北壹・倉頡篇 27

○𩀱𩀟䲣雔

【𨾴】

《説文》：，鳥也。从隹支聲。一曰𨾴度。

【𨾊】

《説文》：，鳥肥大𨾊𨾊也。从隹工聲。

【鳿】

《説文》：，𨾊或从鳥。

漢銘·御銅卮錠二

漢銘·御銅卮錠二

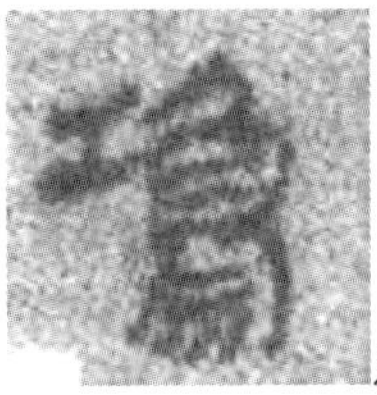
馬壹 14_82 下

○鳿（鴻）漸于陵

馬壹 13_87 上

○鳿（鴻）漸于陸

馬壹 13_86 上

○鳿（鴻）漸于淵

北壹·倉頡篇 56

○鳿鵠鳧鳩

漢印文字徵

○鳿竝

漢印文字徵

○趙鳿

漢印文字徵

○司鳿建

漢印文字徵

○鳿居

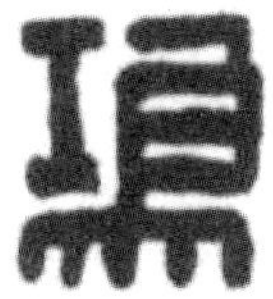
漢印文字徵

○畢鳿私印

漢晉南北朝印風

○司鴻建

漢晉南北朝印風

○鴻居

【蠽】

《說文》：，蠽蠽也。从隹樕聲。一曰飛蠽也。

【隿】

《說文》：，繳射飛鳥也。从隹弋聲。

【雄】

《說文》：，鳥父也。从隹厷聲。

馬壹 136_62 上/139 上

○雄節之窮

馬貳 215_9

○取雄=（雄隹）左

北貳・老子 195

○知其雄守其雌

北壹・倉頡篇 68

○牝牡雄雌

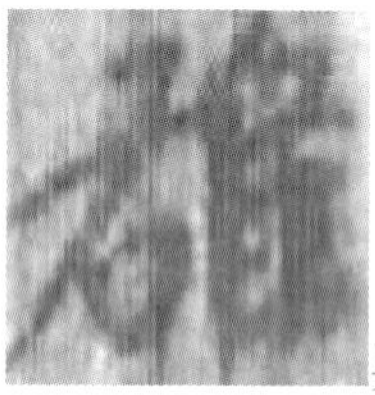
吳簡嘉禾・五・四五九

○蔡雄佃田

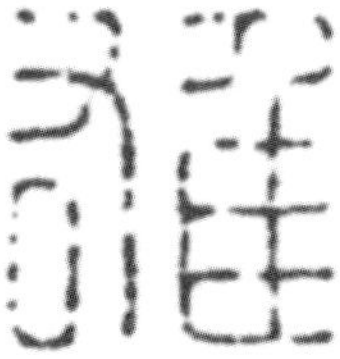
廿世紀璽印三-SY

○張雄印信

漢印文字徵

○雄平安

漢印文字徵

○紀雄私印

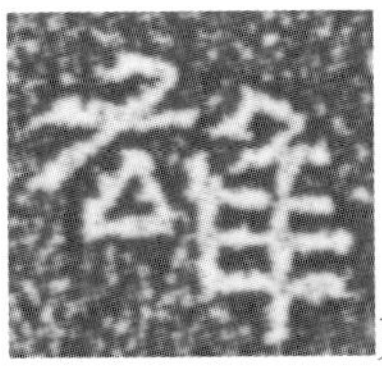
東漢・鮮於璜碑陰

東漢・乙瑛碑

○司徒臣雄

北魏・元液誌

○換纂才雄

北魏・爾朱襲誌

北魏・秦洪誌

北魏・元龍誌

○雄圖煥於羈鹿

東魏・趙紹誌

○雄雄世步

【雌】

《說文》：雌，鳥母也。从隹此聲。

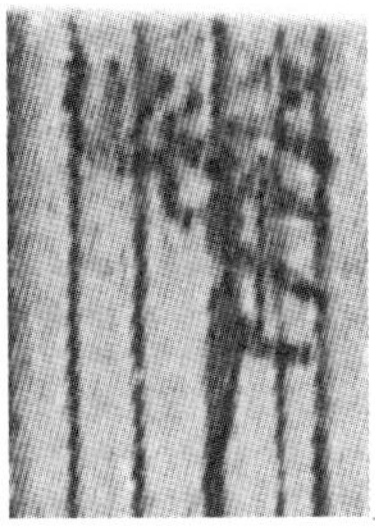
里・第八層 1562

馬壹 141_24 下/166 下

馬貳 215_7

北貳・老子 195

北壹・倉頡篇 68

○牝牡雄雌俱鳴

漢印文字徵

○臣區雌

北魏・元譚誌

北齊・赫連子悅誌

【䍜】

《説文》：䍜，覆鳥令不飛走也。从网、隹。讀若到。

【雋】

《説文》：雋，肥肉也。从弓，所以射隹。長沙有下雋縣。

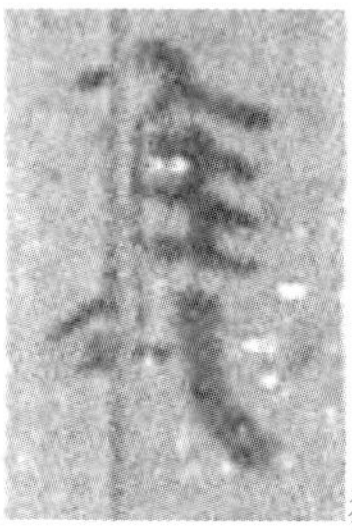
嶽・質日 2733

○

馬貳 265_81/101

○鹿雋一鼎

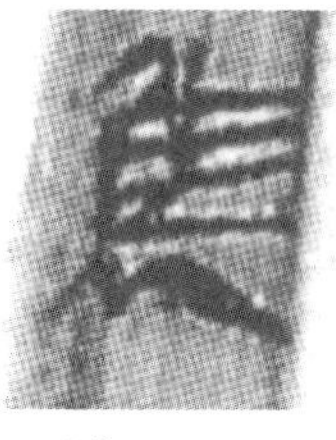
張・秩律 457

○下雋

北壹・倉頡篇 76

○堅陬雋陼

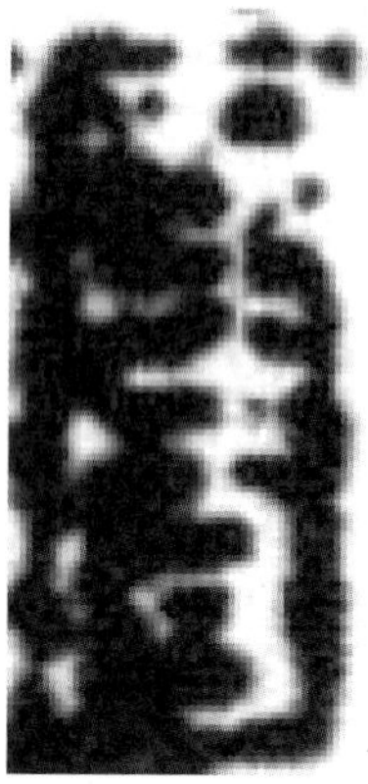
廿世紀璽印三-SP

○雋應

漢印文字徵

○雋㵄

漢印文字徵

○雋之壽印

漢印文字徵

○雋得

北周・李府君妻祖氏誌

○若雋母之仁恕

【䧄】

《説文》：䧄，飛也。从隹陸聲。

〖⿰目隼〗

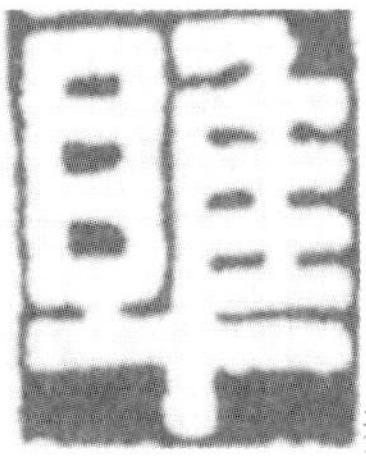
秦代印風

○臣⿰目隼

漢印文字徵

○⿰目隼亮

〖⿰車隹〗

北壹・倉頡篇 28

○鳥烏⿰車隹雛

奞部

【奞】

《説文》：奞，鳥張毛羽自奮也。从大从隹。凡奞之屬皆从奞。讀若睢。

【奪】

《説文》：奪，手持隹失之也。从又从奞。

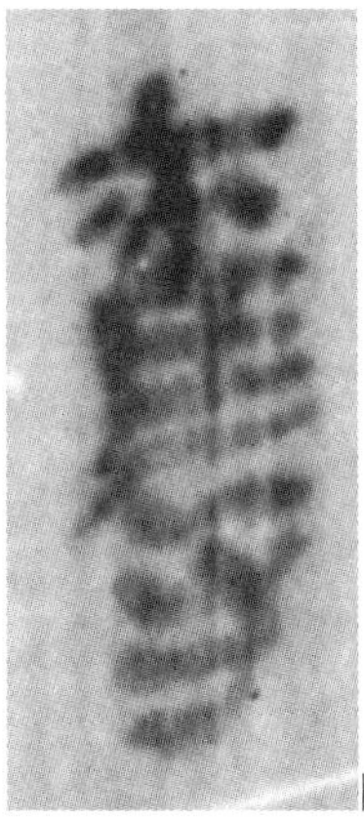
睡・秦律雜抄 37

○不死奪後爵除伍人

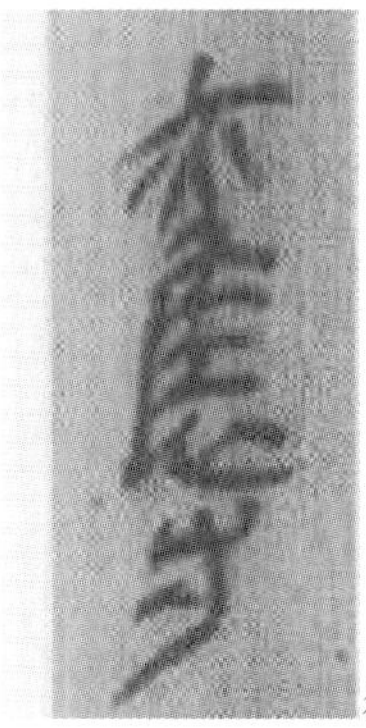
嶽・芮盜案 68

○府奪材以爲府府罷

馬壹 131_9 下\86 下

○察者奪

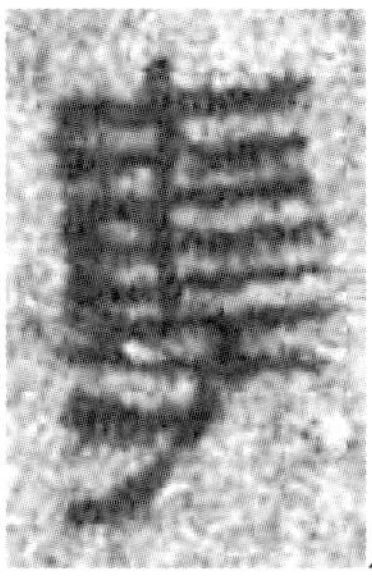
馬壹 9_56 上

○奪（兌）亨小利貞

張・市律 260

○縣官奪之列長

張・奏讞書 224

○人盜奪錢

張・蓋盧 7

○之所奪孰智（知）

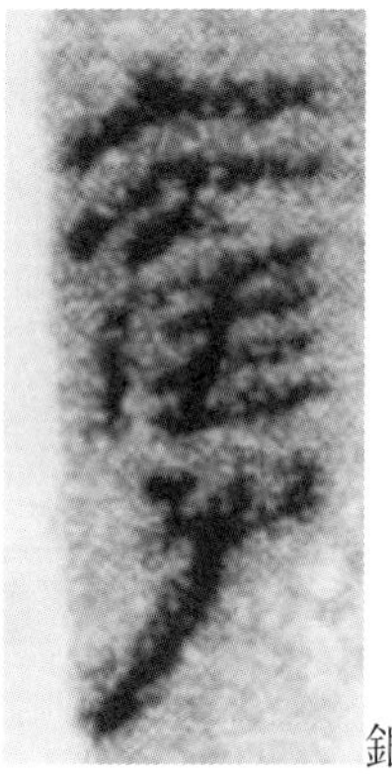
銀壹 110

○曰奪其所愛

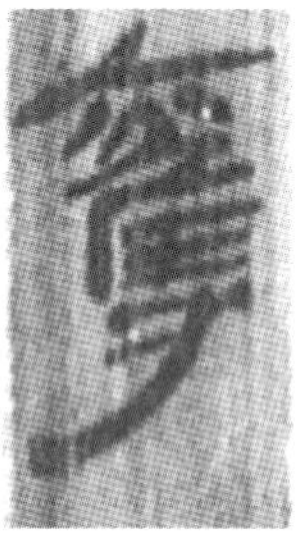
銀貳 1224

○凡九奪所以趨

北貳・老子 218

○將欲奪之

金關 T23:619

○當賜奪勞者或不賜

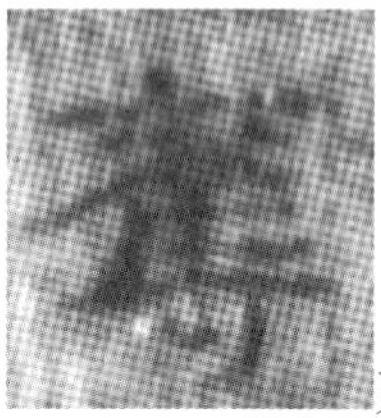
東牌樓 005

○今强奪取田八

北壹・倉頡篇 11

〇圄奪侵試

東漢・北海相景君碑陽

西晉・張朗誌

〇奪我考妣

北魏・元華光誌

〇欲奪弗許

北魏・元纂誌

〇奪霜金之潔

東魏・朱舍捨宅造寺記

〇但以緣奪，未獲營立

【奮】

《説文》：奮，翬也。从奞在田上。《詩》曰：“不能奮飛。”

睡・日甲《詰》32

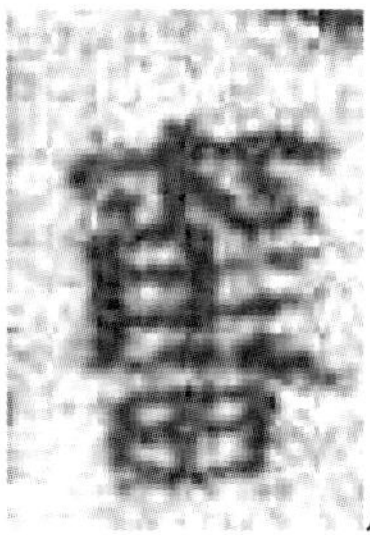
馬壹 226_80

〇見奮期（旗）此

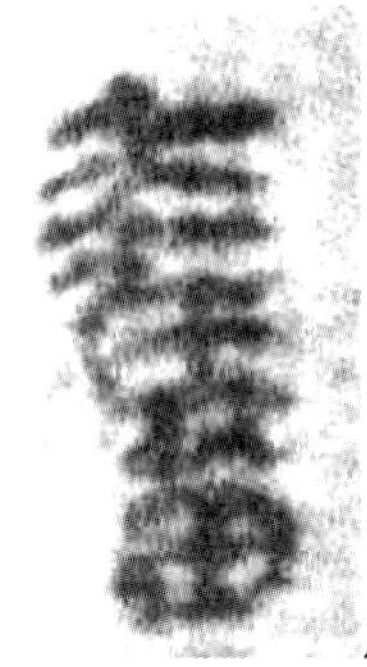
馬壹 114_27\430

〇老弱奮於守

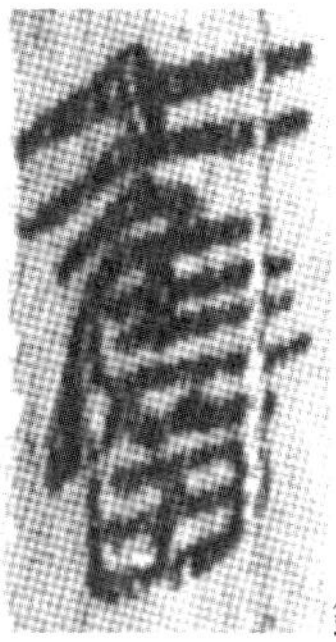
銀貳 1743

〇利奮甲於外以嫁

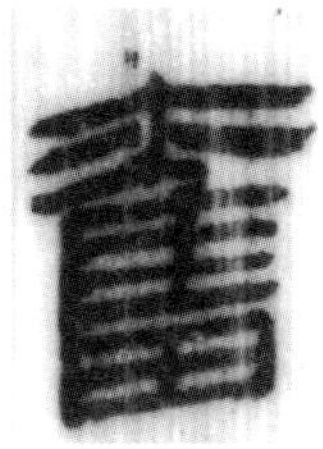
北壹・倉頡篇 46

〇融招榣奮光頮

秦代印風
○趙奮

廿世紀璽印三-SY
○橋奮

廿世紀璽印三-SY
○梁奮

漢印文字徵
○王奮

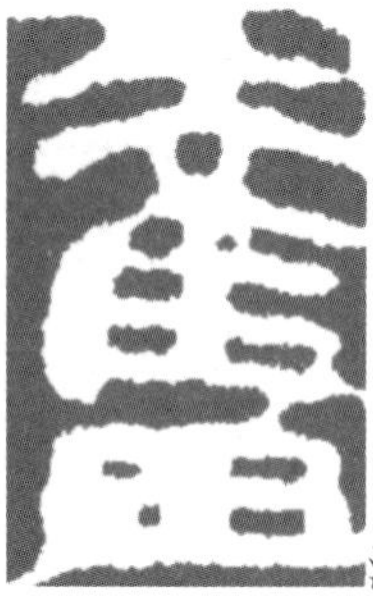
漢代官印選
○奮武將軍章

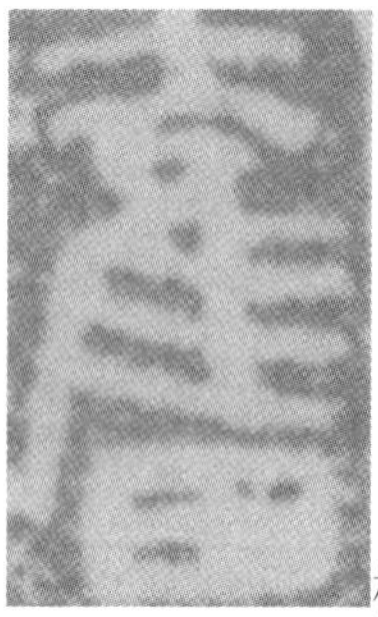
柿葉齋兩漢印萃
○奮武將軍印

漢印文字徵
○奮武中士印

漢印文字徵
○虎奮將軍章

漢印文字徵
○夏奮

漢印文字徵

○賈奮

漢印文字徵

○牟奮之印

漢晉南北朝印風

○武奮將軍印

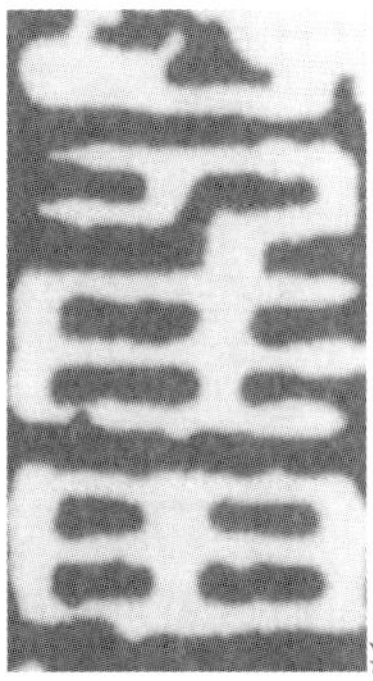
漢晉南北朝印風

○奮威將軍章

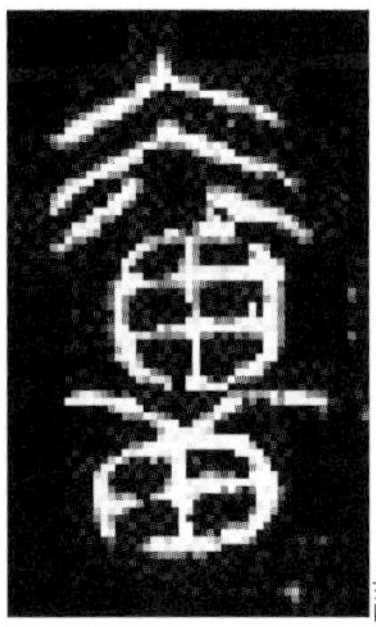
詛楚文·亞駝

○甲底兵奮士盛師以

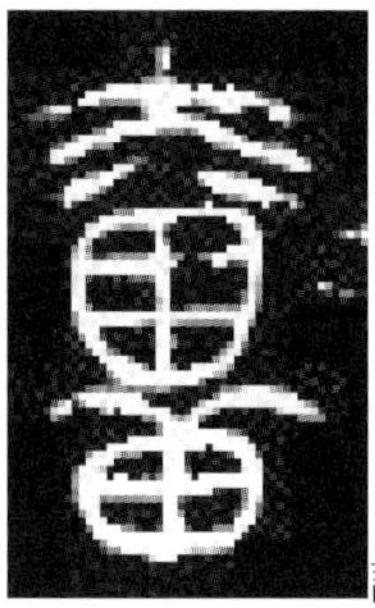
詛楚文·巫咸

○底兵，奮士盛師，以偪

西晉·石定誌

○臨危奮討

北魏·郭顯誌

○言奮其翼

北魏·元熙誌

○王投袂奮戈

北魏·丘哲誌

○奮武霜奇

北齊・刁翔誌

○君奮勇前驅

北周・神通之力摩崖

○神通之力奮□游化

雈部

【雈】

《説文》：雈，鴟屬。从隹从𦫳，有毛角。所鳴，其民有旤。凡雈之屬皆从雈。讀若和。

【蒦】

《説文》：蒦，規蒦，商也。从又持雈。一曰視遽皃。一曰蒦，度也。

【彠】

《説文》：彠，蒦或从尋。尋亦度也。《楚詞》曰：“求矩彠之所同。”

歷代印匋封泥

○蒦陽鐪里

歷代印匋封泥

○蒦陽鐪里人豆

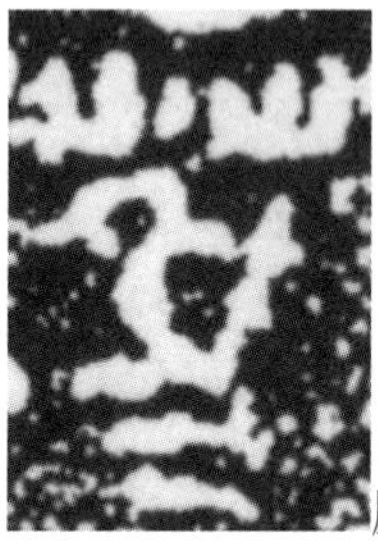
歷代印匋封泥

○中蒦陽里貞

歷代印匋封泥

○中蒦陽里鐪漸

歷代印匋封泥

○蒦陽南里人□

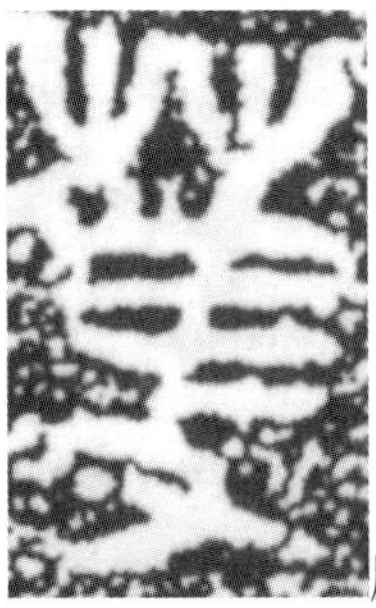
歷代印匋封泥

○蒦陽南里匋者□

歷代印匋封泥

○蒦陽南里人奠（鄭）

【雚】

《説文》：，小爵也。从萑吅聲。《詩》曰："雚鳴于垤。"

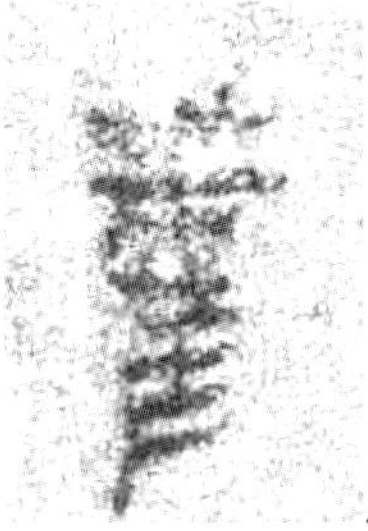
馬貳 112_66/66

○之以雚堅稠節者

北壹・倉頡篇 64

○雚葦菅□

漢印文字徵

○雚参私印

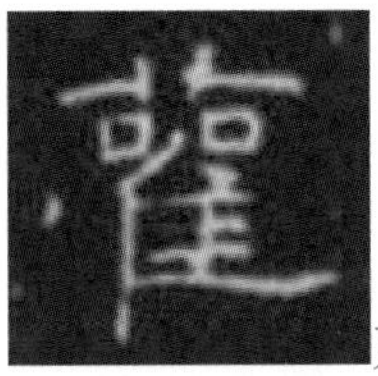
東魏・元悰誌

北周・華岳廟碑

【舊】

《説文》：，雖舊，舊留也。从萑臼聲。

【鵂】

《説文》：𩿨，舊或从鳥休聲。

馬壹 4_5 下

○三食舊德貞厲或從

武・儀禮甲《服傳》32

○爲舊君之母妻

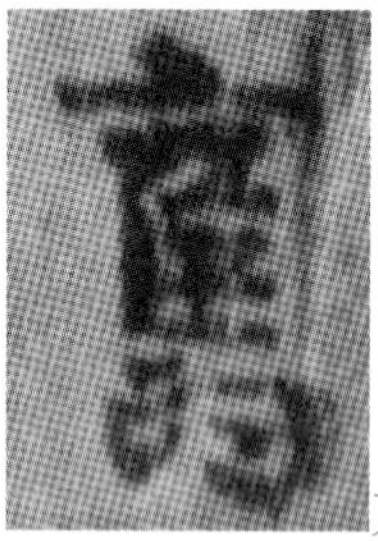
東牌樓 012

○吏如舊故

北壹・倉頡篇 4

○丘陵故舊長緩

漢印文字徵

○石舊私印

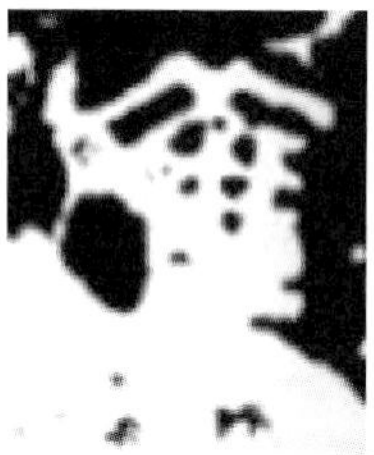
石鼓・而師

○具舊復

東漢・譙敏碑

○帥由舊章

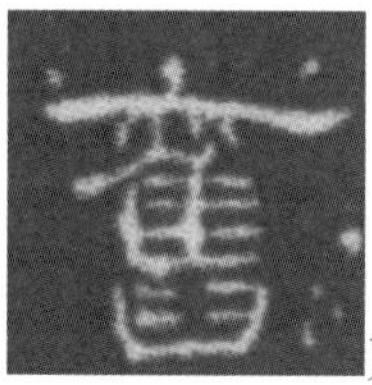
東漢・曹全碑陽

○舊姓及脩身之士

東漢・石門闕銘

○惟自舊忯

西晉・荀岳誌

北魏・和醜仁誌

○葬於西陵之舊塋

東魏・劉幼妃誌

○踵武唯舊

北齊・暴誕誌

○耆舊耆舊之談

𦫳部

【𦫳】

《説文》：丫，羊角也。象形。凡𦫳之屬皆从𦫳。讀若乖。

【𦫳】

《説文》：𦫳，戾也。从𦫳而兆。兆，古文別。

【𦫵】

《説文》：𦫵，相當也。闕。讀若宀。

里・第八層 1454

〇鄉守𦫵謝曰

苜部

【苜】

《説文》：苜，目不正也。从𦫳从目。凡苜之屬皆从苜。莧从此。讀若末。

【瞢】

《説文》：瞢，目不明也。从苜从旬。旬，目數搖也。

睡・日甲《梦》13

〇有惡瞢（夢）

睡・日甲《詰》44

〇人惡瞢（夢）

漢晉南北朝印風

〇段瞢

【莧】

《説文》：莧，火不明也。从苜从火，苜亦聲。《周書》曰："布重莧席。"織蒻席也。讀與蔑同。

【蔑】

《説文》：蔑，勞目無精也。从苜，人勞則蔑然；从戍。

詛楚文・巫咸

〇求蔑卹祠之圭玉

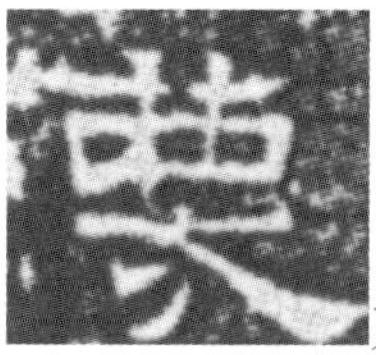
東漢・張遷碑陽

〇子賤孔蔑

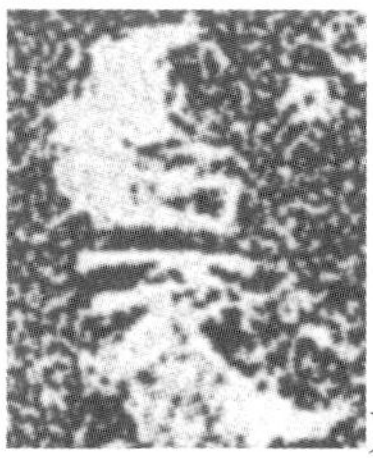
東漢・郎中鄭固碑

〇於蔑陋

北魏・元平誌

○蔑浮榮

北魏・元颺妻王氏誌

○蔑以加焉

北齊・暴誕誌

○蔑以加焉

北齊・高湝誌

○蔑河曲而弗遊

羊部

【羊】

《説文》：羊，祥也。从𦍌，象頭角足尾之形。孔子曰："牛羊之字以形舉也。"凡羊之屬皆从羊。

漢銘・吉羊富昌殘洗

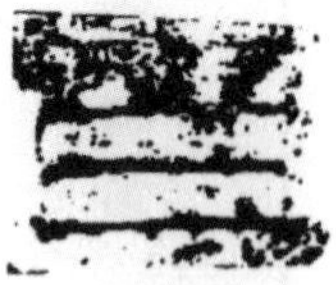
漢銘・富昌宜侯王洗

漢銘・漢安平陽侯洗

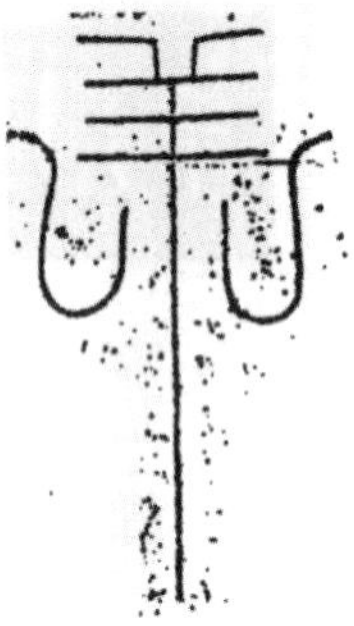
漢銘・大吉羊洗一

漢銘・吉羊宜主盤

漢銘・大吉羊杖首

漢銘・宜牛羊鈴

漢銘・嚴氏造作洗

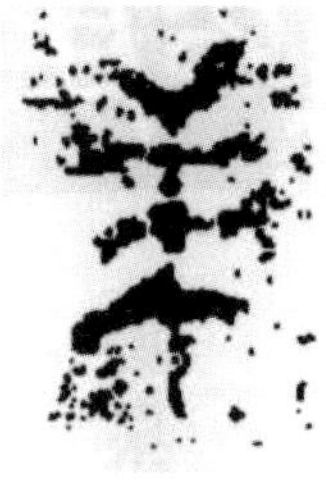
漢銘・蜀郡董是洗

漢銘・嚴是洗

漢銘・富貴昌宜侯王洗十四

漢銘・吉羊昌洗

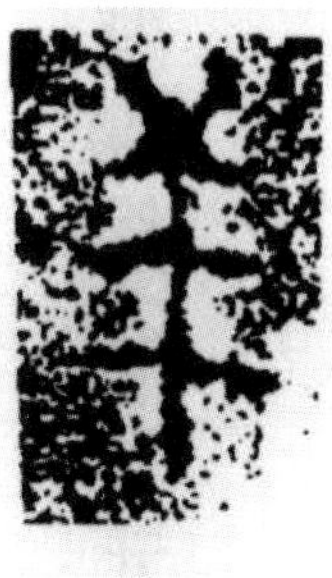
漢銘・大吉羊洗二

漢銘・吉羊洗一

漢銘・左氏洗

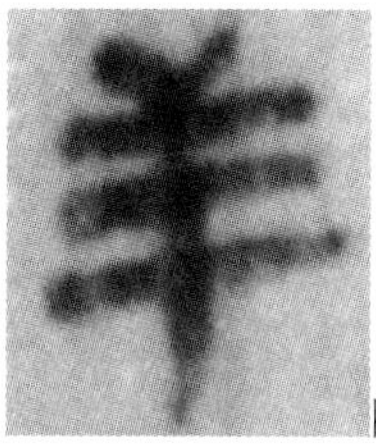
睡・秦律雜抄 31

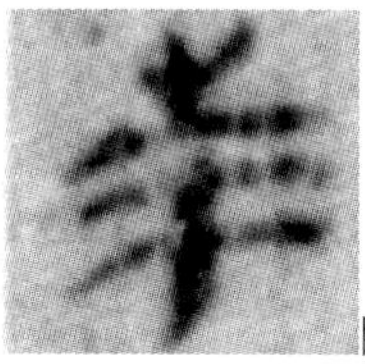
睡・日甲《室忌》103

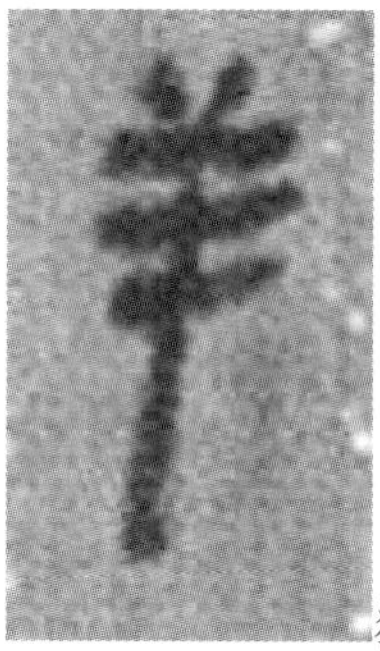
嶽・占夢書 37

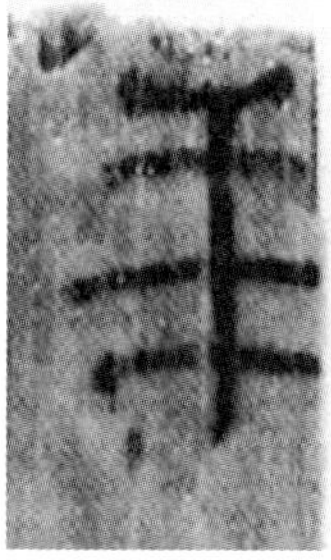
里・第八層 111

○羊官

馬貳 226_57

銀壹 474

○羊腸

敦煌簡 0788

○丘醜羊二頭

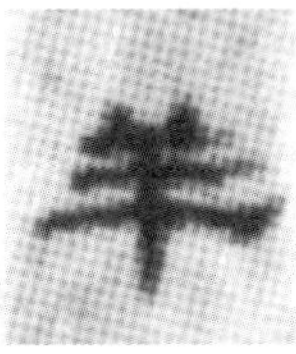
武・甲《有司》19

廿世紀璽印三-SY

○王羊信印

廿世紀璽印三-SY

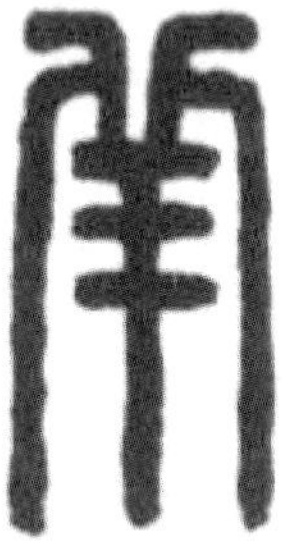
漢印文字徵

○羊讓

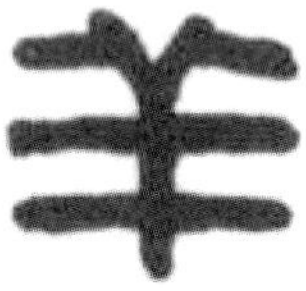
漢印文字徵

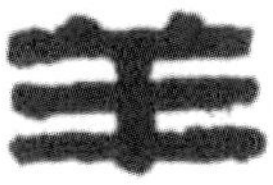
漢印文字徵

漢印文字徵

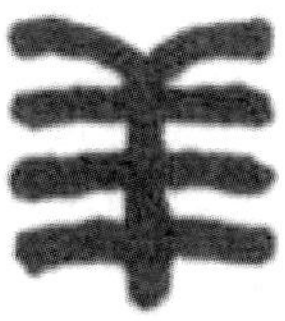
漢印文字徵

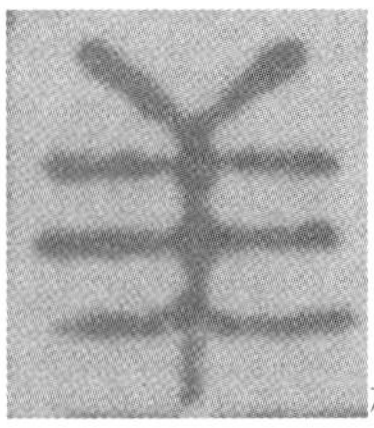
柿葉齋兩漢印萃

漢印文字徵

○羊利

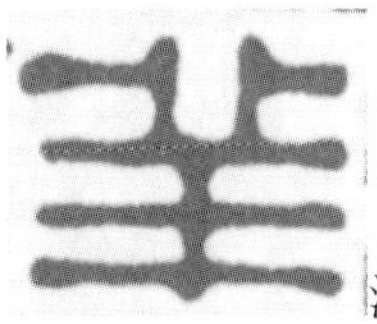
漢晉南北朝印風

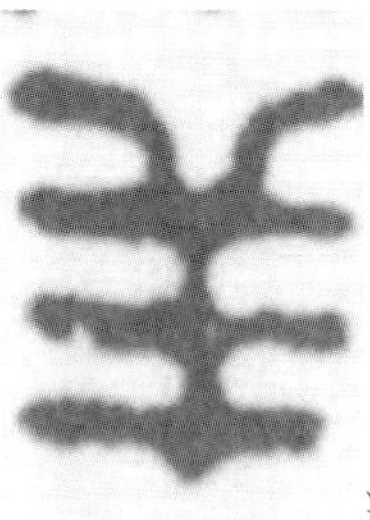
漢晉南北朝印風

漢晉南北朝印風

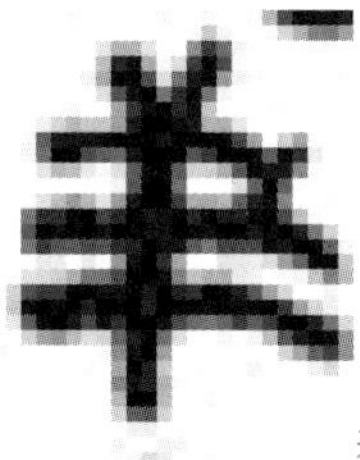
秦駰玉版

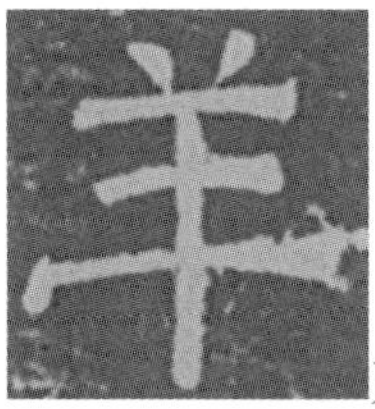
東漢·夏承碑

東漢·尹宙碑

北魏·元純陀誌

北魏·鞠彥雲誌蓋

○黃縣都鄉石羊里鞠彥雲墓志

東魏·趙胡仁誌

○羊氏七卿

【羋】

《説文》：羋，羊鳴也。从羊，象聲气上出。與牟同意。

【羔】

《説文》：羔，羊子也。从羊，照省聲。

北壹·倉頡篇 21

○羒犖羜羔

秦代印風

○橋羔

東漢・夏承碑

北魏・韓氏誌

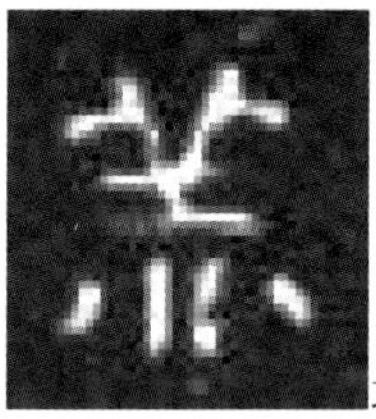
北齊・韓裔誌

〇執羔秉瓛

【羜】

《説文》：羜，五月生羔也。从羊宁聲。讀若煑。

北壹・倉頡篇 21

〇羒羍羜羔寃

【䍪】

《説文》：䍪，六月生羔也。从羊敄聲。讀若霧。

北壹・倉頡篇 21

〇羒䍪羜

【羍】

《説文》：羍，小羊也。从羊大聲。讀若達。

【𦍒】

《説文》：𦍒，羍或省。

【挑】

《説文》：䍦，羊未卒歲也。从羊兆聲。或曰：夷羊百斤左右爲䍦。讀若《春秋》"盟于洮"。

【羝】

《説文》：羝，牡羊也。从羊氐聲。

馬壹 7_33 上

〇貞厲羝羊觸藩羸其

漢印文字徵

〇秦中羝

漢印文字徵

〇剛羝道長

漢晉南北朝印風

○臣羝羮

【羒】

《説文》：羒，牂羊也。从羊分聲。

北壹・倉頡篇 21

○羒犖羜羔

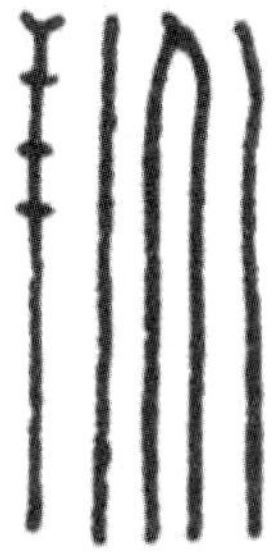
漢印文字徵

○韓羒

漢印文字徵

○高羒

漢印文字徵

○燕羒之印

漢印文字徵

○臣羒

【牂】

《説文》：牂，牡羊也。从羊爿聲。

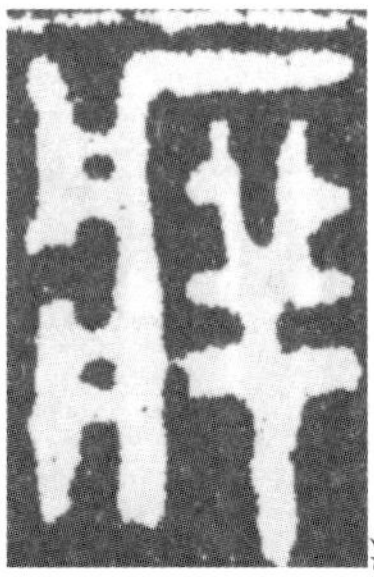
漢代官印選

○牂柯太守印

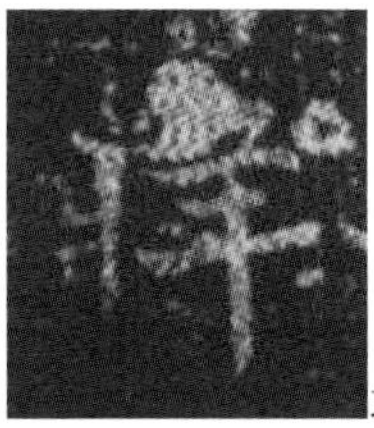
北魏・寇慰誌

○辟爲牂柯令

北魏・元廣誌

○牂柯侯之長子

【羭】

《説文》：羭，夏羊牡曰羭。从羊俞聲。

馬貳 81_254/241

○肥羭取其汁漬美

北壹・倉頡篇 20

○䣵摻抪羭羒

【羖】

《説文》：羖，夏羊牡曰羖。从羊殳聲。

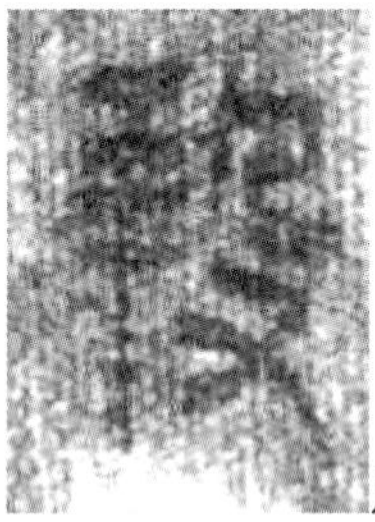
馬貳 85_347/337

○漬羖羊矢卒其時

【羯】

《説文》：羯，羊羖犗也。从羊曷聲。

北魏・元恭誌

○屬值羯胡吐萬兒肆逆

北魏・楊侃誌

○權歸胡羯

北魏・楊叔貞誌

○權歸胡羯

【羠】

《説文》：羠，騬羊也。从羊夷聲。

【羳】

《説文》：羳，黃腹羊。从羊番聲。

秦代印風

○恒羳

【羥】

《説文》：羥，羊名。从羊巠聲。

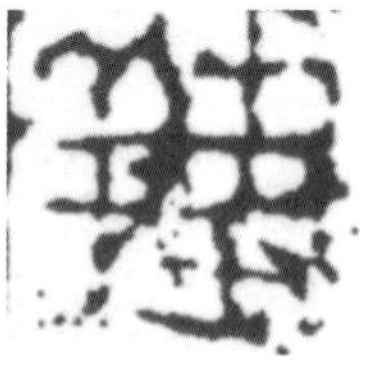
歷代印匋封泥

○大羥

【摯】

《説文》：摯，羊名。从羊執聲。汝南平輿有摯亭。讀若晉。

【羸】

《説文》：羸，瘦也。从羊𦝠聲。

睡・效律 7

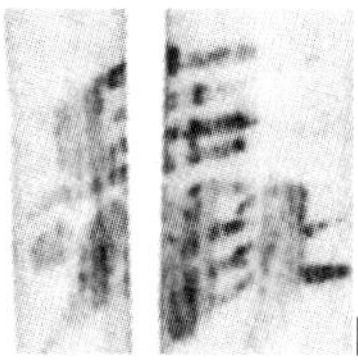
睡・日甲《詰》44

○須羸髮黄

嶽・暨過案 99

里・第八層 143

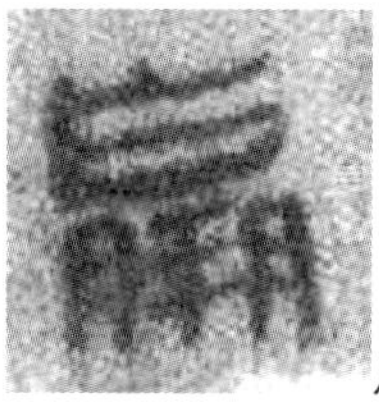
馬壹 7_33 上

○觿藩羸亓（其）角

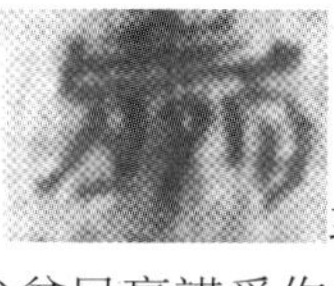
敦煌簡 0215

○貧民羸謹爲作庸不

漢印文字徵

○張羸

漢印文字徵

○李羸私印

漢印文字徵

○陰羸

漢晋南北朝印風

○李羸私印

詛楚文・巫咸

○秦邦之羸衆敝賦

東漢・武氏左石室畫像題字

〇侯羸（羸）

東漢・子游殘碑

東漢・許阿瞿畫像石題記

〇羸劣瘦□

【䍷】

《説文》：䍷，羊相䍴也。从羊委聲。

【䍴】

《説文》：䍴，䍷䍴也。从羊責聲。

【羣（群）】

《説文》：羣，輩也。从羊君聲。

睡・秦律十八種 174

睡・法律答問 114

嶽・癸、瑣相移謀購案 16

里・第八層 132

馬壹 82_56

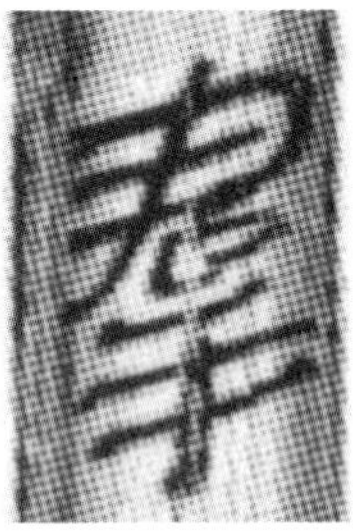
張・盜律 63

〇羣盜

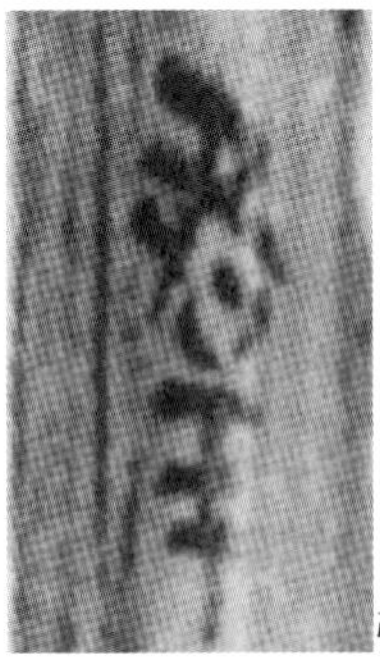
張・奏讞書 146

〇群盜

銀壹 497

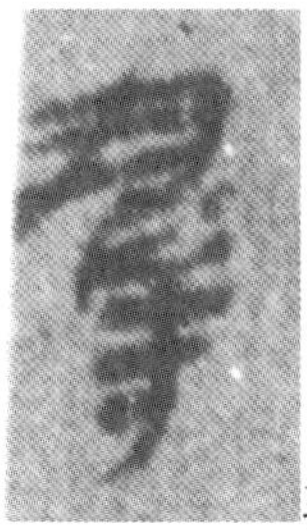
敦煌簡 0618A

漢晉南北朝印風

○漢保塞近群邑長

漢印文字徵

○漢保塞近羣邑長

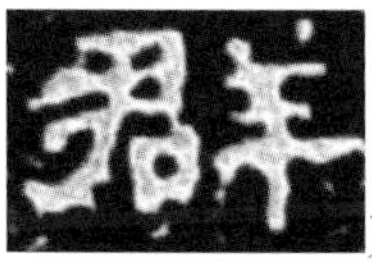
東漢・楊震碑

東漢・夏承碑

東漢・夏承碑

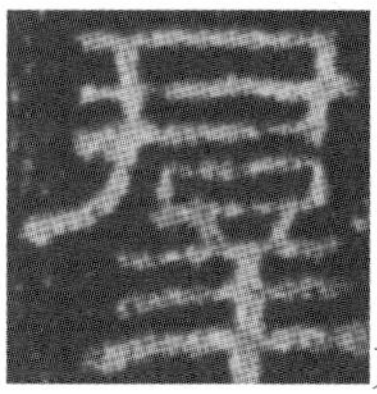
東漢・肥致碑

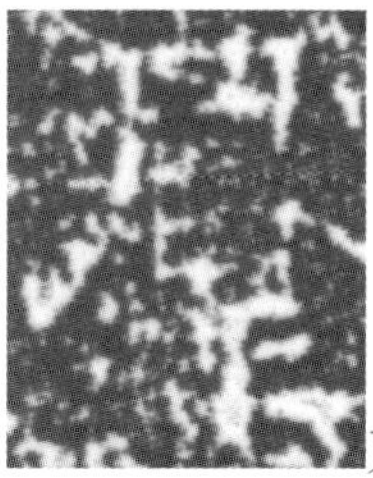
東漢・北海相景君碑陽

東漢・楊震碑

北魏・張玄誌

北齊・常文貴誌

北齊・常文貴誌

【羥】

《說文》：羥，羣羊相羵也。一曰黑羊。从羊巠聲。

【𦍩】

《説文》：𦍩，羊名。蹏皮可以割桼。从羊此聲。

睡・為吏 35

○畜產肥𦍩（胔）

廿世紀璽印二-SY

○牧𦍩

漢印文字徵

○□𦍩

【美】

《説文》：美，甘也。从羊从大。羊在六畜主給膳也。美與善同意。

秦代・美陽銅權

漢銘・府鼎

漢銘・美陽鼎

漢銘・美陽高泉宮鼎蓋

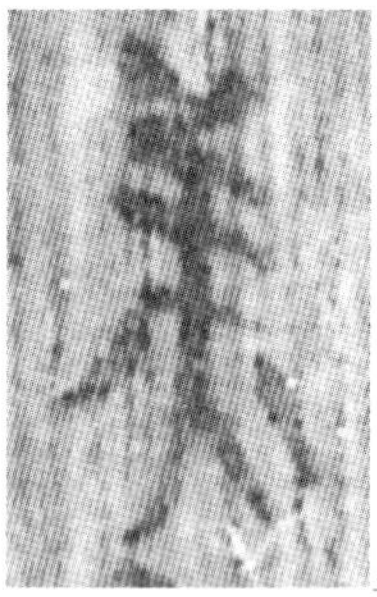
里・第八層 771

○斗取美錢卅

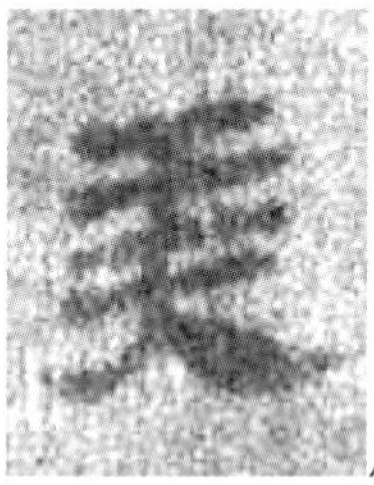
馬壹 125_43 下

銀壹 681

○鬼神通美（微）才（哉）

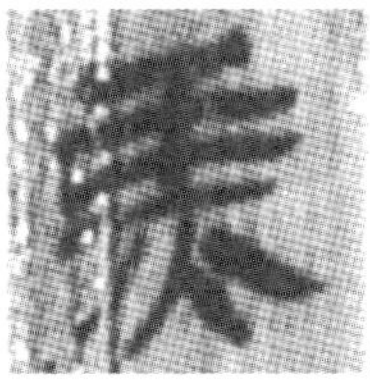
銀貳 1511

○美其色

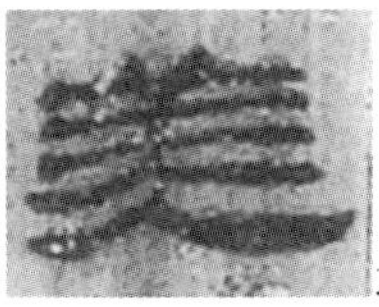
北貳・老子 68

○美言可以市

敦煌簡 639C

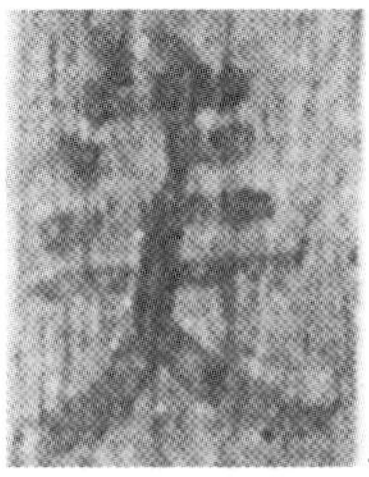
敦煌簡 0253

金關 T24:416B

○一顯美尉皆詣廣地

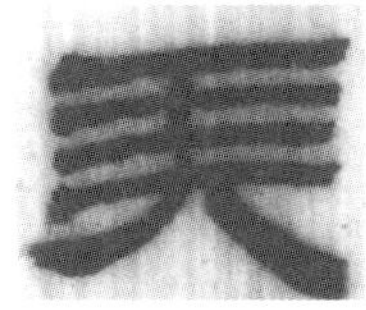
北壹・倉頡篇 18

○美數券契

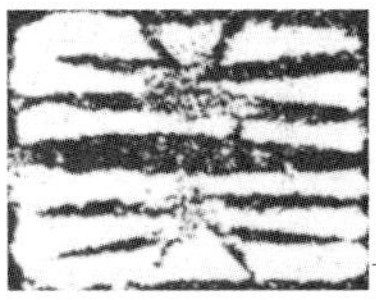
廿世紀璽印二-GP

歷代印匋封泥

○美亭

歷代印匋封泥

○美亭

廿世紀璽印三-GP

○美亭

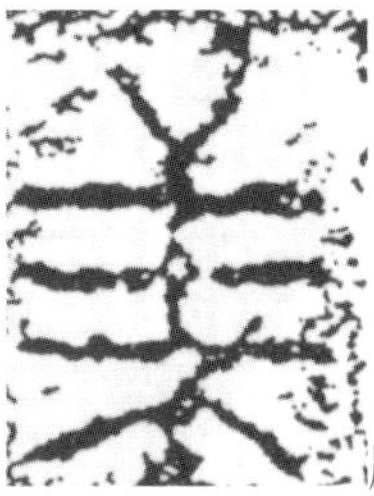
歷代印匋封泥

○美陽工倉

廿世紀璽印三-GP

○右美宮左

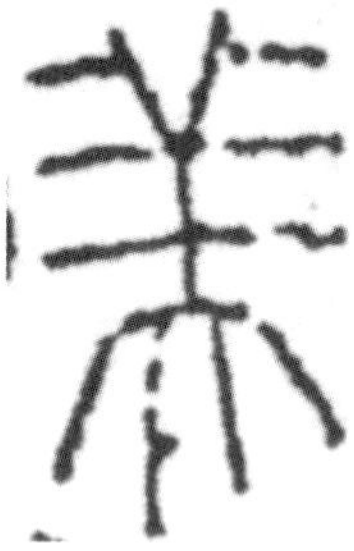
歷代印匋封泥

○顯美里附城

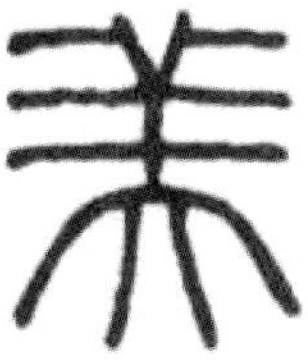
漢印文字徵

○美陽丞印

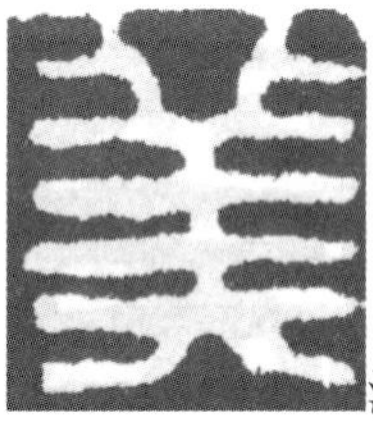
漢代官印選

○美陽令印

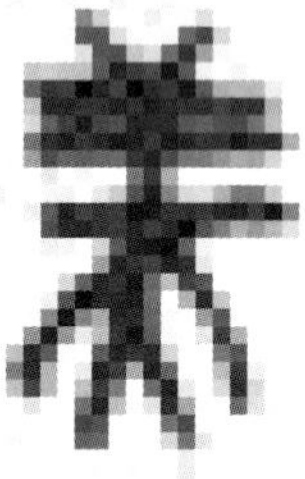
秦駰玉版

○豭既美

東漢・熹平石經殘石四

東漢・石門頌

○美其仁賢

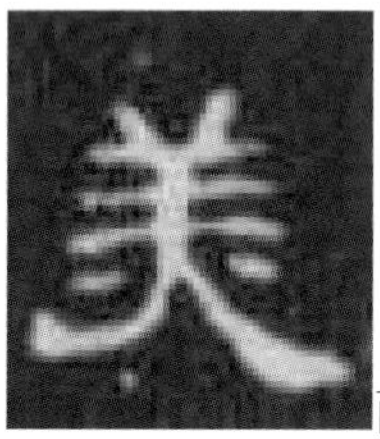
西晉・臨辟雍碑

○洪美

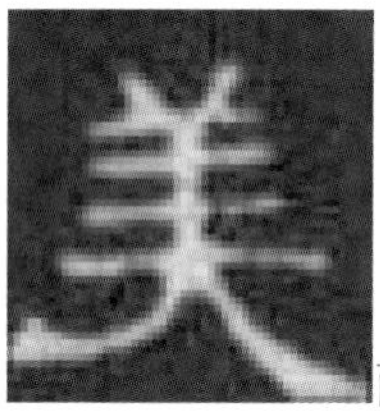
西晉・臨辟雍碑

○兼六代之美迹

北魏・楊熙僊誌

○賓王之美

北魏・和醜仁誌

○粵惟淑美

東魏・馮令華誌

○未足方其美正

東魏・馮令華誌

○皇天鍾美

東魏・馮令華誌

○著美前書

東魏・馮令華誌

○敬圖徽美

東魏・李憲誌

○播美來昆

北齊・趙徵興誌

○美成堯事

北齊・吐谷渾靜媚誌

○庇美斯屬

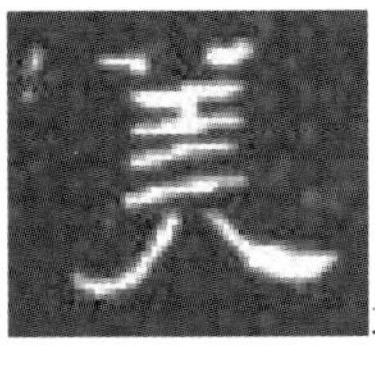
北齊・吐谷渾靜媚誌

○美韻掩團

【羌】

《説文》：，西戎牧羊人也。从人从羊，羊亦聲。南方蠻閩从虫，北方狄从犬，東方貉从豸，西方羌从羊：此六種也。西南僰人、僬僥，从人；蓋在坤地，頗有順理之性。唯東夷从大。大，人也。夷俗仁，仁者壽，有君子不死之國。孔子曰："道不行，欲之九夷，乘桴浮於海。"有以也。

【𦍋】

《説文》：，古文羌如此。

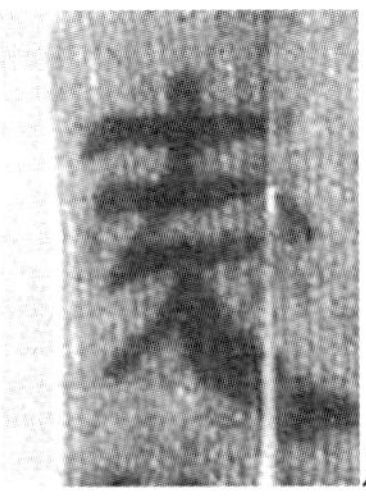
馬壹 78_92

敦煌簡 2394B

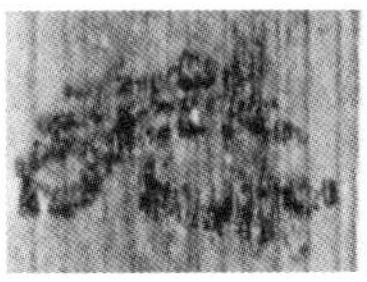
金關 T04:098B

北壹・倉頡篇 61

○溱鹵氏羌贅拾

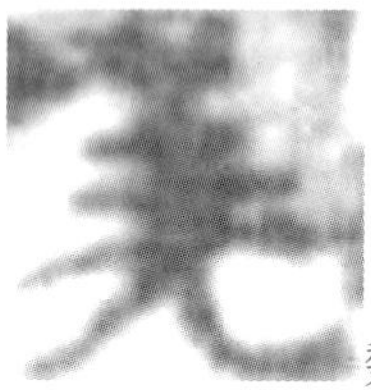
魏晉殘紙

秦代印風

○羌敬

秦代印風

○羌百賞

漢晉南北朝印風

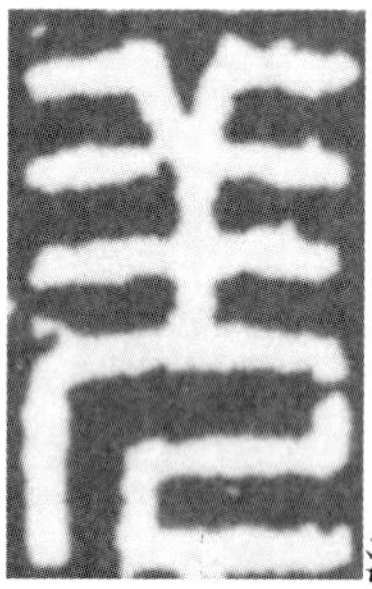
漢晉南北朝印風

漢晉南北朝印風

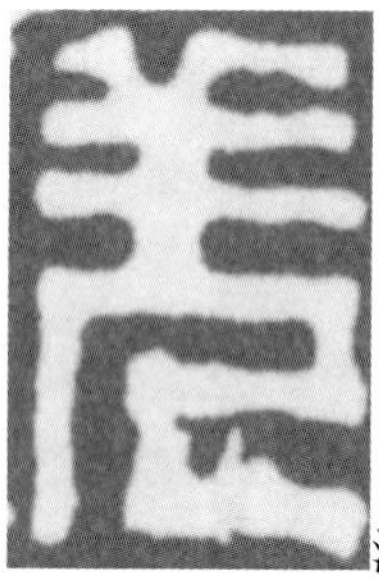
漢晉南北朝印風

廿世紀璽印三-GY

○漢歸義羌長

柿葉齋兩漢印萃

柿葉齋兩漢印萃

○四角羌王

漢代官印選

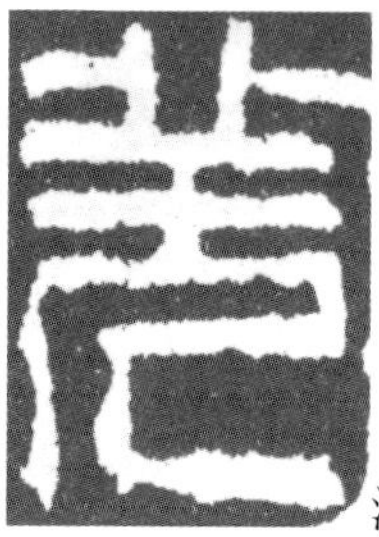
漢代官印選

漢印文字徵

漢印文字徵

漢印文字徵

漢晉南北朝印風

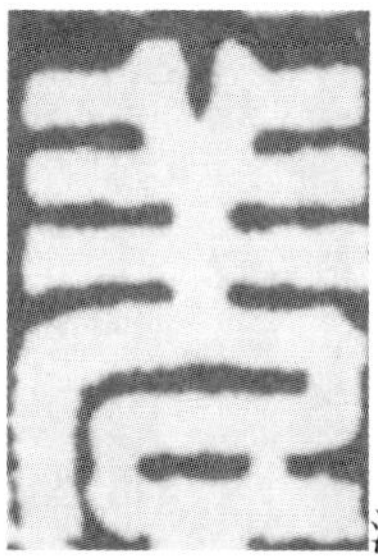
漢晉南北朝印風

廿世紀璽印四-GY

廿世紀璽印四-GY

廿世紀璽印四-GY

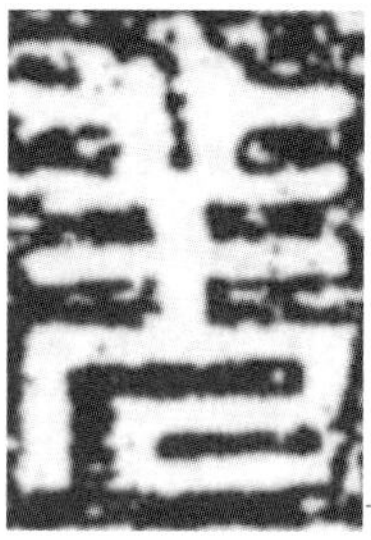
廿世紀璽印四-GY

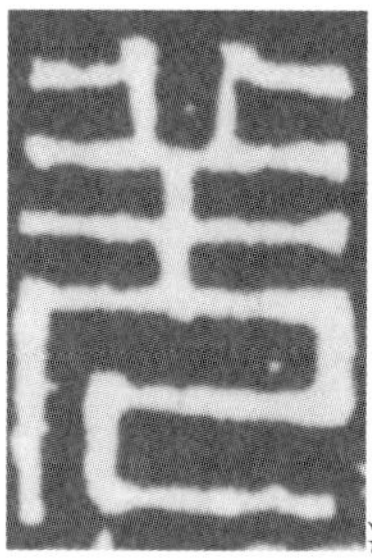
漢晉南北朝印風

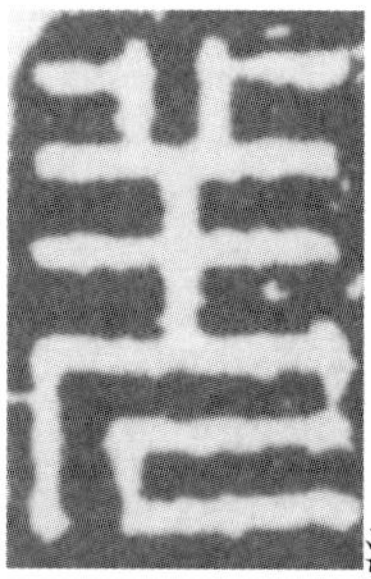
漢晉南北朝印風

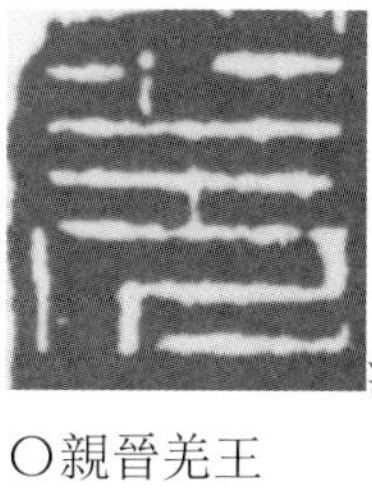
漢晉南北朝印風

○親晉羌王

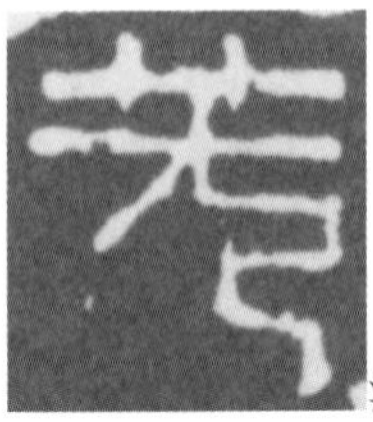
漢晉南北朝印風

○親晉羌王

漢晉南北朝印風

漢晉南北朝印風

漢晉南北朝印風

漢晉南北朝印風

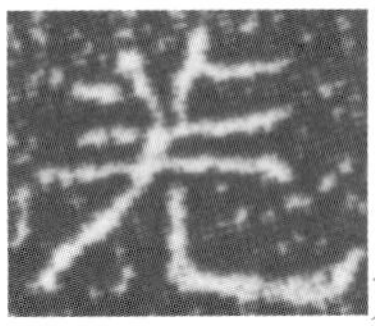
東漢・趙寬碑

○護羌假司馬

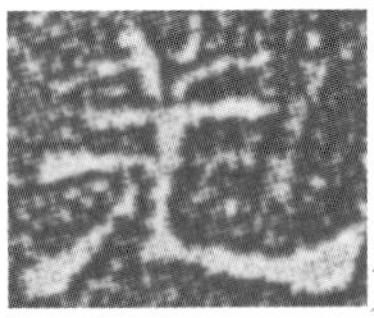
東漢・趙寬碑

東漢・祀三公山碑

三國魏・張君殘碑

○復換征羌

北魏・元秀誌

○羌戎校尉

北魏・趙廣者誌

○曾祖羌

北齊・吐谷渾靜媚誌

北齊・暴誕誌

○護羌中郎將

【羑】

《說文》：羑，進善也。从羊久聲。文王拘羑里，在湯陰。

東牌樓 146

○□□羑義

〖羊〗

北壹·倉頡篇 38

○貘麋麃欻朖羊

〖羚〗

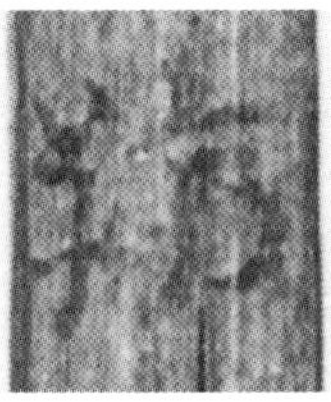
敦煌簡 0170

○尉驗羚旄鼓采而已

〖羍〗

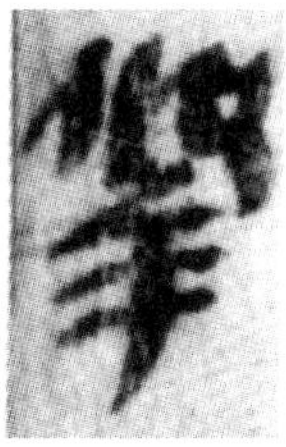
睡·日甲《詰》32

○羍鬼善戲人

羴部

【羴】

《説文》：羴，羊臭也。从三羊。凡羴之屬皆从羴。

【羶】

《説文》：羶，羴或从亶。

【羼】

《説文》：羼，羊相厠也。从羴在尸下。尸，屋也。一曰相出前也。

瞿部

【瞿】

《説文》：瞿，鷹隼之視也。从隹从䀠，䀠亦聲。凡瞿之屬皆从瞿。讀若章句之句。

秦文字編 616

馬壹 36_48 上

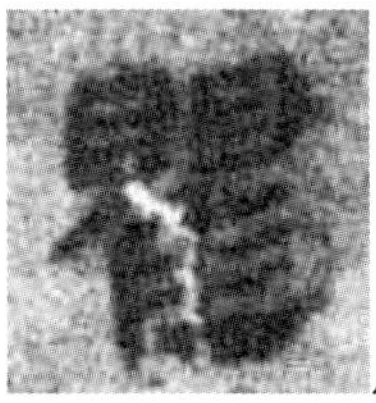
馬壹 4_11 下

○衢（瞿）亨

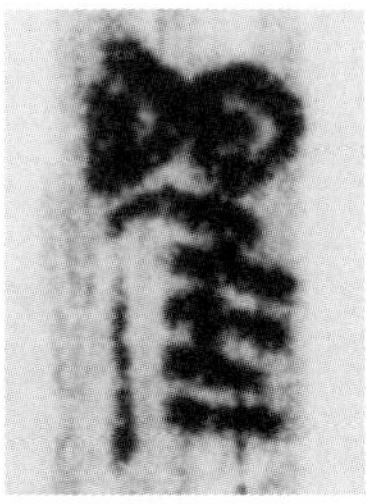
銀壹 765

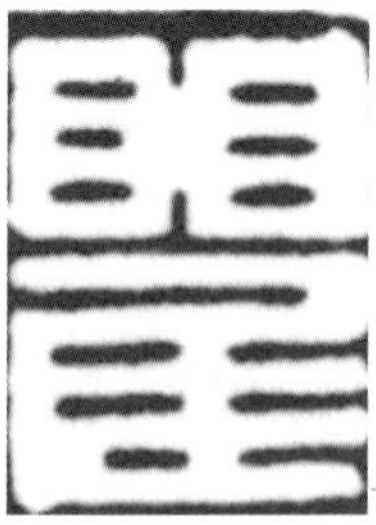
廿世紀璽印三-SY

漢晉南北朝印風

○瞿鄉

漢印文字徵

漢印文字徵

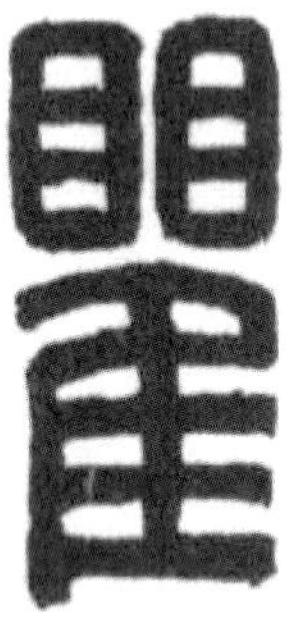
漢印文字徵

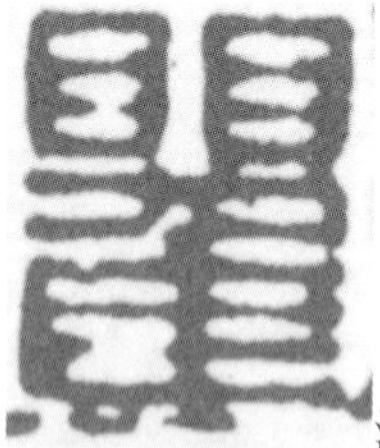
漢晉南北朝印風

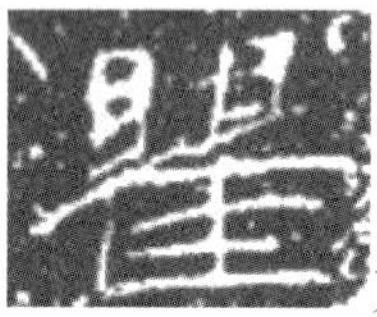
東漢·洛陽刑徒磚

○右部五任汝南瞿

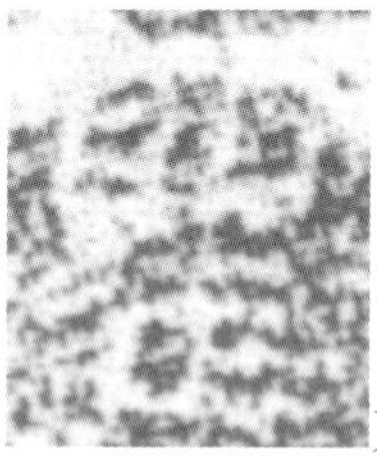
東漢·許阿瞿畫像石題記

○瞿不識之

東漢·許阿瞿畫像石題記

○許阿瞿身

南朝齊·釋玄嵩造像

【矍】

《説文》：，隹欲逸走也。从又持之，矍矍也。讀若《詩》云“穬彼淮夷”之“穬”。一曰視遽皃。

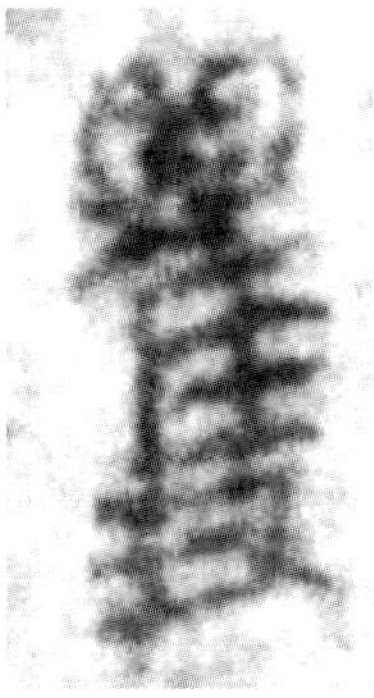
馬壹 212_39

〇乃矍百軒三見乃

東魏・侯海誌

〇提弓矍相之門

雔部

【雔】

《説文》：雔，雙鳥也。从二隹。凡雔之屬皆从雔。讀若醻。

【靃（霍）】

《説文》：靃，飛聲也。雨而雙飛者，其聲靃然。

漢銘・霍壺

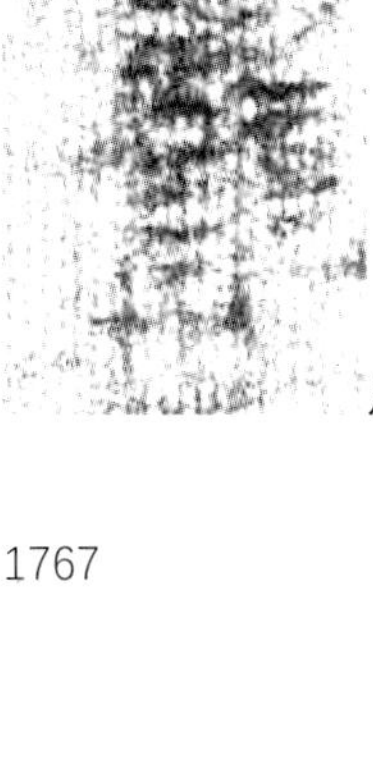
馬貳 78_200/187

〇靃（藿）丞（蒸）而取其汁

敦煌簡 1198

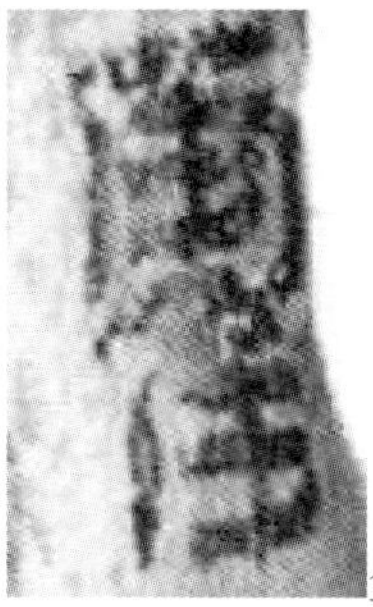
金關 T23:124

廿世紀璽印三-SY

〇靃勳

廿世紀璽印三-SY

〇霍賀之印

歷代印匋封泥

〇九牛霍

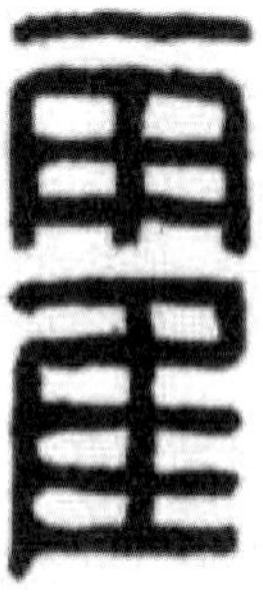
漢印文字徵

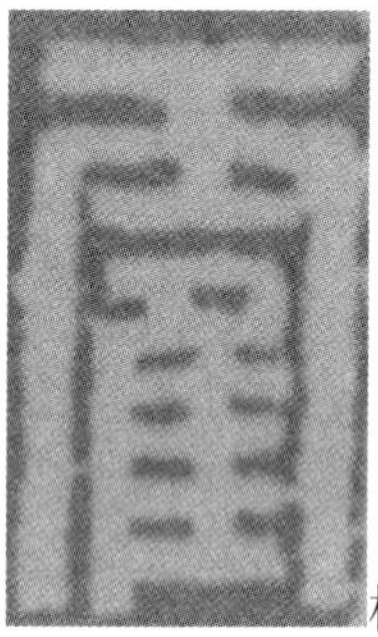
柿葉齋兩漢印萃

○霍山印

漢印文字徵

○靃印君實

漢印文字徵

○靃守印

漢印文字徵

漢印文字徵

○霻信印

漢印文字徵

○靃犉

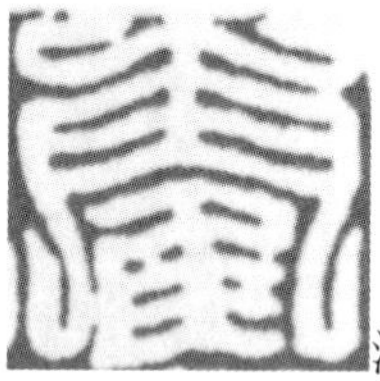
漢晉南北朝印風

○霍衡信印

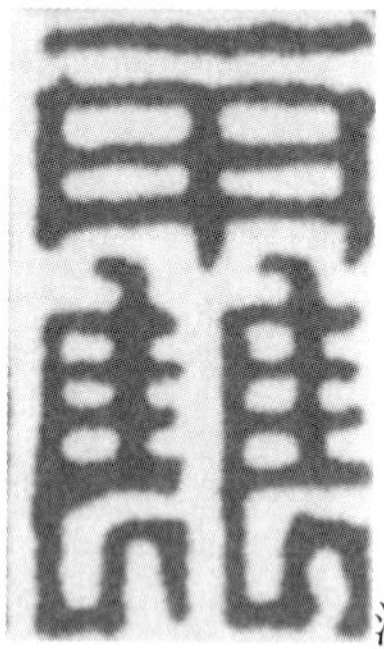
漢晉南北朝印風

○靃勇

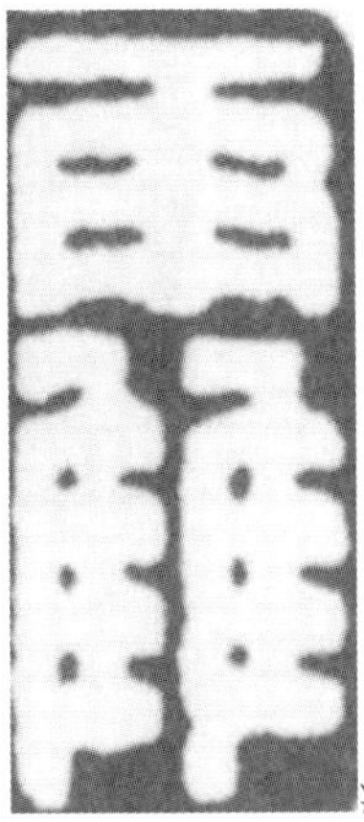
漢晉南北朝印風

○霍惇

漢晉南北朝印風

○霍常樂

漢晉南北朝印風

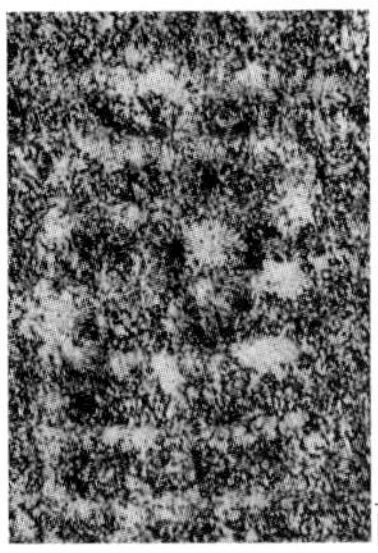
西漢・霍去病墓題字

○宿伯牙霍巨孟

東漢・趙寬碑

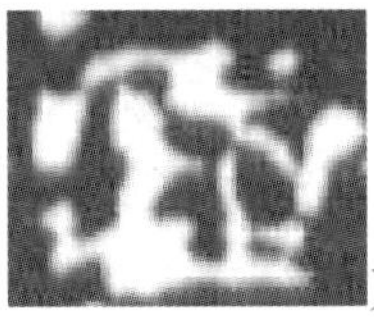
東漢・校官碑

○君稟資南霍之神

三國魏・霍君神道

○鉅鹿霍君

東晉・霍□誌

○成都縣侯霍使君

北魏・元子正誌

東魏・趙胡仁誌

【雙】

《説文》：，隹二枚也。从雔，又持之。

漢銘・常雙印鉤

馬貳 287_322/341

○帶一雙

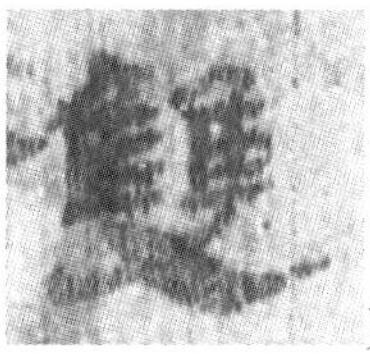
東牌樓 110

○一雙

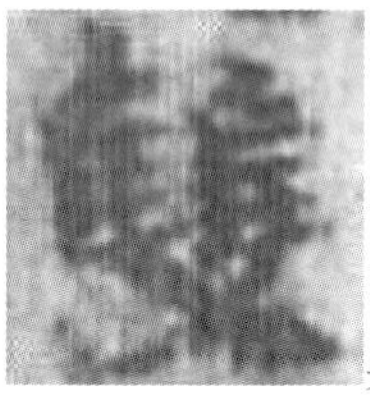
吴簡嘉禾・五・九七五

○男子毛雙

漢印文字徵

○陳雙堅印

歷代印匋封泥

○公孫雙

東漢・譙敏碑

○泣涕雙流

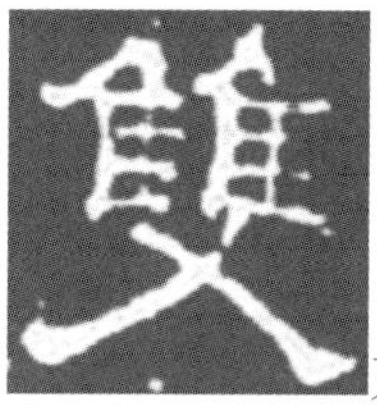
東漢・圉令趙君碑

○亦難雙

北魏・元譚誌

○雙珠

北魏・馮邕妻元氏誌

○皇子雙娉

東魏・劉雙周造塔記

○劉雙周

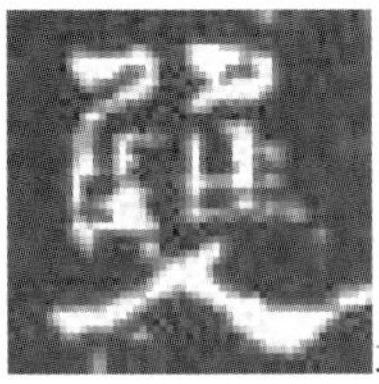
北齊・韓裔誌

○兩鞬雙帶

雥部

【雥】

《説文》：，羣鳥也。从三隹。凡雥之屬皆从雥。

【雦】

《説文》：，鳥羣也。从雥㟁聲。

【雧】

《説文》：，羣鳥在木上也。从雥从木。

【集】

《説文》：，雧或省。

漢銘・新嘉量二

漢銘・新嘉量一

漢銘・新衡杆

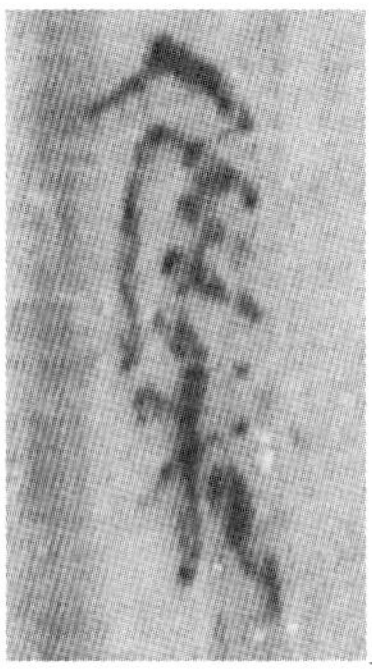
里・第八層 487

敦煌簡 1685

居・EPT52.60

○一事集封

漢晉南北朝印風

○新成順德單右集之印

漢晉南北朝印風

○集降尹中後侯

漢印文字徵

○集降尹中後候

北齊・唐邕刻經記

○戒行之徒允雧

東漢・尚博殘碑

東漢・公乘田魴畫像石墓題記

○西河大守都集掾

北魏・元崇業誌

北魏・韓氏誌

鳥部

【鳥】

《説文》：，長尾禽總名也。象形。鳥之足似匕，从匕。凡鳥之屬皆从鳥。

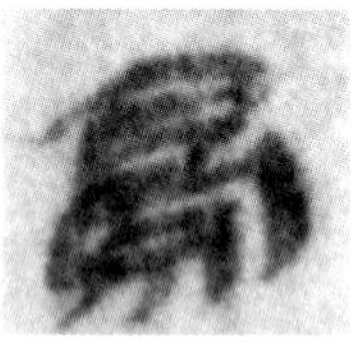
睡・日甲《詰》31

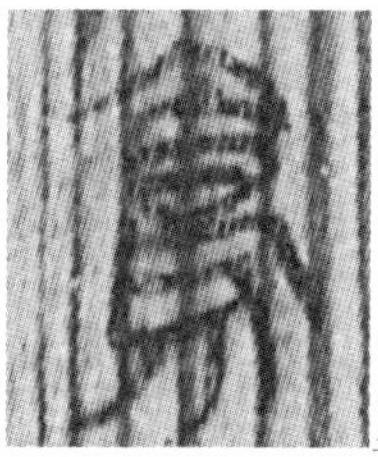
里・第八層 1562

馬壹 140_2 上/169 上

馬壹 96_36

馬壹 7_35 上

馬貳 248_305

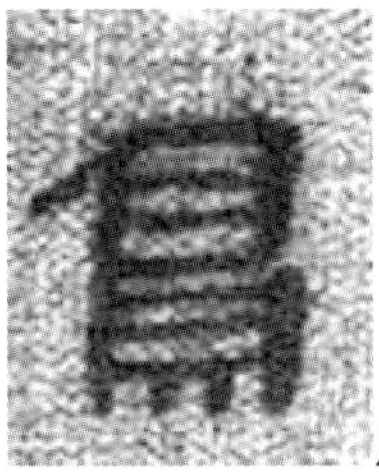
馬貳 36_51 上

張・蓋盧 17

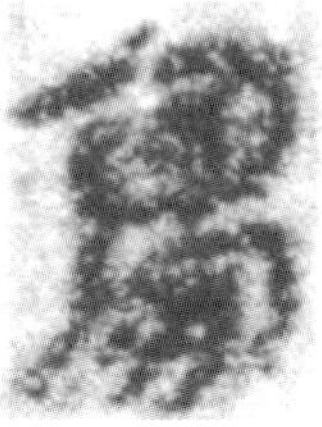
銀壹 99

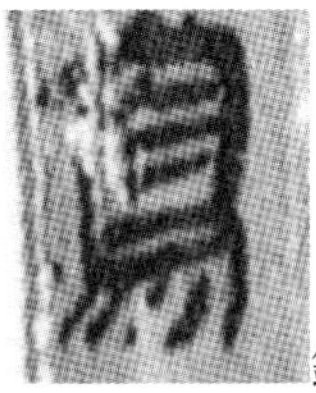
銀貳 1816

北壹・倉頡篇 28

○帛雉兔鳥烏

秦代印風

○橋烏

廿世紀璽印三-SY

○路烏

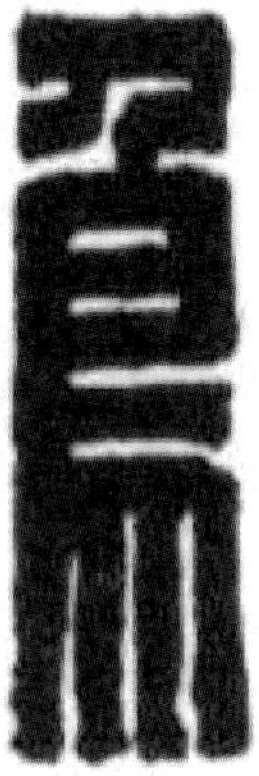
漢印文字徵

○侯屋烏

東漢・元嘉元年畫像石題記一

北魏・元弼誌

北魏・李璧誌

北魏·元顥平妻王氏誌

北齊·感孝頌

【鳳】

《説文》：，神鳥也。天老曰：“鳳之象也，鴻前麐後，蛇頸魚尾，鸛顙鴛思，龍文虎背，燕頜雞喙，五色備舉。出於東方君子之國，翺翔四海之外，過崐崘，飲砥柱，濯羽弱水，莫宿風穴。見則天下大安寧。”从鳥凡聲。

【𠌨（朋）】

《説文》：，古文鳳，象形。鳳飛，羣鳥從以萬數，故以爲朋黨字。

【鵬】

《説文》：，亦古文鳳。

漢銘·建武泉範一

漢銘·林華觀行鐙

漢銘·五鳳熨斗

漢銘·梁山宮熏鑪

漢銘·梁山宮熏鑪

漢銘·孝文廟銅熏鑪

漢銘·永始乘輿鼎一

漢銘·永始三年乘輿鼎

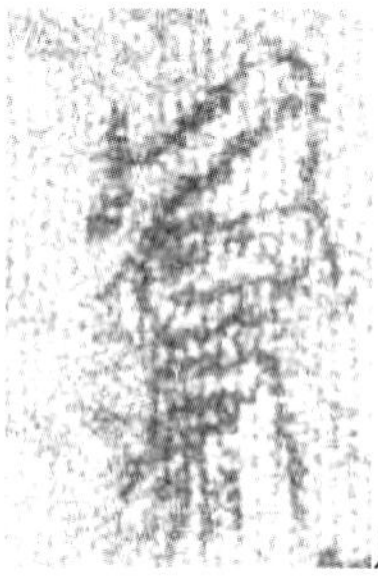
馬貳 72_84/84

張·蓋盧 4

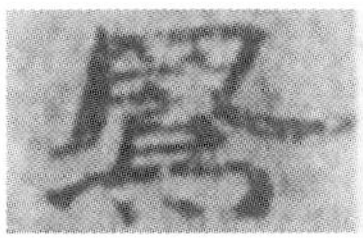
敦煌簡 0793

金關 T08:051B

金關 T08:008

吳簡嘉禾・四・四七九

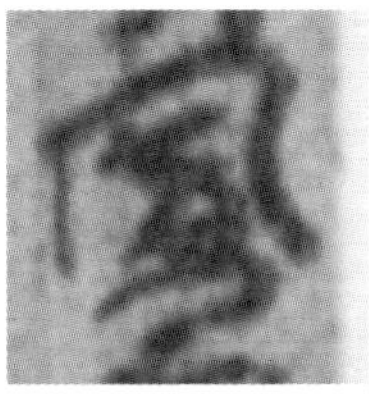
吳簡嘉禾・四三二

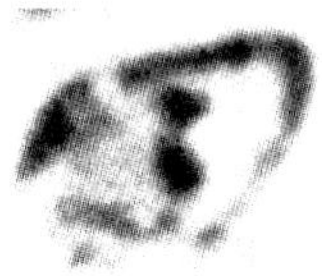
睡・日甲《詰》65

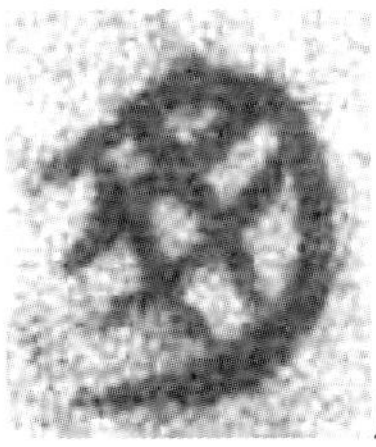
馬壹 7_44 上

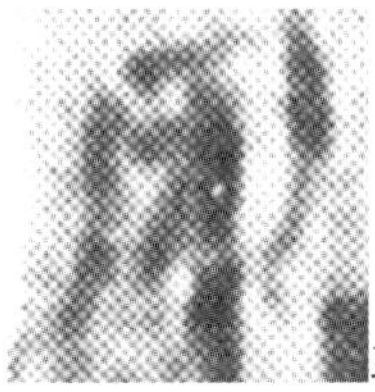
敦煌簡 1328

廿世紀璽印三-SY

〇吴鳳

廿世紀璽印三-SY

〇朱鳳之印

廿世紀璽印三-SY

〇梁鳳私印

漢印文字徵

〇周鳳私印

漢印文字徵

〇紀鳳

漢印文字徵

○向鳳私印

柿葉齋兩漢印萃

○周鳳私印

柿葉齋兩漢印萃

○王鳳私印

漢印文字徵

○毛鳳私印

歷代印匋封泥

○臣鳳

漢印文字徵

○龐鳳

廿世紀璽印四-SP

○八解鳳

漢晉南北朝印風

○鳳翁兒

漢晉南北朝印風

○鄭鳳

漢晉南北朝印風
○薑風

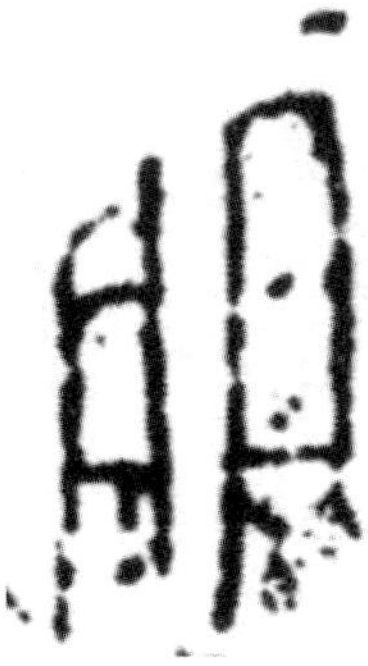
廿世紀璽印三-SP

東漢・曹全碑陽

東漢・元嘉元年畫像石題記一

北魏・元羽誌

北魏・王紹誌

北魏・元子直誌

北魏・劇市誌

北魏・元朗誌

北魏・元恭誌

東魏・李挺誌

東漢・譙敏碑

北魏・元進誌

北魏・奚真誌

北魏・寇霄誌

北魏・元顥誌

北齊・張海翼誌

【鸞】

《説文》：鸞，亦神靈之精也。赤色，五采，雞形。鳴中五音，頌聲作則至。从鳥䜌聲。周成王時氐羌獻鸞鳥。

東牌樓 119

漢印文字徵

○潘鸞

漢印文字徵

○司國鸞

東漢・華岳廟殘碑陰

○故功曹司空掾蓮勺田巴叔鸞

北魏・元悌誌

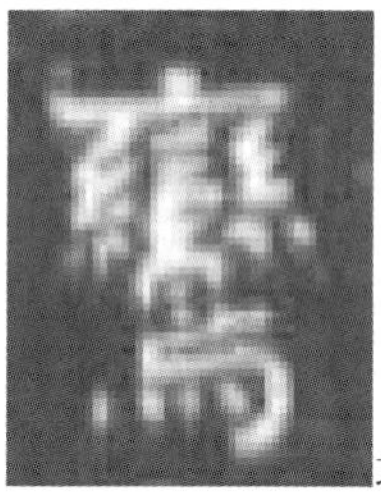
北魏・崔鴻誌

東魏・田鸞磚

○田鸞

【鸑】

《説文》：鸑，鸑鷟，鳳屬，神鳥也。

从鳥獄聲。《春秋國語》曰：“周之興也，鸑鷟鳴於岐山。”江中有鸑鷟，似凫而大，赤目。

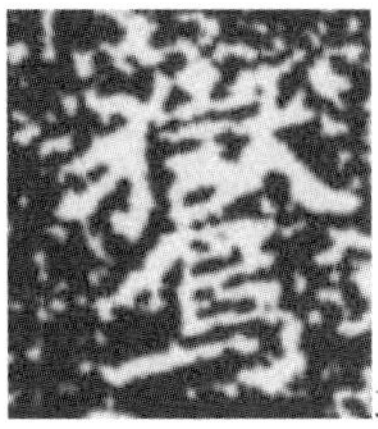
北齊・鄭子尚誌

【鷟】

《說文》：，鸑鷟也。从鳥族聲。

北齊・鄭子尚誌

○鸑鷟來鳴

【鷫】

《說文》：，鷫鷞也。五方神鳥也。東方發明，南方焦明，西方鷫鷞，北方幽昌，中央鳳皇。从鳥肅聲。

【鴳】

《說文》：，司馬相如說：从叜聲。

北魏・崔懃造像

○大使徐州倉曹參軍崔鷫

東魏・崔鷫誌

【鷞】

《說文》：，鷫鷞也。从鳥爽聲。

【鳩】

《說文》：，鶻鵃也。从鳥九聲。

敦煌簡 1649

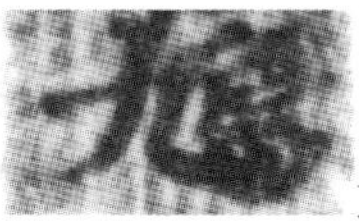
武・王杖 4

北壹・倉頡篇 56

○鵠舄鳩雁鴞

北魏・封君妻誌

○善之美故以邁睢鳩於燕

北魏・司馬顯姿誌

北魏・元新成妃李氏誌

【鶌】

《說文》：，鶌鳩也。从鳥屈聲。

【雖】

《説文》：，祝鳩也。从鳥隹聲。

【隼】

《説文》：，雖或从隹、一。一曰鶉字。

馬壹 97_63

張・奏讞書 147

北齊・庫狄迴洛誌

【鶻】

《説文》：，鶻鵃也。从鳥骨聲。

【鵃】

《説文》：，鶻鵃也。从鳥舟聲。

【鷄】

《説文》：，秸鷄，尸鳩。从鳥簐聲。

【鴿】

《説文》：，鳩屬。从鳥合聲。

馬貳 38_75 上

【鴠】

《説文》：，渴鴠也。从鳥旦聲。

【鶪】

《説文》：，伯勞也。从鳥狊聲。

【雗】

《説文》：，鶪或从隹。

【鷚】

《説文》：，天龠也。从鳥翏聲。

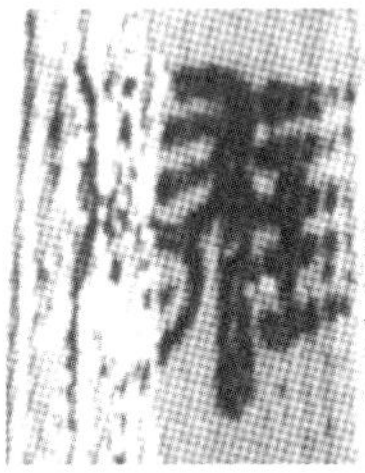
銀貳 1816

【鷽】

《説文》：，卑居也。从鳥與聲。

【鷽】

《説文》：，雗鷽，山鵲，知來事鳥也。从鳥，學省聲。

【翟】

《説文》：，鸞或从隹。

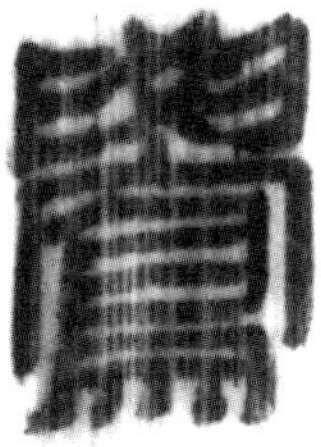
北壹・倉頡篇 41
○滫鶬（雒）鸞趌

【鷲】

《説文》：，鳥黑色多子。師曠曰：“南方有鳥，名曰羌鷲，黃頭赤目，五色皆備。”从鳥就聲。

【鴞】

《説文》：，鴟鴞，寧鴂也。从鳥号聲。

北壹・倉頡篇 56
○鳩雁鴞

【鴂】

《説文》：，寧鴂也。从鳥夬聲。

東魏・房悅誌

【⿰崇鳥】

《説文》：，鳥也。从鳥崇聲。

【鶭】

《説文》：，澤虞也。从鳥方聲。

【⿰截鳥】

《説文》：，鳥也。从鳥截聲。

【⿰桼鳥】

《説文》：，鳥也。从鳥桼聲。

【鴩】

《説文》：，鋪豉也。从鳥失聲。

【鶤】

《説文》：，鶤雞也。从鳥軍聲。讀若運。

【⿰芺鳥】

《説文》：，鳥也。从鳥芺聲。

【⿱臼鳥】

《説文》：，鳥也。从鳥臼聲。

【鷦】

《説文》：，鷦⿰鳥眇，桃蟲也。从鳥焦聲。

【⿰鳥眇】

《説文》：，鷦⿰鳥眇也。从鳥眇聲。

【鶹】

《説文》：，鳥少美長醜爲鶹離。从鳥畱聲。

【⿰堇鳥】

《説文》：䳼，鳥也。从鳥堇聲。

【難】

《説文》：難，䳼或从隹。

【⿰堇隹】

《説文》：⿰堇隹，古文䳼。

【⿰堇隹】

《説文》：⿰堇隹，古文䳼。

【⿰豈隹】

《説文》：⿰豈隹，古文䳼。

睡・封診式 91

睡・為吏 4

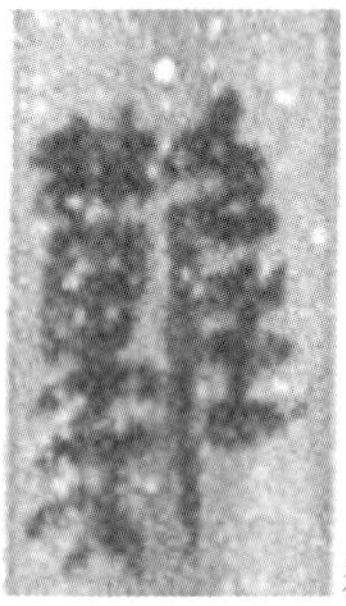
嶽・為吏 42

馬壹 89_215

馬壹 36_46 上

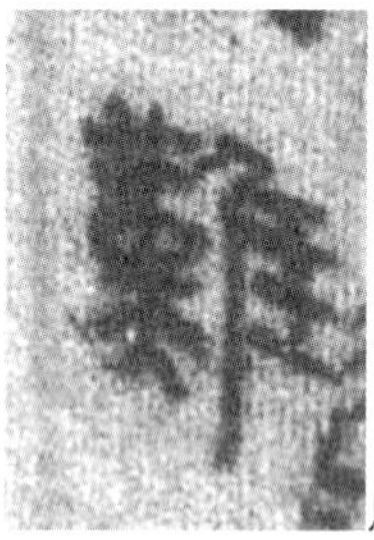
馬壹 76_65

馬貳 32_5 上

張・戶律 335

張・奏讞書 227

銀壹 584

銀貳 1461

北貳・老子 72

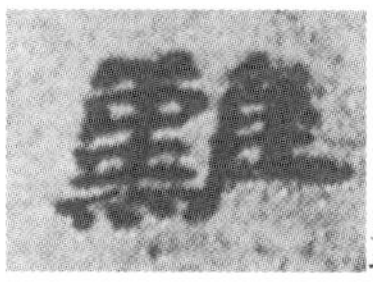
敦煌簡 2253

金關 T30:028A

東牌樓 133

東牌樓 031 背

〇留難若□□欲

秦代印風

漢晉南北朝印風

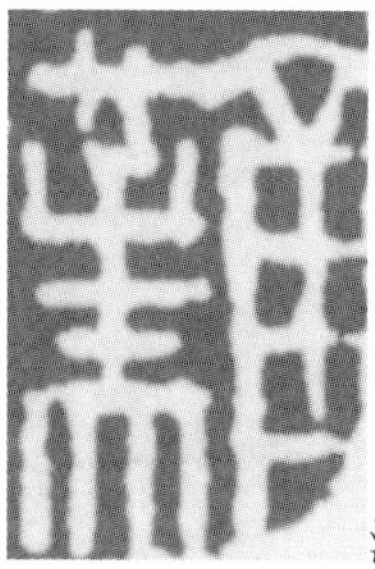
漢晉南北朝印風

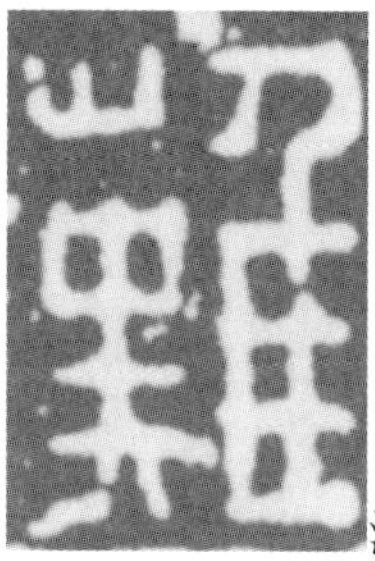
漢晉南北朝印風

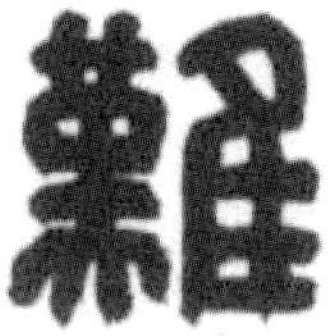
漢印文字徵

漢印文字徵

漢印文字徵

漢印文字徵

漢晉南北朝印風

漢晉南北朝印風

東漢・圉令趙君碑

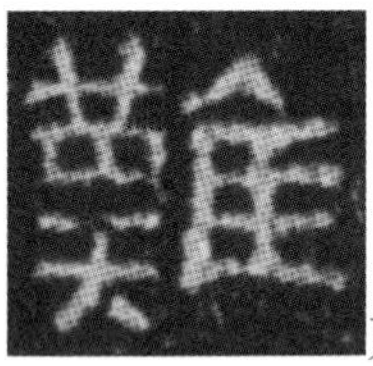
東漢・肥致碑

東漢・石門頌

三國魏・三體石經尚書・古文

○易天難忱

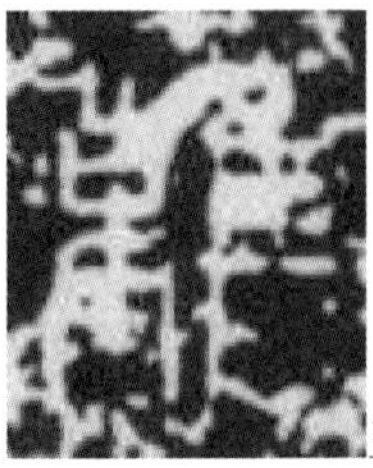
三國魏・三體石經尚書・篆文

西晉・郭槐柩記

北魏・張安姬誌

北魏・穆彥誌

○避難東遊

北魏・王基誌

東魏・元悰誌

東魏・元玕誌

北齊・是連公妻誌

【鶨】

《説文》：鶨，欺老也。从鳥彖聲。

【鵵】

《說文》：，鳥也。从鳥，說省聲。

【鴸】

《說文》：，鳥也。从鳥主聲。

【䳑】

《說文》：，鳥也。从鳥昏聲。

【鷯】

《說文》：，刀鷯。剖葦，食其中蟲。从鳥尞聲。

【鷃】

《說文》：，鳥也。其雌皇。从鳥匽聲。一曰鳳皇也。

【鴲】

《說文》：，瞑鴲也。从鳥旨聲。

【鵅】

《說文》：，烏鸔也。从鳥各聲。

【鸔】

《說文》：，烏鸔也。从鳥暴聲。

【鶴】

《說文》：，鳴九皋，聲聞于天。从鳥隺聲。

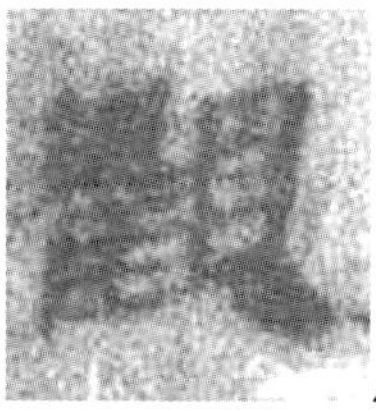
馬壹42_30下

馬壹13_88上

馬貳284_294/292

漢印文字徵

○高鶴印信

西晉・荀岳誌

北魏・李媛華誌

北魏・王普賢誌

東魏・王偃誌

北齊・李難勝誌

【鷺】

《説文》：，白鷺也。从鳥路聲。

北魏・元彧誌

北齊・劉悅誌

【鵠】

《説文》：，鴻鵠也。从鳥告聲。

馬貳 227_71

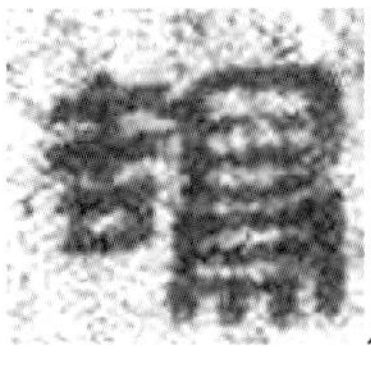
馬貳 38_68 上

北壹・倉頡篇 56

〇鸜鴝鵠鴞

漢晉南北朝印風

〇吳鵠

東晉・筆陣圖

北魏・元暐誌

【鴻】

《説文》：，鴻鵠也。从鳥江聲。

漢銘・上林銅鑒一

漢銘・上林銅鑒二

漢銘・上林銅鑒五

漢銘・上林銅鑒六

漢銘・光和斛一

漢銘・大司農權

漢銘・上林銅鼎二

敦煌簡 0177

金關 T32:036B

漢晉南北朝印風

〇大鴻臚

漢晉南北朝印風

〇大鴻臚丞

漢印文字徵

〇孔鴻

漢代官印選

〇大鴻臚印

漢印文字徵

〇大鴻臚丞

漢印文字徵

〇李鴻私印

漢印文字徵

〇鴻符世子印

漢晉南北朝印風

○郝鴻印信

東漢・熹平石經殘石五

西晉・臨辟雍碑

北魏・鄭君妻誌

北魏・李慶容誌

北魏・王普賢誌

北魏・盧令媛誌

北魏・王基誌

北魏・侯愔誌

北魏・元恭誌

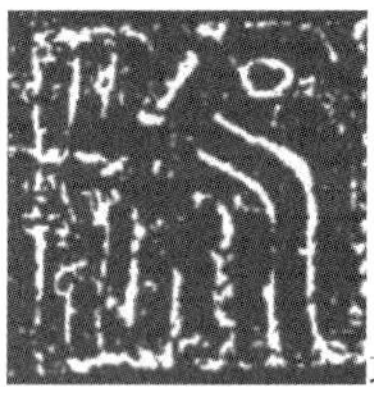
北齊・李希禮誌蓋

○大鴻臚

北齊・刁翔誌

【䳱】

《説文》：，秃䳱也。从鳥尗聲。

【鶖】

《説文》：，䳱或从秋。

【鴛】

《説文》：，鴛鴦也。从鳥夗聲。

北壹・倉頡篇 56

○鳩雁鴚鴛鴦

北魏・元彧誌

【鴦】

《説文》：鴦，鴛鴦也。从鳥央聲。

北壹・倉頡篇 56

〇雁鴨鴛鴦

【鵽】

《説文》：鵽，鵽鳩也。从鳥叕聲。

【鵱】

《説文》：鵱，蔞鵝也。从鳥坴聲。

【鴚】

《説文》：鴚，鴚鵝也。从鳥可聲。

【鵝】

《説文》：鵝，鴚鵝也。从鳥我聲。

【鴈】

《説文》：鴈，鵝也。从鳥、人，厂聲。

漢銘・建昭鴈足鐙一

漢銘・桂宫鴈足鐙

漢銘・竟寧鴈足鐙

漢銘・綏和鴈足鐙

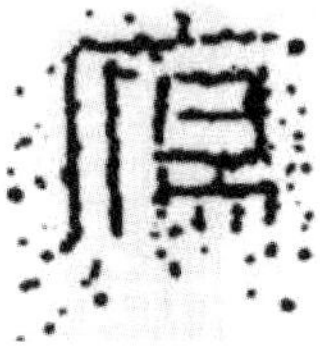
漢銘・吉鴈洗

漢銘・山陽邸鴈足長鐙

里・第八層 410

馬貳 272_155/174

北壹·倉頡篇 56

○鴈鴉鴐鳶

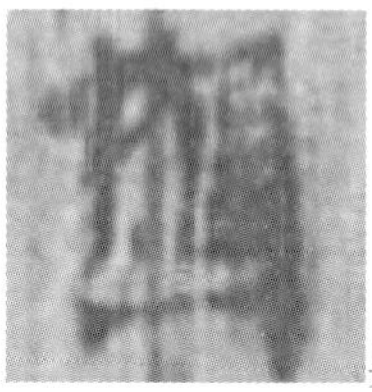
吳簡嘉禾·四·一六一

○男子朱鴈

漢印文字徵

○臣鴈

柿葉齋兩漢印萃

○雁門都尉

漢代官印選

○雁門太守章

東漢·郭季妃畫像石墓題記

○鴈門

北魏·給事君妻韓氏誌

○是以羔鴈貴禮

北魏·元顥誌

○鴻鴈之慶

【鶩】

《説文》：，舒鳧也。从鳥敄聲。

北魏·長孫盛誌

北魏·元液誌

【鷖】

《説文》：，鳧屬。从鳥殹聲。《詩》曰：“鳧鷖在梁。”

【⿰契鳥】

《説文》：⿰契鳥，⿰契鳥⿰鳥辥，鳧屬。从鳥契聲。

【⿰鳥辥】

《説文》：⿰鳥辥，⿰契鳥⿰鳥辥也。从鳥辥聲。

【鸏】

《説文》：鸏，水鳥也。从鳥蒙聲。

【鷸】

《説文》：鷸，知天將雨鳥也。从鳥矞聲。《禮記》曰："知天文者冠鷸。"

【鹬】

《説文》：鹬，鷸或从遹。

【鸊】

《説文》：鸊，鸊鷉也。从鳥辟聲。

【鷉】

《説文》：鷉，鸊鷉也。从鳥虒聲。

【鸕】

《説文》：鸕，鸕鷀也。从鳥盧聲。

【鷀】

《説文》：鷀，鸕鷀也。从鳥兹聲。

【鷧】

《説文》：鷧，鷀也。从鳥壹聲。

【鴔】

《説文》：鴔，鴔鵖也。从鳥乏聲。

【鵖】

《説文》：鵖，鴔鵖也。从鳥皀聲。

【鴇（⿰𠦝隹）】

《説文》：鴇，鳥也。肉出尺胾。从鳥𠦝聲。

【鳵】

《説文》：鳵，鴇或从包。

北壹・倉頡篇 69

○鶡鶡⿰𠦝隹（鴇）

北壹・倉頡篇 68

○鶡鶡⿰𠦝隹（鴇）

【鸈】

《説文》：鸈，鶌鸈也。从鳥渠聲。

【鷗】

《説文》：鷗，水鴞也。从鳥區聲。

【鴱】

《説文》：鴱，鳥也。从鳥犮聲。讀

若撥。

【鷛】

《説文》：，鳥也。从鳥庸聲。

【鶂】

《説文》：，鳥也。从鳥兒聲。《春秋傳》曰："六鶂退飛。"

【鷊】

《説文》：，鶂或从鬲。

【䳺】

《説文》：，司馬相如說：鶂从赤。

【鴺】

《説文》：，鴺胡，污澤也。从鳥夷聲。

【鵜】

《説文》：，鴺或从弟。

【鴗】

《説文》：，天狗也。从鳥立聲。

北齊·宋買等造像

【鶬】

《説文》：，麋鴰也。从鳥倉聲。

【𩀳】

《説文》：，鶬或从隹。

北壹·倉頡篇 41

東魏·劉懿誌

【鴰】

《説文》：，麋鴰也。从鳥昏聲。

【鵁】

《説文》：，鵁鶄也。从鳥交聲。一曰鵁鸕也。

【鶄】

《説文》：，鵁鶄也。从鳥青聲。

【鳽】

《説文》：，鵁鶄也。从鳥幵聲。

【𪆷】

《説文》：，𪆷鴜也。从鳥箴聲。

【鴜】

《説文》：，𪆷鴜也。从鳥此聲。

【鷻】

《説文》：，雕也。从鳥敦聲。《詩》

曰：“匪鱍匪鳶。”

【鳶】

《說文》：，鷙鳥也。从鳥屰聲。

睡・日甲《詰》30

○鬼鳶（弋）以芻矢

睡・日甲《詰》37

○以芻矢鳶（弋）之

【鷳】

《說文》：，鴟也。从鳥閒聲。

【鷂】

《說文》：，鷙鳥也。从鳥䍃聲。

漢代官印選

○興鷂校尉

【鷢】

《說文》：，白鷢，王鴡也。从鳥厥聲。

【鴡（雎）】

《說文》：，王鴡也。从鳥且聲。

馬壹 82_54

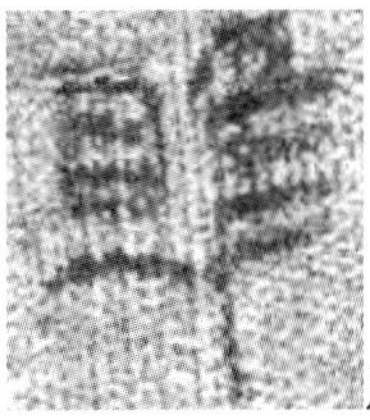
馬貳 83_297/283

漢印文字徵

○張雎

北魏・司馬顯姿誌

北魏・元颺妻王氏誌

【鸛】

《說文》：，鸛專，畐蹂。如誰，短尾。射之，銜矢射人。从鳥雚聲。

【鷒】

《説文》：，鸇風也。从鳥亶聲。

【鸇】

《説文》：，籒文鸇从廛。

【鷐】

《説文》：，鷐風也。从鳥晨聲。

【鷙】

《説文》：，擊殺鳥也。从鳥執聲。

東魏・元鷙誌

【鴥】

《説文》：，鸇飛皃。从鳥穴聲。《詩》曰："鴥彼晨風。"

【鶯】

《説文》：，鳥也。从鳥，榮省聲。《詩》曰："有鶯其羽。"

【鴝】

《説文》：，鴝鵒也。从鳥句聲。

東漢・公乘田魴畫像石墓題記

【鵒】

《説文》：，鴝鵒也。从鳥谷聲。古者鴝鵒不踰泲。

【鵌】

《説文》：，鵒或从隹从臾。

【鷩】

《説文》：，赤雉也。从鳥敝聲。《周禮》曰："孤服鷩冕。"

東魏・李憲誌

【鵔】

《説文》：，鵔鸃，鷩也。从鳥夋聲。

【鸃】

《説文》：，鵔鸃也。从鳥義聲。秦漢之初，侍中冠鵔鸃冠。

北齊・婁黑女誌

【䳲】

《説文》：，雉屬，戇鳥也。从鳥，適省聲。

【鶡】

《説文》：，似雉，出上黨。从鳥曷聲。

北壹・倉頡篇 68

○鶡鶡鴇

北齊・劉悅誌

北齊・劉雙仁誌

【鴧】

《說文》：，鳥，似鶡而青，出羌中。从鳥介聲。

【鸚】

《說文》：，鸚䳇，能言鳥也。从鳥嬰聲。

北齊・宋靈媛誌

【䳇（鵡）】

《說文》：，鸚䳇也。从鳥母聲。

東魏・李顯族造像

【鷮】

《說文》：，走鳴長尾雉也。乘輿以爲防釳，著馬頭上。从鳥喬聲。

北壹・倉頡篇 17

○屨幣袍鶮

【鷕】

《說文》：，雌雉鳴也。从鳥唯聲。《詩》曰“有鷕雉鳴。”

【鸓】

《說文》：，鼠形。飛走且乳之鳥也。从鳥畾聲。

【鸓】

《說文》：，籒文鸓。

【鶾】

《說文》：，雉肥鶾音者也。从鳥倝聲。魯郊以丹雞祝曰：“以斯鶾音赤羽，去魯侯之咎。”

【鴳】

《說文》：，雇也。从鳥安聲。

【鴆】

《說文》：，毒鳥也。从鳥冘聲。一名運日。

北魏・温泉頌

【鷇】

《說文》：鷇，鳥子生哺者。从鳥𣪊聲。

睡・秦律十八種 4

馬貳 111_57/57

銀貳 1892

【鳴】

《說文》：鳴，鳥聲也。从鳥从口。

嶽・占夢書 5

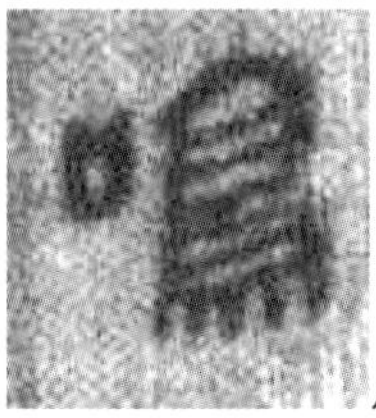
馬壹 43_33 上

馬壹 13_88 上

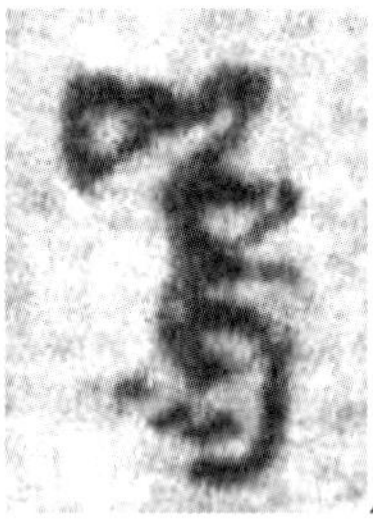
馬壹 101_133

馬貳 211_90

張・脈書 8

銀貳 1803

敦煌簡 0842

金關 T31:102A

武・甲《泰射》36

北壹・倉頡篇 68

○雄雌俱鳴屆寵

吳簡嘉禾・五・四〇八

漢印文字徵

○衛鳴

漢印文字徵

○寇鳴

漢印文字徵

○呂鳴

漢印文字徵

○張鳴

漢晉南北朝印風

○兒成鳴

石鼓·作原

東漢·孔宙碑陽

東漢·北海相景君碑陽

北魏·元新成妃李氏誌

北魏·張安姬誌

北魏·郭顯誌

北魏·檀賓誌

【鶱】

《説文》：，飛皃。从鳥，寒省聲。

銀壹604

漢印文字徵

○登鶱

漢印文字徵

○李鶱

北魏·王悅及妻郭氏誌

北魏·元悌誌

【鳻】

《説文》：，鳥聚皃。一曰飛皃。

从鳥分聲。

【鷓】

《説文》：，鷓鴣，鳥名。从鳥庶聲。

【鴣】

《説文》：，鷓鴣也。从鳥古聲。

【鴨】

《説文》：，鶩也。俗謂之鴨。从鳥甲聲。

東晉・高句麗好太王碑

北齊・王鴨臉造像

【鷘】

《説文》：，谿鷘，水鳥。从鳥式聲。

〖鳨〗

北壹・倉頡篇 56

○鳿鵠鳨鳩

〖鳲〗

北魏・元新成妃李氏誌

〖鴏〗

北壹・倉頡篇 27

○雗雒鴏雎

〖鴿〗

北魏・元略誌

〖鷙〗

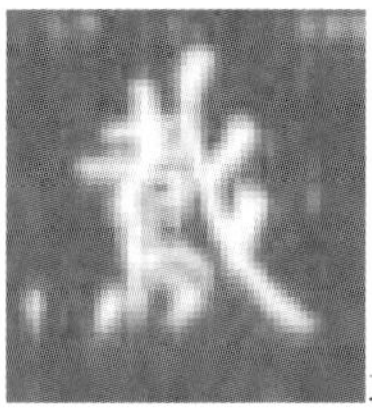
北周・李綸誌

○鷙(鳶)飛接手

〖鴯〗

漢銘・御銅卮錠一

漢銘・御銅卮錠一

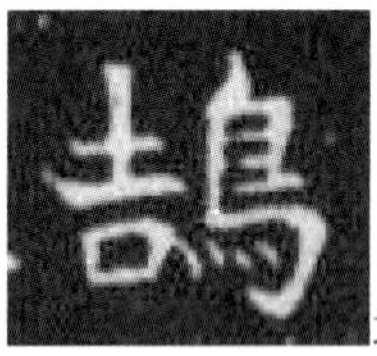
北魏・李媛華誌

〖鵄〗

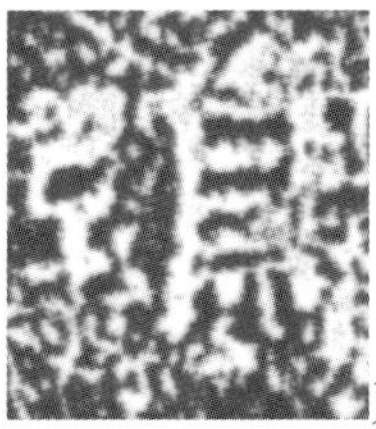
東漢・北海相景君碑陽

東魏・元悰誌

東魏・張滿誌

〖鵛〗

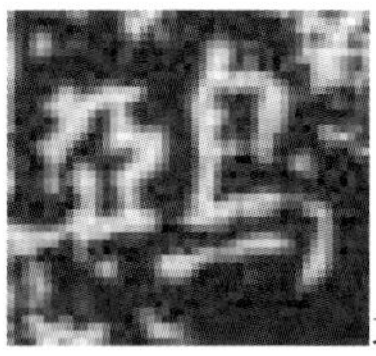
北齊・開化寺邑義造像

〖鵾〗

北魏・崔鴻誌

北魏・崔懃造像

○太守崔鵾

〖鵣〗

北魏・李媛華誌

〖鵷〗

北魏・王悅及妻郭氏誌

北魏・元暐誌

北周・盧蘭誌

〖鶘〗

漢銘・御銅盤錠

〖鶗〗

北魏・元維誌

北魏・元毓誌

〖鵖〗

北齊・乞伏保達誌

〖鶮〗

東漢・元嘉元年畫像石題記一

三國吴・浩宗買地券

○鶮(鶴)飛上□

〖鵤〗

北魏・元略誌

〖鷤〗

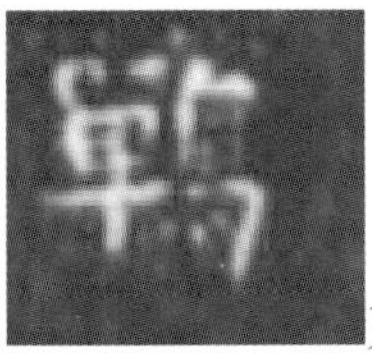
東魏・房悅誌

〖鷲〗

東魏・志朗造像

北齊・報德像碑

〖鸛〗

晉・洛神十三行

〖靏〗

漢銘・御銅拈錠

漢銘・御銅拈錠

東魏・崔靏誌

〖鸝〗

北魏・元純陀誌

烏部

【烏】

《説文》：，孝烏也。象形。孔子曰：“烏，盱呼也。”取其助气，故以爲烏呼。凡烏之屬皆从烏。

【於】

《説文》：，象古文烏省。

【〓】

《説文》：，古文烏，象形。

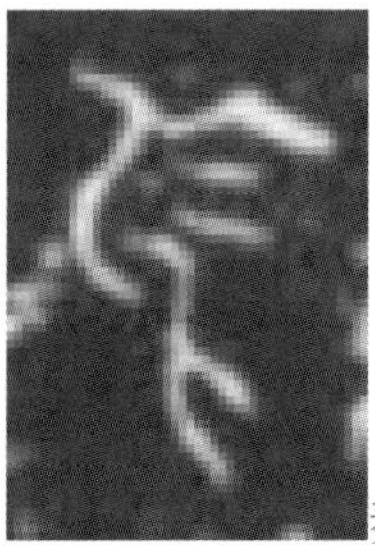
秦代・元年詔版三

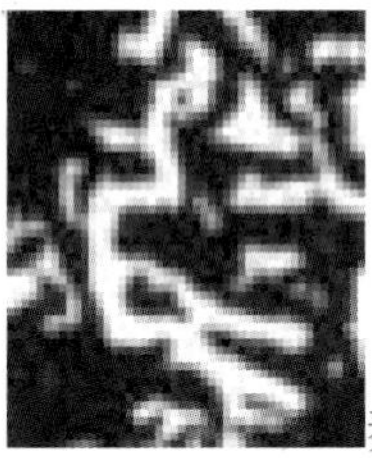
秦代・二世元年詔版一

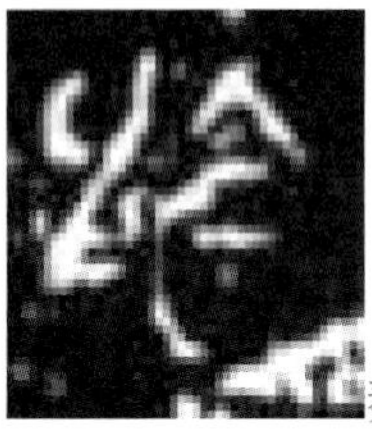
秦代・元年詔版五

馬壹 96_36

○攫（玃）烏猛獸弗搏

馬貳 142_27

○烏雌雞煮令女

張・傳律 363

○及天烏者

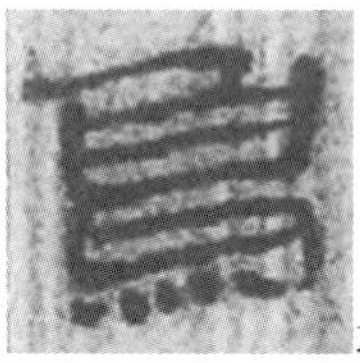
北貳・老子 48

○烏弗搏

敦煌簡 0088

○等及烏孫歸義

北壹・倉頡篇 28

○雉兔烏烏

睡・語書 4

睡・語書 3

睡・秦律十八種 133

睡・效律 58

睡・為吏 32

睡・為吏 45

睡・日甲《盜者》69

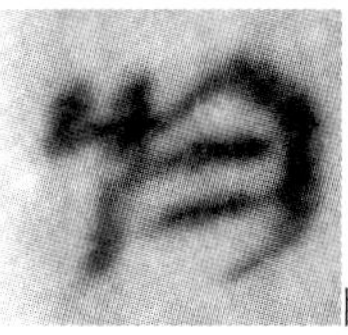
睡・日甲《毀弃》101

睡・日甲《詰》56

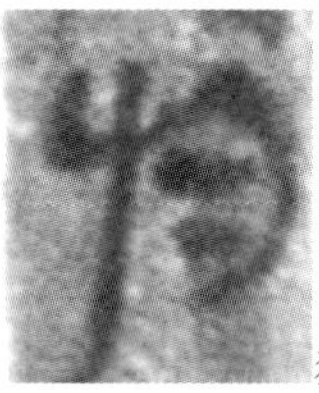
嶽・為吏 52

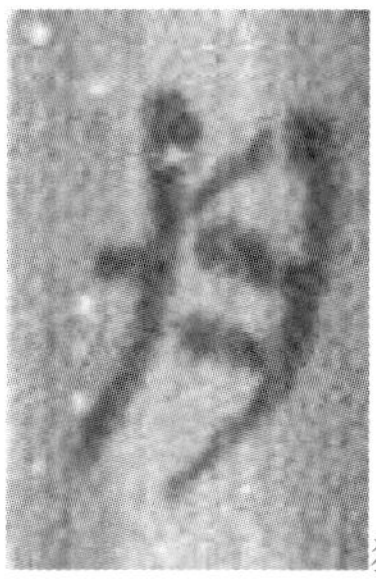
嶽・占夢書 11

馬壹 259_6 下\22 下

馬壹 16_6 下\99 下

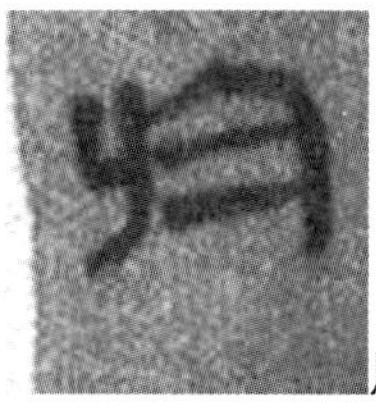
馬壹 137_61 下/138 下

馬壹 102_3\172

馬貳 32_6 上

馬貳 215_1

張・盜律 60

張・奏讞書 194

張・蓋盧 31

張・脈書 39

張・引書 48

銀壹 574

銀貳 1675

北貳・老子 72

敦煌簡 0049

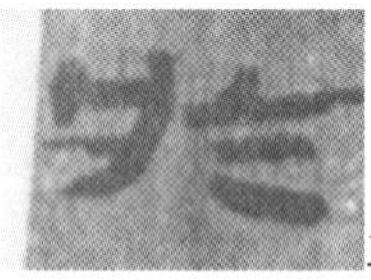
敦煌簡 1409A

金關 T03:069

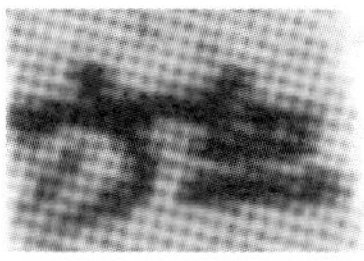
武・儀禮甲《士相見之禮》7

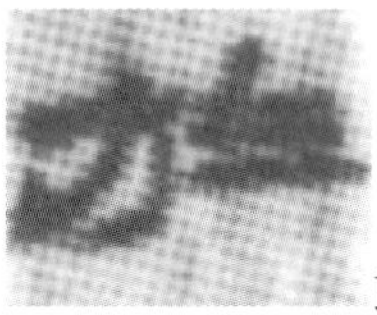
武・儀禮甲《服傳》35

武・甲《特牲》50

武・甲《燕禮》21

武・王杖 5

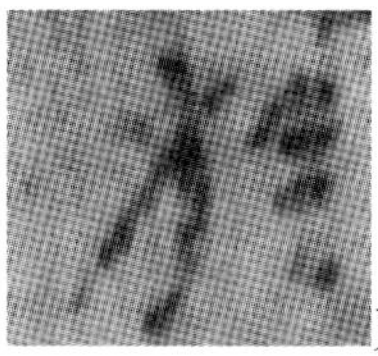
東牌樓 007

秦代印風

○烏晌閭

歷代印匋封泥

○高陽工烏

歷代印匋封泥

○烏氏援

漢晉南北朝印風

○新保塞烏桓贾邑率衆侯印

廿世紀璽印三-GY

○新保塞烏桓票犁邑率衆侯印

漢晉南北朝印風

○漢保塞烏桓率衆長

漢晉南北朝印風

○漢保塞烏桓率衆長

漢晉南北朝印風

○漢保塞烏桓率衆長

漢晉南北朝印風

○漢保塞烏桓率衆長

漢印文字徵

○漢保塞烏丸率衆長

柿葉齋兩漢印萃

○晉烏丸率善邑長

漢印文字徵

○魏烏桓率善佰長

漢印文字徵

○烏丁

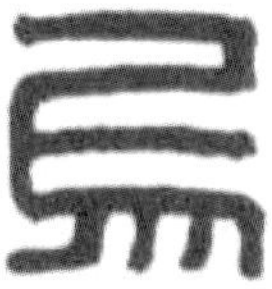
漢印文字徵

○漢保塞烏桓率衆長

漢印文字徵

○烏國右尉

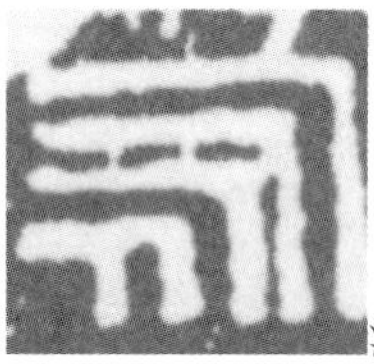
漢晉南北朝印風

○魏烏丸率善佰長

漢晉南北朝印風

○魏烏丸率善佰長

漢晉南北朝印風

○魏烏丸率善仟長

廿世紀璽印四-GY

○晉烏丸率善仟長

廿世紀璽印四-GY

○晉烏丸歸義侯

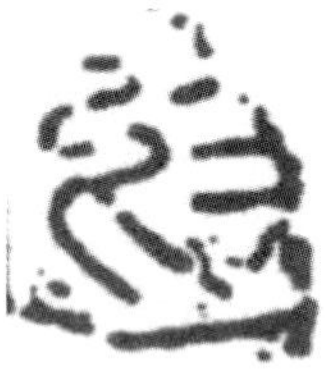
廿世紀璽印三-GP

○於陵丞印

廿世紀璽印三-GP

○於陵丞印

漢印文字徵

○於丘寘印

漢印文字徵

漢印文字徵

○於陵丞印

漢印文字徵

○徐於陵

漢印文字徵

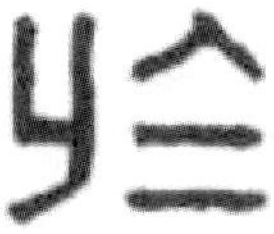
漢印文字徵

○於王孫印

漢印文字徵

○紀於次

漢晉南北朝印風

○紀於次

東漢・王威畫像石墓題記

○護烏桓校尉

東漢・景君碑

○烏呼哀哉

東漢・景君碑

○烏呼哀哉

東漢・建寧三年殘碑

○烏呼哀哉

三國魏・三體石經尚書・隸書

○敢只曰其祟出於不祥烏

三國魏・三體石經尚書・篆文

○其祟出於不祥烏

北魏・元寶月誌

○超子烏於稚日矣

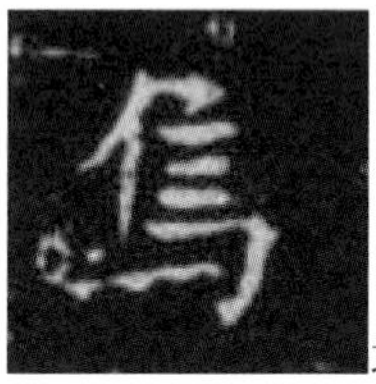
北魏・青州元湛誌

○西河宋靈烏文

北魏・山暉誌

○字烏子

北魏・奚智誌

○君故大人大莫弗烏洛頭之曾孫

泰山刻石

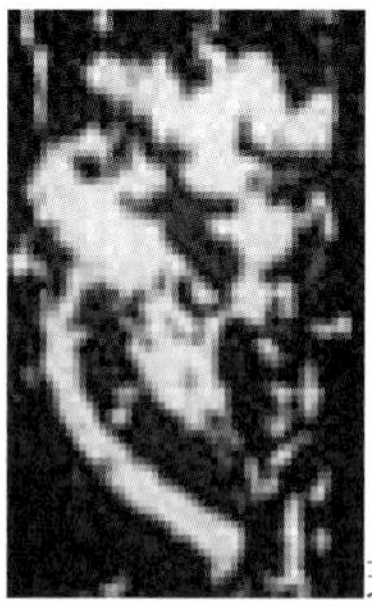
瑯琊刻石

東漢・張景造土牛碑

東漢・營陵置社碑

東漢・張遷碑陽

東漢・封龍山頌

東漢・禮器碑

東漢・禮器碑

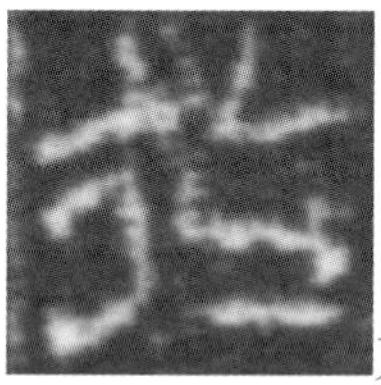
東漢・石祠堂石柱題記額

東漢・尚博殘碑

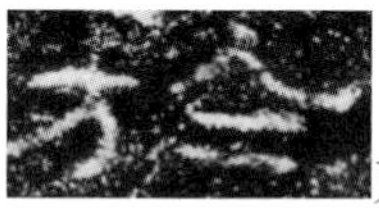
東漢・石門闕銘

東漢・張遷碑陽

三國魏・三體石經尚書・篆文

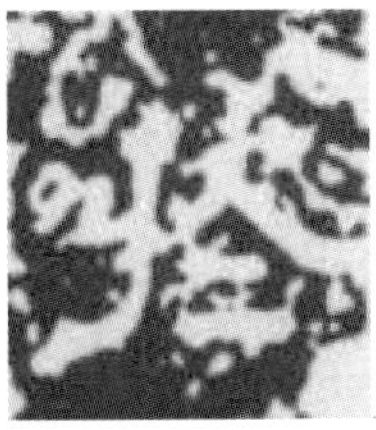
三國魏・三體石經尚書・隸書

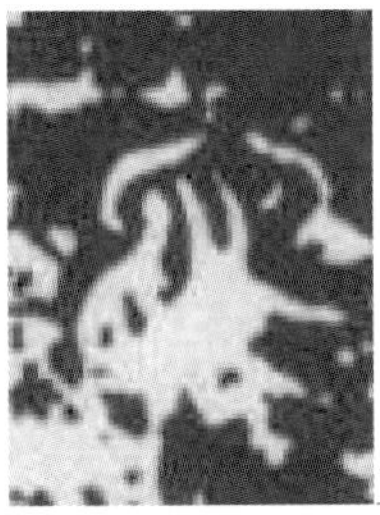
三國魏・三體石經尚書・古文

○其祟出於不祥

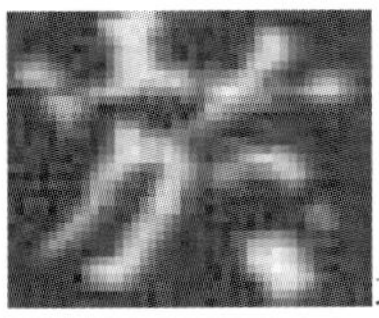
北朝・千佛造像碑

北魏・元璨誌

○故已照灼於篇籍

東魏・王僧誌

○於是

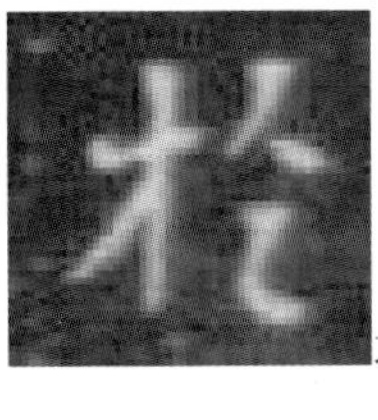
北周・王德衡誌

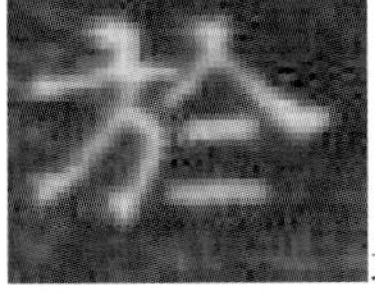
北周・王榮及妻誌

【舄】

《說文》：舄，䧿也。象形。

【䧿（鵲）】

《說文》：䧿，篆文舄从隹、昔。

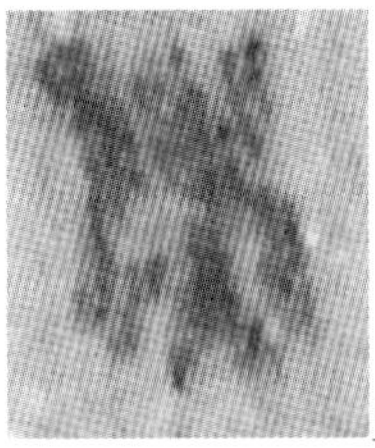
里・第八層 2089

○人爲舄劇

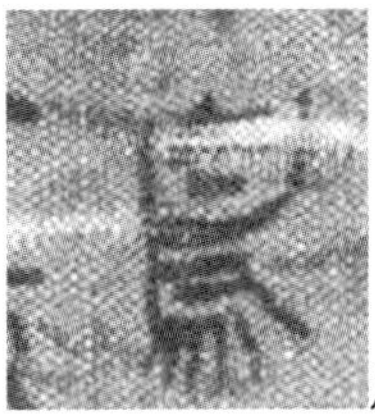
馬貳 115_104/103

○澤舄（瀉）

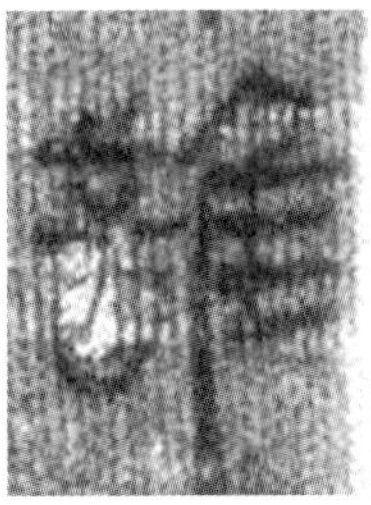
馬貳 79_204/191

○先取䧿巢

北壹・倉頡篇 27

○雜雝鴃䧿

北周・匹婁歡誌

○舄弈宗枝

北周・盧蘭誌

○帷彼鵲巢

【焉】

《説文》：，焉鳥，黃色，出於江淮。象形。凡字：朋者，羽蟲之屬；烏者，日中之禽；舄者，知太歲之所在；燕者，請子之候，作巢避戊己。所貿者故皆象形。焉亦是也。

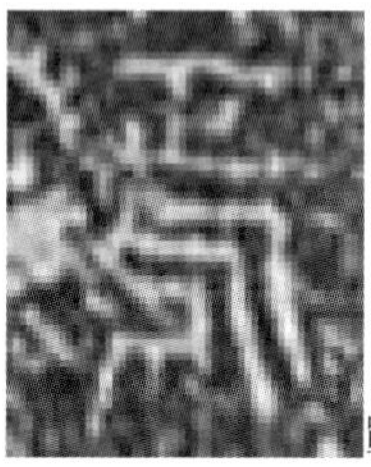
戰晚・左樂兩詔鈞權

秦代・元年詔版二

睡・秦律十八種 25

睡・法律答問 185

睡・日甲《盜者》69

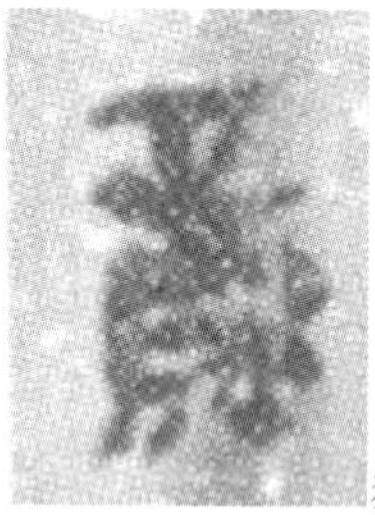
嶽・數 151

嶽・綰等案 244

馬壹 80_25

張・傳食律 234

銀壹 595

銀壹 160

○无稅焉公家貧其置

銀貳 1775

北貳・老子 33

○耳目焉聖人而皆晐

敦煌簡 0098

○奴遮焉耆殄滅逆虜

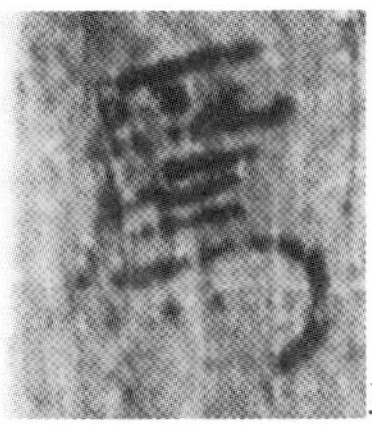
敦煌簡 0341

金關 T30:010

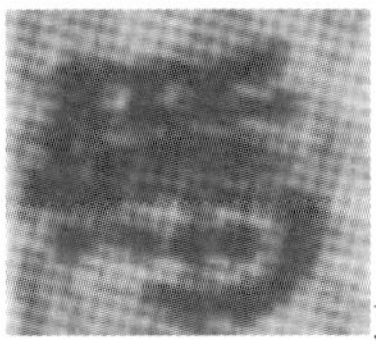
武・儀禮甲《服傳》24

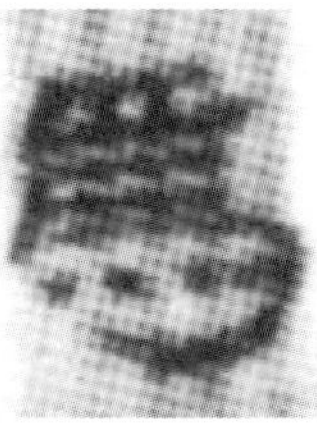
武・甲《特牲》33

○拜焉降賓

北壹・倉頡篇 43

○鮭戾弃焉宛部

吳簡嘉禾・五・四九八

魏晉殘紙

漢印文字徵

○趙焉

詛楚文・亞駝

○大神亞駝而質焉

東漢・楊震碑

○□□氏焉

東漢・祀三公山碑

○刊石紀焉

東漢・石門頌

○焉可具言

東漢・石門頌

○行者欣然焉

東漢・永壽元年畫像石墓記

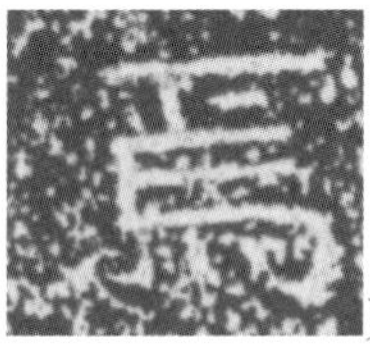
東漢・尹宙碑

東漢・趙寬碑

○孰能傳焉

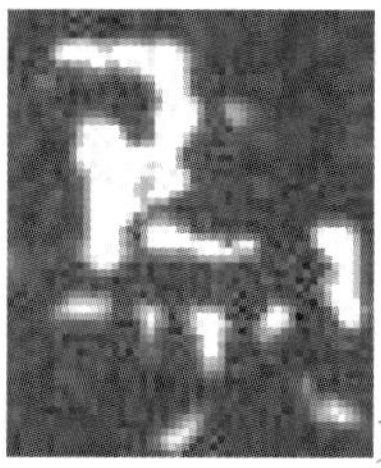
東漢・柳敏碑

○流（沶）俗稱焉

三國吳・谷朗碑

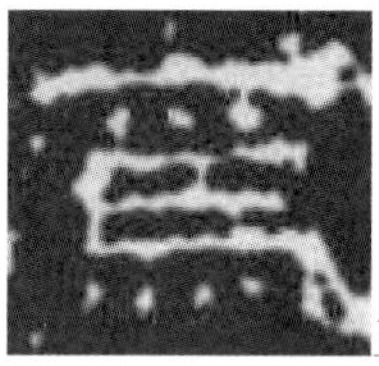
三國魏・孔羡碑

○朕甚閔焉

西晉・臨辟雍碑

○穆穆焉

東晉・筆陣圖

北魏・胡明相誌

○不復詳載焉

北魏・楊範誌

○七日窆於里焉

北魏・元珍誌

○公單馬肆焉

北魏・封魔奴誌

○上甚奇焉

北魏・元仙誌

○魂兮焉在

北魏・元秀誌

○千祀焉適

北魏・杜法真誌

○世有行焉

北魏・馮季華誌

○涉水焉濟

北魏・于纂誌

○在野鬱焉命氏

北魏・伏君妻咎雙仁誌

○奄焉云及

東魏・趙紹誌

○率礼多焉

東魏・叔孫固誌

○窆於紫陌之陽焉

東魏・李顯族造像

〇況今焉不有流述者乎

東魏・元鷙誌

〇禮錫備焉

北齊・雲榮誌

北周・獨孤信誌

華部

【華】

《說文》：華，箕屬。所以推糞之器也。象形。凡華之屬皆从華。官溥說。

【畢】

《說文》：畢，田罔也。从華，象畢形。微也。或曰：由聲。

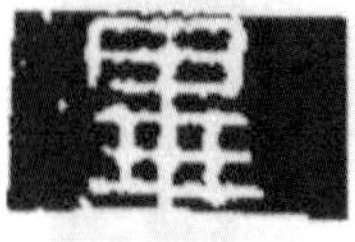
漢銘・青羊畢少郎葆調

睡・為吏 12

〇五者畢至

睡・日甲《玄戈》53

〇四月畢

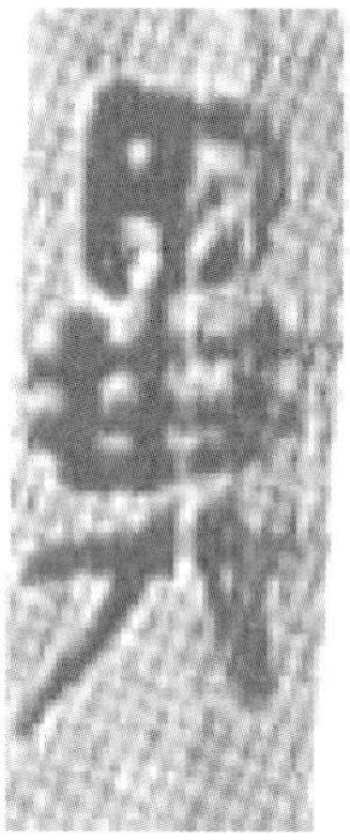
關・日書 149

〇四月畢

嶽・為吏 33

〇畢至

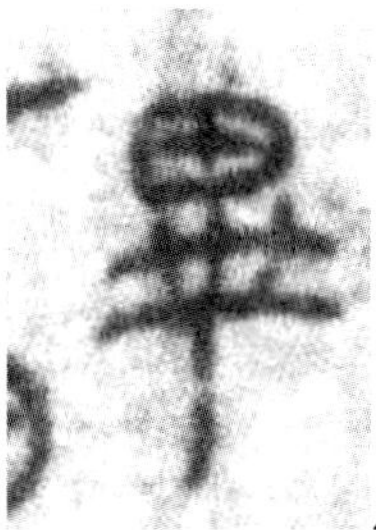
馬壹 92_290

〇而地畢固秦之上計

馬壹 87_176

張・脈書 60

〇惡不畢

銀壹 951

〇民畢昜田令皆受地

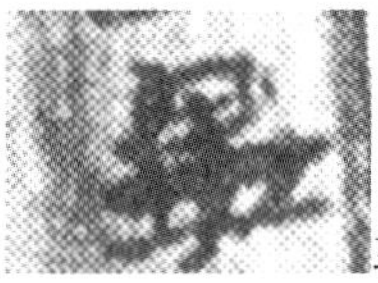
敦煌簡 0620

〇繒已畢即當復留以

金關 T07:112

〇數皆畢

武・甲《特牲》9

〇告事畢

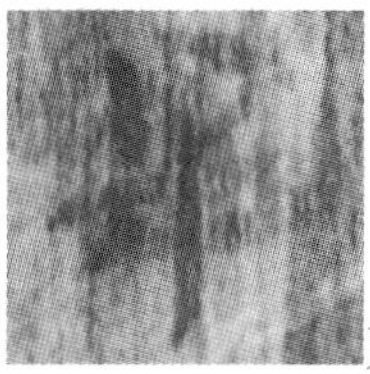
東牌樓 032 背

〇未畢罷爲屬令

吴簡嘉禾・五・六〇三

〇周棟畢凡爲布一丈

吴簡嘉禾・四・六三五

〇潘有畢

吴簡嘉禾・五・一〇四五

〇孫儀畢凡

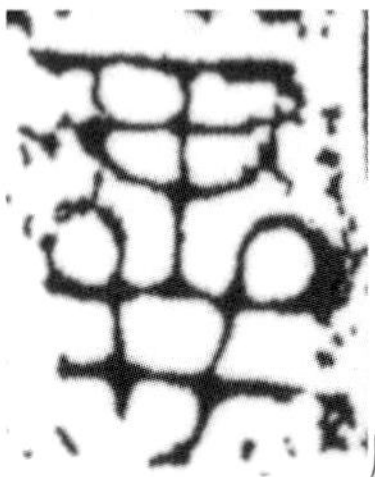
歷代印匋封泥

○尚畢里季

秦代印風

○畢賢

秦代印風

○畢搵

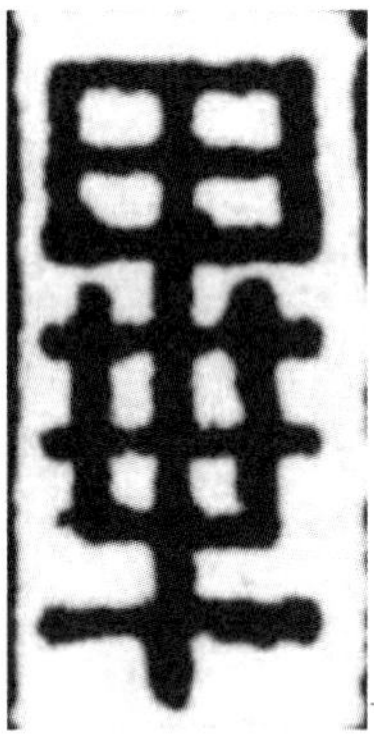
廿世紀璽印三-SY

○畢重光

廿世紀璽印三-SY

○畢忠之印

漢印文字徵

○畢印延壽

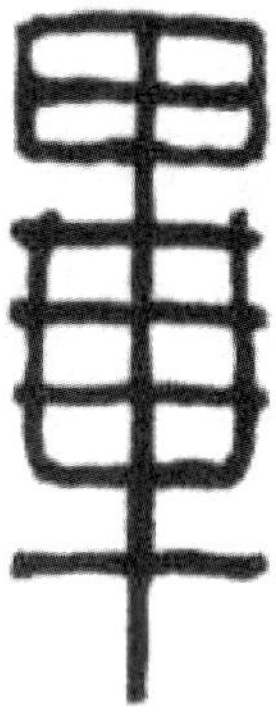
漢印文字徵

○畢當昌

漢印文字徵

○畢鴻私印

漢印文字徵

○畢光之印

漢印文字徵

○畢弘之印

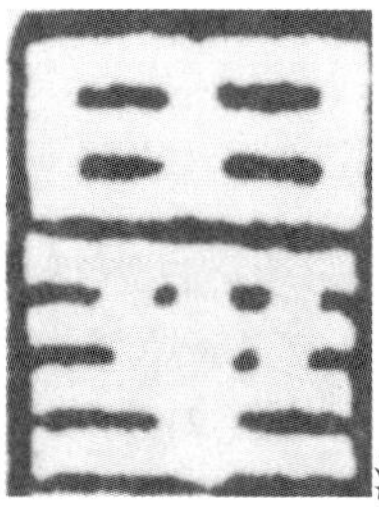
漢晉南北朝印風

○韓畢印

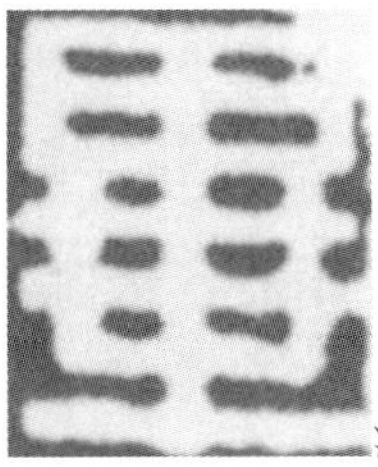
漢晉南北朝印風

○畢次私印

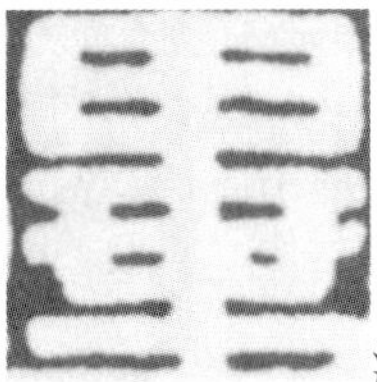
漢晉南北朝印風

○宋畢信印

漢晉南北朝印風

○畢延壽印

泰山刻石

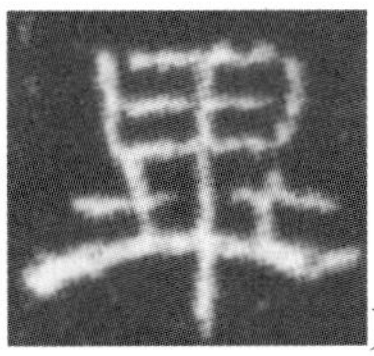
東漢・曹全碑陰

○故門下議掾王畢世異千

東漢・桓孨食堂畫像石題記

○畢成

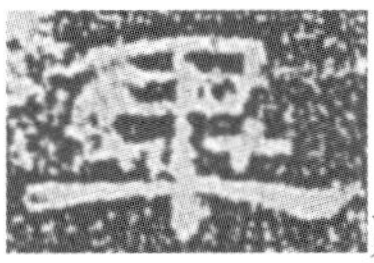
東漢・張景造土牛碑

○畢成

東漢・肥致碑

○畢先風

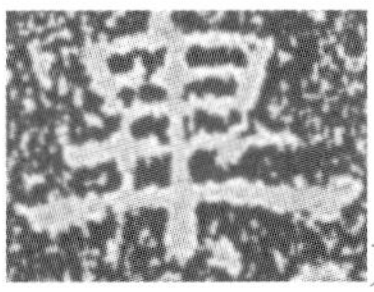
東漢・張景造土牛碑

○畢成

東漢・曹全碑陽

○王畢等

東漢・曹全碑陽

○錄事掾王畢

三國魏・王基斷碑

○在公畢力

東晉・蘭亭序真本

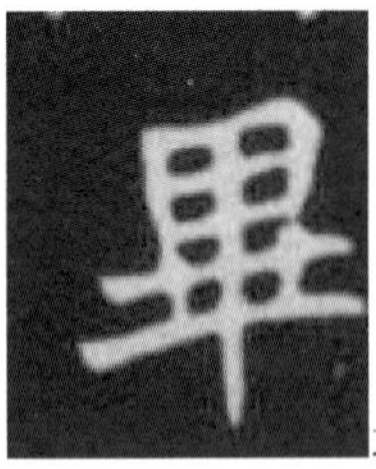
北魏・元願平妻王氏誌

○畢醮結縭

北魏・元液誌

○毛畢分源

北魏・元顥誌

○靈眖畢歸矣

北魏・和醜仁誌

○畢力中饋

北齊・高百年誌

○善言遽畢

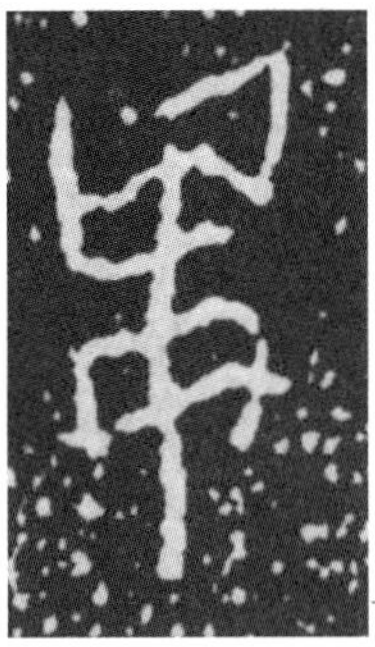
南朝宋・景熙買地券

○即日畢了

【糞】

《說文》：，棄除也。从廾推華棄采也。官溥說：似米而非米者，矢字。

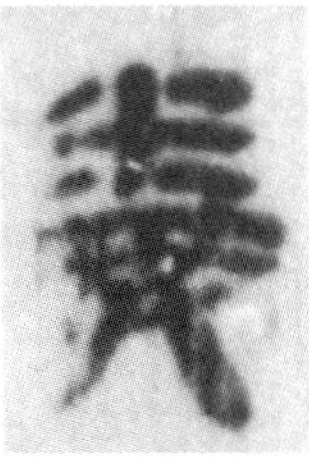
睡・秦律十八種 104

○敝而糞者

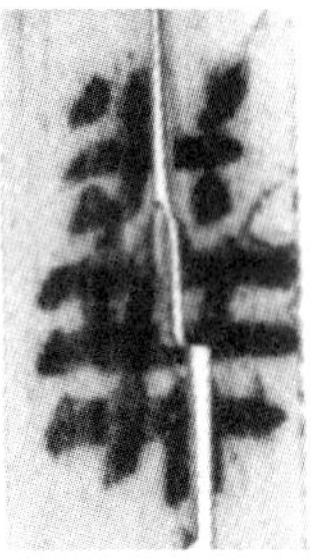
睡・日甲《盜者》69

○內中糞蔡下

里・第八層 329

○見與糞□

敦煌簡 0118

○糞土

金關 T21:308

〇候史糞土

北壹・倉頡篇 25

〇仪饒飽糞餘

北魏・高伏德造像

〇高糞

【棄】

《説文》：，捐也。从廾推華棄之，从去。去，逆子也。

【弃】

《説文》：，古文棄。

【弃】

《説文》：，籀文棄。

睡・秦律雜抄 16

〇一甲棄勞

睡・法律答問 172

〇棄市

嶽・為吏 10

〇行田棄婦不

里・第八層 2544

〇棄去之

馬壹 101_146

〇棄人物無

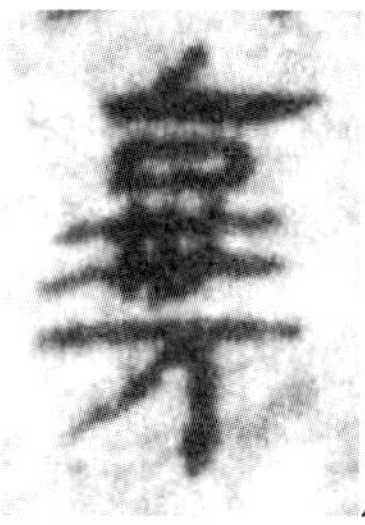
馬壹 81_39

〇使齊棄臣

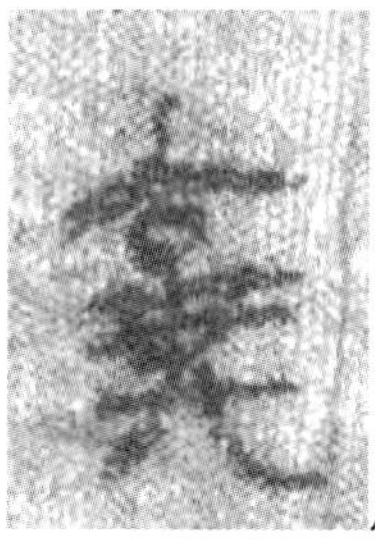
馬貳 118_180/179

〇日棄貍（埋）

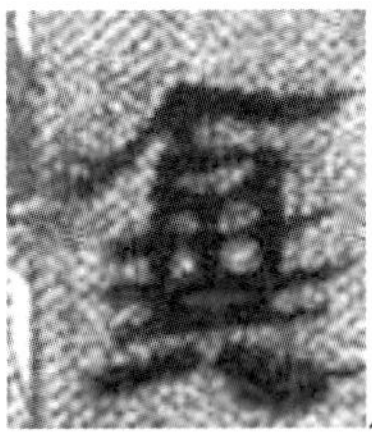
馬貳 32_16 上

○伏則棄捐

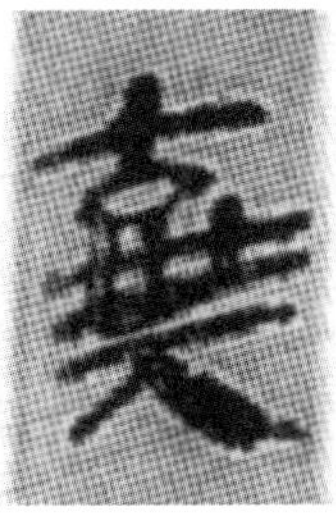
張・具律 88

○斬者棄市

張・奏讞書 190

○曰當棄市

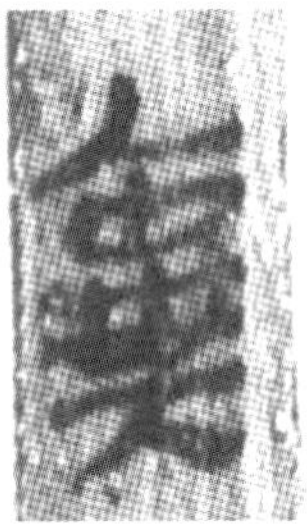
銀貳 2071

○族棄祀其子孫

北貳・老子 69

○何棄之有

敦煌簡 1751

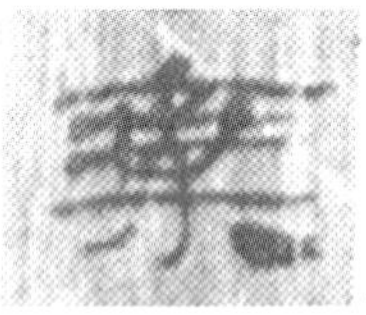
敦煌簡 0983

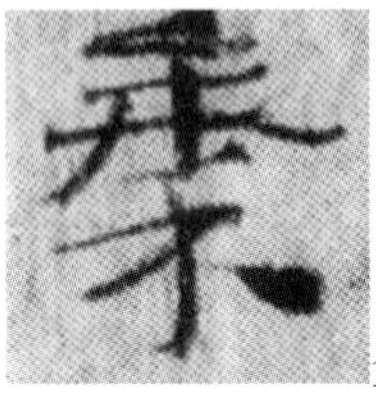
金關 T25:090

武・王杖 9

北壹・倉頡篇 50

○殣棄膢瘦

秦代印風

○王棄

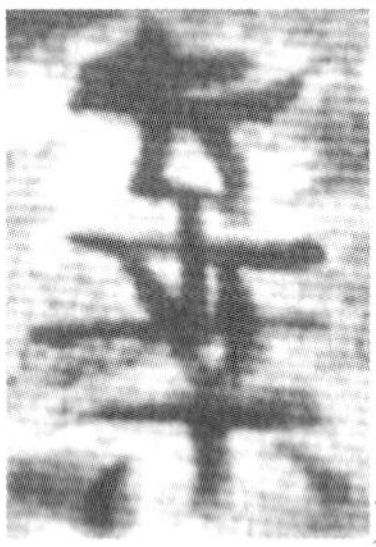
東漢・東漢望都一號墓佚名墓銘

○早棄元陽

東漢・鮮於璜碑陰

○棄官奉喪

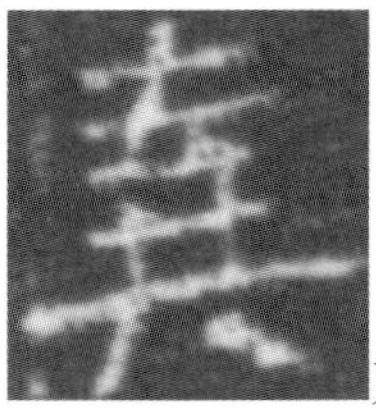
東漢・石祠堂石柱題記

〇棄離子孫

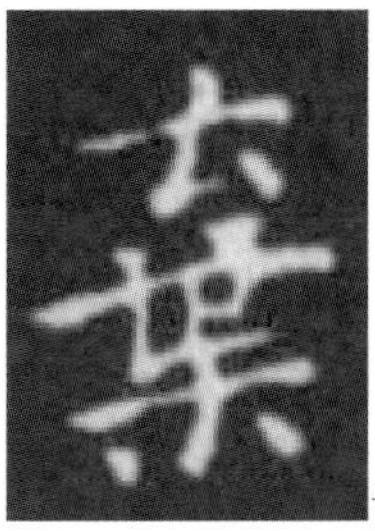
晉・黄庭内景經

〇沐浴盛潔棄肥葷

北魏・馮邕妻元氏誌

〇棄此群孤

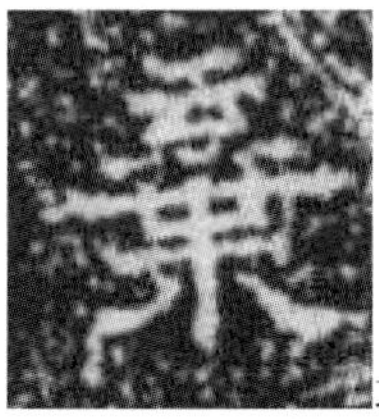
北齊・郭顯邕造經記

北周・乙弗紹誌

〇棄宦來歸

冓部

【冓】

《説文》：冓，交積材也。象對交之形。凡冓之屬皆从冓。

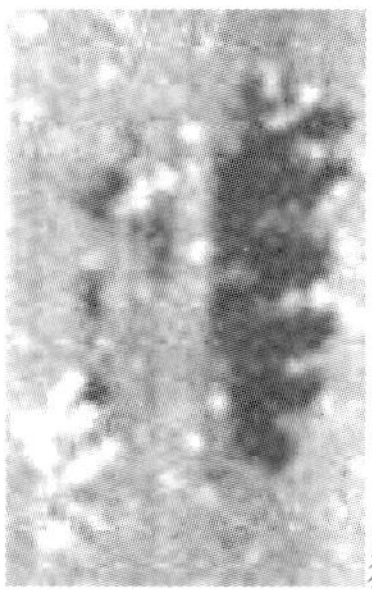
嶽・占夢書 38

〇入井冓（溝）中

【再】

《説文》：再，一舉而二也。从冓省。

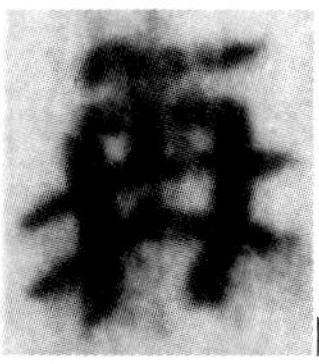
睡・封診式 65

里・第八層 659

里・第八層 167

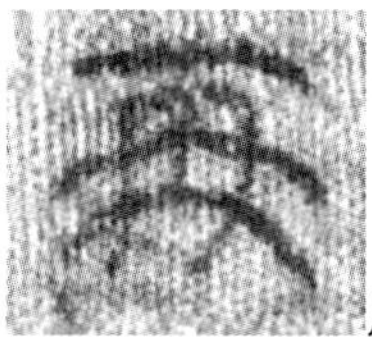
馬壹 255_7 下\49 下

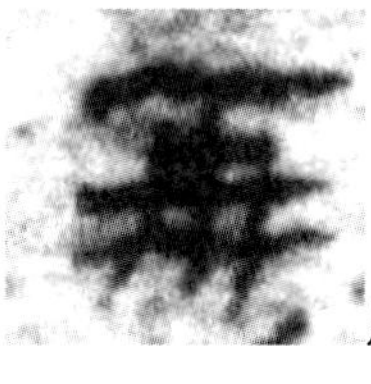
馬壹 83_95

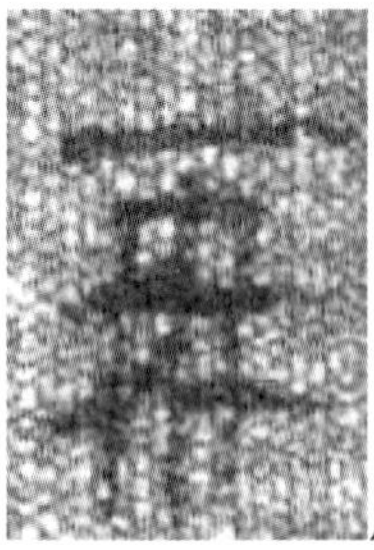
馬貳 70_57/57

張・傳食律 234

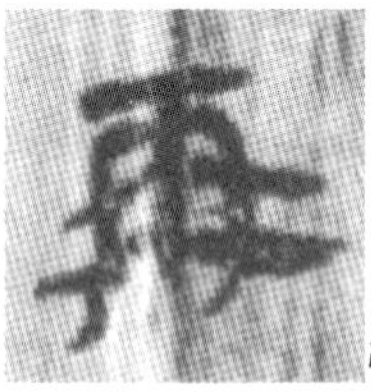
張・奏讞書 178

張・算數書 40

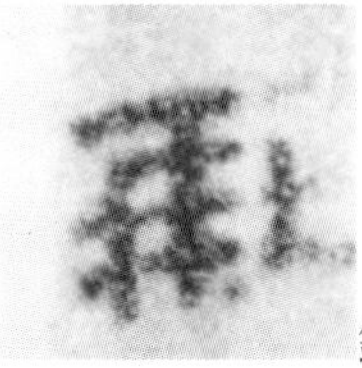
銀壹 372

銀貳 1918

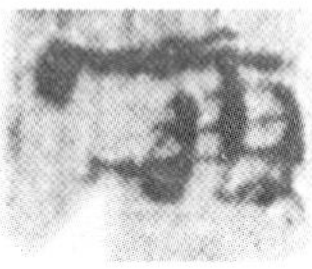
敦煌簡 2477

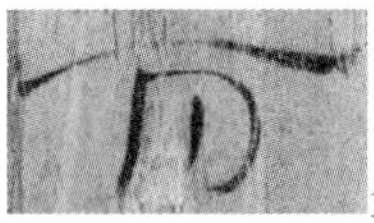
金關 T14:037

○伏地再拜請

金關 T24:219A

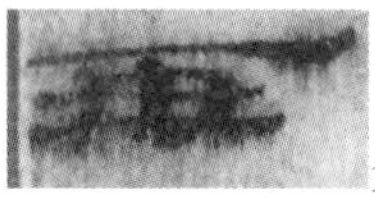
金關 T30:086

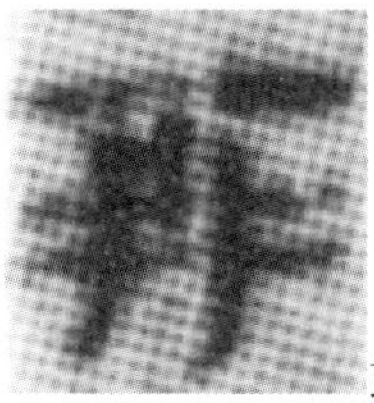
武・儀禮甲《士相見之禮》6

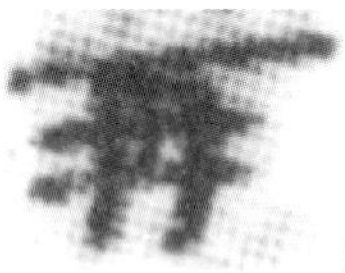
武・甲《特牲》16

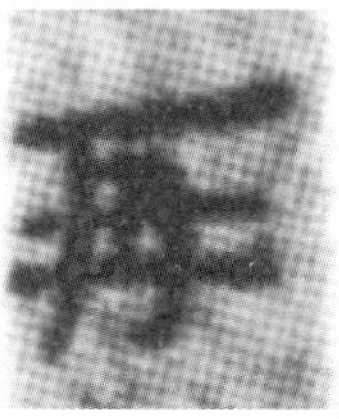
武・甲《少牢》22

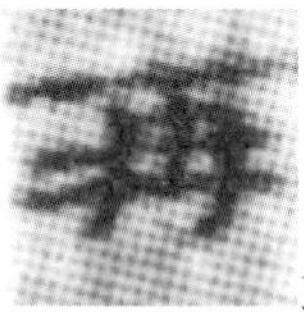
武・甲《燕禮》42

武・甲《泰射》26

東牌樓 040 正

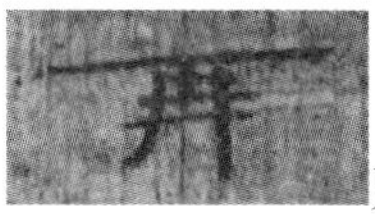
東牌樓 095

北壹・倉頡篇 40

○衿娬再簺

東漢・趙寬碑

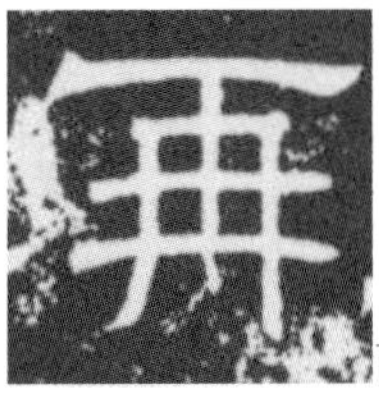
西晉・臨辟雍碑額

○皇太子又再莅之

西晉・臨辟雍碑

北魏・寇治誌

北魏・穆亮誌

北魏・元鑒誌

北魏・元嵩誌

北魏・司馬顯姿誌

北魏・李超誌

北魏・元恭誌

北魏・元璨誌

北齊・魯思明造像

北齊・石信誌

北齊・高建妻王氏誌

北齊・報德像碑

【爯】

《説文》：爯，并舉也。从爪，冓省。

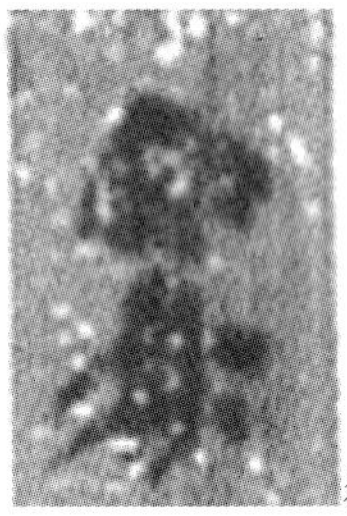
嶽・為吏 40

○服爯身厭

銀壹 882

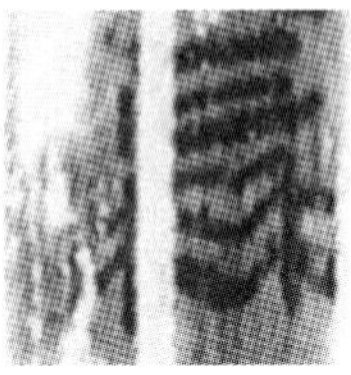
銀貳 2113

幺部

【幺】

《説文》：幺，小也。象子初生之形。凡幺之屬皆从幺。

秦文字編 624

【幼】

《説文》：幼，少也。从幺从力。

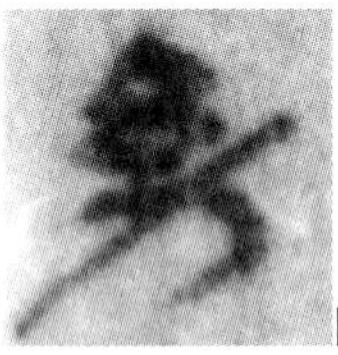
睡・日甲《詰》50

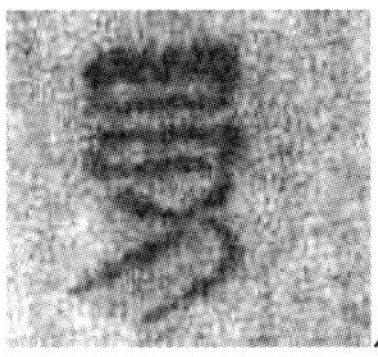
馬貳 141_1

銀壹 436

銀貳 1901

敦煌簡 1461A

○後嗣幼子

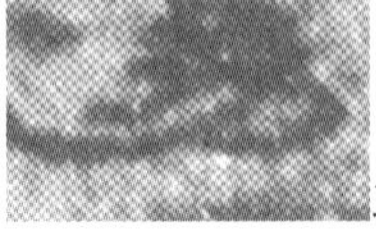
敦煌簡 1872

金關 T09:059A

武・王杖 10

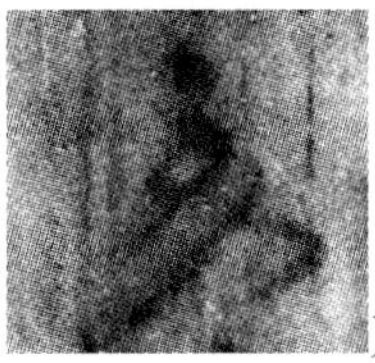
東牌樓 030 背

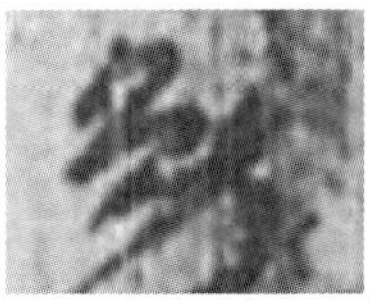
吳簡嘉禾・四・二七七

吳簡嘉禾・五・四二二

○謝幼佃田

廿世紀璽印三-SY

○李幼公印

廿世紀璽印三-SY

○王幼君印

漢印文字徵

○沈幼之印

漢印文字徵

○宛幼卿印

漢印文字徵

○李幼孟

漢印文字徵

○郭幼印

漢印文字徵

○李幼文

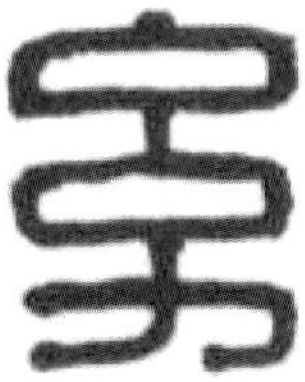
漢印文字徵

○杜幼子

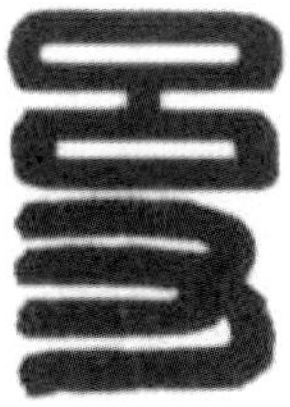
漢印文字徵

○任幼公印

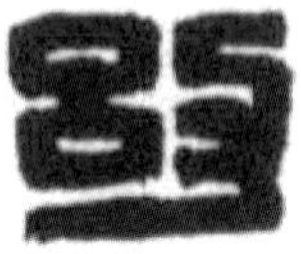
漢印文字徵

○秦幼君印

漢印文字徵

○秦幼印

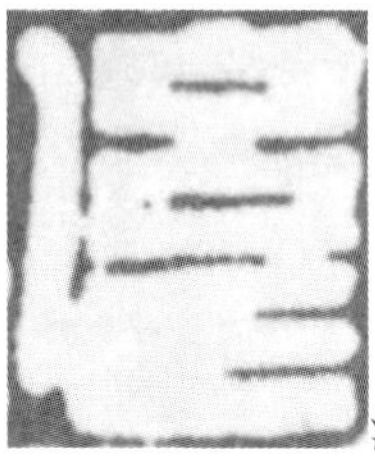
漢晉南北朝印風

○宛幼卿印

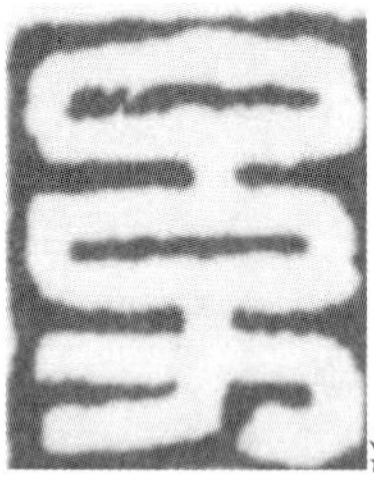
漢晉南北朝印風

○杜幼子

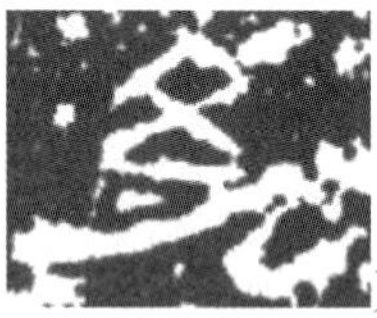
東漢・賈仲武妻馬姜墓記

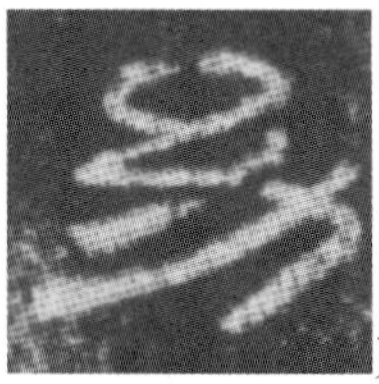
東漢・肥致碑

東漢・西狹頌

東漢・譙敏碑

北魏・淨悟浮圖記

○遠公師之法派也幼

北魏・元平誌

○君幼稟貞凝

北魏・元暐誌

○幼而清越

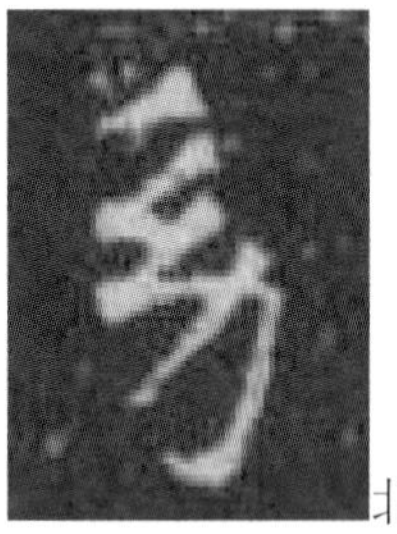
北魏・元寶月誌

○而幼罹閔凶

北魏・元文誌

北魏・元項誌

○字幼明

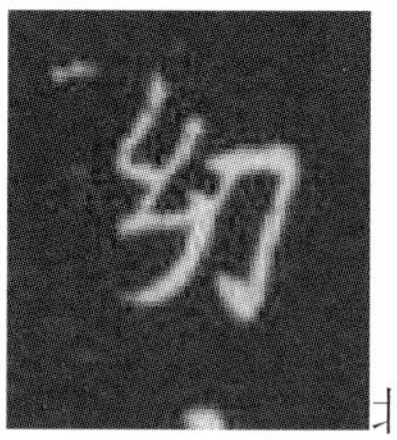
北魏・元略誌

北魏・吐谷渾璣誌

○幼懷聰愍

北魏・元纂誌

北魏・元理誌

○衆靈歸以精魄幼而吐納

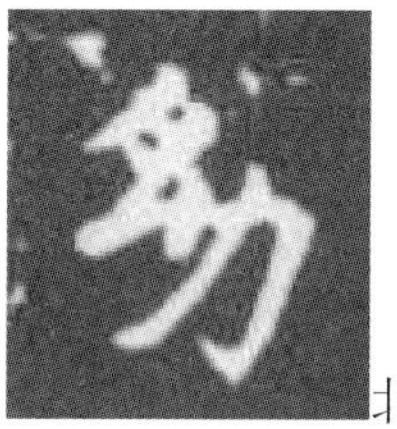
北魏・馮季華誌

北魏・元子直誌

北魏・元秀誌

○幼挺芳質

北魏・元颺誌

○幼則奇偉

北魏・給事君妻韓氏誌

○慧炳自幼

北魏・張整誌

北魏・韓顯宗誌

北魏・于仙姬誌

東魏・元寶建誌

○幼而明察

東魏・張玉憐誌

○夫人幼而明惠

北齊・石信誌

【麼】

《說文》：麼，細也。从幺麻聲。

北魏・□伯超誌

○幺麼遁迹

𢆶部

【𢆶】

《說文》：𢆶，微也。从二幺。凡𢆶之屬皆从𢆶。

【幽】

《說文》：幽，隱也。从山中𢆶，𢆶亦聲。

馬壹 7_37 上

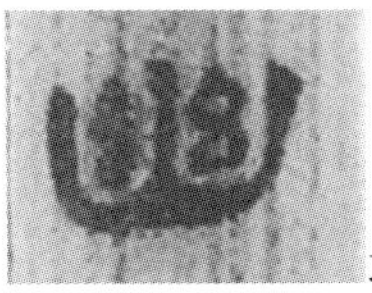
北貳・老子 177

北壹・倉頡篇 1

○迷惑宗幽不識

漢印文字徵

○幽州刺史

漢代官印選

○幽州刺史章

詛楚文・沈湫

東漢・秦君神道石闕

東漢·元嘉元年畫像石題記二

東漢·夏承碑

○抱器幽潛

西晉·臨辟雍碑

北魏·元濬嬪耿氏誌

北魏·張正子父母鎮石

○憑陵幽宮

北魏·給事君妻韓氏誌

北魏·寇憑誌

北魏·王遺女誌

北魏·元尚之誌

北魏·元靈曜誌

北魏·元暐誌

北魏·趙廣者誌

○暨於趙幽王

北魏·鄭君妻誌

北齊·是連公妻誌

【幾】

《説文》：，微也。殆也。从丝从戍。戍，兵守也。丝而兵守者，危也。

睡·法律答問 136

睡·為吏 13

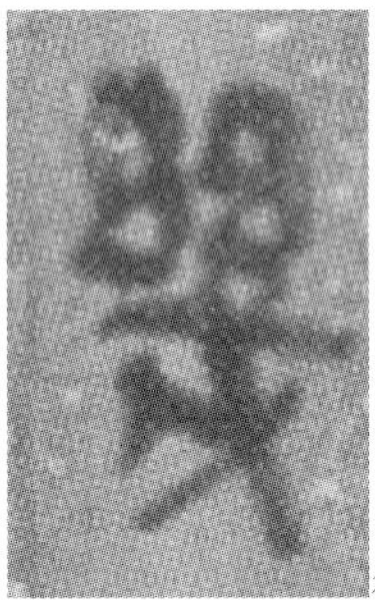
嶽·數 152

里·第八層 180

馬壹 173_19 上

馬壹 77_75

馬壹 16_8 下\101 下

張·算數書 38

銀貳 1515

北貳·老子 181

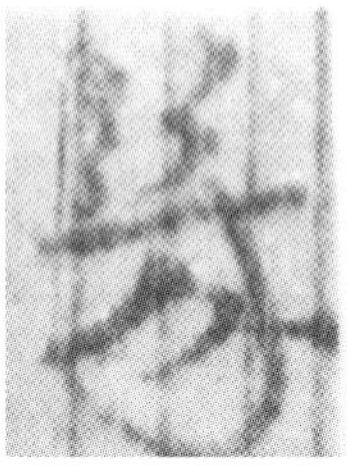
敦煌簡 0235

○幾何

金關 T31:140

○日行幾何

漢印文字徵

○幾繚

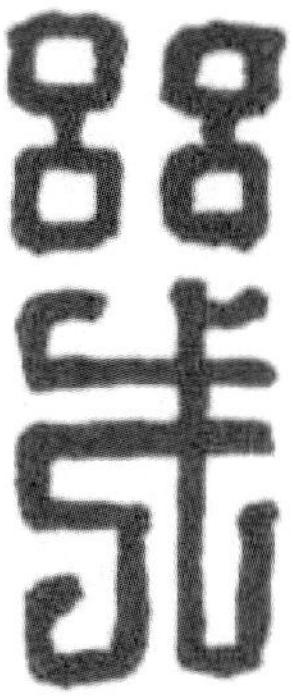

漢印文字徵

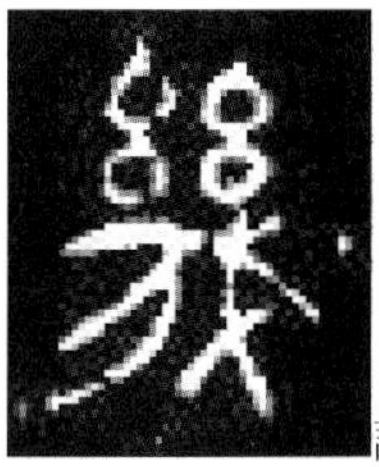

詛楚文・沈湫

○幾靈德賜劑楚師

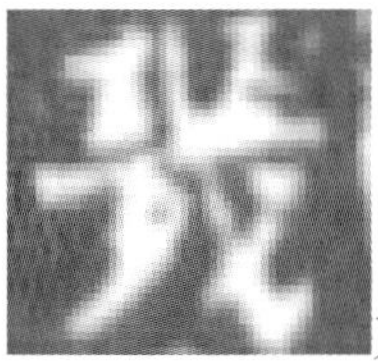

東漢・司馬芳殘碑額

○杜縣杜幾(畿)

東漢・李固殘碑

○視事未幾

北魏・長孫盛誌

○未幾

北魏・丘哲誌

○未幾

北魏・元乂誌

○幾於滅性

北魏・于景誌

○昇朝未幾

北魏・檀賓誌

○釐郡未幾

北魏・司馬顯姿誌

○未幾

北魏・元孟輝誌

○幾致滅性

北魏・王禎誌

○在省未幾

東魏・王僧誌

○在政未幾

北齊・殷恭安等造像

○悟幾幻理

北齊・王憐妻趙氏誌

○琴瑟未幾

叀部

【叀】

《說文》：，專小謹也。从幺省；中，財見也；中亦聲。凡叀之屬皆从叀。

【𡖏】

《說文》：，古文叀。

【偎】

《說文》：，亦古文叀。

秦文字編 624

敦煌簡 0486

○彌卑爰叀和親

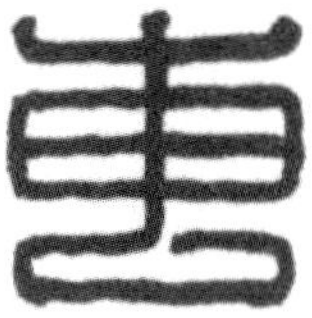
漢印文字徵

○扶丞印

【惠】

《說文》：，仁也。从心从叀。

【𢡟】

《說文》：，古文惠从芔。

睡・為吏 2

○惠以聚之

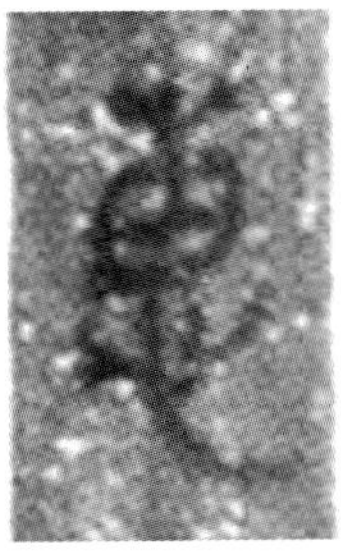
嶽・為吏 85

○君則惠爲人臣則

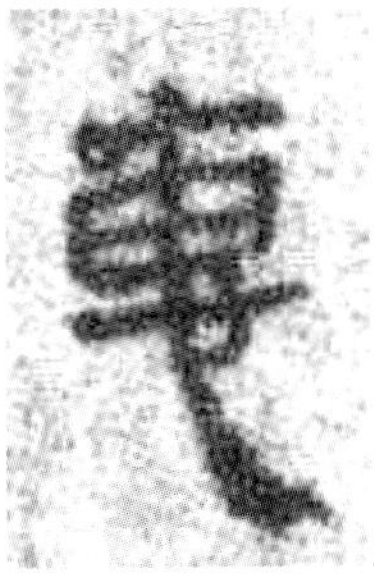
馬壹 13_93 上

○惠心勿問元吉

馬貳 272_165/185

○惠（蕙）一鈞一笥

馬貳 235_158

○惠（蕙）一笥

敦煌簡 0999A

○櫝簿惠幸

金關 T10:221A

○谢子惠閒者獨恚

金關 T07:043

○利卒惠就

東牌樓 076

○受賞惠會

北壹・倉頡篇 1

○禄寬惠善

魏晉殘紙

○知舍惠魚

廿世紀璽印三-SY

廿世紀璽印三-GP

廿世紀璽印三-SY

漢印文字徵

○王惠

漢印文字徵

漢印文字徵

歷代印匋封泥

○惠無極

漢印文字徵

漢印文字徵

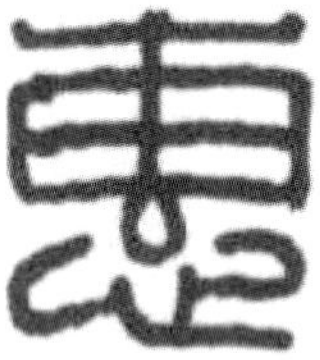
漢印文字徵

歷代印匋封泥

漢印文字徵

廿世紀璽印四-SP

○石惠

漢晉南北朝印風

漢晉南北朝印風

○趙惠印

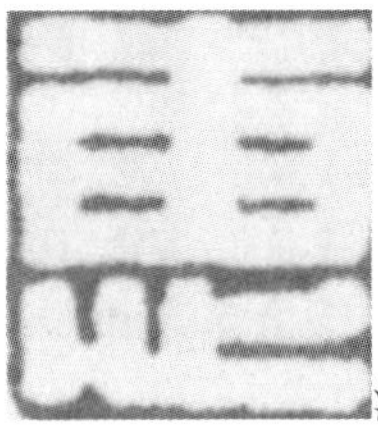
漢晉南北朝印風

○宋子惠

東漢・曹全碑陽

○分醪之惠

東漢・桐柏淮源廟碑

東漢・元嘉元年畫像石題記

東漢・西狹頌

○民歌德惠

東漢・楊著碑額

○上天不惠

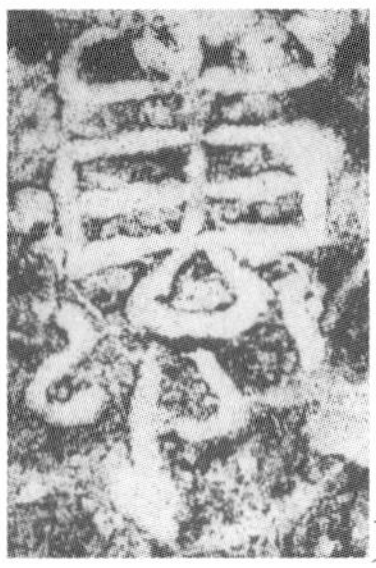
東漢・西狹頌額

○惠安西表

東漢・西狹頌

○字惠叔

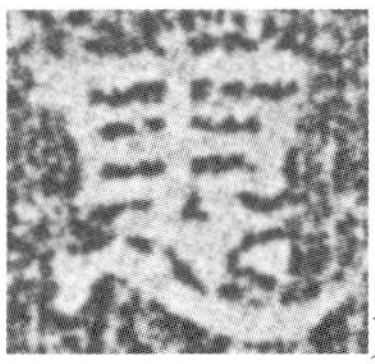
東漢・熹平石經殘石五

東漢・韓仁銘

東漢・曹全碑陽

○惠政之流

東漢・譙敏碑

東漢・東漢・魯峻碑陽

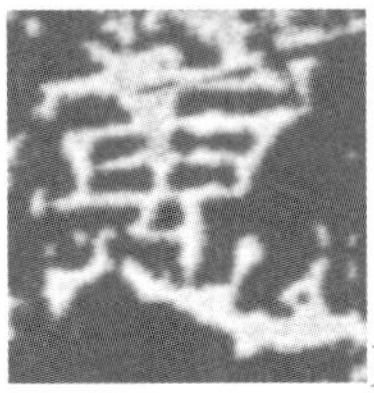
東漢・西岳華山廟碑陽

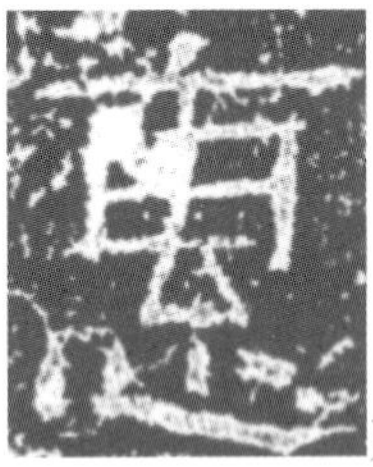
東漢・伯興妻殘碑

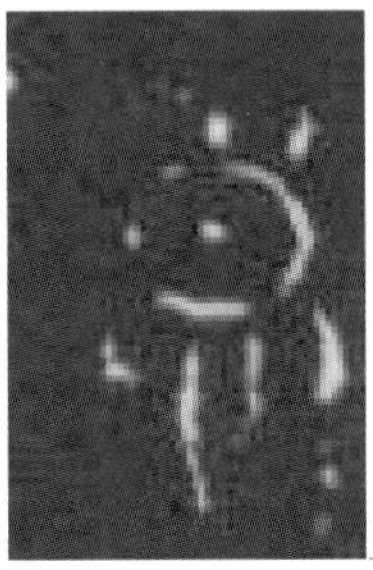
三國魏・三體石經尚書・古文

○胥訓告胥保惠胥徵□

西晉・石尠誌

北魏・元詮誌

○重加惠弁

北魏・封魔奴誌

○孀孤飲惠

北魏・爾朱襲誌

北魏・元恭誌

○仁惠潛流

北魏・高伏德造像

○高惠隆

東魏・閭叱地連誌

東魏・劉幼妃誌

北齊・裴子誕誌

○威惠兼宜

【疐】

《説文》：，礙不行也。从叀，引而止之也。叀者，如叀馬之鼻。从此與牽同意。

春晚・秦公鎛

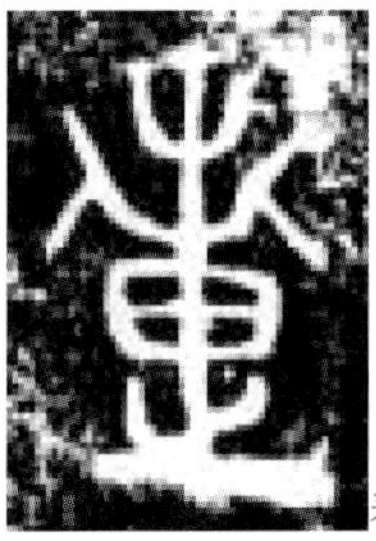
春晚・秦公簋

睡・封診式 53

○鼻不疐（嚏）肘

金關 T29:071

○里丁疐

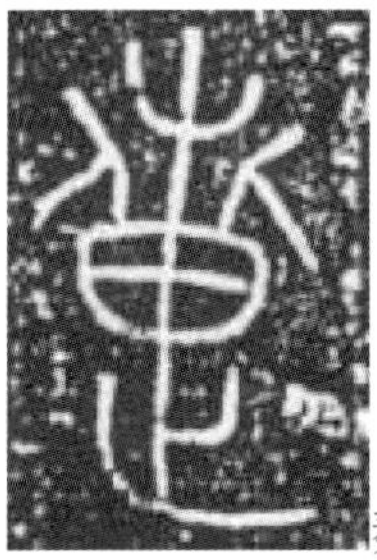
秦公大墓石磬

玄部

【玄】

《説文》：，幽遠也。黑而有赤色者爲玄。象幽而入覆之也。凡玄之屬皆从玄。

【】

《説文》：，古文玄。

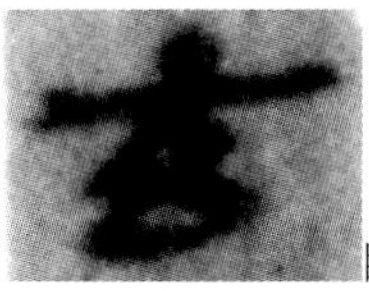
睡・日甲《玄戈》49

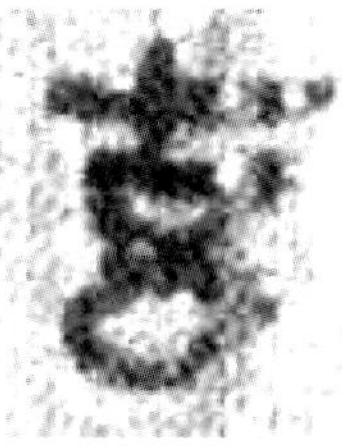
嶽・占夢書 13

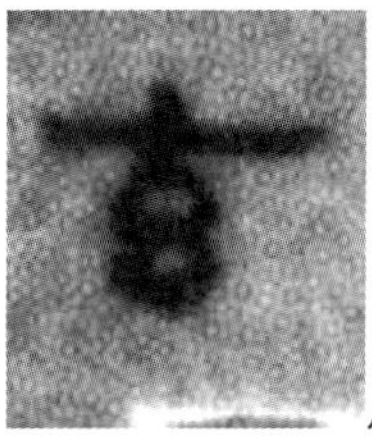
馬壹 143_13/187 下

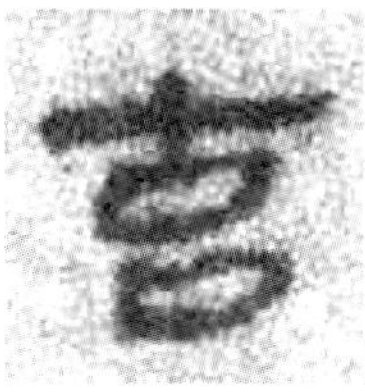
馬壹 7_45 上

○血玄黄迴（用）

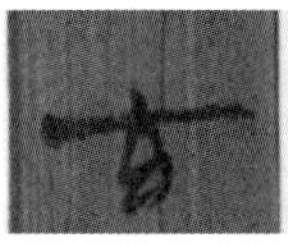
馬貳 212_3/104

馬貳 203_5

○貴玄尊乃至

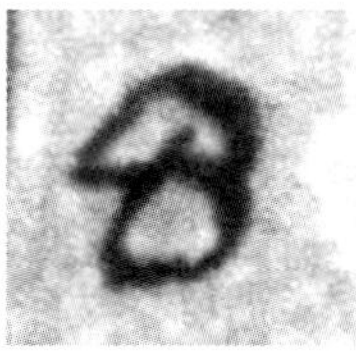
馬貳 7_6 下\16

○凡玄戈昭榣所擊星

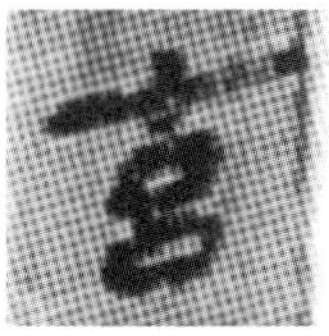
張・具律 82

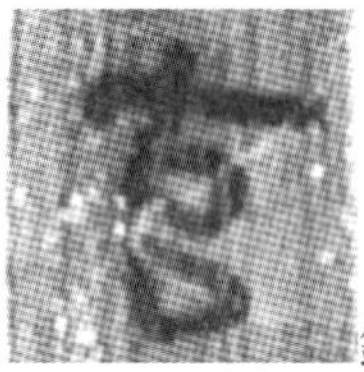
銀貳 1531

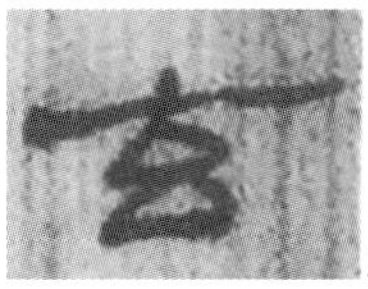
北貳・老子 39

敦煌簡 2390

金關 T07:146

武・甲《特牲》47

東牌樓 052 背

○論許玄香頓首

北壹・倉頡篇 60

○雨玄氣陰

魏晉殘紙

漢印文字徵

○玄史虎

漢印文字徵

○高玄私印

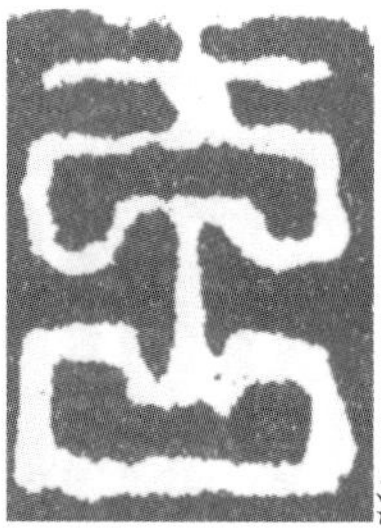
漢代官印選

○玄菟太守章

漢晉南北朝印風

○趙玄成印

東漢・三老諱字忌日刻石

○伯子玄

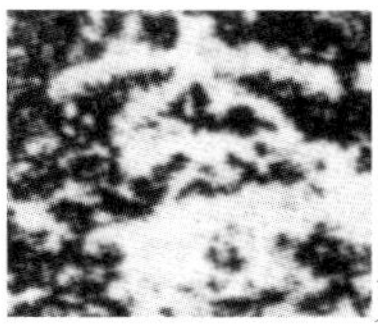
東漢・開母廟石闕銘

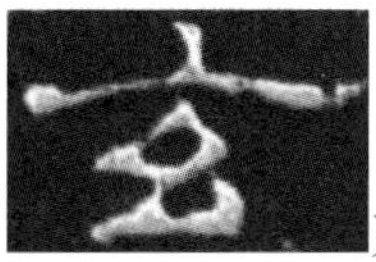
東漢・楊震碑

○玄石于墳道其辭曰

東漢・禮器碑

東漢・楊著碑額

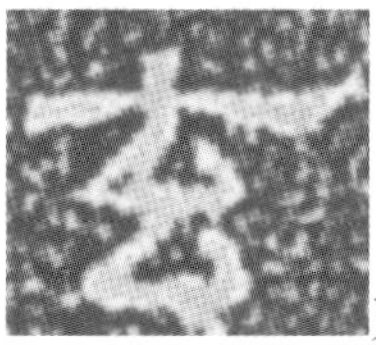
東漢・白石神君碑

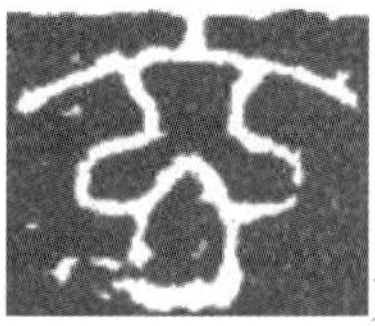
東漢・婁壽碑額

○玄嚜有成

三國魏・曹真殘碑

○鑽玄石

北魏・乞伏寶誌

北魏・給事君妻韓氏誌

北魏・元引誌

北魏・元煥誌

北魏・元宥誌

北魏・青州元湛誌

北魏・元恩誌

北魏・張玄誌

東魏・趙秋唐吳造像

○闡字玄方

東魏・元仲英誌

北齊・庫狄業誌

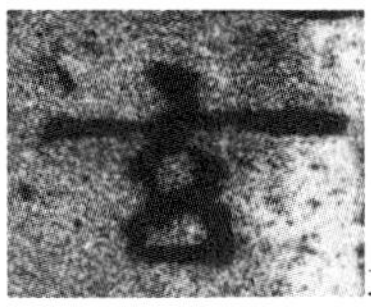
北齊・馬天祥造像

○夫幽宗玄寂

【玆】

《說文》：玆，黑也。从二玄。《春秋傳》曰："何故使吾水玆？"

睡・為吏 40

○爲人父則玆（慈）

廿世紀璽印三-GP

○玆邑丞印

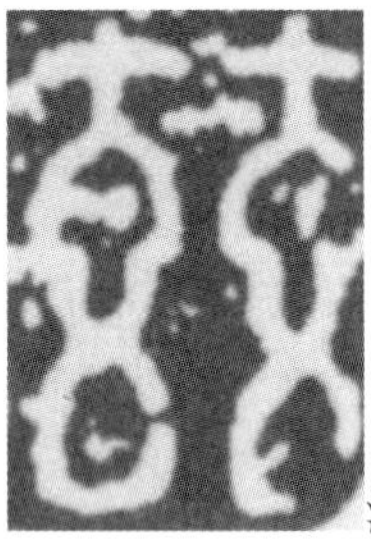
漢晉南北朝印風

○麗玆則宰印

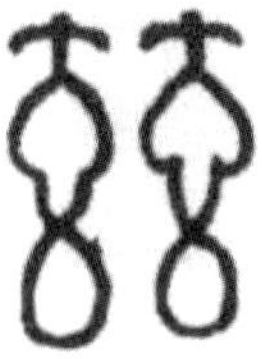
漢印文字徵

○麗玆則宰印

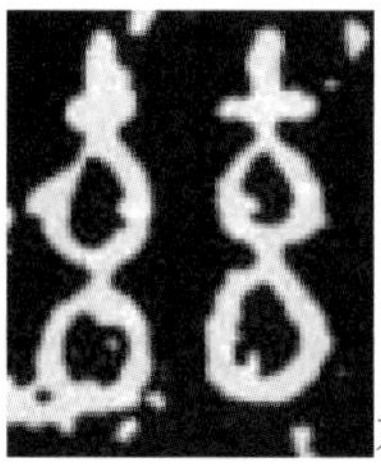
石鼓・車工

○麗玆則宰印

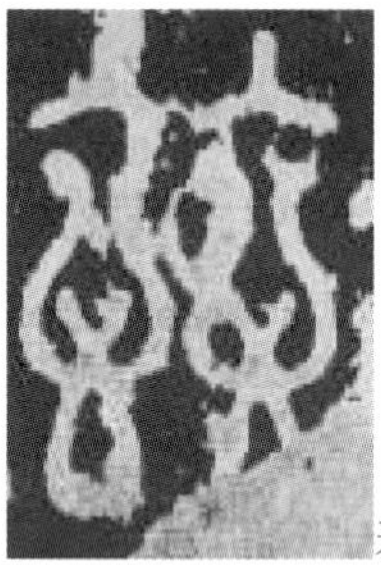
泰山刻石

○登玆山周

東漢・從事馮君碑

○朝以造玆

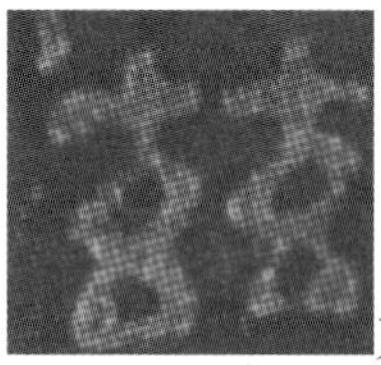
東漢・楊統碑陽

○謨（謩）玆典（萬）猶

北魏・寇治誌

○芳彩在玆

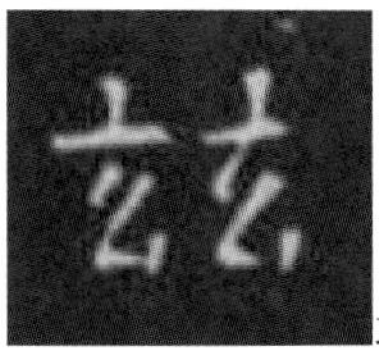
北魏・元徽誌

○輟玆分命

北魏・韓震誌

○方謂應玆與善

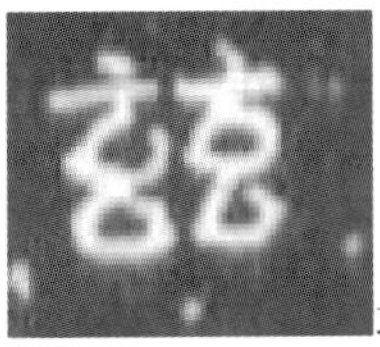
北魏・崔鴻誌

○玆焉已降

北魏・辛穆誌

○寔降玆日

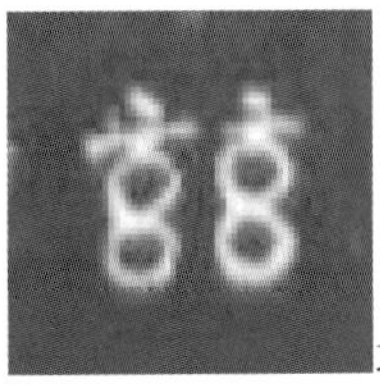
北魏・崔鴻誌

○遠未玆匹

北魏・馮邕妻元氏誌

○去玆昭路

北魏・元壽安誌

○欽玆在玆

北魏・元壽安誌

○於玆可得而略

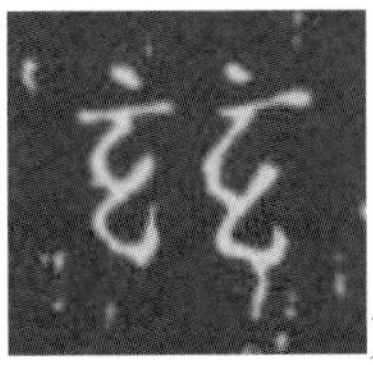
東魏・叔孫固誌

○於玆一去

東魏・王令媛誌

○挺玆窈窕

東魏・侯海誌

○爰玆丕緒

北齊・高湝誌

○蘊玆全德

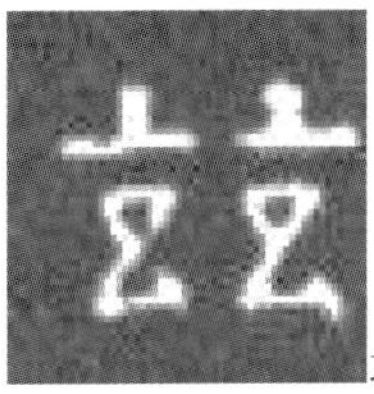
北齊・狄湛誌

○去玆華屋

北周・叱羅協誌

○翼玆宰輔

【玈】

《説文》：玈，黑色也。从玄，旅省聲。義當用黸。

予部

【予】

《說文》：予，推予也。象相予之形。凡予之屬皆从予。

里・第八層 583

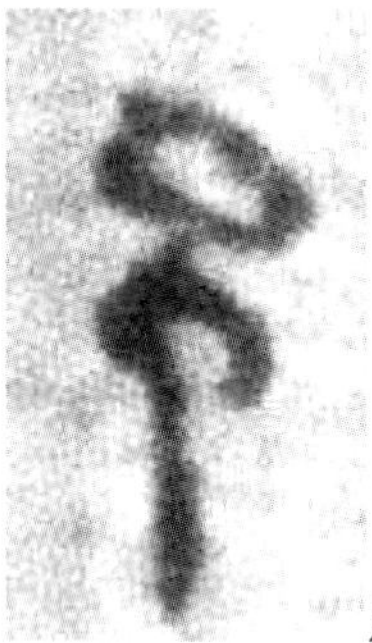
馬壹 106_83\252

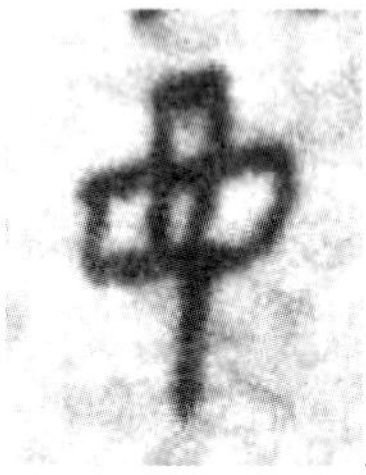
馬壹 81_36

○使毋予蒙而通宋使

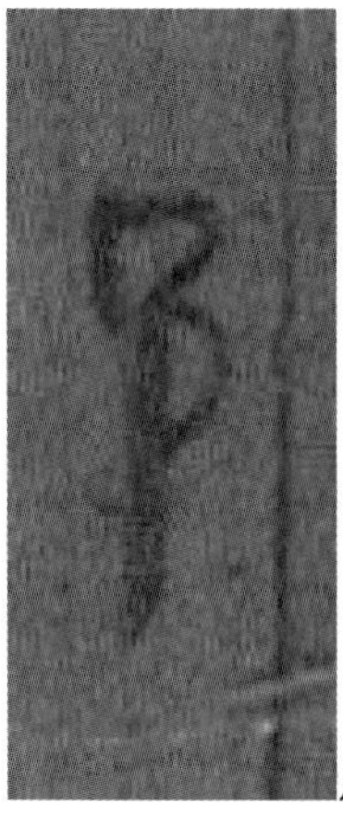
馬貳 207_46

張・具律 95

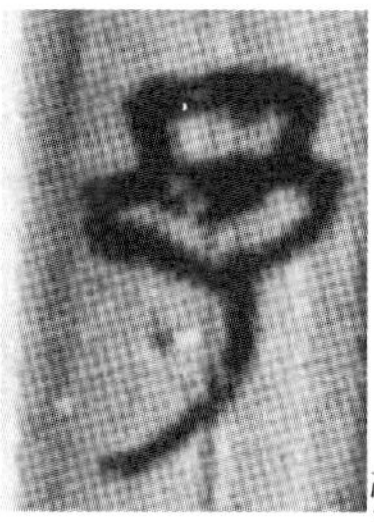
張・奏讞書 216

銀壹 946

○息上予之十人而一

銀貳 1071

北貳・老子 141

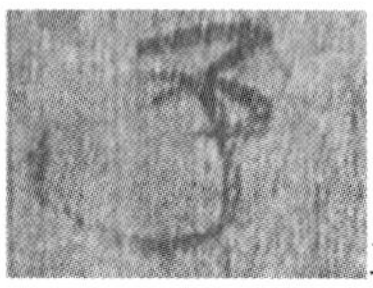
敦煌簡 0555

○七千予

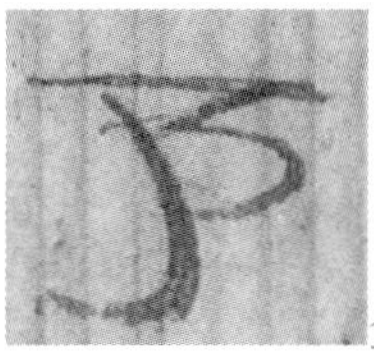
金關 T21:162B

○記予

東牌樓 056 背

○予公中未得出

漢印文字徵

○韓予仁印

漢印文字徵

○田予之印

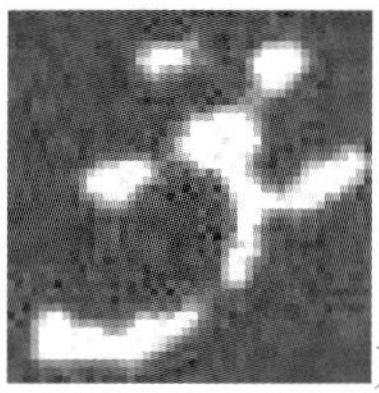
東漢·柳敏碑

東漢·肥致碑

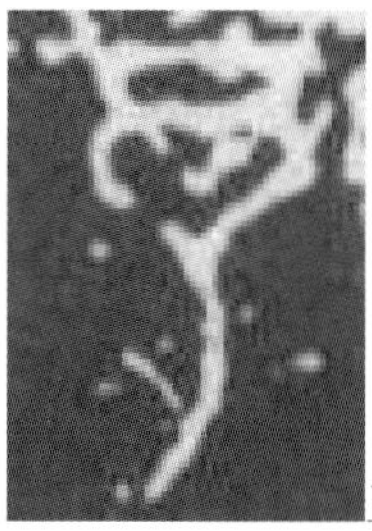
三國魏·三體石經尚書·篆文

○在令予小子

北魏·元項誌

北齊·高潤誌

【舒】

《説文》：舒，伸也。从舍从予，予亦聲。一曰舒，緩也。

秦文字編 625

金關 T30:012

○不更舒畢年廿四

金關 T27:048

○許湛舒年卌一

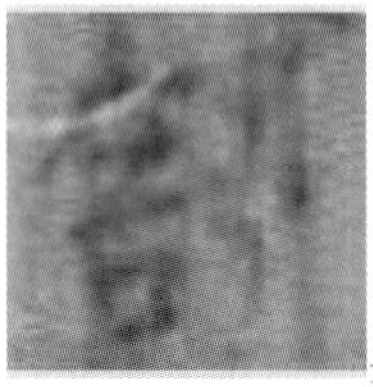
吳簡嘉禾・四・四七

○復民舒隆佃田二町

廿世紀璽印三-SY

○紅曼舒印

漢印文字徵

○平舒長印

漢印文字徵

○蒲舒私印

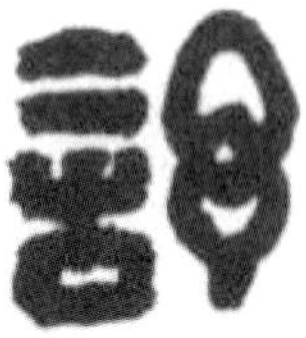
漢印文字徵

○辛印長舒

漢晉南北朝印風

○中舒之印

東漢・劉熊碑

東漢・史晨後碑

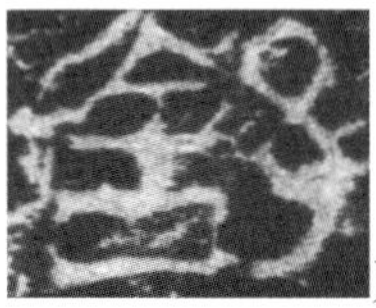
東漢・何君閣道銘

○臨邛舒鮪

晉・鄭舒妻劉氏殘誌

○晉故大司農關中侯鄭舒夫

北魏・元冏誌

【幻】

《説文》：，相詐惑也。从反予。《周書》曰：“無或譸張爲幻。”

北齊・李難勝誌

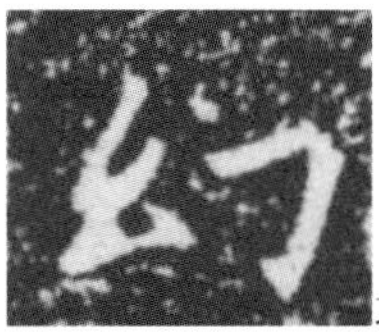
北齊・姚景等造像

南朝梁・舊館壇碑

○三相幻惑

放部

【放】

《説文》：，逐也。从攴方聲。凡放之屬皆从放。

漢銘・上林銅鑒五

漢銘・新候騎鉦

漢銘・永始高鐙

漢銘・元延乘輿鼎一

里・第八層 768

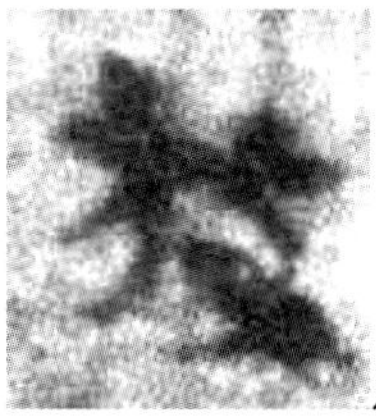
馬壹 111_1\352

張・戶律 308

○畜產放出者

敦煌簡 0709

○王放君教記

金關 T27:047

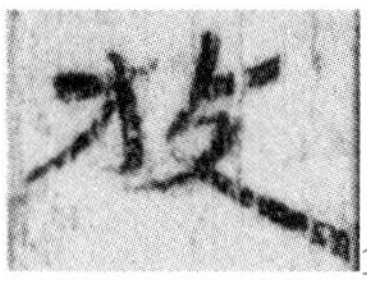
金關 T31:160

○隧長放

廿世紀璽印三-SP

○王放

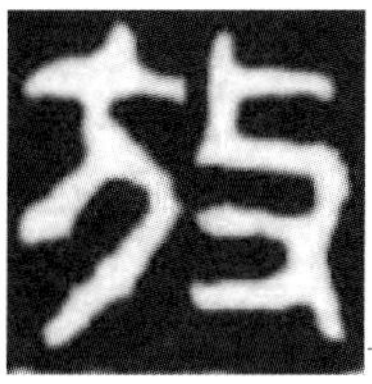
廿世紀璽印三-SY

○趙放私印

漢印文字徵

○留放私印

歷代印匋封泥

○王放

漢印文字徵

○徐放印信

漢印文字徵

○放青臂

漢印文字徵

○傅胡放印

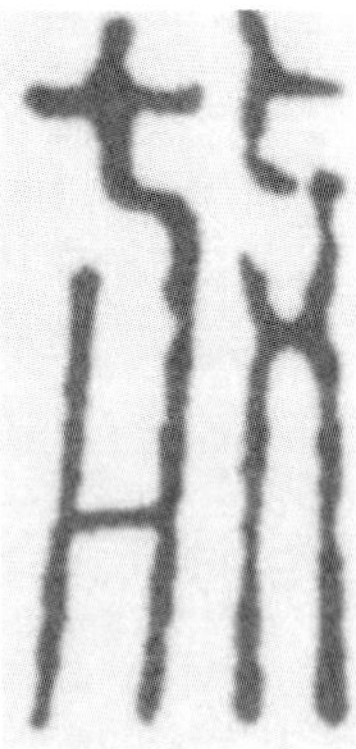
漢晉南北朝印風

○尹放

漢晉南北朝印風

漢晉南北朝印風

○杜放

東漢・建寧元年殘碑

○遂放遺

北魏・秦洪誌

北齊・雋敬碑

【敖】

《説文》：敖，出游也。从出从放。

睡・法律答問 165

睡・為吏 19

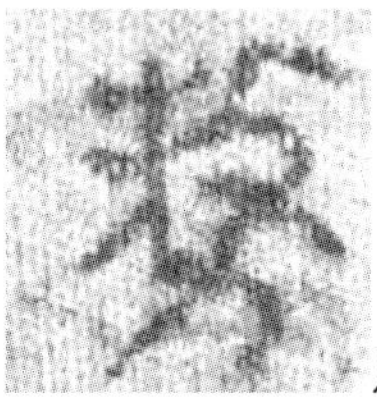
馬壹 247_5 下

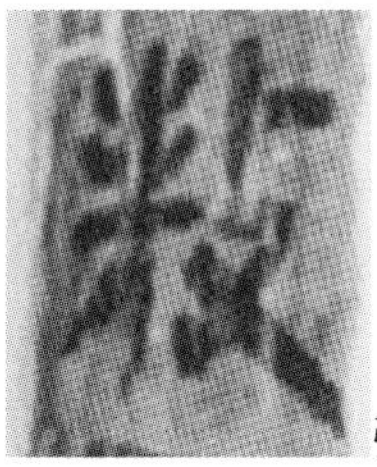
張・蓋盧 48

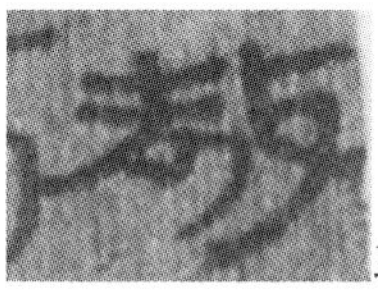
敦煌簡 1457A

北壹・倉頡篇 49

○游敖周

吴簡嘉禾・五・二五三

歷代印匋封泥

○三九里敖

漢印文字徵

○公陽敖印

漢印文字徵

○李敖之印

漢印文字徵

○李敖

三國魏・三體石經春秋・隸書

○君頡公孫敖如齊

三國魏・三體石經春秋・篆文

○公孫敖會晉侯于戚

北魏・元維誌

北魏・王昌誌

北魏・元悌誌

北魏・王基誌

【敫】

《説文》：，光景流也。从白从放。讀若龠。

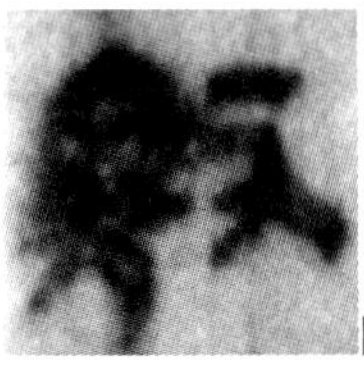
睡・日甲《星》73

○必有敫（憿）不

銀壹 391

○所以敫（激）氣

𠬪部

【𠬪】

《説文》：，物落；上下相付也。从爪从又。凡𠬪之屬皆从𠬪。讀若《詩》“摽有梅”。

【爰】

《説文》：，引也。从𠬪从于。籒文以爲車轅字。

戰中・商鞅量

睡・封診式 51

○爰書與牢隸臣某執

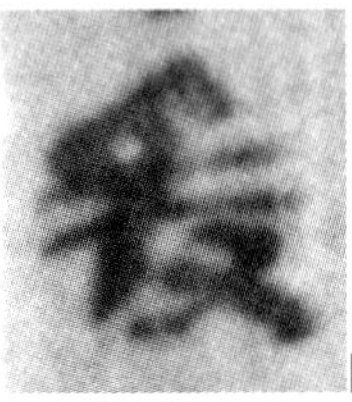
睡・日甲《詰》50

○皆箠（垂）延（涎）爰母

里・第八層 2127

○守爰書陽里士五

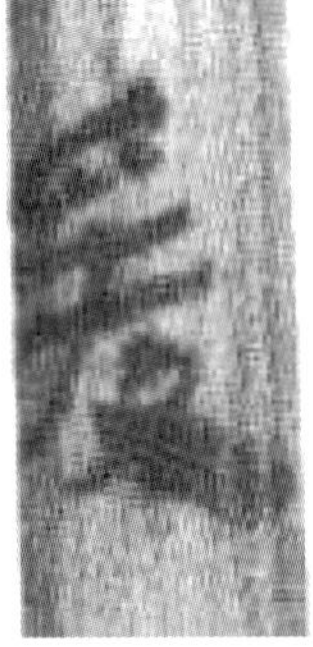
馬貳 218_31/42

○六曰爰（猨）居

張・奏讞書 75

○鄭信爰書求盜甲告

張・引書 78

○肩上爰（猿）行

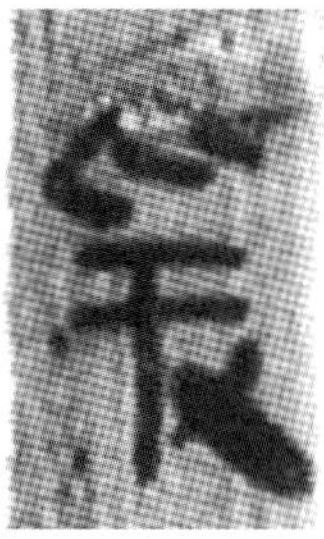
銀貳 1576

○伏設爰（蘊）

敦煌簡 1972C

○儒卿爰展世高辟兵

金關 T10:206

○言之爰書士吏商候

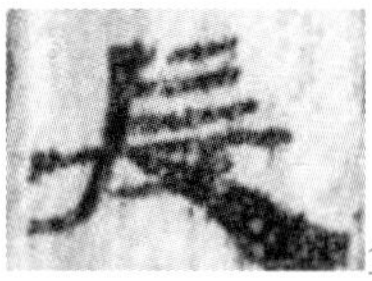
金關 T23:497

○隧卒爰魯自言迺七

秦代印風

漢印文字徵

○爰得徒丞印

漢印文字徵

○爰當户印

漢印文字徵

○爰世私印

漢印文字徵

○爰齊

漢晉南北朝印風

○爰綝印信

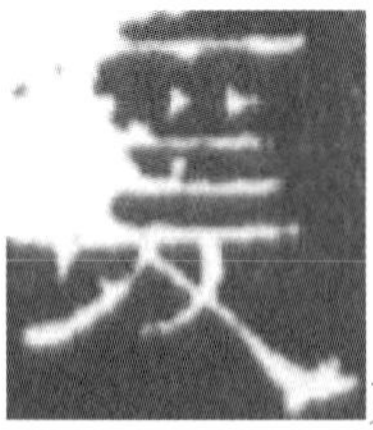
東漢·北海太守爲盧氏婦刻石

○爰居爰處

東漢·譙敏碑

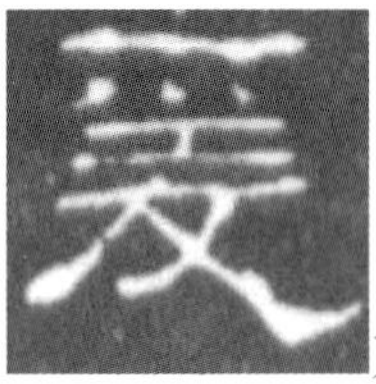
東漢·北海太守爲盧氏婦刻石

○爰居爰處

北魏·元徽誌

○爰兼順風

北魏·塔基石函銘刻

○帝后爰發德音

北魏·淨悟浮圖記

○爰諏神瑞元年

北魏·元楨誌

○爰在知命

北魏·元繼誌

○爰初撫翼

北齊·庫狄業誌

○爰褰幃作牧

北齊·□忝□揩誌

○乃爰居陽信

北齊·高阿難誌

○爰降魯元之親

北周·華岳廟碑

○爰詔史臣

【𤔔】

《説文》：𤔔，治也。幺子相亂，𠬪治之也。讀若亂同。一曰理也。

【𤔔】

《説文》：𤔔，古文𤔔。

【受】

《說文》：受，相付也。从𠬪，舟省聲。

春晚・秦公鎛

春晚・秦公簋

〇受天命

春晚・秦公鎛

春晚・秦公鎛

戰晚・十三年少府矛

〇武庫受(授)屬邦

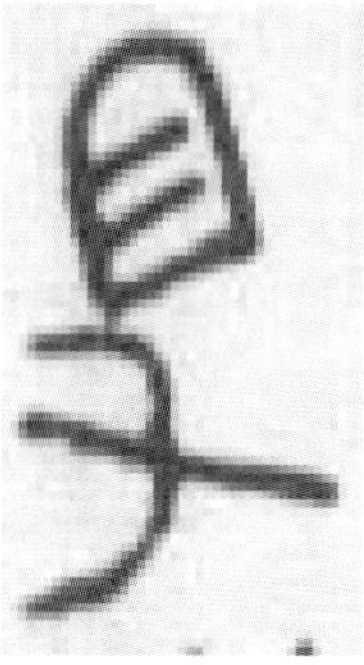
戰晚・寺工矛

〇武庫受(授)屬邦

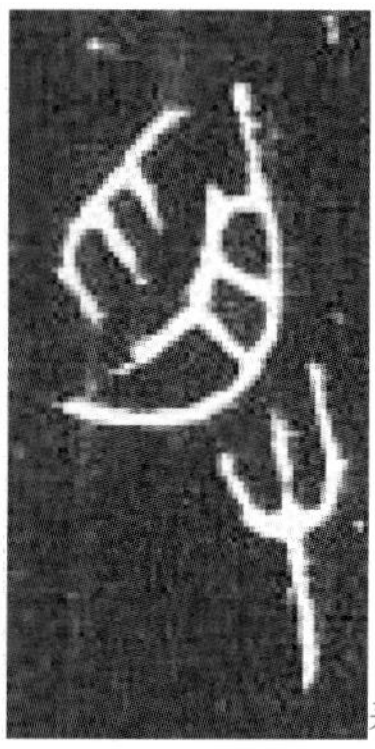
春早・秦公鎛

漢銘・雲陽鼎

漢銘・新衡杆

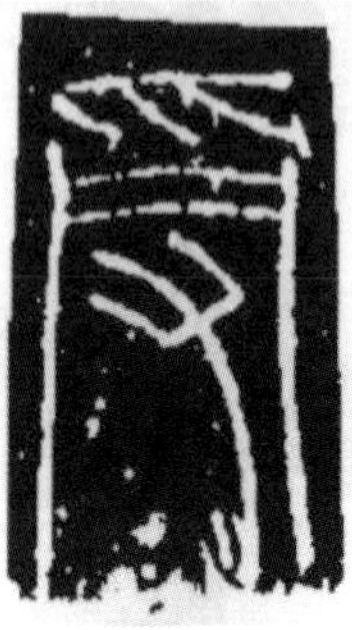
漢銘・新嘉量二

漢銘・上林量

漢銘・竟寧鴈足鐙

漢銘・弘農宮銅方鑪

漢銘・重九十斤鑒

漢銘・常浴盆二

漢銘・安陵鼎蓋

漢銘・上林豫章觀銅鑒

漢銘・東阿宮鈁

睡・秦律十八種 87

○縣縣受買（賣）

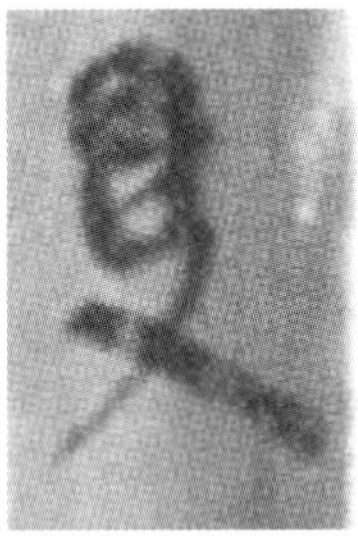
嶽・數 127

○問各受

嶽・芮盜案 65

○不當受列受棺列買

里・第八層 242

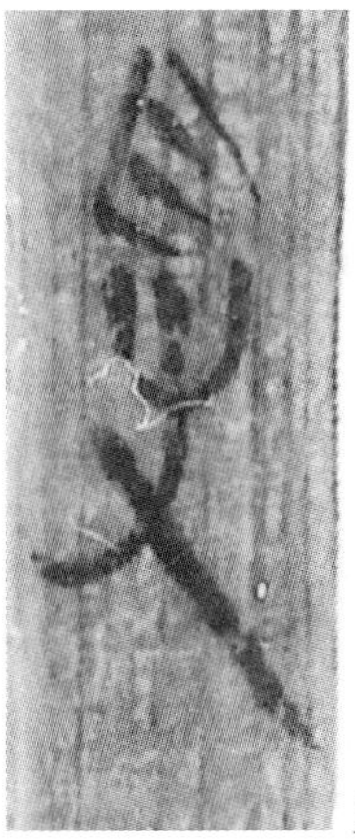
里・第八層 53

馬壹 81_37

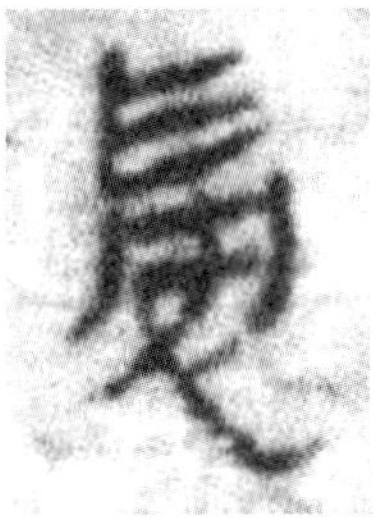
馬壹 81_30

○臣受教任齊

馬壹 81_40

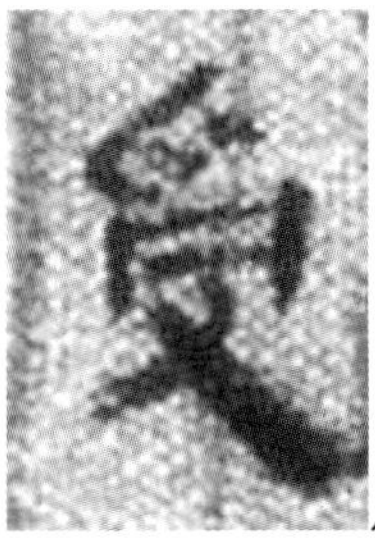
馬壹 176_47 下

馬貳 277_216/236

○受中五十四合

馬貳 211_90

○天者受明

張・賜律 289

張・奏讞書 1

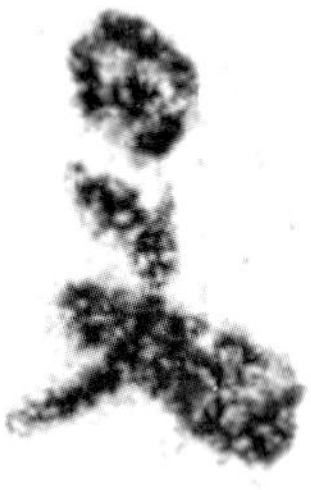
銀壹 975

銀貳 1889

北貳・老子 115

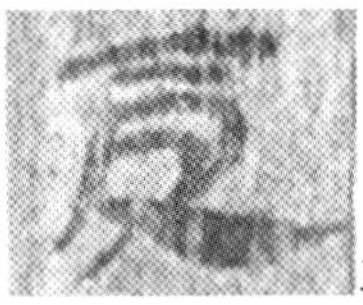
敦煌簡 0191

○所雜受門下縣吏玉

敦煌簡 0283

○張博受就人敦煌利

金關 T30:002

金關 T06:055

○稟受降隧長桓豐

金關 T10:212

○言之受翥里公乘尹

武・甲《特牲》39

武・甲《少牢》40

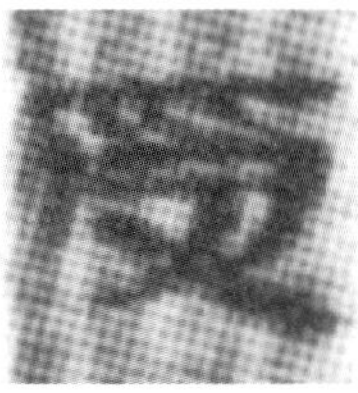
武・甲《有司》50

武・王杖 7

○七十受王杖

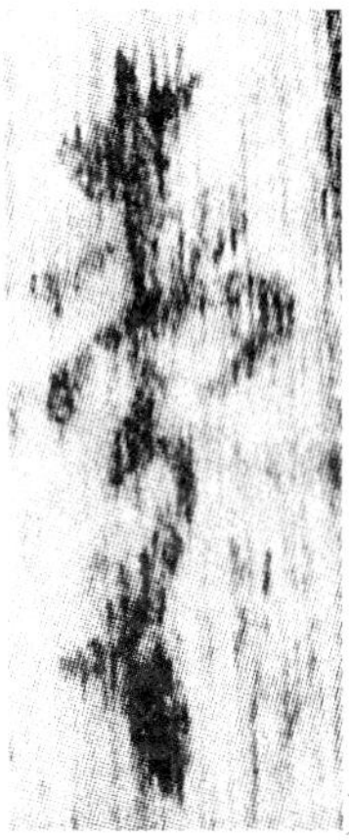
東牌樓 052 正

○爲受平來取之小

魏晉殘紙

○受加用意

廿世紀璽印三-SY

○呂受

漢印文字徵

○郭受私印

漢印文字徵

○王受之印

漢印文字徵

○李受

漢印文字徵

○王受

詛楚文・亞駝

○亦應受皇天上帝

石鼓・吳人

○曾受其亭

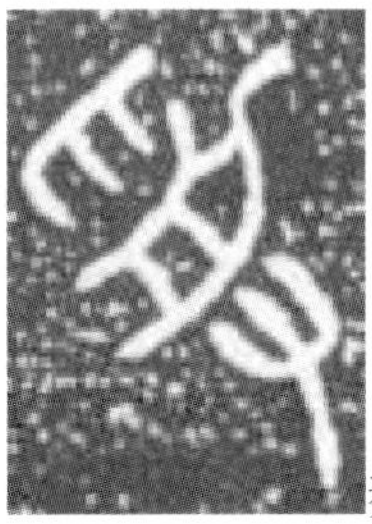
秦公大墓石磬

○二受壽無疆

東漢・朝侯小子殘碑

東漢・開通褒斜道摩崖刻石

○詔書受廣漢

東漢・桐柏淮源廟碑

東漢・肥致碑

○君讓不受

東漢・夏承碑

○受性淵懿

晉・黃庭内景經

三國魏・三體石經尚書・篆文

○周既受我

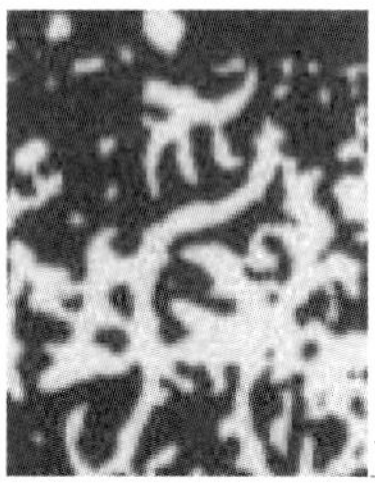
三國魏・三體石經尚書・古文

○周既受我

北魏・高珪誌

北魏・唐雲誌

○不借教受二庠

北魏・元誨誌

北魏・元晫誌

東魏・元玕誌

東魏・蕭正表誌

東魏・元季聰誌

東魏・吳叔悅造像

○一時受記

北齊・元賢誌

○自受嘉命

北齊・石佛寺迦葉經碑

北齊・韓裔誌

北齊・李難勝誌

北齊・劉悅誌

○王受言入幕

【𤔿】

《説文》：𤔿，撮也。从受从己。

【爭】

《説文》：爭，引也。从受、厂。

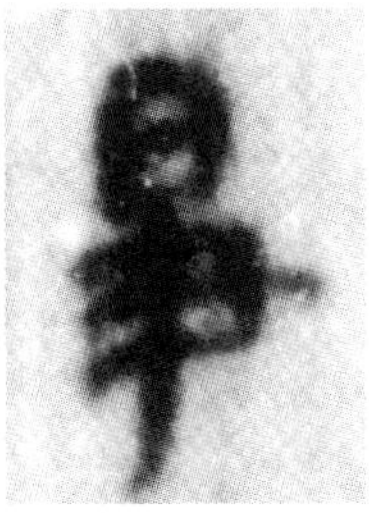
睡・語書 11

睡・封診式 35

嶽・為吏 85

嶽・芮盜案 68

馬壹 46_64 下

○與我爭於吳也

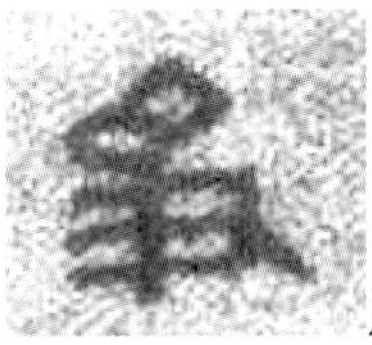
馬貳 34_40 上

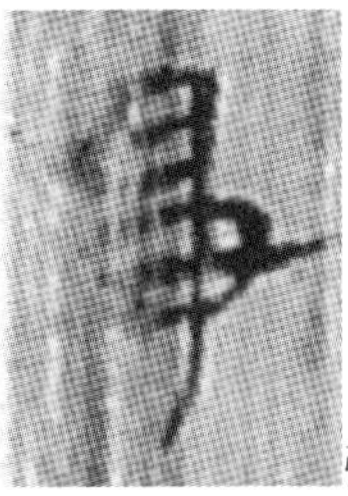
張・賊律 31

○與人爭鬭

張・蓋盧 32

○將爭以乖者攻之

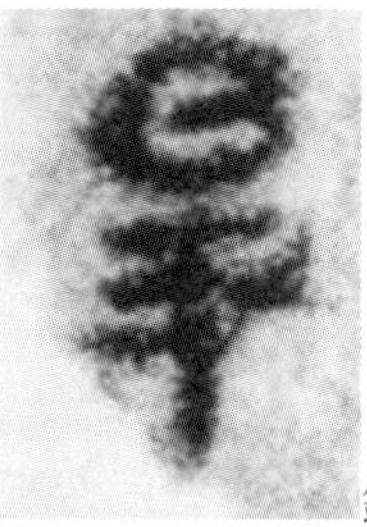
銀壹 108

○輕地則毋止爭

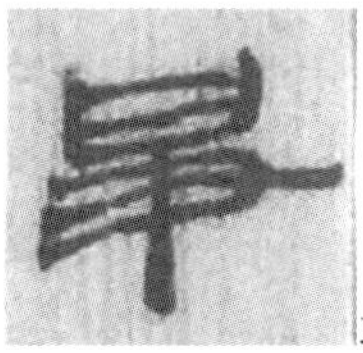
北貳・老子 122

○而弗爭也

敦煌簡 0239B

○持是爭來自苦耳故

漢印文字徵

○爭同

漢印文字徵

○尹印毋䖃

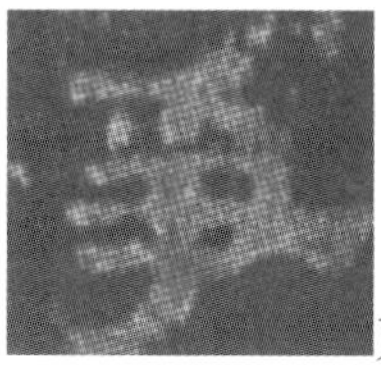
東漢・楊統碑陽

東漢・尚博殘碑

○商旅有不爭之民

北魏・席盛誌

北魏・元彥誌

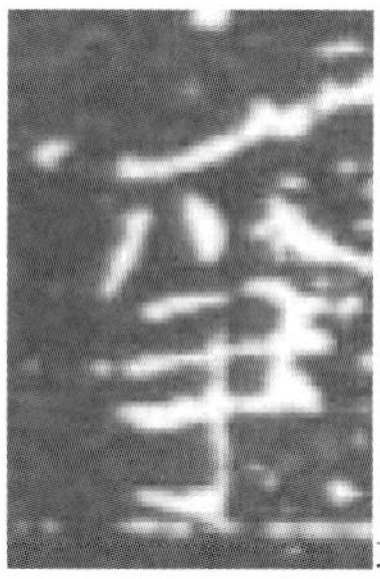
北魏・崔隆誌

北魏・元舉誌

北齊・高湝誌

【𢀩】

《説文》：，所依據也。从𠬪、工。讀與隱同。

【寽】

《説文》：，五指持也。从𠬪一聲。讀若律。

【𠭥】

《説文》：，進取也。从𠬪古聲。

【𢽼】

《説文》：，古文𠭥。

【𣪏（敢）】

《説文》：，籀文𠭥。

戰晚・新郪虎符

○乃敢行之

戰中・杜虎符

○乃敢行之

睡・秦律十八種 192

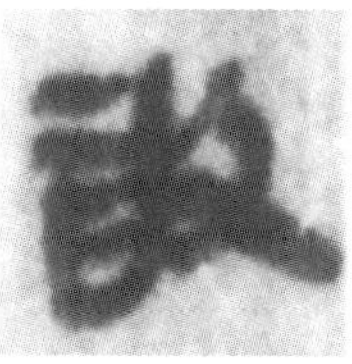
睡・秦律雜抄 42

睡・為吏 2

關・病方 326

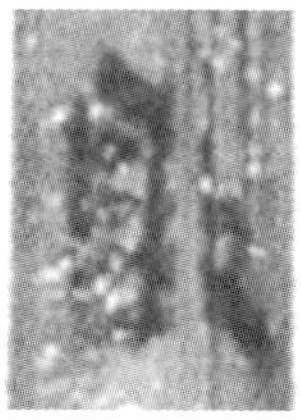
嶽・為吏 66

嶽・癸瑣案 23

里・第六層 7

里・第八層 1562

里・第八層 163

里・第八層 659

里・第八層背 2008

里・第八層背 657

馬壹 80_10

馬壹 83_74

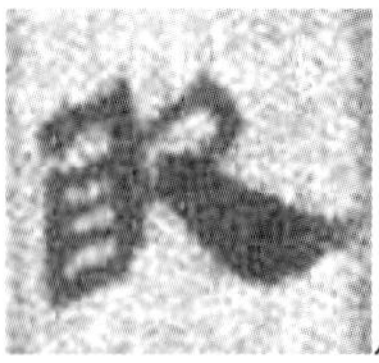
馬壹 43_36 上

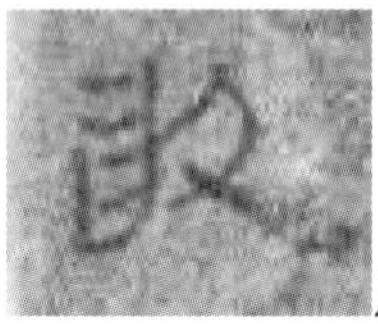
馬貳 144_9

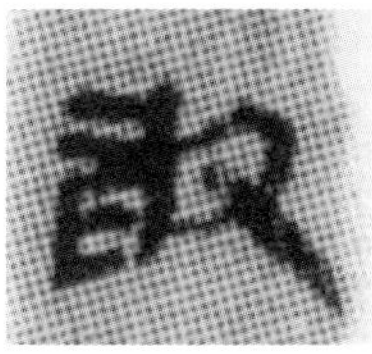
張・徭律 410

張・襍律 184

張・奏讞書 147

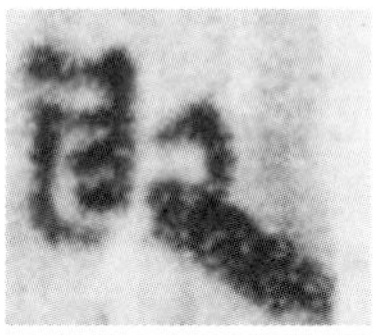
銀壹 192

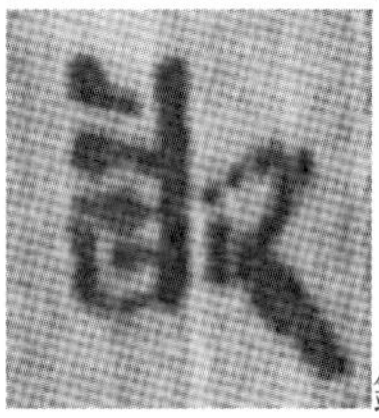
銀貳 1615

北貳・老子 91

敦煌簡 1377

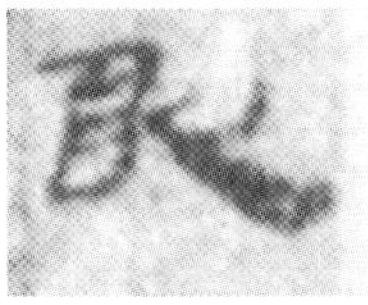
敦煌簡 2381

金關 T07:021

金關 T09:059B

金關 T29:015A

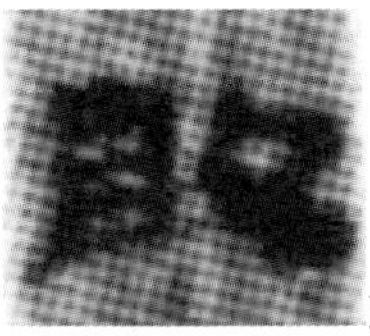
武・儀禮甲《士相見之禮》5

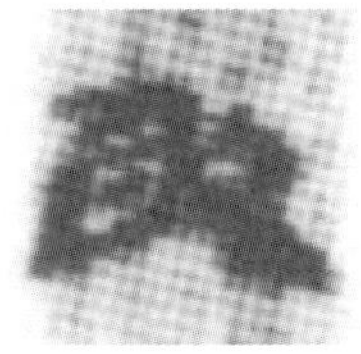
武・儀禮甲《服傳》33

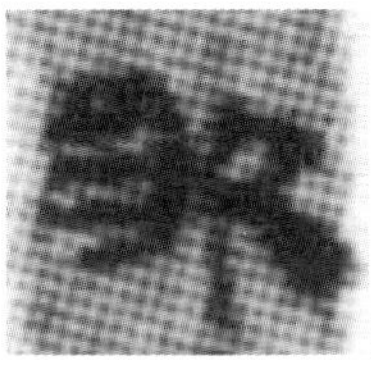
武・甲《特牲》6

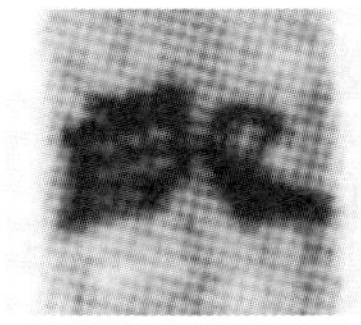
武・甲《泰射》39

武・王杖 2

〇勑有敢徵召

東牌樓 005

〇敢言之

魏晉殘紙

〇不敢作

秦代印風

〇楊敢

秦代印風

〇李敢

漢印文字徵

〇王敢私印

漢印文字徵

〇真敢

漢印文字徵

○許印敢生

漢晉南北朝印風

○李敢

詛楚文・沈湫

○不敢曰可

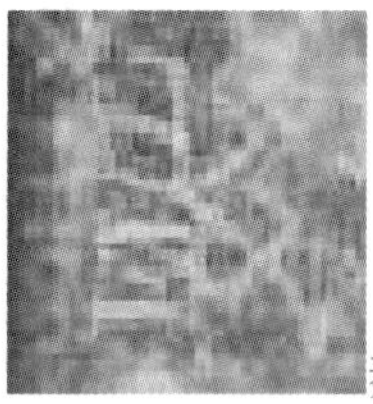
秦駰玉版

○吾敢告之

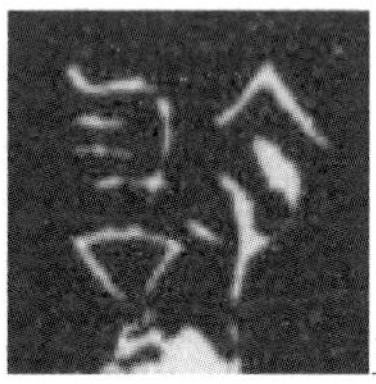
三國魏・三體石經尚書・古文

○不叙(敢)含怒

三國魏・三體石經尚書・篆文

○弗叙(敢)智厥基永

三國魏・三體石經尚書・隸書

北魏・堯遵誌

𣦼部

【𣦼】

《説文》：，殘穿也。从又从歺。凡𣦼之屬皆从𣦼。讀若殘。

【叡】

《説文》：，溝也。从𣦼从谷。讀若郝。

【壡】

《説文》：，叡或从土。

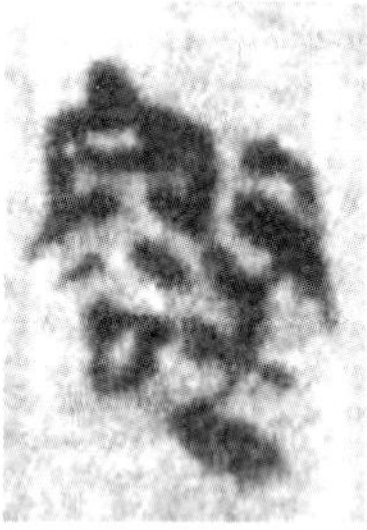
馬壹 104_28\197

○壡=

北魏・昭玄法師誌

○一丘一壡

北魏・元暐誌

○悲舟壑之殂遷

北魏・元欽誌

○陶陶乎若巨壑

北魏・慈慶誌

○停壑不久

北魏・封魔奴誌

○陵壑有移

北魏・元彥誌

○則志陵於星壑

北魏・元顯俊誌

○祕壑無津

北魏・王□奴誌

○冠蓋衡壑

【𣦼】

《説文》：，奴探堅意也。从奴从貝。貝，堅寶也。讀若概。

【𣦸】

《説文》：，坑也。从奴从井，井亦聲。

【叡】

《説文》：，深明也。通也。从奴从目，从谷省。

【睿】

《説文》：，古文叡。

【壡】

《説文》：，籀文叡从土。

春晚・秦公鎛

漢晉南北朝印風

○王叡印信

三國魏・受禪表

北魏・劉華仁誌

○稟性聰叡

北魏・元榮宗誌

○稟叡無恒

北魏・元鑒誌

○乃詮宗叡

北魏・寇演誌

○叡遠神融

北魏・元仙誌

○君稟三珠之叡氣

北魏・元弼誌

○含粹抱於叡苑

北魏・華山郡主誌銘

○次子叡秀

北魏・元冏誌

○赫矣叡王

北齊・高淯誌

○居宗體叡

北齊・赫連子悅誌

○嗣君明叡

北周・寇嶠妻誌

○縱叡挺生

北魏・元暐誌

○蟬聯明叡

北魏・元詳誌

○夙仁早睿

北魏・元始和誌

○體叡外彰

歺部

【歺】

《説文》：歺，列骨之殘也。从半冎。凡歺之屬皆从歺。讀若櫱岸之櫱。

【𣦵】

《説文》：𣦵，古文歺。

【𣧘】

《説文》：𣧘，病也。从歺委聲。

北魏・元朗誌

○𣧘蘭桂如早亡

東魏・穆子巖誌銘

○茫茫天道𣧘我哲人

【殙】

《説文》：殙，瞀也。从歺昏聲。

【殰】

《説文》：殰，胎敗也。从歺𧶠聲。

【歾】

《説文》：歾，終也。从歺勿聲。

【𣨛】

《説文》：𣨛，歾或从叟。

東漢・朝侯小子殘碑

○終歿之日

北魏・崔隆誌

○弟顯早歿

東魏・司馬韶及妻侯氏誌

○所以小年易歿

東魏・南宗和尚塔銘

北齊・報德像碑

○昔孔子既歿

【殌】

《説文》：殌，大夫死曰殌。从歺卒

聲。

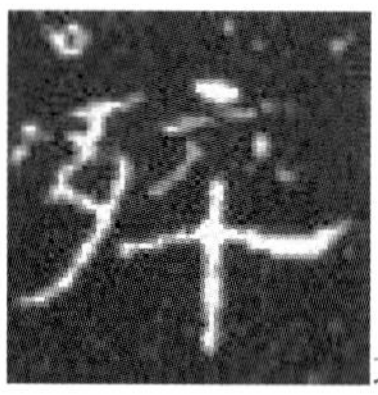
北齊·盧脩娥誌

○殍于鄴縣

【殊】

《説文》：殊，死也。从歺朱聲。漢令曰："蠻夷長有罪，當殊之。"

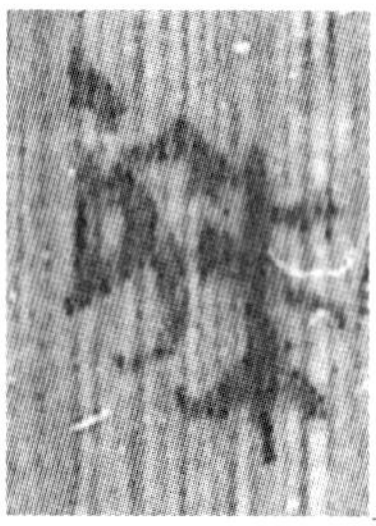
里·第八層 1028

○六皆殊折

馬壹 87_190

○殊不欲食

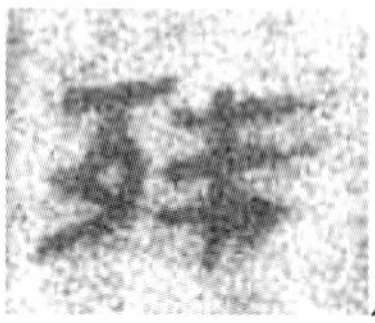
馬壹 38_18 上

○而殊歸者也

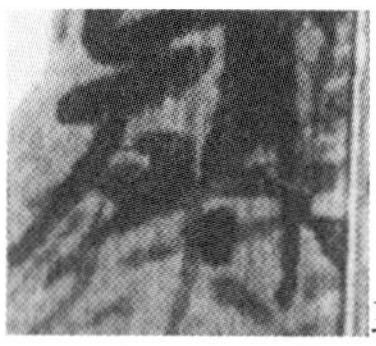
敦煌簡 0396A

○文殊子

武·儀禮甲《服傳》10

○弗敢殊也

東漢·曹全碑陽

東漢·肥致碑

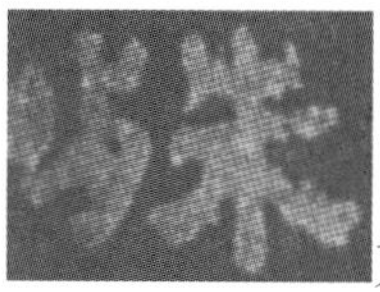
東漢·楊統碑陽

○威以懷殊俗

北魏·于纂誌

○今古雖殊

北魏·于仙姬誌

北魏·吴光誌

○彼殊方永翳九陌

北齊·暢洛生造像

○殊山寶石

【殟】

《説文》：殟，胎敗也。从歺𥁑聲。

【殤】

《説文》：，不成人也。人年十九至十六死，爲長殤；十五至十二死，爲中殤；十一至八歲死，爲下殤。从歺，傷省聲。

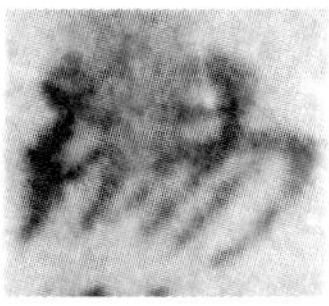
睡・日甲《詰》50

○幼殤死不葬

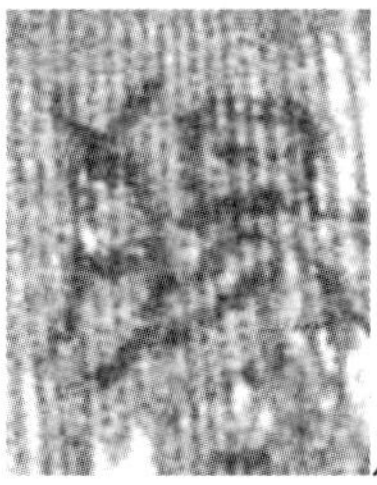
馬壹 252_25 上

○殤吉日甲乙

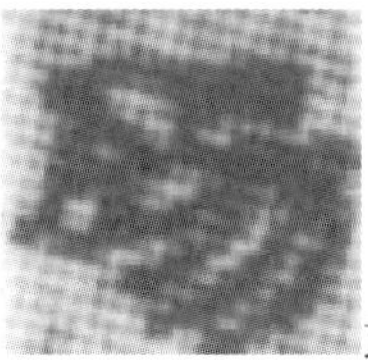
武・儀禮甲《服傳》38

○十六爲長殤

北壹・倉頡篇 50

○兒孺旱殤恐懼

北魏・丘哲誌

北魏・唐雲誌

【殂】

《説文》：，往、死也。从歺且聲。《虞書》曰："勛乃殂。"

【𣦸】

《説文》：，古文殂从歺从作。

【殛】

《説文》：，殊也。从歺亟聲。《虞書》曰："殛鯀于羽山。"

北魏・張正子父母鎮石

○神其殛之

【殪】

《説文》：，死也。从歺壹聲。

【𡔛】

《説文》：，古文殪从死。

北齊・劉悅誌

○殪兕徒林

北周・時珍誌

○窅殪光珠

【𦵏】

《説文》：𣩵，死宋募也。从歺莫聲。

【殯】

《説文》：殯，死在棺，將遷葬柩，賓遇之。从歺从賓，賓亦聲。夏后殯於阼階，殷人殯於兩楹之間，周人殯於賓階。

東漢・張遷碑陽

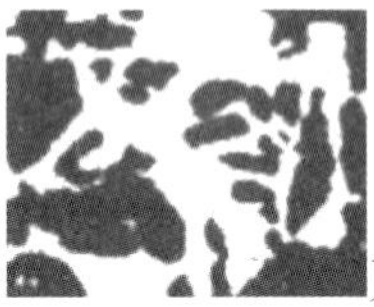
東漢・賈仲武妻馬姜墓記

〇以禮殯

西晉・荀岳誌

北魏・元冏誌

北魏・楊範誌

【殔】

《説文》：殔，瘞也。从歺隶聲。

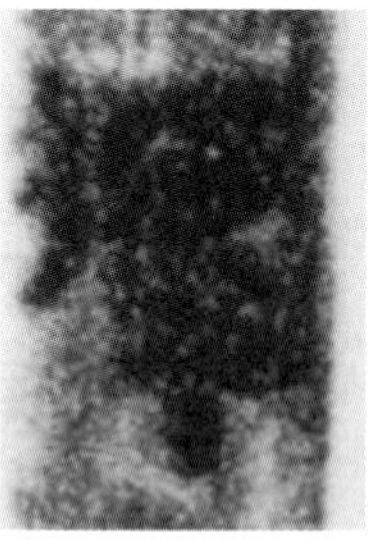
銀壹 521

〇無不離其殔（肆）宅

【殣】

《説文》：殣，道中死人，人所覆也。从歺堇聲。《詩》曰："行有死人，尚或殣之。"

北壹・倉頡篇 50

〇殣棄膢

東漢・鮮於璜碑陽

〇道殣相望

【殠】

《説文》：殠，腐气也。从歺臭聲。

【殨】

《説文》：殨，爛也。从歺貴聲。

【㱙】

《説文》：㱙，腐也。从歺丂聲。

【朽】

《説文》：朽，㱙或从木。

睡・效律 22

○倉屚（漏）歾

嶽・為吏 71

○歾敗

東漢・朝侯小子殘碑

北齊・感孝頌

○式憑不朽

東漢・從事馮君碑

○唯德不歾

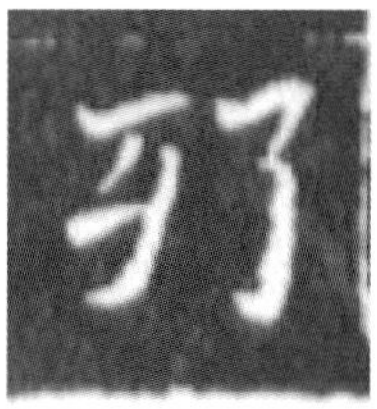
北魏・元過仁誌

○金石无歾

北魏・元譚妻司馬氏誌

北魏・韓顯宗誌

東魏・趙胡仁誌

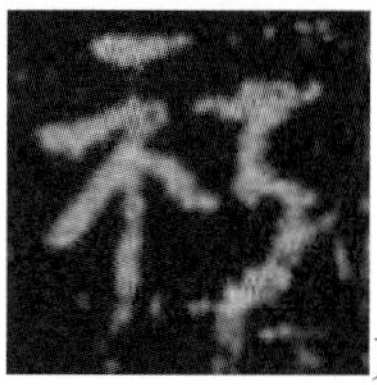
東魏・志朗造像

○歷劫不朽

東魏・叔孫固誌

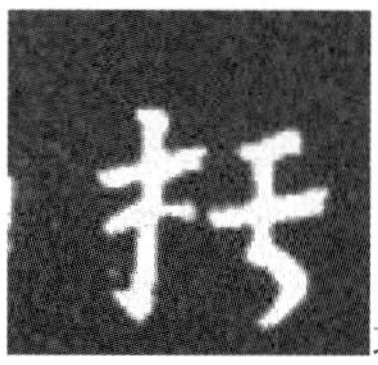
北齊・王憐妻趙氏誌

【殆】

《説文》：𣧞，危也。从歺台聲。

嶽・為吏 53

○吏有六殆

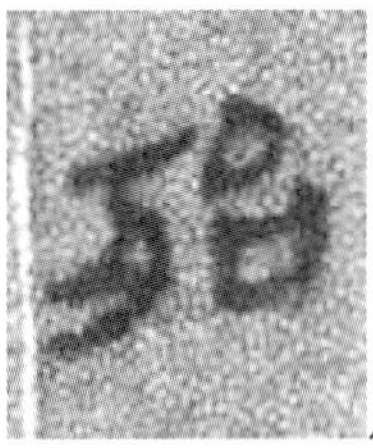
馬壹 44_34 下

馬貳 118_176/175

○去其殆

銀貳 1680

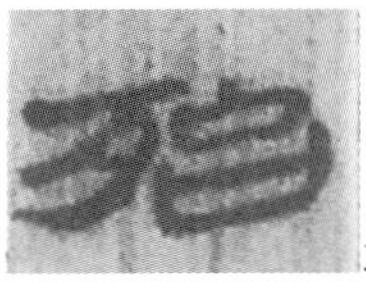
北貳・老子 41

敦煌簡 0074

○殆不戰

漢印文字徵

○周殆

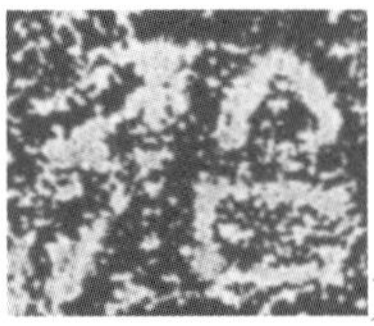
東漢・析里橋郙閣頌

○改解危殆

東漢・西狹頌

○斯其殆哉

東漢・肥致碑

北魏・于景誌

東魏・廣陽元湛誌

【殃】

《説文》：殃，咎也。从歺央聲。

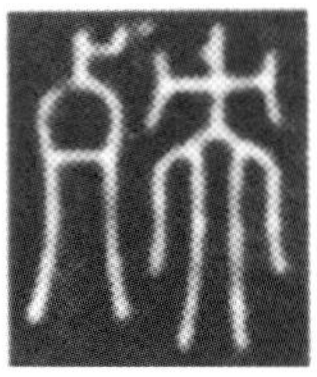
秦文字編 634

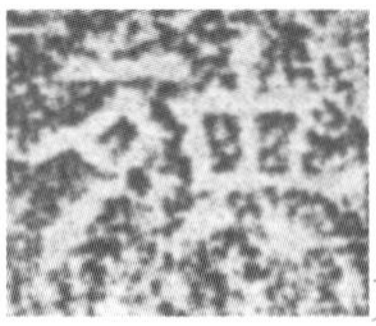
東漢・熹平石經殘石四

○必有餘殃

東漢・公乘田魴畫像石墓題記

○卒遭毒氣遇匈殃

北魏・吳光誌

○泉宇納殃

北齊・賀拔昌誌

北周・張僧妙法師碑

○殃禍暴集

【殘】

《説文》：，賊也。从歺戔聲。

馬壹 176_45 下

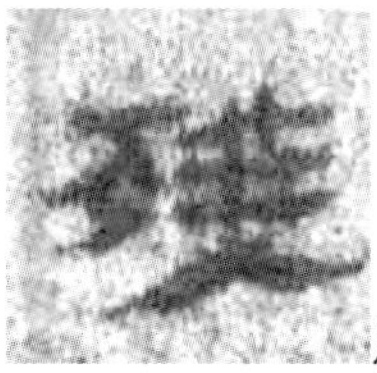
馬壹 123_23 下

馬壹 82_69

漢印文字徵

○殘山

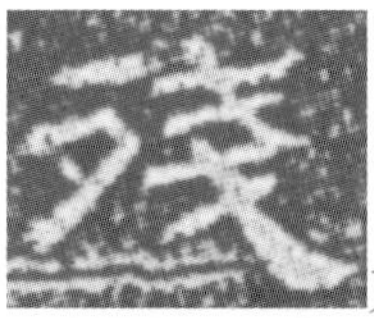
東漢・趙寬碑

北魏・元靈曜誌

北魏・李伯欽誌

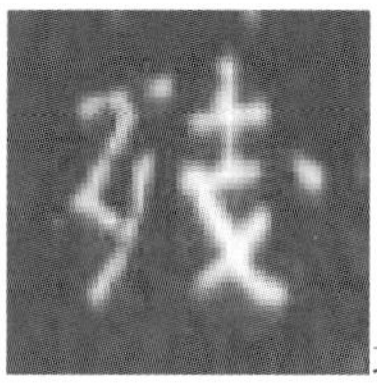
北齊・李稚廉誌

○至殘喘沉迷

【殄】

《説文》：，盡也。从歺㐱聲。

【】

《説文》：，古文殄如此。

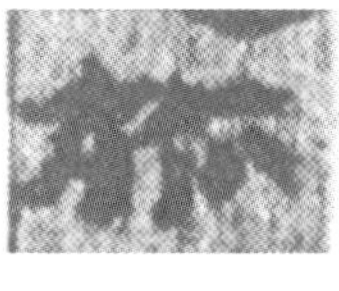
敦煌簡 2144

○餔時受殄

金關 T30:062

○橐佗殄虜隧長

金關 T23:667

○橐佗殄虜隧長

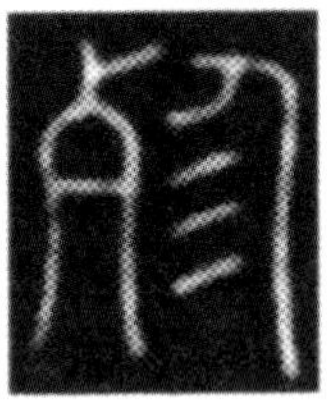
秦文字編 634

漢晉南北朝印風

○殄虜男家丞

漢印文字徵

○殄虜男家丞

漢晉南北朝印風

○殄難將軍印

漢晉南北朝印風

○殄寇將軍印

東漢・北海太守爲盧氏婦刻石

東漢・楊叔恭殘碑

○奮旅揚旌，殄威醜類

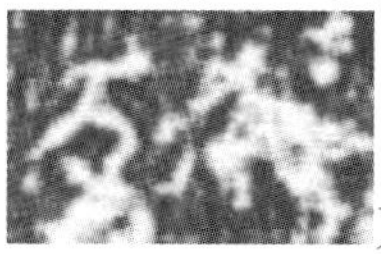
東漢・孔彪碑陽

○巨猾殄迸

北魏・元悌誌

○實深殄瘁

北魏・和邃誌

○犬夷熸殄

北齊・徐之才誌

○簪纓殄瘁

北周・叱羅協誌

【殲】

《説文》：殲，微盡也。从歺韱聲。《春秋傳》曰：“齊人殲于遂。”

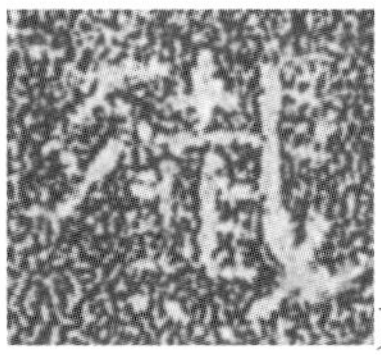
東漢·王舍人碑

〇殲我良人

東漢·夏承碑

〇殲此良人

北魏·元徽誌

〇殲我良人

北魏·王温誌

〇殲此明哲

北魏·王普賢誌

〇殲此淑仁

【殫】

《説文》：殫，殛盡也。从歺單聲。

東漢·舉孝廉等字殘碑

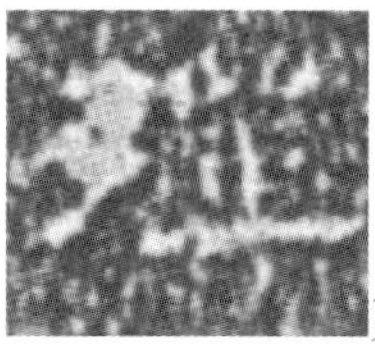
東漢·孔彪碑陽

〇醜類已殫

北齊·高淯誌

〇聽殫寥寂

【殬】

《説文》：殬，敗也。从歺睪聲。《商書》曰：“彝倫攸殬。”

【𣧸】

《説文》：𣧸，畜産疫病也。从歺从羸。

【殪】

《説文》：殪，殺羊出其胎也。从歺豈聲。

【㱙】

《説文》：㱙，禽獸所食餘也。从歺从肉。

秦文字編 634

【殖】

《説文》：殖，脂膏久殖也。从歺直聲。

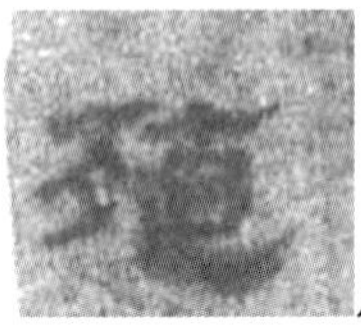
馬壹 132_38 上/115 上

馬貳 70_45/45

○取封殖土冶之

北貳・老子 148

○挺殖（埴）

北壹・倉頡篇 9

○男女蓄殖六畜

廿世紀璽印三-SY

○劉殖

漢印文字徵

○殖廣

東漢・相張壽殘碑

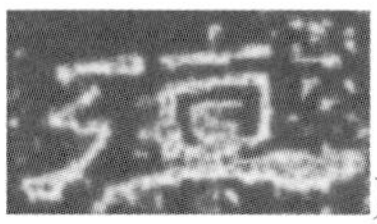
東漢・桐柏淮源廟碑

北魏・元孟輝誌

北魏・穆亮誌

東魏・王僧誌

【⿰歹古】

《説文》：⿰歹古，枯也。从歺古聲。

【⿰歹奇】

《説文》：⿰歹奇，棄也。从歺奇聲。俗語謂死曰大⿰歹奇。

〖殀〗

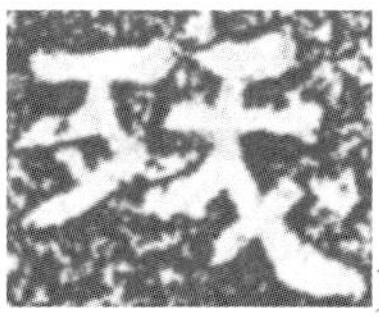
東漢・從事馮君碑

○中年殀苓

〖⿰歹氏〗

睡・日甲《盜者》81

○匽爲勝⿰歹氏

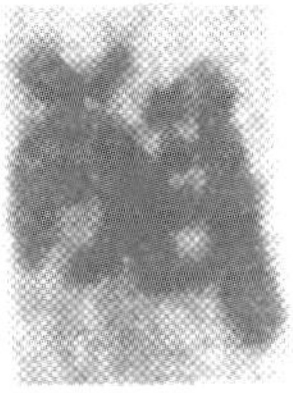
秦文字編 634

〖⿰歹月〗

北壹・倉頡篇 44

○造殔毅⿰歹月耆侯

〖殉〗

東漢・北海太守爲盧氏婦刻石

○刎頸殉之

東漢・鄭季宣殘碑

○欲子車之殉

北魏・元徽誌

北齊・雲榮誌

〖殔〗

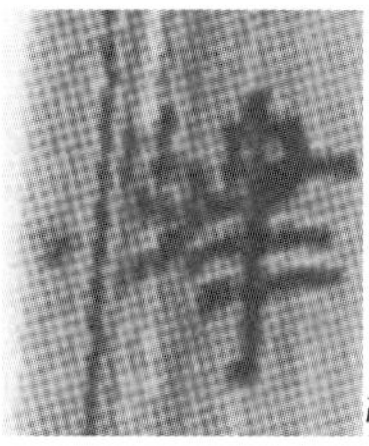
張・賜律 288

○室二殔在堂縣官給

北壹・倉頡篇 44

○殔毅⿰歹月耆

〖⿰歹衣〗

銀貳 1707

○國大⿰歹衣（頹）定

〖⿰歹貝〗

西晉・成晃碑

○遂⿰歹貝厥命

北魏・寇治誌

北魏・元進誌

○當春□殞

北魏・元弘嬪侯氏誌

○奄然薨殞

〖殮〗

北魏・翟普林造像

○終殮

死部

【死】

《説文》：𣦸，澌也，人所離也。从歺从人。凡死之屬皆从死。

【𣦵】

《説文》：𣦵，古文死如此。

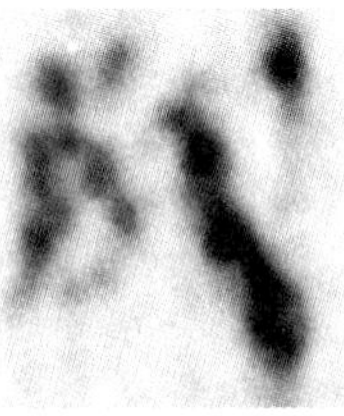
睡・編年記 30

睡・秦律十八種 5

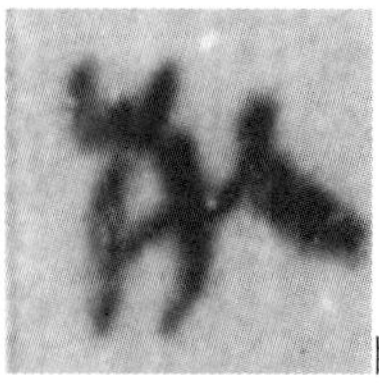
睡・秦律雜抄 37

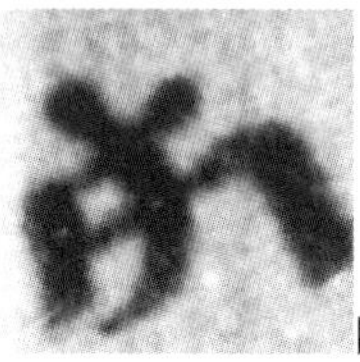
睡・日甲《啻》100

睡・日乙 188

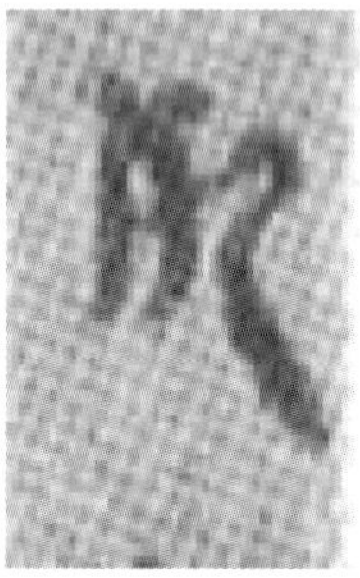
關・日書 204

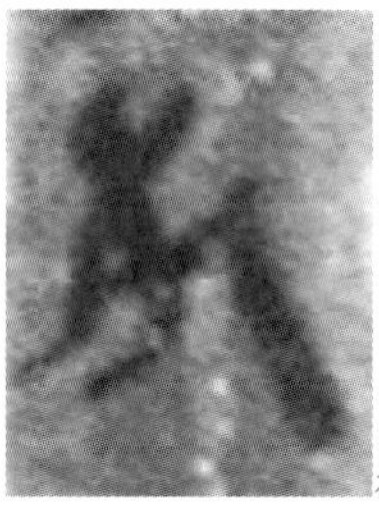
嶽・為吏 52

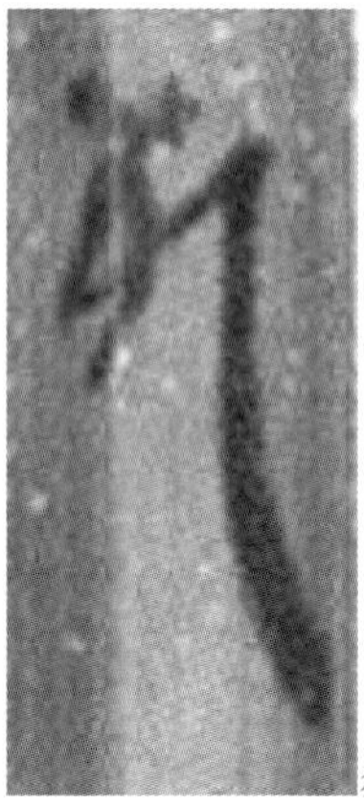
嶽・占夢書 24

嶽・多小未能與謀案 90

里・第八層 454

馬壹 93_307

馬壹 81_43

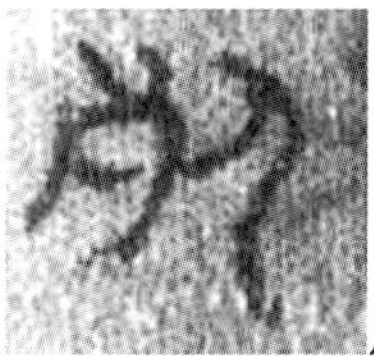
馬壹 242_7 上\15 上

馬壹 36_24 上

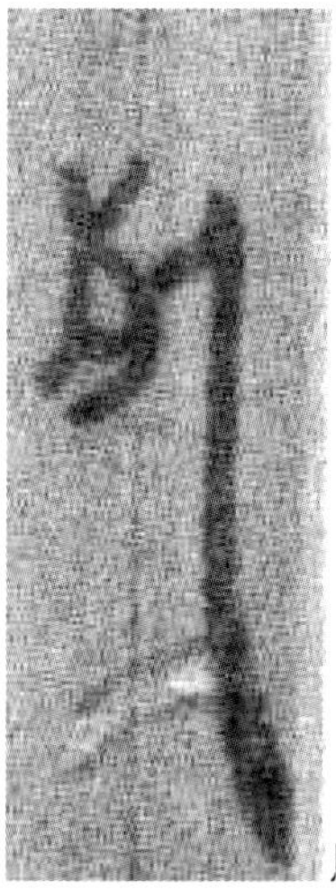
馬貳 205_28

張・具律 114

張・奏讞書 190

張・蓋盧 26

張・引書 110

銀壹 345

銀貳 1452

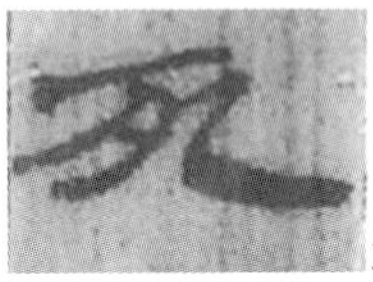
北貳·老子 18

敦煌簡 0043

○恐盡死欲還

金關 T04:048

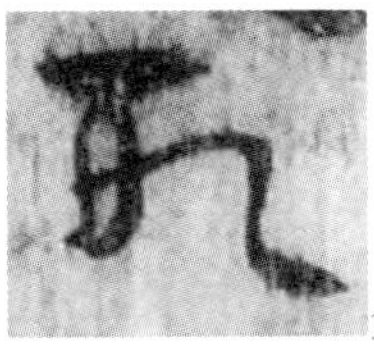
金關 T15:002

○死罪死罪

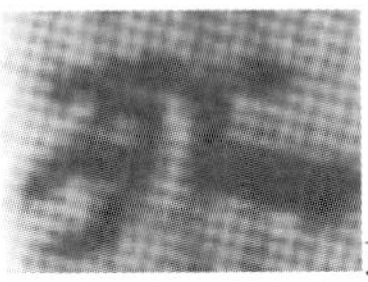
武·儀禮甲《服傳》22

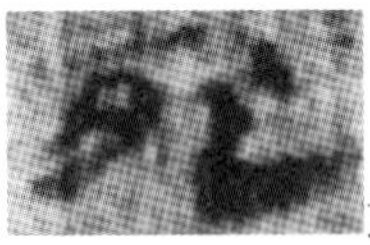
武·日忌木簡丙 7

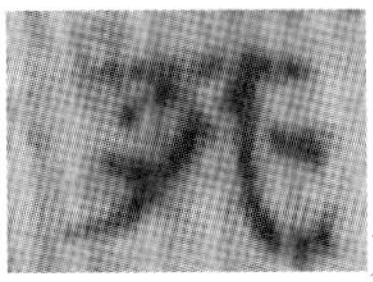
東牌樓 005

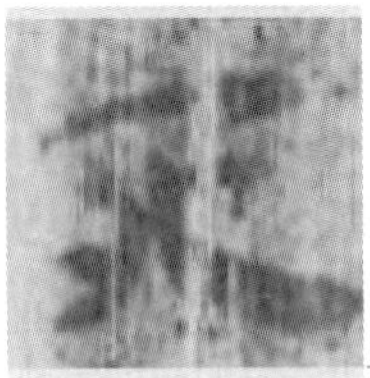
吳簡嘉禾·一一四六

廿世紀璽印三-SP

○彼死

漢晉南北朝印風

○父老毋死萬歲

漢印文字徵

○馮辟死

琅琊刻石

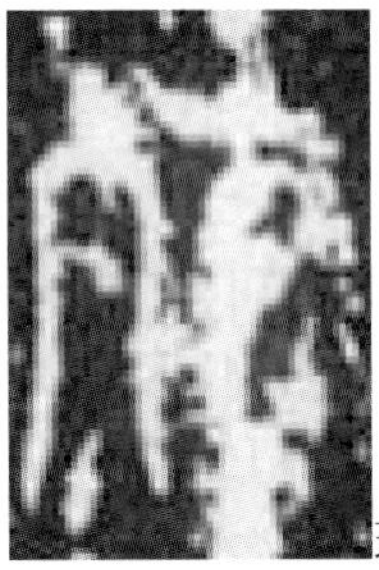
瑯琊刻石

琅琊刻石

泰山刻石

東漢·史晨前碑

東漢·建寧三年殘碑

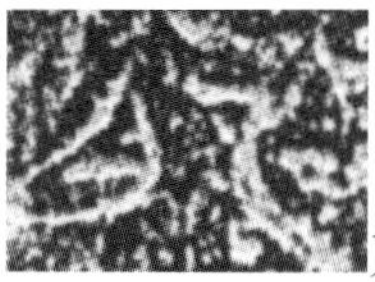
東漢·永平四年畫像石題記

○臘月子日死

北魏·高慧造像

○生死眷屬造彌

北魏·元固誌

○生榮死哀

【薨】

《説文》：，公矦殚也。从死，瞢省聲。

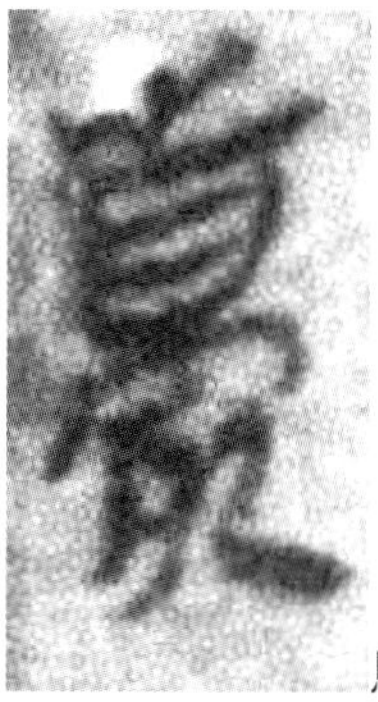
馬壹 112_29\380

○爭道薨（萌）起

馬貳 215_3

○多惡薨（夢）塗牀

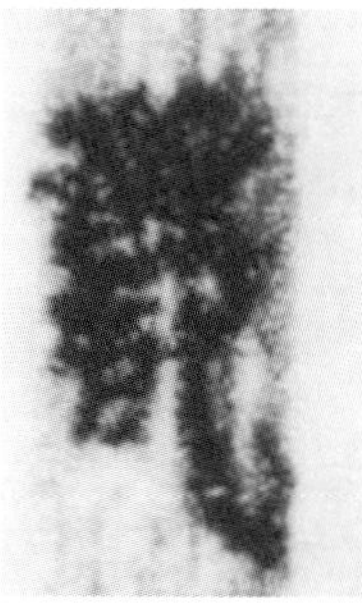
銀壹 543

○召占薨（夢）者

東漢·司徒袁安碑

○月癸丑薨閏月庚午葬

三國魏·三體石經春秋·古文

〇公至自齊乙巳公薨于

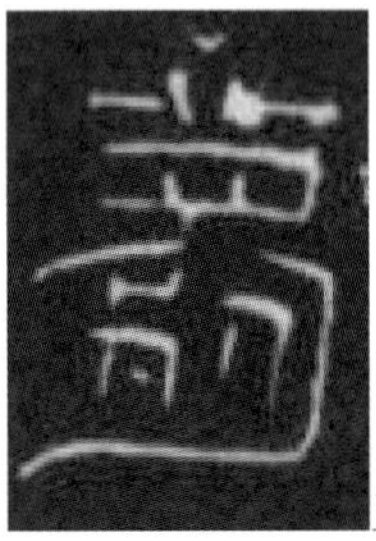
三國魏・三體石經春秋・篆文

〇公至自齊乙巳公薨于

西晉・郭槐柩記

西晉・石尠誌

東晉・劉媚子誌

〇薨于郡官舍

東晉・王建之誌

〇半年薨

東晉・霍□誌

〇六十六歲薨

北魏・元寧誌

〇薨於京師

北魏・穆亮誌

北魏・張整誌

〇薨于第

北魏・劇市誌

〇寢疾薨於家陰

北魏・吐谷渾氏誌

〇薨於崇讓里第

北魏・元子永誌

北魏・辛穆誌

○薨於位

北魏・和醜仁誌

○薨於穀陽里

北魏・元弘嬪侯氏誌

○奄然薨殞

北齊・赫連子悅誌

北齊・斛律氏誌

【薧】

《説文》：，死人里也。从死，蒿省聲。

【㱦】

《説文》：，戰見血曰傷；亂或爲惛；死而復生爲㱦。从死次聲。

〖[高死]〗

馬壹 98_84

○亓（其）死也棹（枯）[高死]（槁）

冎部

【冎】

《説文》：，剔人肉置其骨也。象形。頭隆骨也。凡冎之屬皆从冎。

【𠛰（別）】

《説文》：，分解也。从冎从刀。

漢銘・元初二年鐖

睡・秦律十八種 34

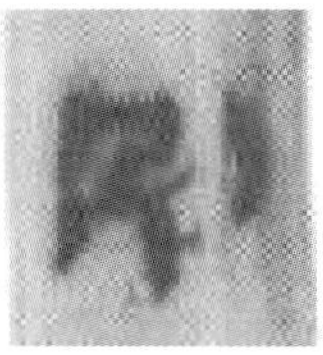
嶽・魏盜案 155

里・第八層 41

〇亡者剮(別)以爲二課

里・第八層背 197

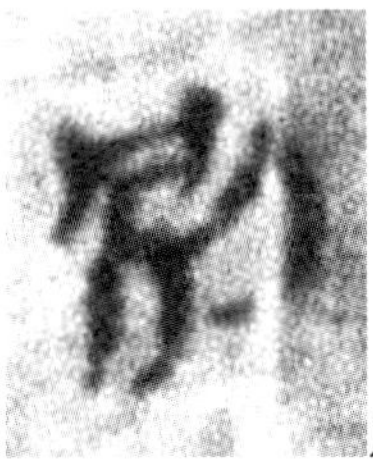
馬壹 112_23\374

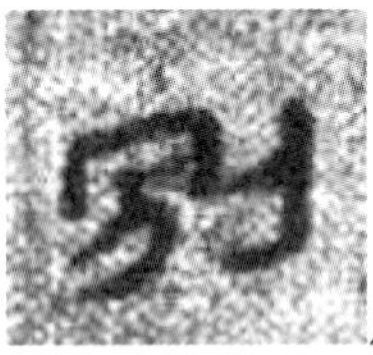
馬貳 32_7 上

張・奏讞書 142

〇有以剮(別)智（知）

金關 T31:133

〇次傳剮(別)書相報

金關 T24:630

〇餘未剮(別)致

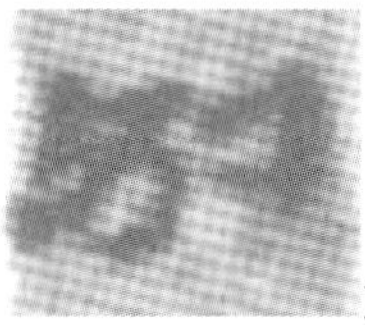
武・儀禮甲《服傳》46

東牌樓 035 背

〇昔分剮(別)縲磨不數承

東牌樓 043 背

〇安分剮(別)受告今送求

吳簡嘉禾・四・一

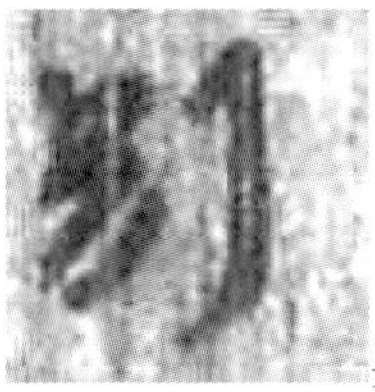
吳簡嘉禾・四・三

魏晉殘紙

魏晉殘紙

秦代印風

○孔別

廿世紀璽印三-GY

○別部司馬

廿世紀璽印三-GY

○別部司馬

廿世紀璽印三-GY

○別部司馬

漢晉南北朝印風

○別部司馬

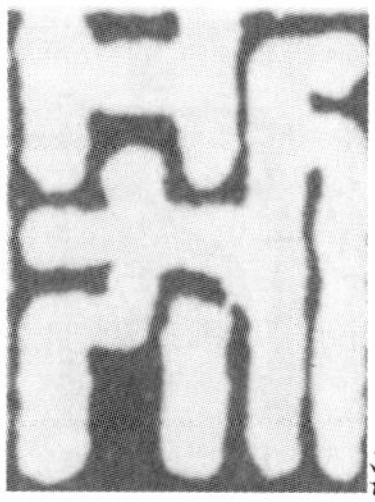
漢晉南北朝印風

○左將別部司馬

廿世紀璽印四-GY

○別部司馬

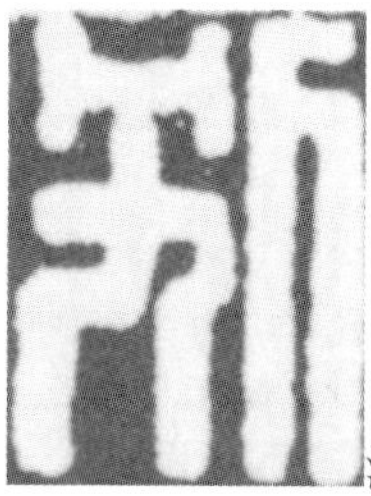
漢晉南北朝印風

○左將別部司馬

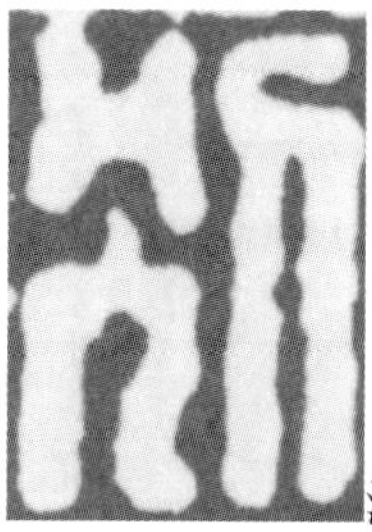
漢晉南北朝印風

○後將別部司馬

柿葉齋兩漢印萃

○列部司馬

柿葉齋兩漢印萃

○列部司馬

柿葉齋兩漢印萃
○列部司馬

柿葉齋兩漢印萃
○左將列部司馬

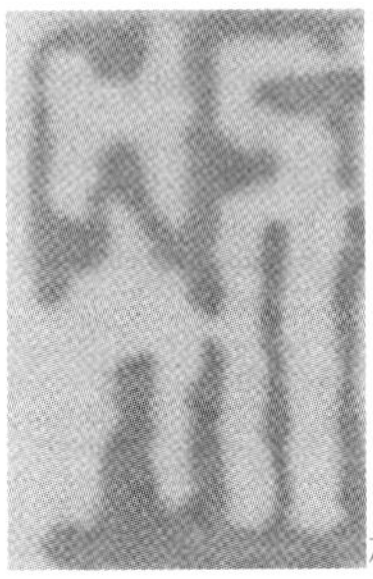
柿葉齋兩漢印萃
○張別

漢印文字徵
○臣劀

漢印文字徵
○別部司馬

漢印文字徵
○別部司馬

漢印文字徵
○秦別

漢印文字徵
○趙別

漢印文字徵
○成別

漢印文字徵
○皇別

漢印文字徵

○別火丞印

廿世紀璽印四-GY

○別部司馬

漢晉南北朝印風

○千石別部

漢晉南北朝印風

○驊騮別丞

東漢・景君碑

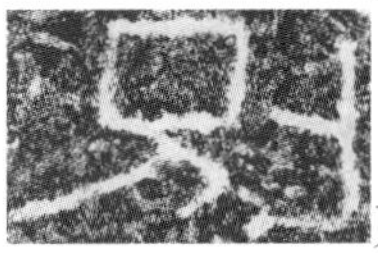
東漢・任城王墓黄腸石

○薛顔別

東漢・景君碑

東漢・趙寬碑

北魏・元詳造像

北魏・楊範誌

○州別駕夫人河南侯氏

北魏・元譚妻司馬氏誌

東魏・道穎等造像

北齊・徐顯秀誌

【䯗】

《説文》：，別也。从冎卑聲。讀若罷。

〖[illegible]〗

張・奏讞書 216

○環噲旁䤴

〖䯤〗

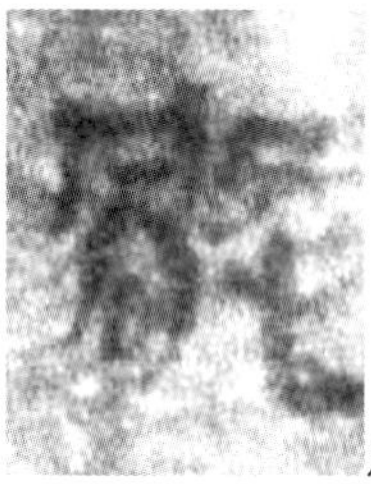
馬壹 95_19

○可欲䯤（禍）

骨部

【骨】

《説文》：，肉之覈也。从冎有肉。凡骨之屬皆从骨。

睡・法律答問 75

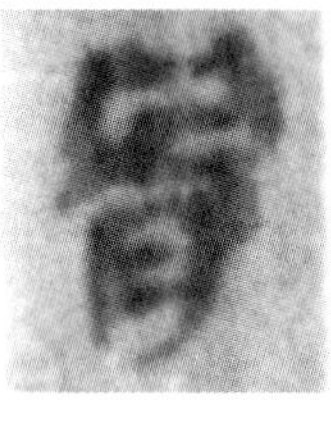
睡・日甲《詰》55

里・第八層 780

馬壹 132_28 上\105 上

○骨肉投之苦酭

馬貳 214_28/129

張・脈書 54

張・脈書 54

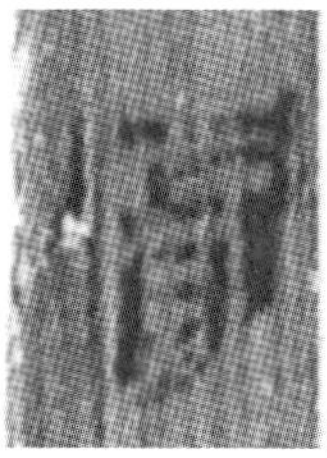
銀貳 1121

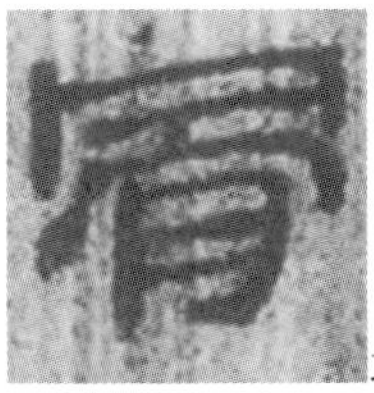
北貳·老子 48

敦煌簡 2011

○死馬骨肉付循請平

金關 T23:412

金關 T23:692

武·甲《特牲》51

北魏·元文誌

北魏·四耶耶骨棺蓋

○明堂西南正是四耶々骨

北魏·元昉誌

○奇骨出世

北魏·給事君妻韓氏誌

北魏·崔隆誌

北魏·元弘嬪侯氏誌

北齊·張思伯造浮圖記

【髑】

《説文》：，髑髏，頂也。从骨蜀聲。

【髏】

《説文》：，髑髏也。从骨婁聲。

【髆】

《説文》：，肩甲也。从骨尃聲。

【髃】

《説文》：，肩前也。从骨禺聲。

【骿】

《説文》：，并脅也。从骨并聲。晉文公骿脅。

【髀】

《説文》：，股也。从骨卑聲。

【踔】

《説文》：，古文髀。

【髁】

《説文》：，髀骨也。从骨果聲。

【髍】

《説文》：，臀骨也。从骨厥聲。

【髖】

《説文》：，髀上也。从骨寬聲。

【髕】

《説文》：，厀耑也。从骨賓聲。

【髺】

《説文》：，骨耑也。从骨昏聲。

【髕】

《説文》：，厀脛間骨也。从骨賓聲。

【骹】

《説文》：，脛也。从骨交聲。

【骭】

《説文》：，骹也。从骨干聲。

馬貳 64_9/43

張・脈書 64

○者骭之少陰臂之

張・脈書 25

【骸】

《説文》：，脛骨也。从骨亥聲。

北魏・元鑽遠誌

北魏・崔隆誌

北魏・淨悟浮圖記

東魏・廣陽元湛誌

【髓】

《說文》：髓，骨中脂也。从骨隓聲。

北魏・張安姬誌

○痛念心髓

北齊・無量義經二

○頭目髓腦悉施人

北齊・張思伯造浮圖記

○削骨玷髓

【䯝】

《說文》：䯝，骨間黃汁也。从骨易聲。讀若《易》曰“夕惕若厲”。

【體】

《說文》：體，總十二屬也。从骨豊聲。

睡・為吏 7

○在體（體）級掇（輟）

馬壹 87_189

○恐玉體（體）之有所郄也

馬壹 106_73\242

○有以體（體）氣也

馬壹 136_61 上/138 上

○不失（先）體（體）正信

馬貳 212_4/105

○使體（體）皆樂養（癢）

張・盜律 65

○肤體

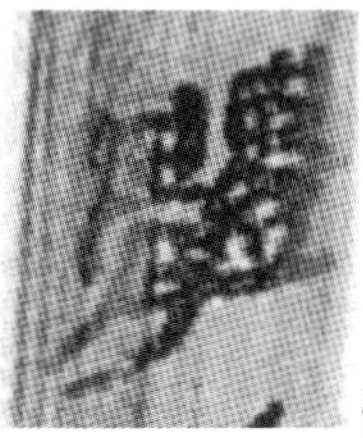
張・賊律 27

○指肤體斷（決）

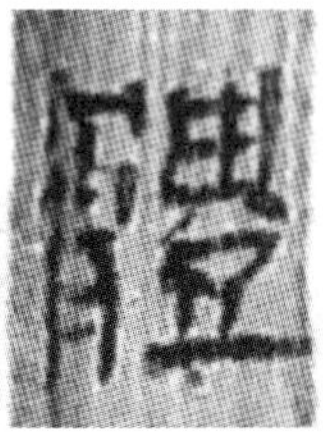
張・脈書 53

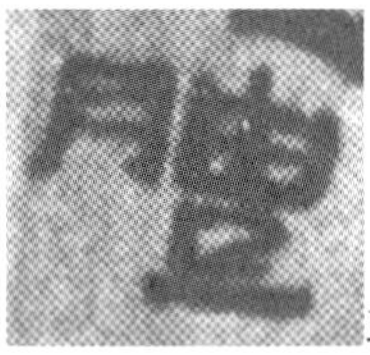
敦煌簡 1448

○子腱體（體）不安今將絕

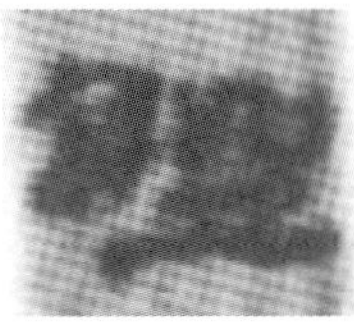
武・儀禮甲《服傳》16

○昆弟一體（體）

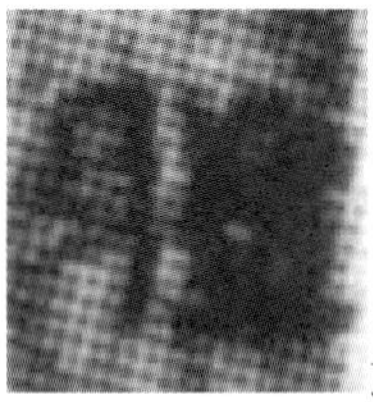
武・乙本《服傳》10

○尊者一體（體）

魏晉殘紙

○初暑德體(體)

漢印文字徵

○體（體）崇私印

泰山刻石

東漢・鮮於璜碑陰

○體（體）坤（巛）則乾

東漢・成陽靈臺碑

○體（體）蘭石之操

東漢・皇女殘碑

東漢・張遷碑陽

○君之體（體）素

東漢・樊敏碑

○體（體）蹈箕首

東漢・熹平石經殘石四

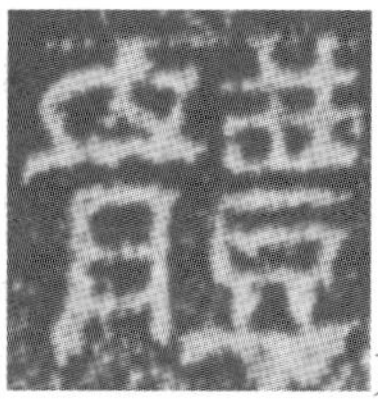
東漢・肥致碑

西晉・臨辟雍碑

北魏・元瞻誌

北魏・張石生造像

○軆（體）悟普容衆識真要

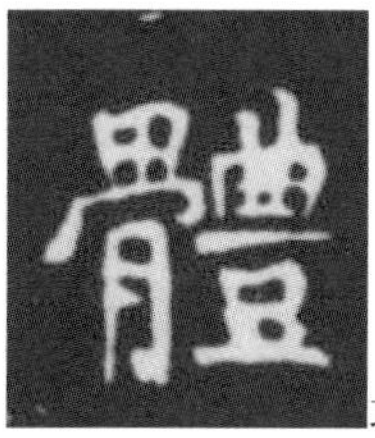
北魏・元誘妻馮氏誌

北魏・元璨誌

○君體局聰逸

北魏・封君妻誌

北魏・劇市誌

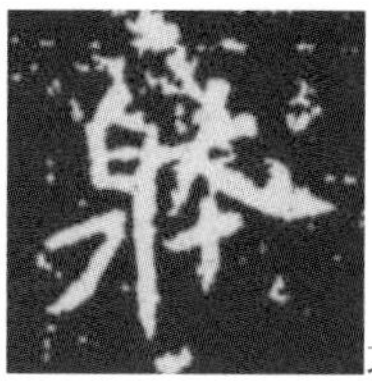
北魏・吐谷渾氏誌

○中年分軆（體）

北魏・元子正誌

北魏・元瞻誌

北魏・吐谷渾氏誌

○素軆（體）凝霜

北齊・優婆姨等造像

○體如指掌

【髍】

《説文》：髍，瘺病也。从骨麻聲。

【骾】

《説文》：骾，食骨畱咽中也。从骨㪅聲。

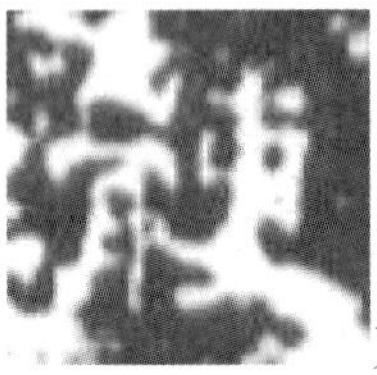
東漢・校官碑

〇□刈骾雄

北魏・元弼誌

【骼】

《説文》：，禽獸之骨曰骼。从骨各聲。

北魏・王温誌

〇公踐掩骼之洪基

【骴】

《説文》：，鳥獸殘骨曰骴。骴，可惡也。从骨此聲。《明堂月令》曰："掩骼薶骴。"骴或从肉。

【骫】

《説文》：，骨耑骫奊也。从骨丸聲。

北壹・倉頡篇 10

〇骫奊左右

【䯤】

《説文》：，骨擿之可會髮者。从骨會聲。《詩》曰："䯤弁如星。"

〖䯏〗

漢印文字徵

肉部

【肉】

《説文》：，胾肉。象形。凡肉之屬皆从肉。

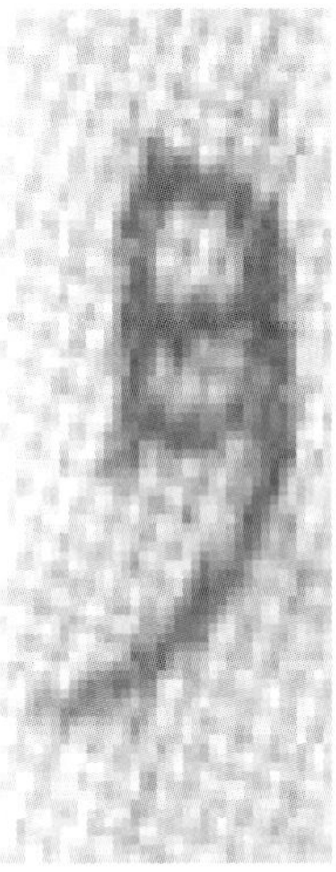
關・病方 317

〇取牛肉剝（劙）

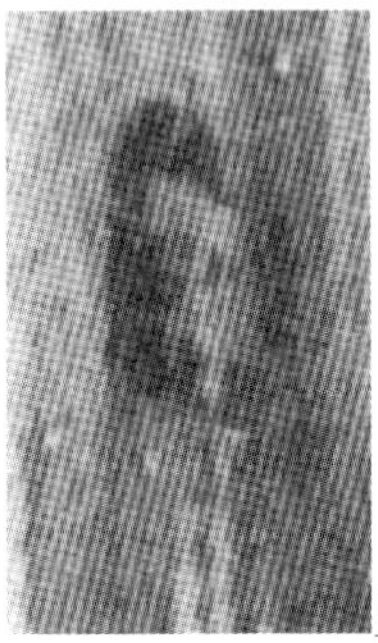
里・第八層 1290

〇食彘肉

馬貳 229_93

〇肉醬一資

張・脈書 43

〇強食產(生)肉

敦煌簡 0246

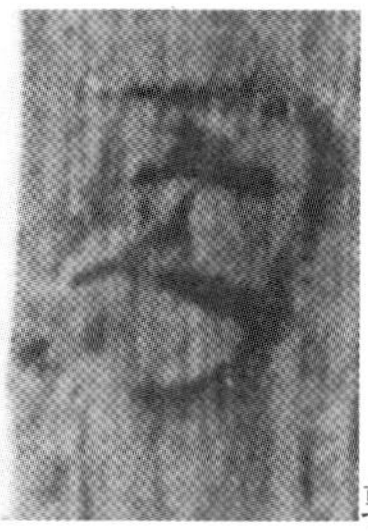
敦煌簡 0136

〇敢望肉

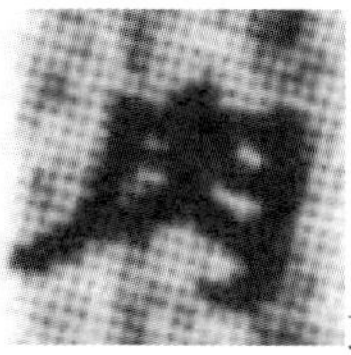
武・甲《有司》10

東漢・史晨後碑

〇不能得香酒美）肉

東魏・張玉憐誌

〇不食其肉

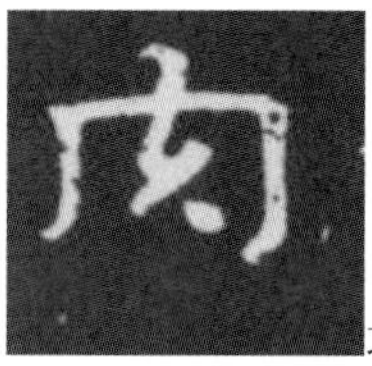
北齊・無量義經二

〇旋髮紺青頂肉髻

【腜】

《說文》：腜，婦始孕腜兆也。从肉某聲。

張・引書 101

〇以利腜（脢）背

【肧】

《說文》：肧，婦孕一月也。从肉不聲。

【胎】

《說文》：胎，婦孕三月也。从肉台聲。

北魏・元瞻誌

東魏・王偃誌

〇帶盱胎(眙)太守

【肌】

《説文》：，肉也。从肉几聲。

馬貳 113_78/78

〇其肌善治

晉・黃庭內景經

〇以代割髮肌膚全

【臚】

《説文》：，皮也。从肉盧聲。

【膚】

《説文》：，籀文臚。

睡・秦律雜抄 29

馬壹 4_12 下

馬壹 139_15 下 1/57 下

馬貳 214_27/128

張・脈書 8

武・甲《特牲》52

武・甲《少牢》37

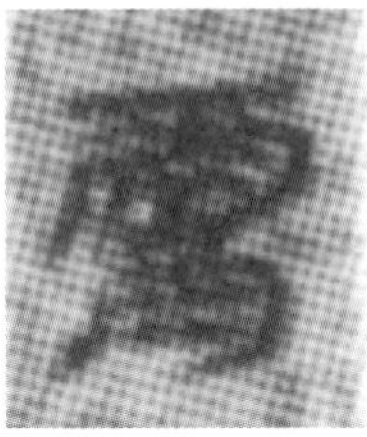
武・甲《有司》73

北壹・倉頡篇 36

漢晉南北朝印風

○大鴻臚

漢晉南北朝印風

○大鴻臚丞

漢代官印選

○大鴻臚印

漢印文字徵

○大鴻臚丞

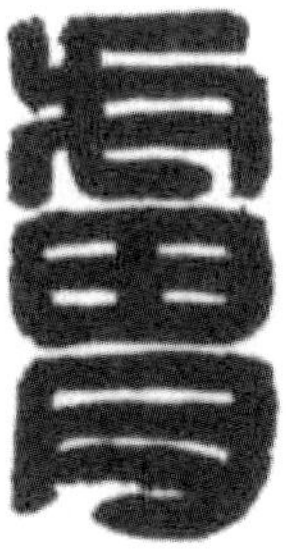
漢印文字徵

漢晉南北朝印風

北魏・華山郡主誌銘

北魏・趙充華誌

東魏・廣陽元湛誌

東漢・熹平石經殘石五

三國魏・三體石經春秋・古文

北魏・張寧誌

北齊・無量義經二

【肫】

《說文》：肫，面頯也。从肉屯聲。

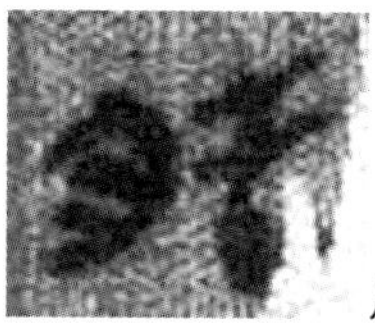馬貳 36_51 上

○肫欲得鳥目與

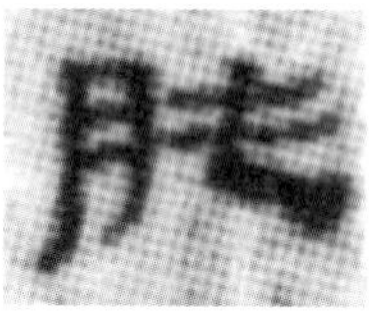武・甲《特牲》51

○臑、肫、胳正脊二

武・甲《少牢》11

○腊一肫（純）

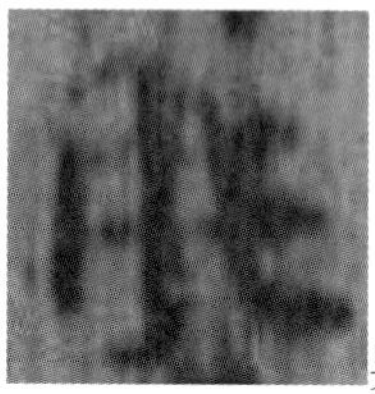吳簡嘉禾・四・一四四

○男子黃肫

【膰】

《說文》：膰，頰肉也。从肉幾聲。讀若畿。

【脣】

《說文》：脣，口耑也。从肉辰聲。

【䫃】

《說文》：䫃，古文脣从頁。

睡・法律答問 87

睡・封診式 79

馬貳 275_198/218

張・脈書 51

北魏・元詮誌

北魏・元順誌

○既任屬喉唇

北魏・郭顯誌

北齊・無量義經二

【脰】

《説文》：，項也。从肉豆聲。

武・甲《特牲》51

東漢・北海太守爲盧氏婦刻石

【肓】

《説文》：，心上鬲下也。从肉亡聲。《春秋傳》曰："病在肓之下。"

【腎】

《説文》：，水藏也。从肉臤聲。

睡・法律答問 25

○腎臧（臟）

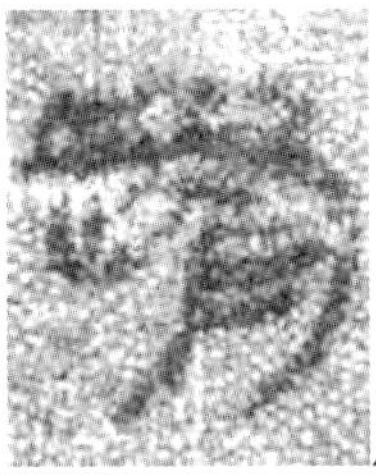
馬貳 114_89/89

○陰乾牡鼠腎

張・脈書 39

○於腎夾（挾）

晉・黃庭內景經

○腎神玄冥字育嬰

【肺】

《説文》：，金藏也。从肉市聲。

嶽・占夢書 23

○見亓（其）肺肝

馬貳 275_197/217

○肺各一器

馬貳 225_52

○肺各一器

張・脈書 6

○在肺爲上氣欬

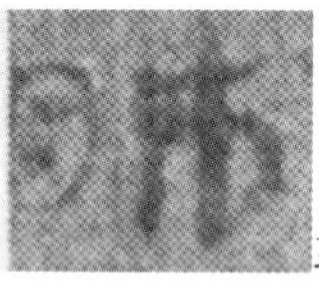
敦煌簡 0851A

○取肺蜎六

武・甲《特牲》32

○取肺坐祭嚌之興加

武・甲《少牢》29

○尸牢肺脊加于甑

武・甲《有司》18

○興取肺坐絕祭嚌之

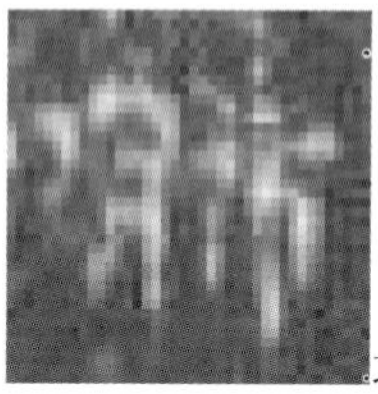
北周・賀蘭祥誌

○肺胕之功

【脾】

《說文》：，土藏也。从肉卑聲。

馬貳 275_197/217

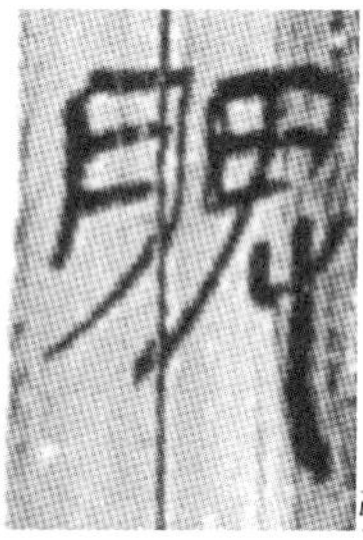
張・脈書 9

敦煌簡 0780A

武・甲《特牲》51

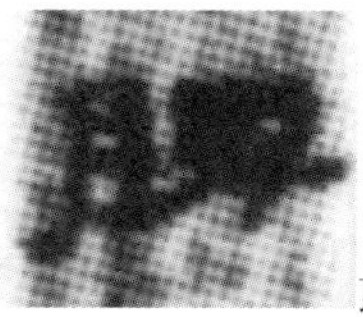
武・甲《少牢》35

武・甲《有司》61

晉・黃庭內景經

【肝】

《說文》：，木藏也。从肉干聲。

嶽・占夢書 23

馬壹 14_90 下

馬貳 62_13

敦煌簡 0667

武・甲《特牲》28

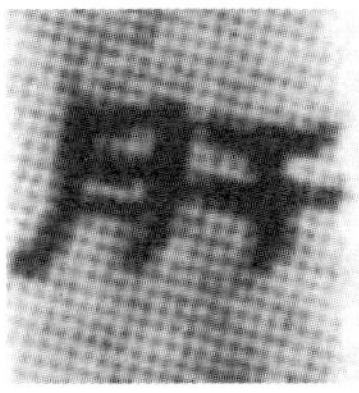
武・甲《少牢》30

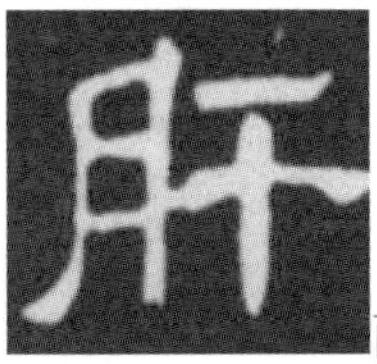
西晉・成晃碑

北魏・王誦誌

東魏・王偃誌

○帶盱眙太守

【膽】

《說文》：，連肝之府。从肉詹聲。

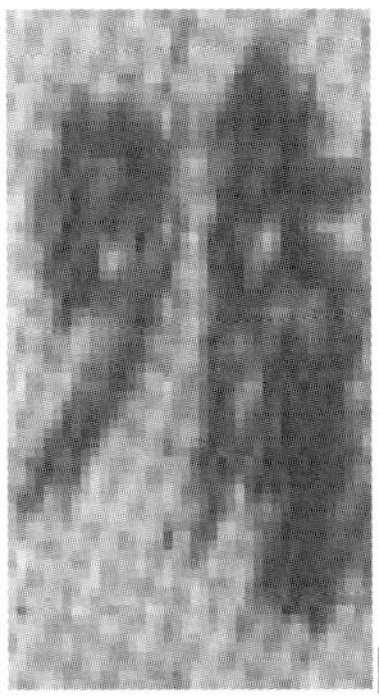
關・病方 309

○取肥牛膽盛黑叔（菽）中

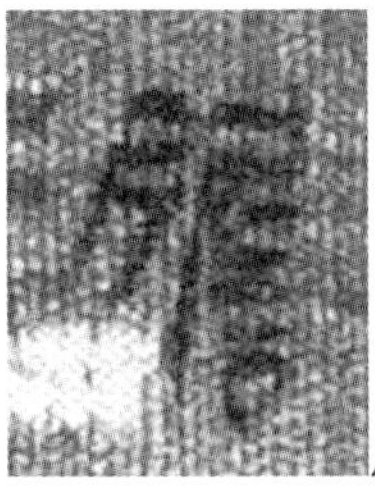
馬貳 80_239/226

○黃牛膽

銀貳 2149

○八齊七膽

漢印文字徵

○周膽

漢印文字徵

○李膽

西晉・石定誌

北魏・仲練妻蔡氏等造像

○孫子男豬哥膽哥

北齊・婁叡誌

北周・賀屯植誌

○加以膽氣兼人

【胃】

《説文》：，穀府也。从肉；図，象形。

睡・日甲《土忌》132

睡・日乙《入官》237

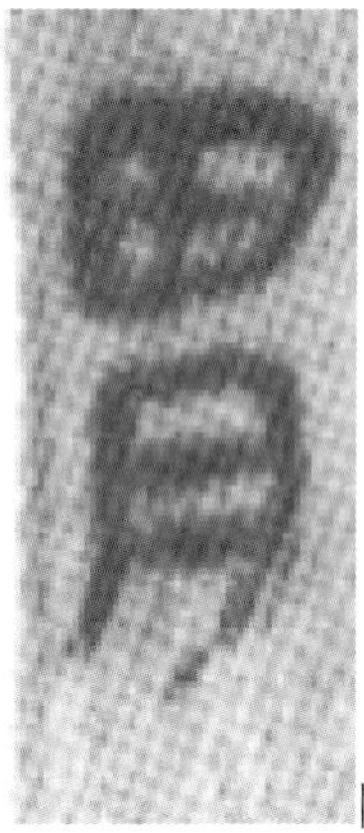
關・日書 147

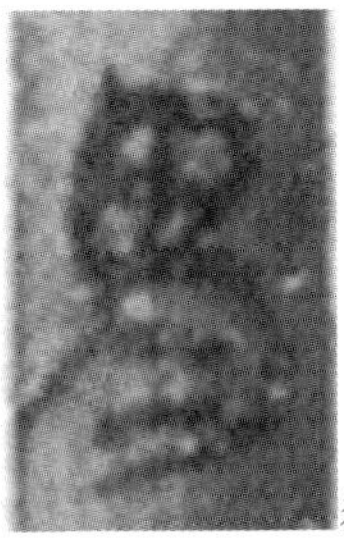
嶽・占夢書 23

馬壹 140_5 上/172 上

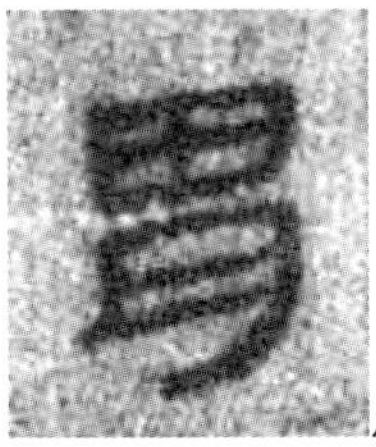
馬壹 16_10 下\103 下

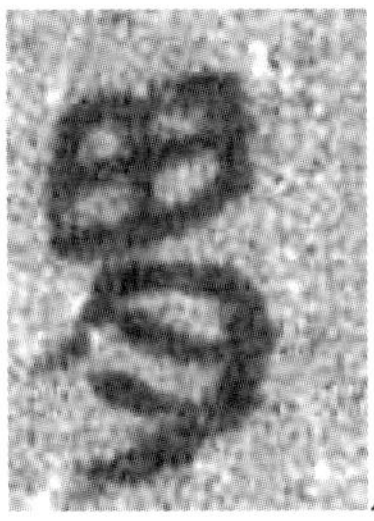
馬壹 127_63 下

馬貳 212_7/108

張・蓋廬 19

張・脈書 55

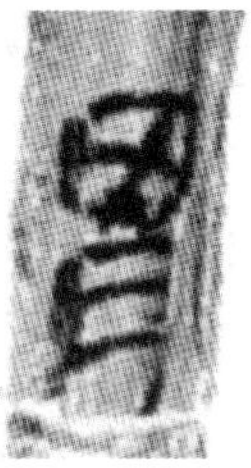
張・脈書 59

○三日農(膿)大而砭小,胃(謂)之澰(斂)

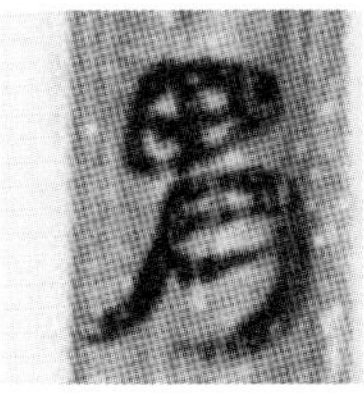
張・引書 27

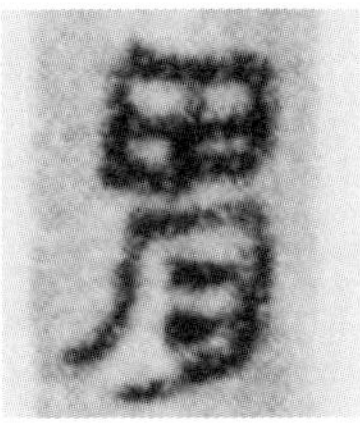
銀壹 327

銀貳 1680

孔・日書残 7

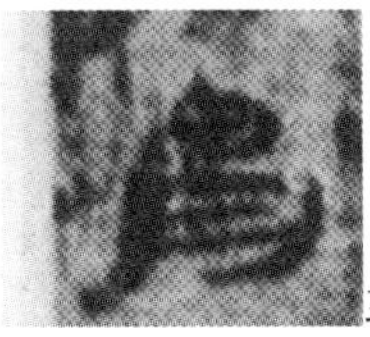
敦煌簡 2094

○所胃（謂）腸小者

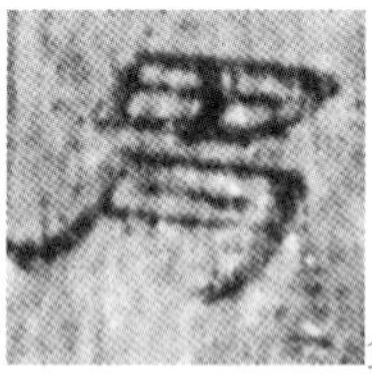
金關 T10:002A

武・甲《少牢》17

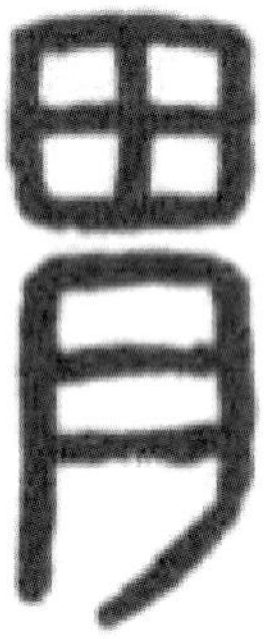
漢印文字徵

○杜胃

晉・黃庭內景經

【脬】

《說文》：，膀光也。从肉孚聲。

馬貳 77_174/161

○痛于脬及衷

【腸】

《說文》：，大小腸也。从肉昜聲。

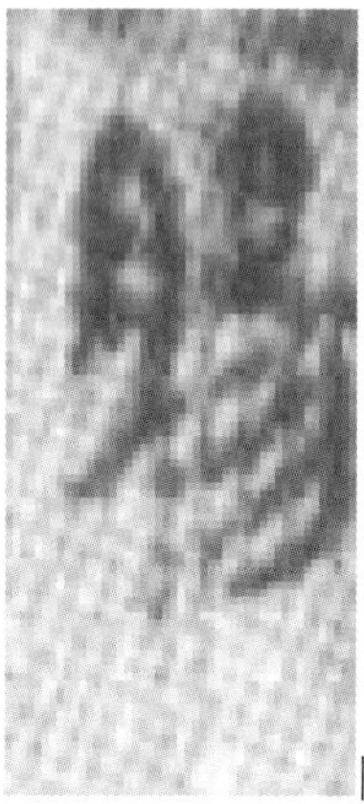
關・病方 310

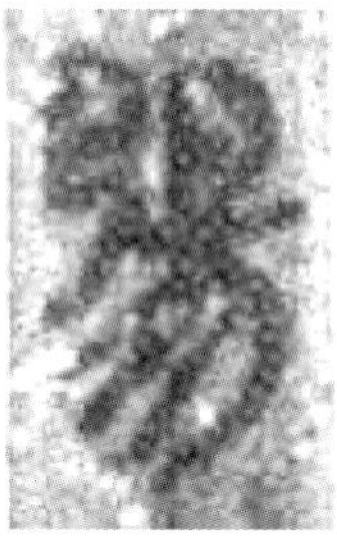
嶽・占夢書 26

○夢印腸必弟兄相去也

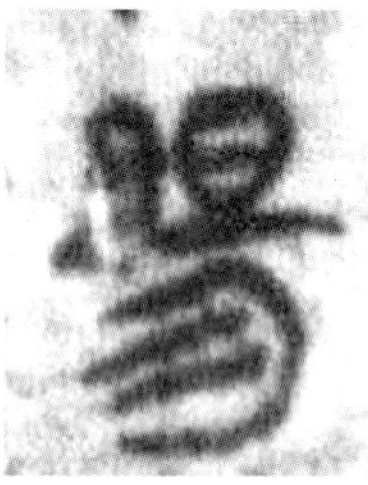
馬壹 89_229

馬壹 5_31 上

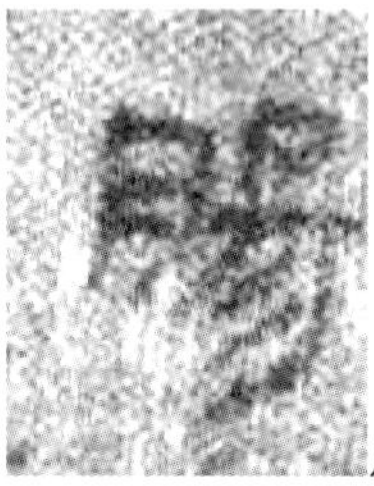
馬貳 118_162/161

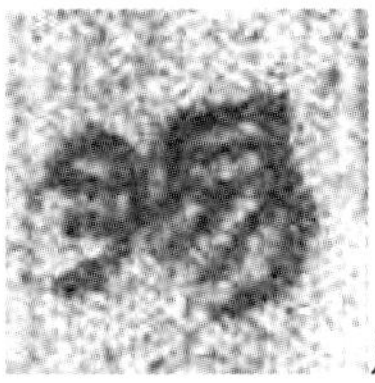
馬貳 38_70 上

張・蓋盧 44

張・脈書 8

張・引書 49

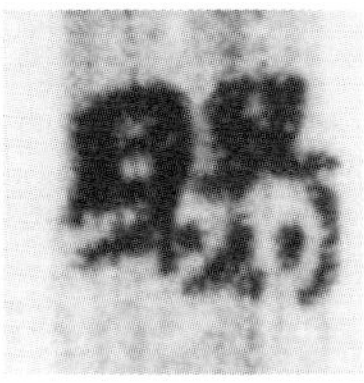
銀壹 474

○羊腸

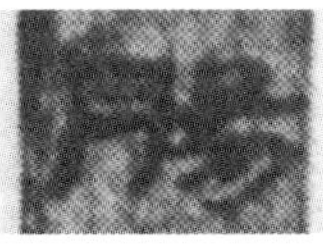
敦煌簡 2094

金關 T02:079

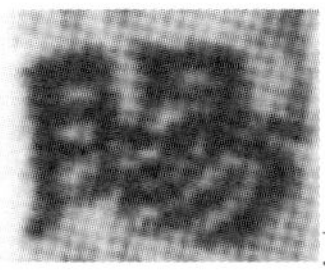
武・甲《少牢》17

武・甲《有司》43

漢印文字徵

○腸藍信印

漢印文字徵

○王印腸

東漢・更黃腸掾王條主石

西晉・徐義誌

○愛至貫腸

北齊・無量義經二

○細筋鎖骨鹿膞腸

北齊・崔昂誌

○剛腸梗氣

【膏】

《説文》：，肥也。从肉高聲。

馬壹 88_198

馬壹 5_28 上

○屯亓（其）膏小貞吉

馬貳 214_29/130

馬貳 112_64/64

張・脈書 20

敦煌簡 2034

北壹・倉頡篇 35

○粉黱脂膏鏡籢

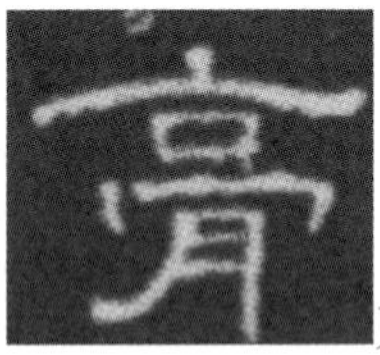
東漢・曹全碑陽

北魏・元項誌

北魏・元洛神誌

北魏・蘭將誌

○誰理膏沐

北魏・元悌誌

東魏・鄭氏誌

【肪】

《說文》：肪，肥也。从肉方聲。

東牌樓 112

○□豬肪十斤

【膺】

《說文》：膺，匈也。从肉瘫聲。

張・引書 28

○夜（腋）下旋膺

敦煌簡 0856

漢印文字徵

○曲周□膺

廿世紀璽印四-GY

○膺揚將軍

漢晉南北朝印風

○膺陽將軍

東漢・鮮於璜碑陽

○膺是懿德

北魏・元彝誌

北魏・元暐誌

北魏・趙充華誌

東魏・張瓘誌

北齊・徐顯秀誌

【肊】

《說文》：，胷骨也。从肉乙聲。

【臆】

《說文》：，肊或从意。

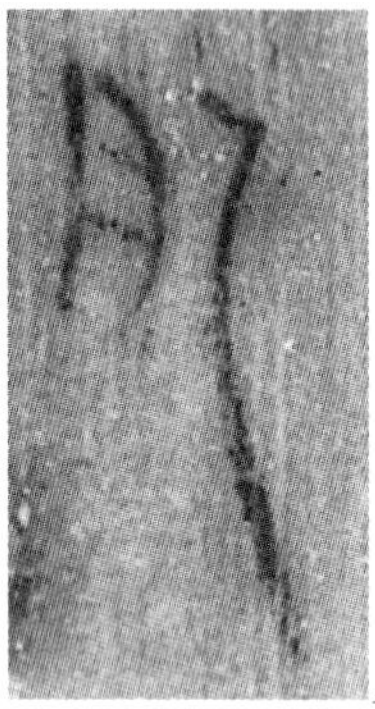
里・第八層720

○合肊

廿世紀璽印三-SY

○肊子伯印

【背】

《說文》：，脊也。从肉北聲。

張・引書101

○脢背

魏晉殘紙

東漢・衛尉卿衡方碑

○感背人之凱風

北魏・鞠彥雲誌

北齊・暴誕誌

【脅】

《說文》：，兩膀也。从肉劦聲。

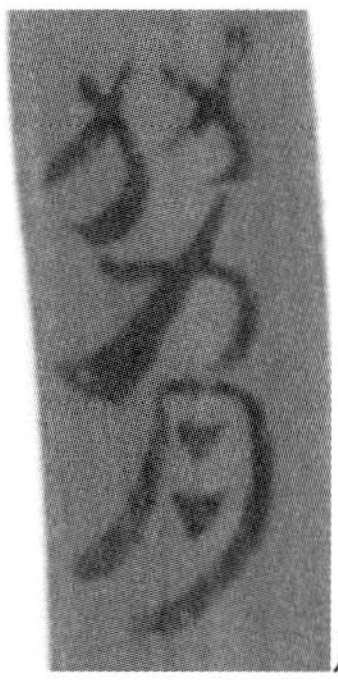
馬貳 274_187/207

馬貳 63_27

張・脈書 20

張・引書 48

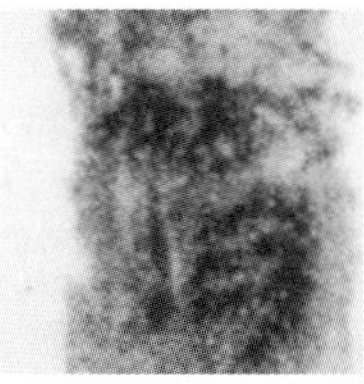
銀壹 50

武・甲《特牲》51

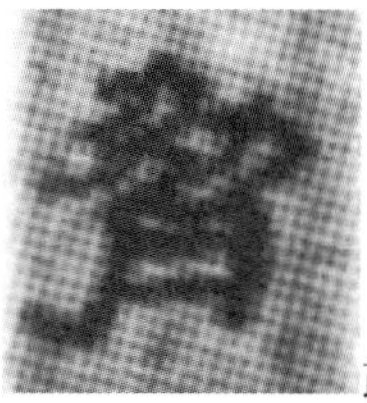
武・甲《有司》73

武・甲《有司》49

○折脅一

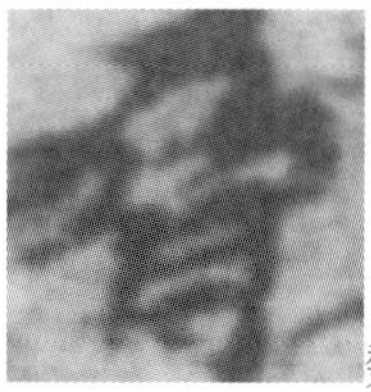
魏晉殘紙

秦代印風

○範脅

三國魏・曹真殘碑

東魏・道穎等造像

○變現脇生

【膀】

《説文》：，脅也。从肉旁聲。

【髈】

《説文》：，膀或从骨。

【脟】

《説文》：，脅肉也。从肉寽聲。一曰脟，腸閒肥也。一曰膫也。

【肋】

《説文》：，脅骨也。从肉力聲。

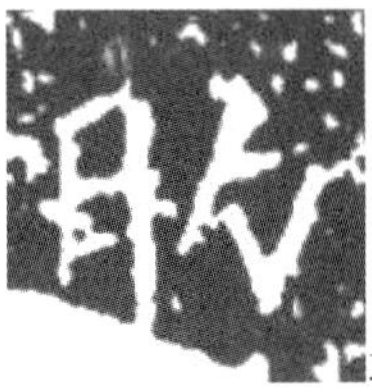
北齊・員度門徒等造像
○敬造白玉彌肋□坐像一軀

【胂】

《説文》：，夾脊肉也。从肉申聲。

【脢】

《説文》：，背肉也。从肉每聲。《易》曰："咸其脢。"

東魏・鄭君殘碑

【肩】

《説文》：，髆也。从肉，象形。

【肩】

《説文》：，俗肩从戶。

睡・日甲《盜者》75

馬貳 226_65

張・奏讞書 110

張・脈書 27

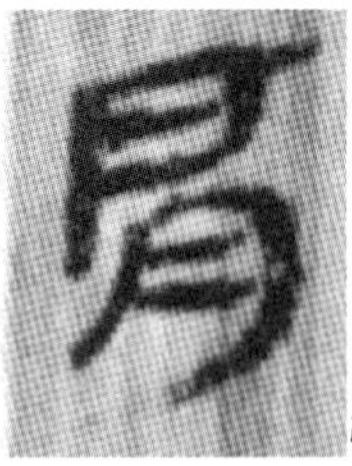
張・引書 14

銀壹 357

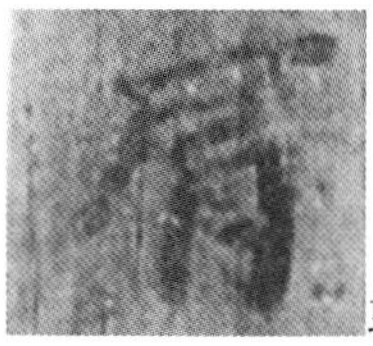
敦煌簡 0780A

金關 T30:206

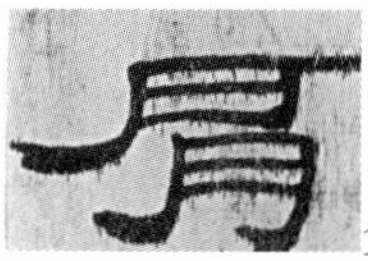
金關 T10:141

金關 T06:010

金關 T02:083

○言之肩水金關

武·甲《少牢》29

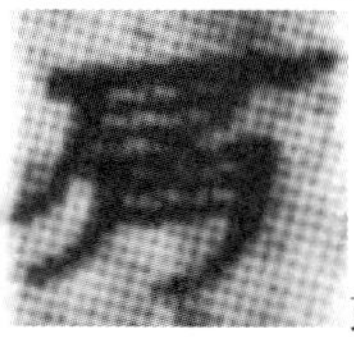
武·甲《有司》11

秦代印風

漢印文字徵

漢印文字徵

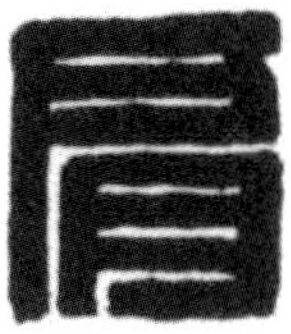
漢印文字徵

漢印文字徵

漢印文字徵

漢印文字徵

漢印文字徵

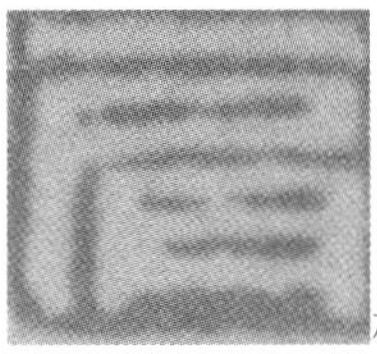
柿葉齋兩漢印萃

漢晉南北朝印風

漢晉南北朝印風

漢晉南北朝印風

東漢・武氏石室祥瑞圖題字

北魏・元誘誌

東魏・杜文雅造像

【胳】

《説文》：，亦下也。从肉各聲。

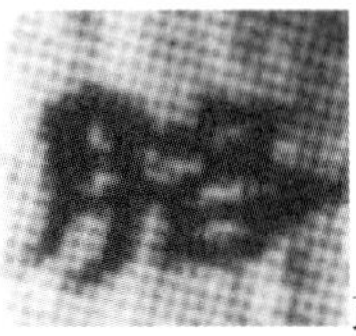
武・甲《少牢》28

○尸牢胳（骼）如

武・甲《有司》43

○北羊胳（骼）

【胠】

《説文》：，亦下也。从肉去聲。

里・第八層 2246

○宜都胠

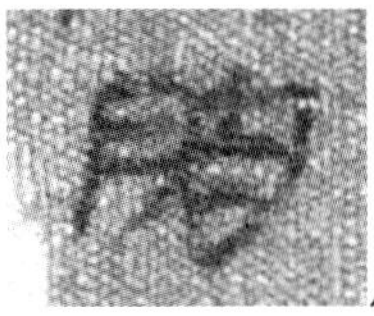
馬貳 62_13

〇肝入胠(繫)舌本

張・蓋盧 38

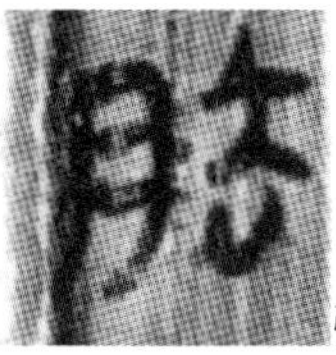
張・引書 101

〇反旋以利兩胠

秦代印風

漢印文字徵

〇孫胠

漢印文字徵

〇狡胠巳

【臂】

《說文》：，手上也。从肉辟聲。

睡・封診式 88

睡・日甲《詰》39

里・第八層 151

馬壹 143_1/175 下

馬壹 98_72

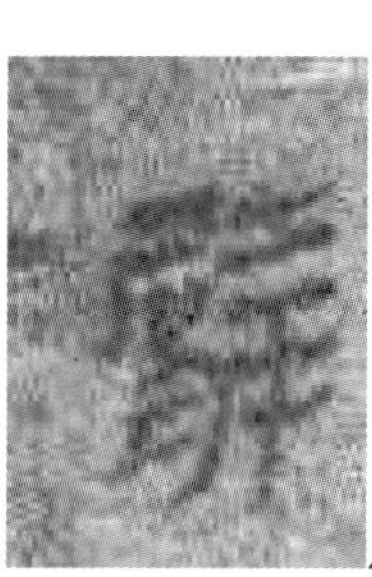
馬貳 98_17

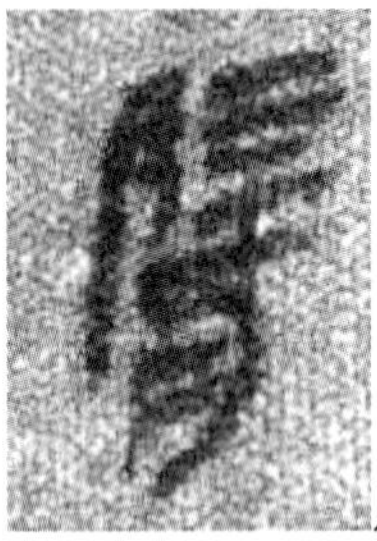
馬貳 63_31

張・脈書 46

張・引書 68

北貳・老子 91

金關 T23:320

○陳青臂

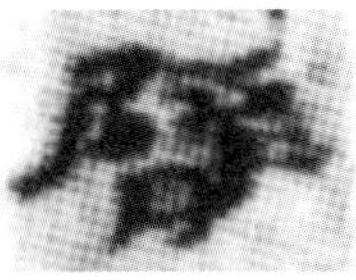
武・甲《特牲》52

武・甲《少牢》17

○皆刌臂

武・甲《有司》69

漢印文字徵

○左臂

漢印文字徵

○蘇青臂印

漢印文字徵

○畢臂私印

北魏・于景誌

○解匈奴之右臂

北魏・慧靜誌

東魏・司馬韶及妻侯氏誌

○把謝鯤之臂

北齊・無量義經二

【臑】

《説文》：，臂羊矢也。从肉需聲。讀若襦。

馬貳 63_25

○以奏臑內出夜（腋）

張・捕律 142

○大痍臂臑股胻

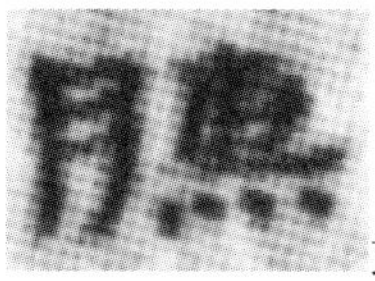
武・甲《特牲》51

武・甲《少牢》10

武・甲《有司》10

【肘】

《説文》：，臂節也。从肉从寸。寸，手寸口也。

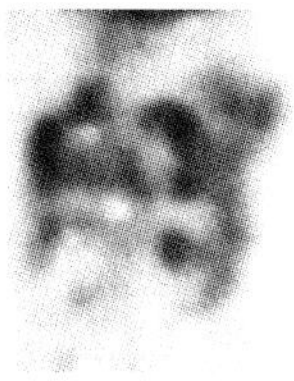
睡・封診式 53

○肘厀（膝）

馬貳 78_191/178

張・脈書 29

北魏・元順誌

北齊・崔宣華誌

【膂】

《説文》：，朓膂也。从肉齊聲。

【腹】

《説文》：，厚也。从肉复聲。

睡・日甲《馬禖》159

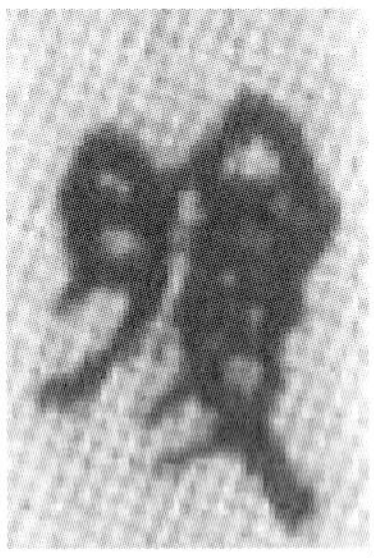
關・病方 368

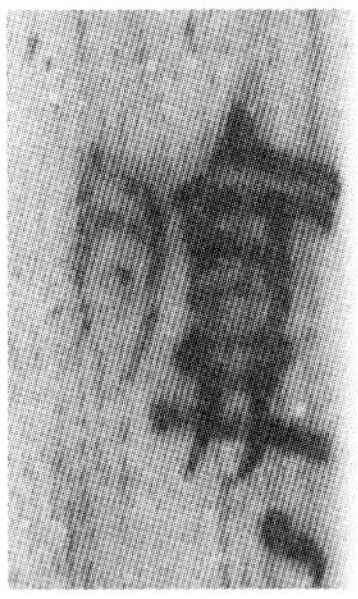
里・第八層 1718

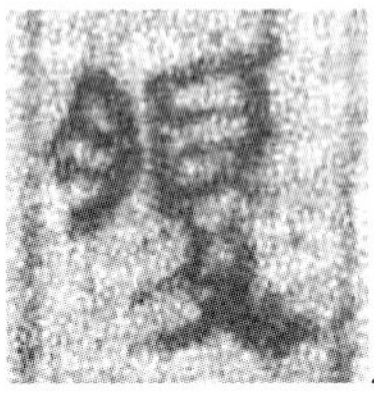
馬壹 44_33 下

馬貳 219_41/52

張・置後律 376

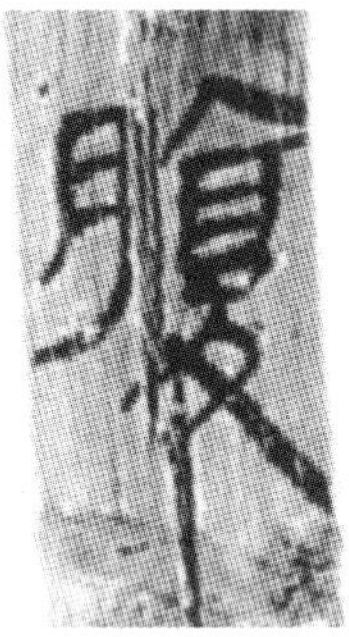
張・脈書 7

張・引書 101

銀貳 1195

○兵之腹也

敦煌簡 2012

金關 T01:168

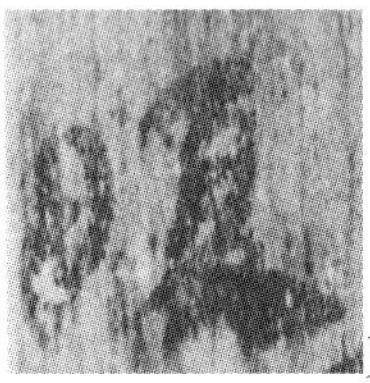
東牌樓 049 正

○務不腹從

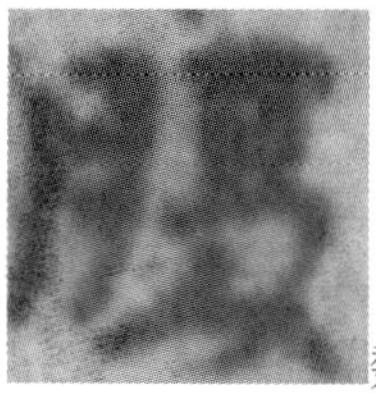
魏晉殘紙

○腹中不調

漢印文字徵

○腹已

漢印文字徵

○張腹已

北魏・元頊誌

○雖復樂善腰腹

北魏・元誘誌

○四民鼓腹

北魏・郭顯誌

北魏・元珍誌

○始荷腹心之任

【腴】

《説文》：，腹下肥也。从肉臾聲。

馬壹 88_198

○膏腴之地多予之

武・甲《少牢》18

北魏・穆紹誌

○鑽六藝之膏腴

北魏・元洛神誌

○雖復生自膏腴

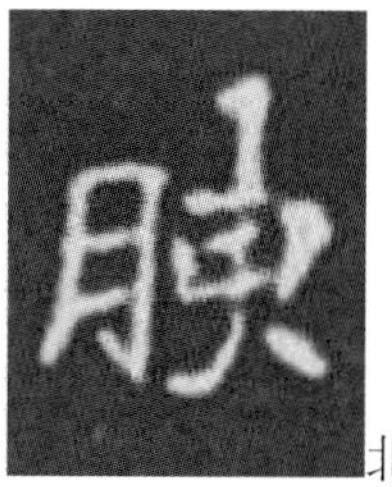
北魏・元瑑誌

○以君負潤膏腴

【脽】

《說文》：，屍也。从肉隹聲。

秦代印風

○脽狀

廿世紀璽印三-SY

○李脽

【肤】

《說文》：，孔也。从肉，決省聲。讀若決水之決。

北壹・倉頡篇 51

○伐痕痏肤肤晴

【胯】

《說文》：，股也。从肉夸聲。

里・第八層 1327

○治土胯

【股】

《說文》：，髀也。从肉殳聲。

睡・封診式 88

馬壹 91_275

馬壹 10_61 下

馬貳 212_6/107

馬貳 62_7

張・引書 101

敦煌簡 2013

廿世紀璽印三-SY

漢印文字徵

東漢・石門頌

北魏・元徽誌

北魏・元純陀誌

北魏・元弼誌

【腳】

《説文》：，脛也。从肉卻聲。

睡・日甲《馬禖》159

○身剛腳爲身□尾善

【脛】

《説文》：，胻也。从肉巠聲。

馬貳 228_85

○脛勺一器

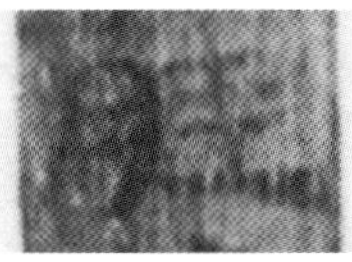
敦煌簡 0664

○謹股脛坐圖蘭

金關 T09:076

○日病脛雍

【胻】

《説文》：，脛耑也。从肉行聲。

睡・日甲《盜者》75

○盜者長頸小胻

馬貳 86_367/357

○死人胻骨

張・脈書 12

○在胻疕赤淫爲膫

張・引書 9

○信（伸）胻直踵（踵）

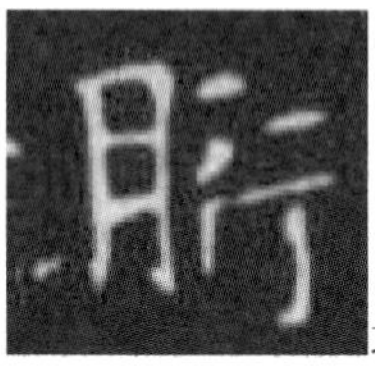
北魏・元徽誌

○遽同析胻

【腓】

《說文》：，脛腨也。从肉非聲。

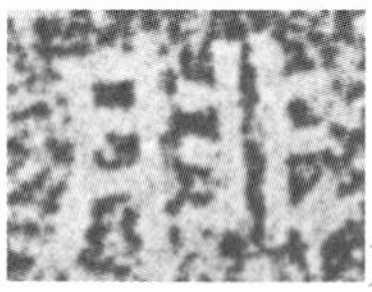
東漢・熹平石經殘石五

○艮其腓

【腨】

《說文》：，腓腸也。从肉耑聲。

張・脈書 18

○腨如裂

【胑】

《說文》：，體四胑也。从肉只聲。

【肢】

《說文》：，胑或从支。

馬貳 98_17

○四肢甬（痛）

【胲】

《說文》：，足大指毛也。从肉亥聲。

武・甲《燕禮》45

○奏胲（陔）

漢印文字徵

○吕胲

秦文字編 649

【肖】

《說文》：，骨肉相似也。从肉小聲。不似其先，故曰“不肖”也。

睡・為吏 2

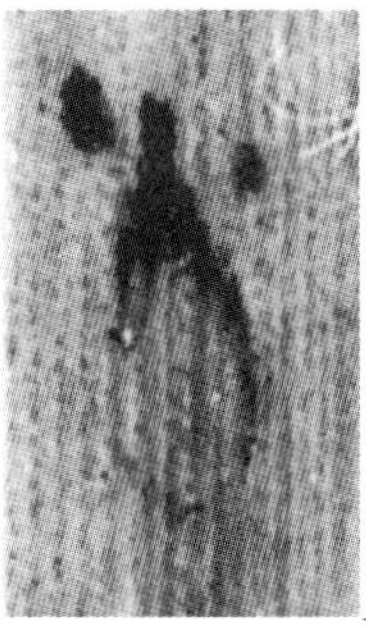
里・第八層背 1478

馬壹 254_38 上

○肖浴於川溪必

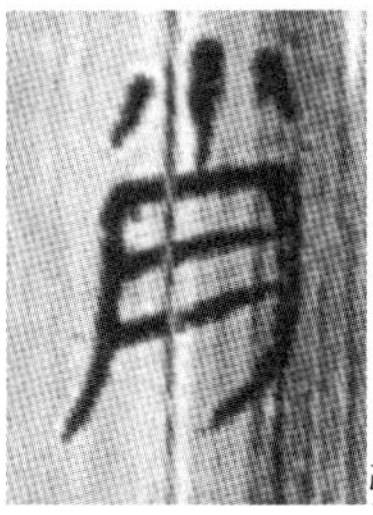
張・脈書 13

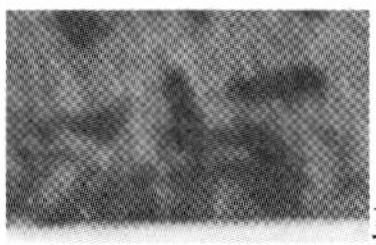
敦煌簡 1872

○兒子毋恙政不肖

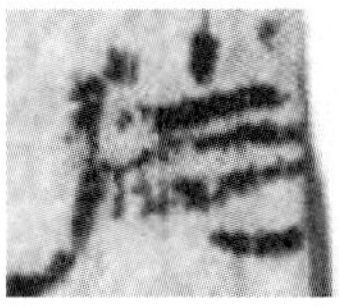
金關 T24:277

○□不肖去丈人居外

漢印文字徵

○肖利印

漢印文字徵

○肖德

東漢・王子移葬誌

○肖□人世

【胤】

《說文》：胤，子孫相承續也。从肉；从八，象其長也；从幺，象重累也。

【𦙍】

《說文》：𦙍，古文胤。

春晚・秦公鎛

春早・秦公鎛

春早・秦公鐘

春晚・秦公簋

漢印文字徵
○蕭胤印信

漢印文字徵
○楊胤印信

漢印文字徵
○張胤印信

東漢・趙菿殘碑
○乂無統胤堂構圮

西晉・郭槐柩記

北魏・寇臻誌

北魏・元榮宗誌
○誕矣王胤

北齊・庫狄業誌
○君夏啓之胤

【胄】

《説文》：，胤也。从肉由聲。

馬貳 259_17/26

○卒介胄操長鎩

吴簡嘉禾・三零二三

○三斗胄畢嘉禾二

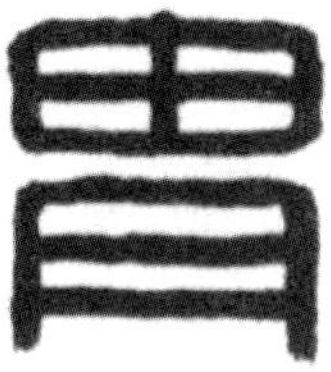
漢印文字徵

○王胄印信

東漢・成陽靈臺碑

北魏・張玄誌

○鬱矣蘭胄

北魏・山徽誌

○遥哉遐胄

北魏・元寧誌

○漢高之胤胄

北魏・李媛華誌

○遠胄高陽

北魏・王僧男誌

○望帶豪胄

北魏・楊舒誌

○以勳望之胄

北魏・元思誌

○巍巍皇胄

北魏・元澄妃誌

東魏・元仲英誌

〇初以名公之胄起家

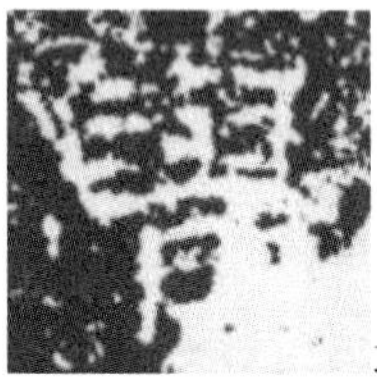
北齊・法藏殘造像

〇釋迦今成胄

北周・叱羅協誌

〇胄胤禪聯

【肸】

《説文》：，振肸也。从肉八聲。

漢印文字徵

〇樂肸私印

【膻】

《説文》：，肉膻也。从肉亶聲。《詩》曰：“膻裼暴虎。”

里・第八層 1563

〇守丞膻之告倉主以

【曩】

《説文》：，益州鄙言人盛，諱其肥謂之曩。从肉襄聲。

【腊】

《説文》：，臞也。从肉皆聲。

【臞】

《説文》：，少肉也。从肉瞿聲。

里・第八層 477

〇式謁臞季臞季籍式

里・第八層背 2049

○來歆臞之毋後

張・蓋盧 33

○衆有臞（懼）心

漢印文字徵

漢晉南北朝印風

【脫】

《說文》：，消肉臞也。从肉兌聲。

睡・效律 58

睡・封診式 70

馬貳 31_64

張・脈書 18

北貳・老子 45

金關 T23:731B

秦代印風

廿世紀璽印三-SY

○王史脫印

漢印文字徵

○馮脫之印

漢印文字徵

漢晉南北朝印風

○張脫印信

北魏・元子直誌

北魏・尉遲氏造像

東魏・李挻誌

北齊・雲榮誌

○少懷脫略

【脙】

《説文》：，齊人謂臞脙也。从肉求聲。讀若休止。

【臠】

《説文》：，臞也。从肉䜌聲。一曰切肉，臠也。《詩》曰：“棘人臠臠兮。”

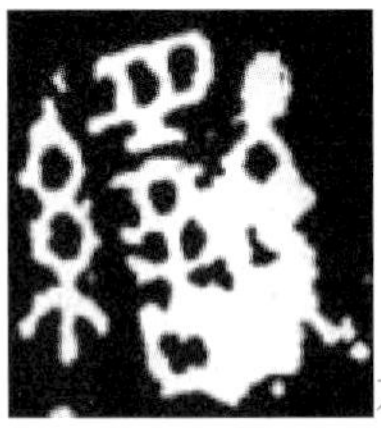
石鼓・汧殹

○臠之𩲃𩲃

北齊・西門豹祠堂碑

【膌】

《説文》：，瘦也。从肉脊聲。

【𤸃】

《説文》：，古文膌从疒从朿，朿亦聲。

武・甲《有司》10

【脀】

《説文》：，騃也。从肉丞聲。讀若丞。

武·甲《少牢》18

○卒胥祝浣（盥）

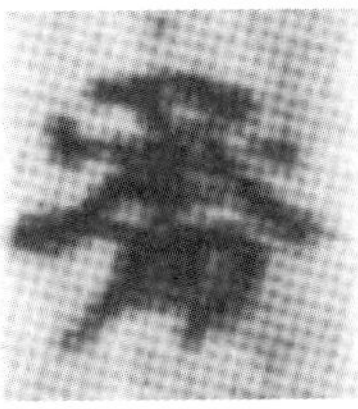
武·甲《有司》75

○其薦胥其位

【胗】

《說文》：，脣瘍也。从肉㐱聲。

【疹】

《說文》：，籀文胗从疒。

張·脈書8

○胗如膚張（脹）

北魏·元舉誌

○疹等初哀

北魏·于仙姬誌

○耋疹未鬫

北魏·張安姬誌

○因抱纏疹

北魏·元思誌

○庚午遇疹

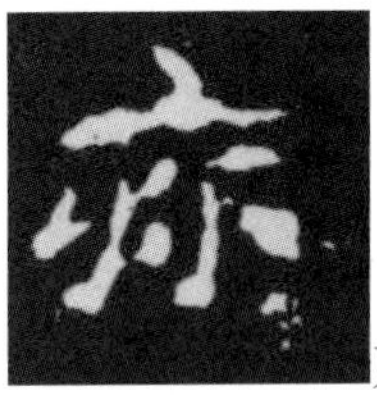
東魏·僧敬等造像

○无諸疹苦

北齊·斛律昭男誌

○遘疹薨於夏州

【腄】

《說文》：，瘢胝也。从肉垂聲。

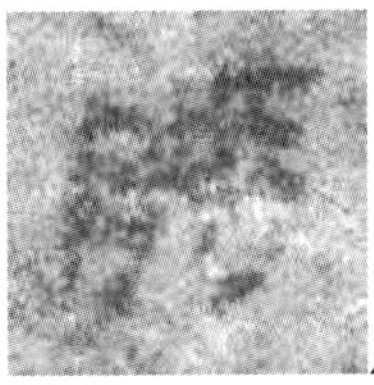
馬貳119_200/199

○賺則腄（垂）筋

廿世紀璽印三-GP

○腄丞

歷代印匋封泥

○腄丞之印

【胝】

《説文》：，腄也。从肉氐聲。

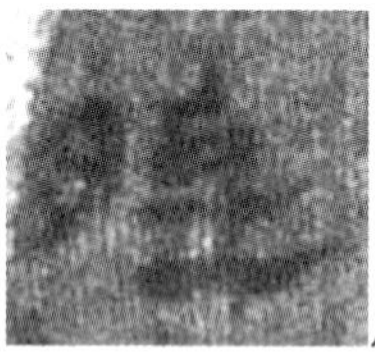
馬壹 41_13 上

○足骿胝顔色

【肬】

《説文》：，贅也。从肉尤聲。

【黕】

《説文》：，籀文肬从黑。

北魏・温泉頌

○則肬贅以生

【肒】

《説文》：，搔生創也。从肉丸聲。

【腫】

《説文》：，癰也。从肉重聲。

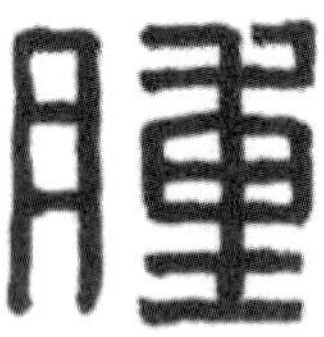
漢印文字徵

○甘腫行事

【胅】

《説文》：，骨差也。从肉失聲。讀與跌同。

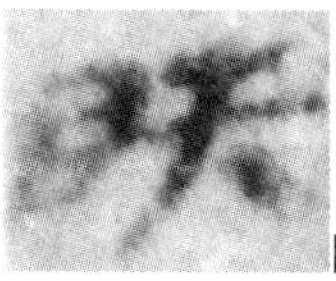
睡・法律答問 79

○胅體

張・賊律 27

○胅體

北壹・倉頡篇 51

○疻痏胅胅睛盲

【脪】

《説文》：，創肉反出也。从肉希聲。

【肕】

《説文》：，瘢也。从肉引聲。一曰遽也。

【臘】

《説文》：，冬至後三戌，臘祭百神。从肉巤聲。

關・病方 347

〇以臘日令女子之市買牛胙

馬壹 147_52/226 下

〇馳騁田臘（獵）

馬貳 10_35

〇伐漁臘（獵）

敦煌簡 1560B

〇丙戌臘廿七日

金關 T28:113

〇隧長臘（臈）之

秦代印風

〇享臘

漢印文字徵

〇王臘

漢晉南北朝印風

〇王臘

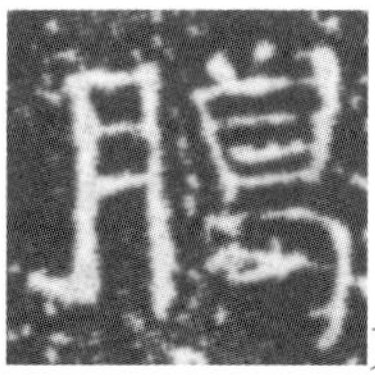
東漢・張遷碑陽

〇臘正之蔡（傺）休囚歸賀

東漢・石祠堂石柱題記

〇歲臘拜賀

東漢・永平四年畫像石題記

○臘月子日死永

北魏・高猛妻元瑛誌

○臘三百斤

東魏・王蓋周造像

○王臘生

北齊・法懃塔銘

○時年六十九臘

【膢】

《說文》：，楚俗以二月祭飲食也。从肉婁聲。一曰祈穀食新曰離膢。

【朓】

《說文》：，祭也。从肉兆聲。

【胙】

《說文》：，祭福肉也。从肉乍聲。

關・病方347

○買牛胙

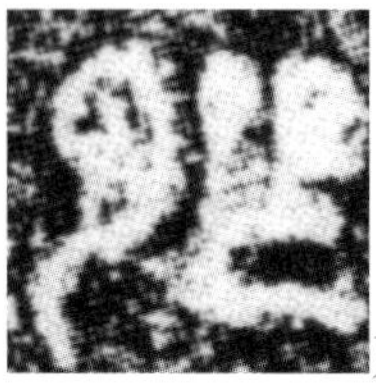
東漢・開母廟石闕銘

○胙日新而累熹

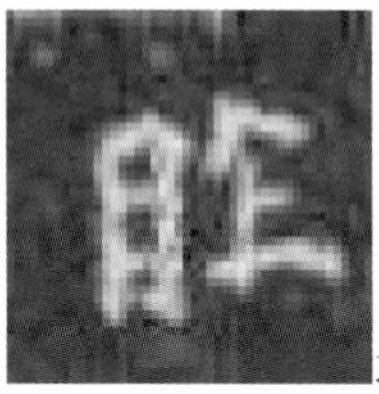
北魏・李遵誌

○褒庸胙土，榮佩天衢

北魏・元悅誌

○承乾胙土

【隋】

《說文》：，裂肉也。从肉，从隓省。

嶽・為吏51

○喜言隋（惰）行

里・第八層 534

馬壹 136_63 上/140 上

○以隋(隨)天地之從

馬壹 85_135

○而國隋（隨）以亡

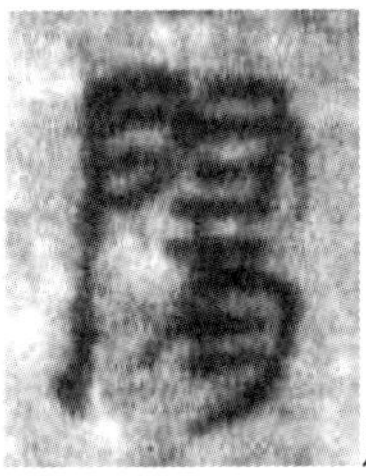
馬壹 81_47

馬壹 13_2 上\95 上

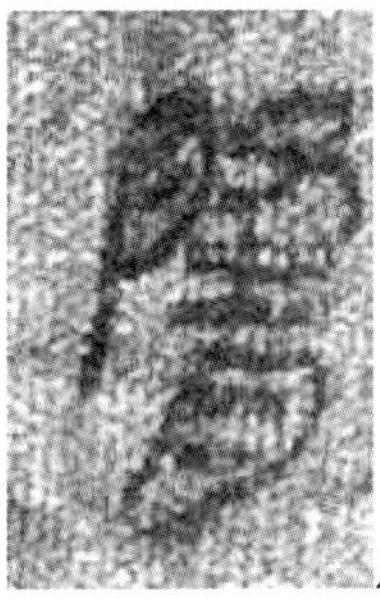
馬貳 81_260/247

張・脈書 8

銀壹 296

銀貳 2175

北貳・老子 199

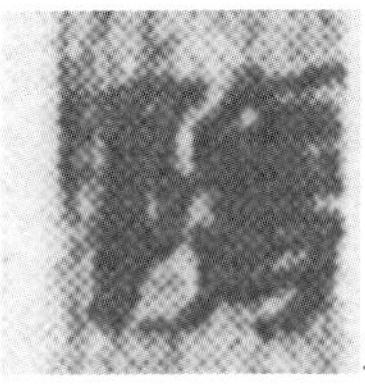
敦煌簡 2013

○隋血在凶中

金關 T01:001

○黑髮隋面

北壹・倉頡篇 46

廿世紀璽印二-SY

○隋㮊

秦代印風

秦代印風

秦代印風

廿世紀璽印三-SY

○清陽隋

漢印文字徵

○腹已

漢印文字徵

○隋印臨郡

漢印文字徵

○趙隋

漢印文字徵

漢印文字徵

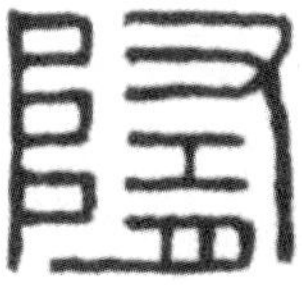
漢印文字徵

漢晉南北朝印風

漢晉南北朝印風

東漢・析里橋郙閣頌

北魏・元則誌

○若隋曜淵

南朝齊・呂超誌

○隋郡王

【膳】

《說文》：，具食也。从肉善聲。

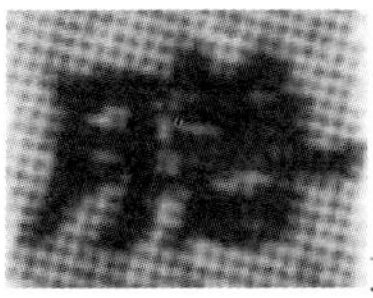
武・儀禮甲《士相見之禮》13

○夜膳儀（葷）請

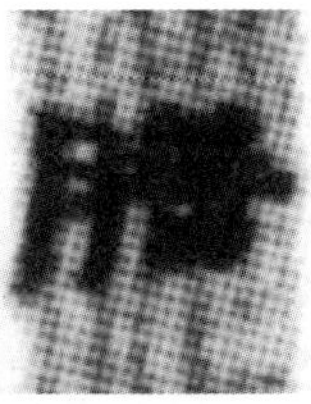
武・甲《燕禮》49

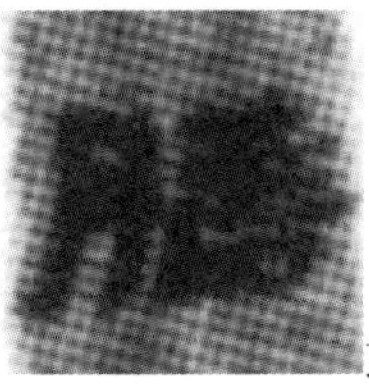
武・甲《泰射》4

○方壺膳尊

北魏・王遺女誌

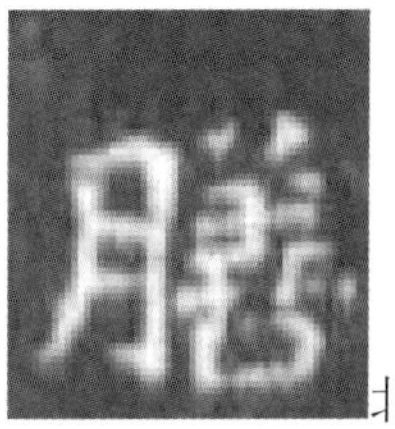
北魏・楊穎誌

北齊・崔宣華誌

【腬】

《說文》：，嘉善肉也。从肉柔聲。

【肴】

《說文》：，啖也。从肉爻聲。

秦文字編 651

馬壹 36_30 上

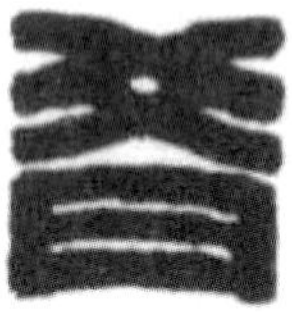
漢印文字徵

東漢・熹平石經殘石四

晉・黃庭內景經

【腆】

《說文》：腆，設膳腆腆多也。从肉典聲。

【費】

《說文》：費，古文腆。

東晉・溫式之誌

○桓腆

【腯】

《說文》：腯，牛羊曰肥，豕曰腯。从肉盾聲。

【肸】

《說文》：肸，肥肉也。从肉必聲。

【胡】

《說文》：胡，牛顫垂也。从肉古聲。

漢銘・勮陽陰城胡傅溫酒樽

漢銘・胡寬器

漢銘・大司農權

關・病方 368

嶽・學為偽書案 212

里・第八層 439

馬壹 139_13 下 155 下

馬壹 89_231

馬壹 82_51

馬貳 294_407/407

馬貳 262_48/69

張・秩律 457

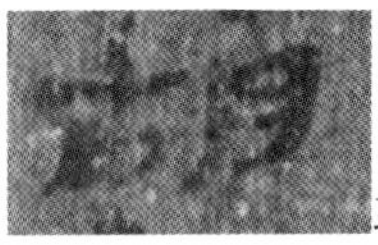
敦煌簡 0557

金關 T10:120A

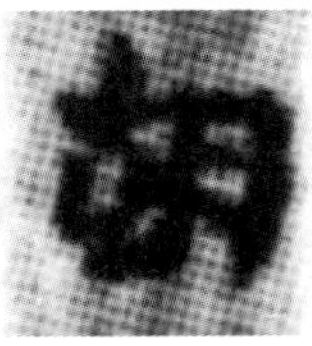
武・甲《少牢》47

東牌樓 007

○從少胡久長

北壹・倉頡篇 8

○内并廁胡無噍

秦代印風

秦代印風

秦代印風

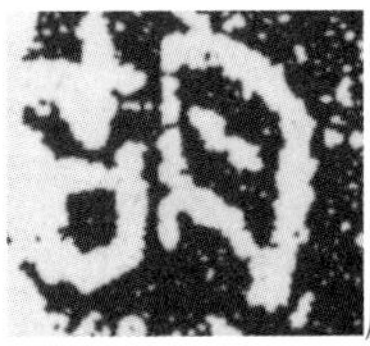
歷代印匋封泥

廿世紀璽印三-SP

廿世紀璽印三-SY

○胡漢光印

廿世紀璽印三-SY

○胡傷

廿世紀璽印三-SY

漢晉南北朝印風

○得降郤胡侯

漢晉南北朝印風

○定胡軍司馬

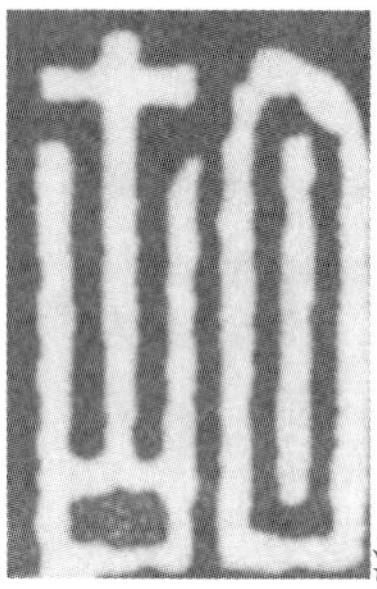
漢晉南北朝印風

○胡破虜胡長

廿世紀璽印三-SY

○胡中意

漢晉南北朝印風

○胡仟長印

漢代官印選

歷代印匋封泥

○胡多石

漢印文字徵

○胡盎

漢印文字徵

○胡欒

柿葉齋兩漢印萃

○胡翔之印

漢印文字徵

漢印文字徵

漢印文字徵

歷代印匋封泥

○□胡

漢晉南北朝印風

○魏率善胡仟長

廿世紀璽印四-SY

廿世紀璽印四-GY

○親晋歸義胡王

漢晉南北朝印風

○晉歸義胡王

漢晉南北朝印風

○晉率善胡邑長

漢晉南北朝印風

○親晉胡王

漢晉南北朝印風

○胡尉私印

漢晉南北朝印風

○商胡

漢晉南北朝印風

○苦成胡

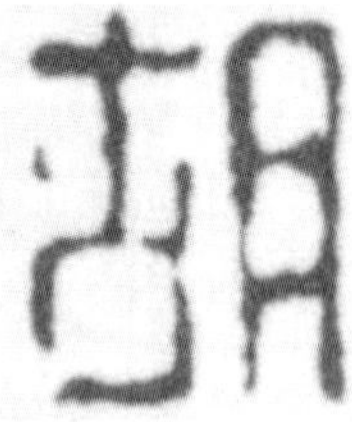
漢晉南北朝印風

○胡何傷印

漢晉南北朝印風

○沐胡

東漢・武氏前石室畫像題字

○秋胡婦

北魏・胡明相誌蓋

○魏故胡昭儀之墓誌銘

北魏・□伯超誌

北魏・源延伯誌

【胘】

《說文》：胘，牛百葉也。从肉，弦省聲。

【膍】

《說文》：膍，牛百葉也。从肉𣬈聲。一曰鳥膍胵。

【肶】

《説文》：，膍或从比。

【胵】

《説文》：，鳥胃也。从肉至聲。一曰胵，五藏總名也。

【膘】

《説文》：，牛脅後髀前合革肉也。从肉㶾聲。讀若繇。

【膟】

《説文》：，血祭肉也。从肉帥聲。

【脺】

《説文》：，膟或从率。

【膫】

《説文》：，牛腸脂也。从肉尞聲。《詩》曰："取其血膫。"

【膋】

《説文》：，膫或从勞省聲。

張・脈書 12

○淫爲膫

北齊・王憐妻趙氏誌

○不得輒用性膋

【脯】

《説文》：，乾肉也。从肉甫聲。

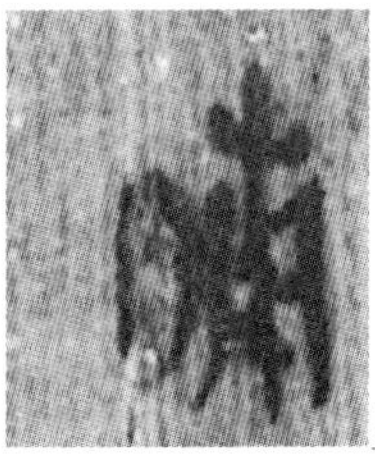
里・第八層 1055

馬壹 4_10 下

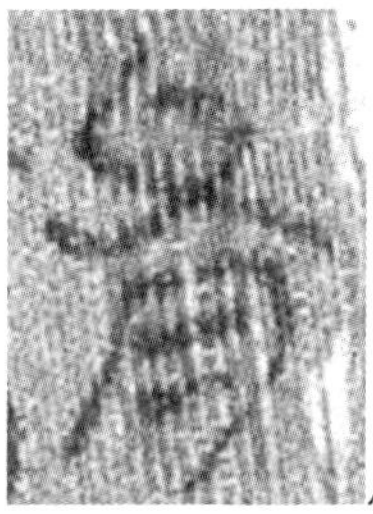
馬壹 257_2 下\8

○以穓脯酉（酒）

馬貳 300_50

○阮脯筥

馬貳 224_34

○牛脯一笥

張・賊律 20

張・遣策 33

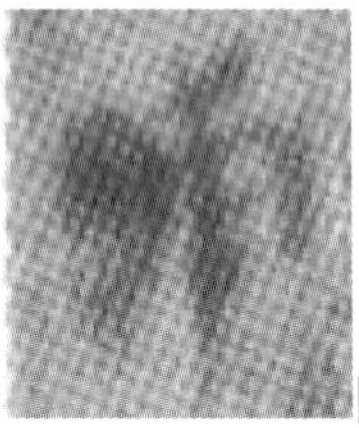
闕沮・蕭・遣冊 10

金關 T10:407

武・甲《特牲》31

武・甲《有司》64

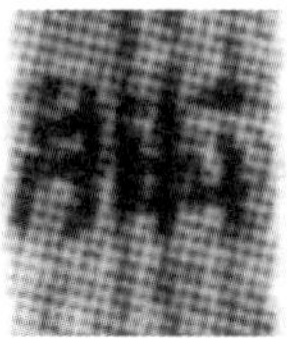
武・甲《燕禮》45

武・甲《泰射》37

漢晉南北朝印風

○脯中祭尊

漢印文字徵

○脯中祭尊

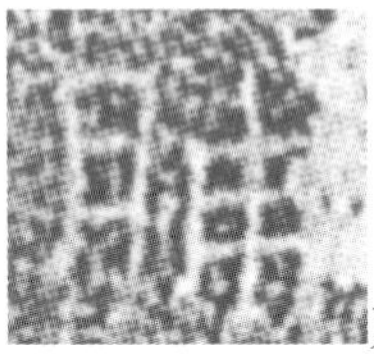
東漢・三公山碑

北魏・元睿誌

【脩】

《説文》：，脯也。从肉攸聲。

修武府耳盃

漢銘・元延鈁

漢銘・脩鼎

睡・語書 4

睡・為吏 36

○地脩（修）城固

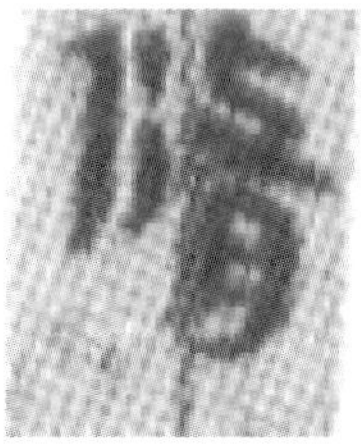
關・病方 368

○以脩（滫）清

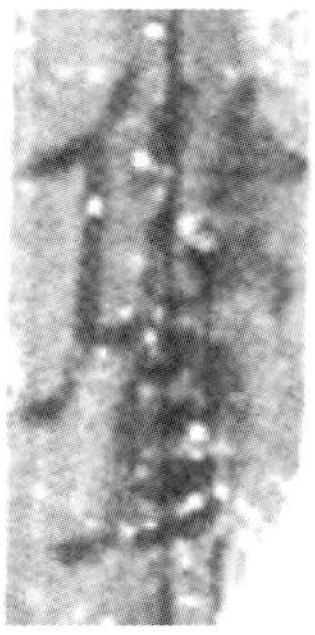
嶽・為吏 61

○行脩（修）而身

里・第八層 119

○城旦脩

馬壹 80_18

○之蘇脩在齊使□□

馬壹 39_11 下

○君子脩（修）於此

馬貳 219_36/47

馬貳 213_17/118

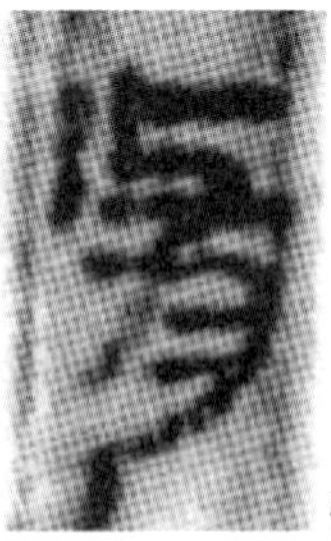
張・史律478

張・奏讞書153

銀壹411

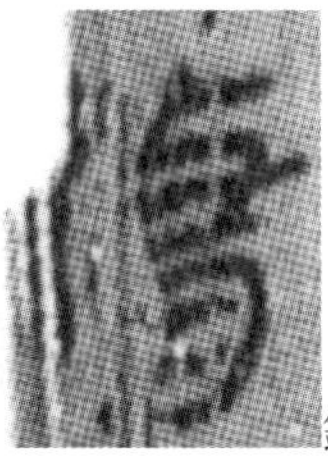
銀貳1743

○可始脩（修）田

北貳・老子145

○脩（滌）除

敦煌簡639C

○赦脩賈闌鄧

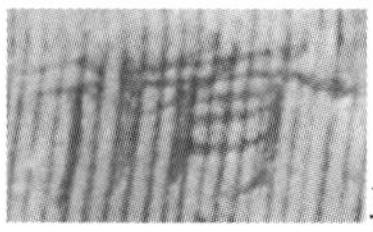
敦煌簡1068

○壺關脩成里閻備

金關T09:120

○表是脩義里公乘

武・甲《有司》34

○脩（修）祭刑（鉶）

北壹・倉頡篇9

○織飭端脩灋變

魏晉殘紙

○督郵脩正

秦代印風

秦代印風

廿世紀璽印三-SY

廿世紀璽印三-SP

漢晉南北朝印風

○脩合縣宰印

歷代印匋封泥

漢印文字徵

漢印文字徵

漢印文字徵

○方脩之印

漢印文字徵

漢印文字徵

漢印文字徵

○脩故亭印

漢晉南北朝印風

東漢・曹全碑陽

○脩（修）身之士

東漢・石門頌

○子午復脩（修）

東漢・楊震碑

東漢・從事馮君碑

東漢・北海相景君碑陰

○故脩（修）行都昌台

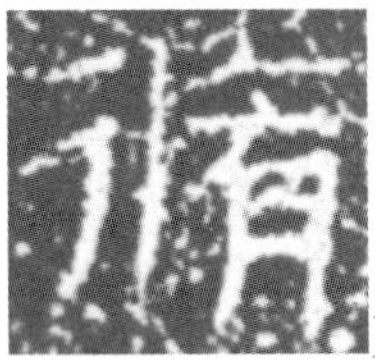
東漢・北海相景君碑陰

○故脩（修）行營陵淳于登

東漢・石門頌

○脩（修）禮有常

東漢・禮器碑

○脩（修）飾宅廟

東漢・白石神君碑

東漢・圉令趙君碑

○□脩甚緒

東漢・營陵置社碑

東漢・趙寬碑

西晉・石尠誌

西晉・石尠誌

東晉・劉媚子誌

○夫人脩（修）武令乂之孫

北魏・元孟輝誌

○宜盡脩期

北魏·馮季華誌

○三德必脩（修）

北魏·元順誌

○王脩（修）處官

北魏·元廣誌

○脩光墜景

東魏·元賥誌

○外脩朝聘

北齊·元賢誌

○器韻脩（修）明

北齊·雋敬碑

○字脩（修）羅

北齊·常文貴誌

○萬鬼競脩

北齊·常文貴誌

○今弟仁鄉脩（修）義里人也

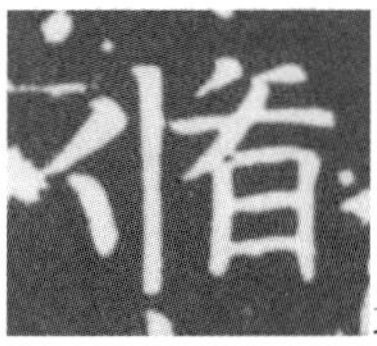
北齊·無量義經二

北齊·無量義經二

北周·王通誌

【膎】

《説文》：膎，脯也。从肉奚聲。

【腼】

《説文》：腼，膎肉也。从肉兩聲。

【膊】

《説文》：膊，薄脯，膊之屋上。从肉専聲。

北齊・無量義經二

〇細筋鎖骨鹿膊腸

【脘】

《説文》：，胃府也。从肉完聲。讀若患。舊云脯。

【朐】

《説文》：，脯挺也。从肉句聲。

里・第八層 1055

里・第八層背 63

馬貳 68_3/3

張・秩律 451

張・脈書 54

金關 T32:015

〇卅六朐

漢晉南北朝印風

廿世紀璽印三-SY

廿世紀璽印三-GY

漢晉南北朝印風

漢印文字徵

歷代印匋封泥

漢印文字徵

漢印文字徵

○朐讓

漢印文字徵

漢印文字徵

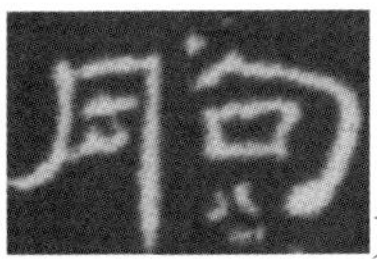
東漢・曹全碑陽

【膴】

《説文》：，無骨腊也。楊雄說：鳥腊也。从肉無聲。《周禮》有膴判。讀若謨。

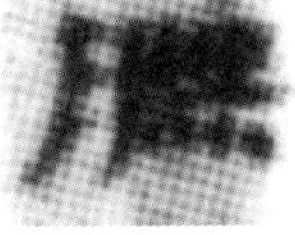
武・甲《有司》14

○皆加膴祭于其上

北魏・高猛妻元瑛誌

○周原膴膴

東魏・元延明妃馮氏誌

○潤西膴膴

【胥】

《説文》：，蟹醢也。从肉疋聲。

里・第八層 60

○府守胥敢言之

馬壹 136_62 上/139 上

○胥雄節之窮

馬壹 87_188

○盛氣而胥之

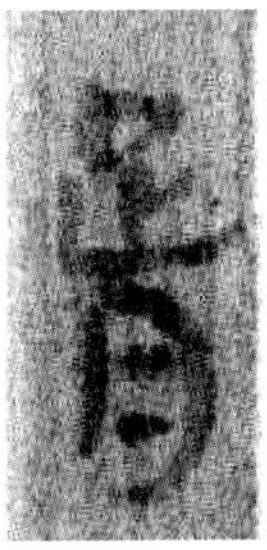
馬貳 210_86

○胥食而生者也

張・蓋廬 46

○申胥曰貴而毋義

銀壹 517

○不胥靡試

銀貳 1561

○兌（銳）陳（陣）以胥擊之奈何

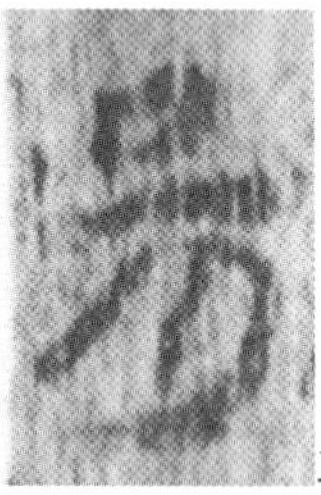
敦煌簡 0113

○夜往胥射之

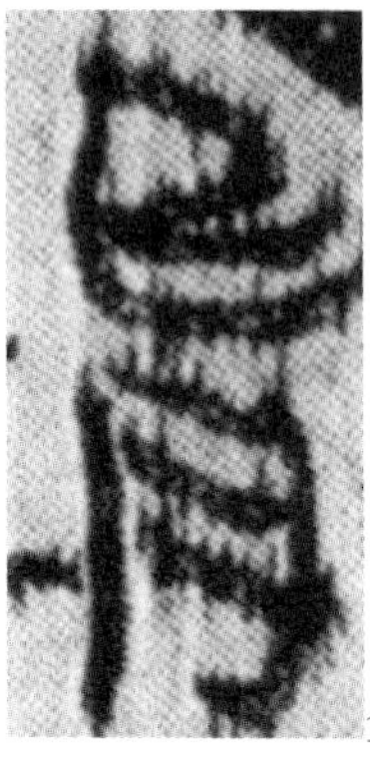
金關 T01:001

○陵王胥御者惠同

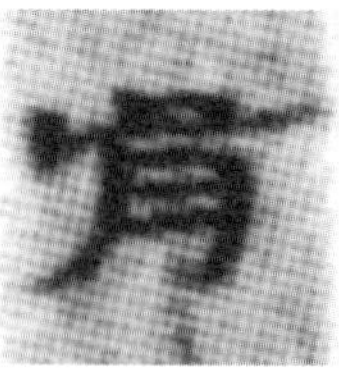
武・甲《泰射》34

○復位胥薦主人

東牌樓 075 正

○胥會十月

秦代印風

○杜胥

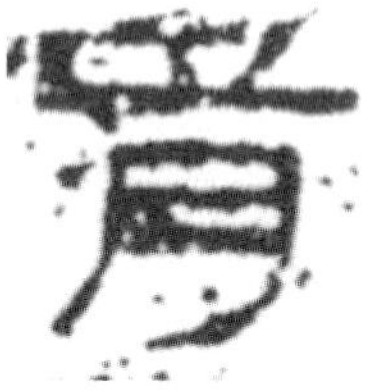
廿世紀璽印三-SP

○胥須

漢印文字徵

○箸胥劾

漢印文字徵

○杜胥私印

漢印文字徵

○莽胥

漢印文字徵

○胥農之印

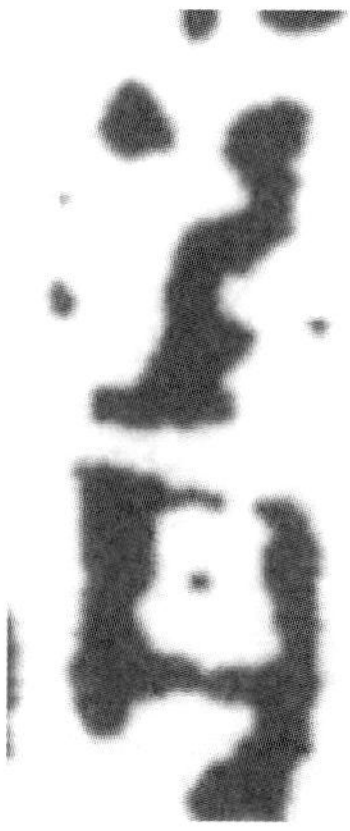
歷代印匋封泥

○胥赤

漢晉南北朝印風

○箸胥欸

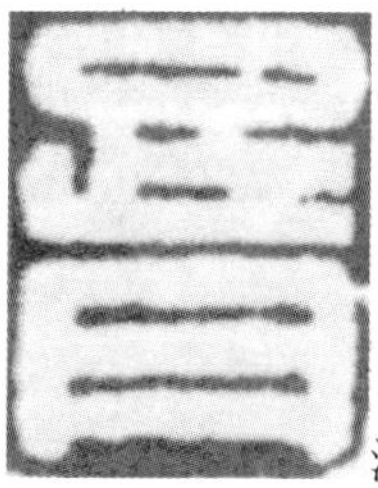
漢晉南北朝印風

○杜胥私印

東漢・桐柏淮源廟碑

○于胥樂兮

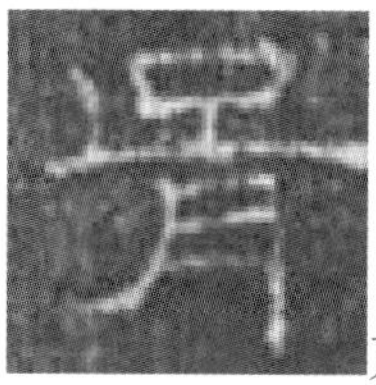
東漢・禮器碑

○華胥生皇雄

三國魏・三體石經尚書・隸書

○胥訓告

三國魏・三體石經尚書・古文

○胥訓告胥保惠胥徵□

三國魏・三體石經尚書・篆文

○胥訓告胥保惠胥徵□

北魏・王普賢誌

○方扇胥幄之遺風

東魏·元均及妻杜氏誌

東魏·唐小虎造像

○胥禮侍佛時

【腒】

《說文》：腒，北方謂鳥腊曰腒。从肉居聲。傳曰：堯如腊，舜如腒。

【朹】

《說文》：朹，孰肉醬也。从肉九聲。讀若舊。

張·脈書25

○鼻朹（鼽）領

【膅】

《說文》：膅，乾魚尾膅膅也。从肉肅聲。《周禮》有"腒膅"。

【腝】

《說文》：腝，有骨醢也。从肉耎聲。

【臡】

《說文》：臡，腝或从難。

【脡】

《說文》：脡，生肉醬也。从肉延聲。

【䏽】

《說文》：䏽，豕肉醬也。从肉否聲。

馬貳70_53/53

○如䏽血

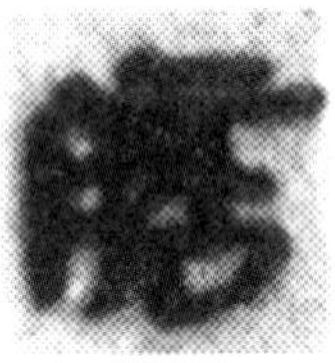
秦文字編653

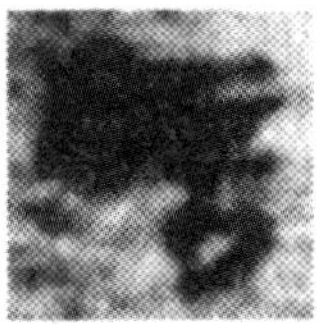
秦文字編653

【胹】

《說文》：胹，爛也。从肉而聲。

【䏑】

《說文》：䏑，切孰肉，内於血中和也。从肉員聲。讀若遜。

【胜】

《說文》：胜，犬膏臭也。从肉生聲。一曰不孰也。

馬壹 132_31 上/108 上

○胜(姓)生已定

【臊】

《説文》：，豕膏臭也。从肉喿聲。

【膮】

《説文》：，豕肉羹也。从肉堯聲。

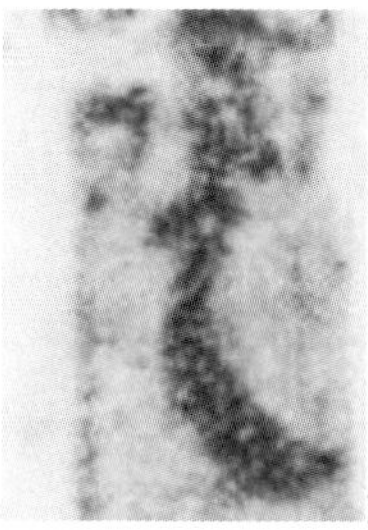
銀壹 923

○量土地肥膮(磽)而立邑建城

【腥】

《説文》：，星見食豕，令肉中生小息肉也。从肉从星，星亦聲。

【脂】

《説文》：，戴角者脂，無角者膏。从肉旨聲。

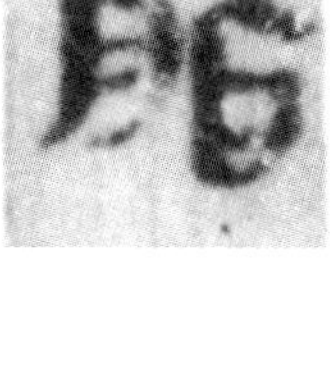
睡・秦律十八種 130

關・病方 324

○牛脂大如手

馬貳 115_105/104

張・算數書 79

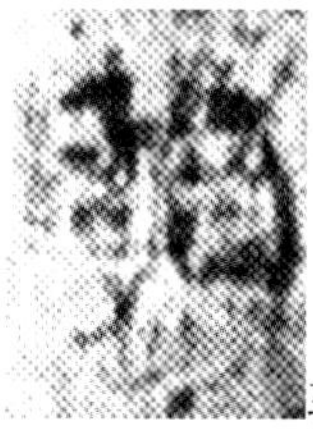
敦煌簡 0780B

○脂甚多

金關 T21:423

○意買脂廿四斤

北壹・倉頡篇 35

○槽粉膽脂膏鏡

東漢・肥致碑

北魏・元頊誌

北魏・元悌誌

北齊・高潤誌

【䐦】

《説文》：䐦，脊也。从肉貞聲。

【膩】

《説文》：膩，上肥也。从肉貳聲。

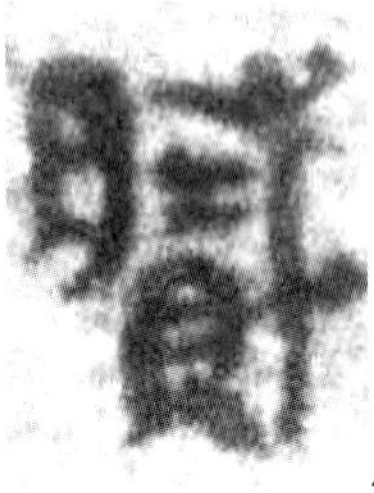
馬壹 104_43\212

○上帝臨女（汝）毋膩（貳）爾心

北壹・倉頡篇 39

○斷瘲痈膩

【膜】

《説文》：膜，肉閒胲膜也。从肉莫聲。

【䐞】

《説文》：䐞，肉表革裹也。从肉弱聲。

【𦞦】

《説文》：𦞦，肉羹也。从肉隺聲。

【䐿】

《説文》：䐿，𦞦也。从肉責聲。

【臇】

《説文》：臇，𦞦也。从肉雋聲。讀若纂。

【𤎸】

《説文》：𤎸，臇或从火巽。

【胾】

《説文》：胾，大臠也。从肉𢦔聲。

武・甲《少牢》27

○食羞胾兩瓦

【䐑】

《説文》：䐑，薄切肉也。从肉枼聲。

【膾】

《説文》：膾，細切肉也。从肉會聲。

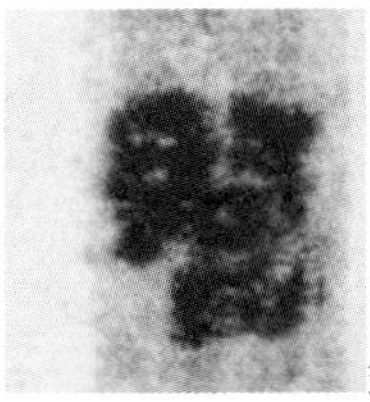
銀壹 487

〇不膾不成之財（材）

北魏・奚智誌

〇僕膾(儈)可汗之後裔

【腌】

《説文》：，漬肉也。从肉奄聲。

【脃】

《説文》：，小耎易斷也。从肉，从絕省。

【膬】

《説文》：，耎易破也。从肉毳聲。

【散（散）】

《説文》：，雜肉也。从肉㪚聲。

睡・秦律十八種 117

〇籬散及補繕之

馬壹 84_121

〇約散而靜（爭）

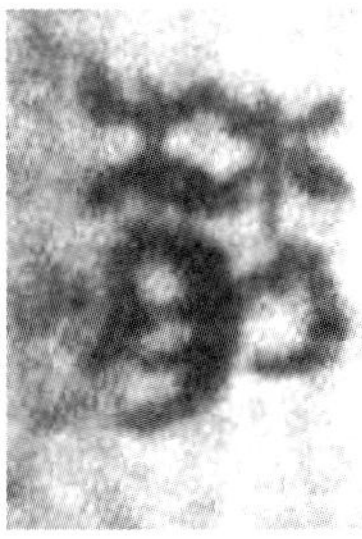
馬壹 111_177\346

〇得如散宜生弘夭者

馬貳 205_31

〇氣夜散

馬貳 33_4 下

〇肉蕺散筋而頸領彌

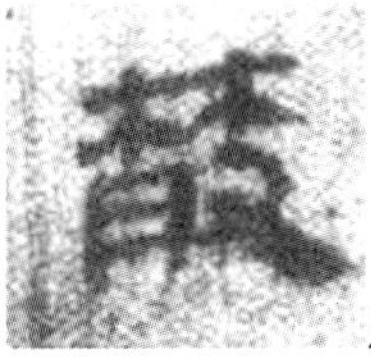
馬貳 34_32 上

〇欲動搖破散

銀貳 1714

〇列星散而爲八

北貳・老子 74

○其微易散也

敦煌簡 0092

○虜皆散亡

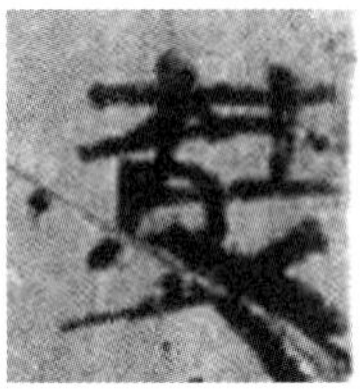
金關 T23:481A

○散幼君少十四

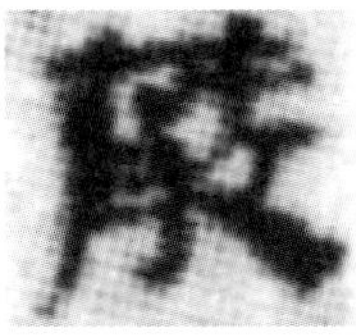
武・甲《特牲》47

○一散壺

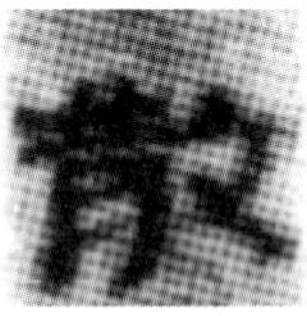
武・甲《燕禮》42

○受執散爵者

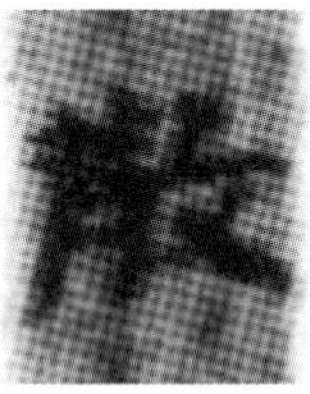
武・甲《泰射》19

○酌散以降

北壹・倉頡篇 69

○合冥踝企瘧散

漢印文字徵

○尚書散郎田邑

漢印文字徵

○散督之印

漢代官印選

○散騎中郎將章

漢代官印選

○散騎光祿勳章

漢代官印選

○散騎騎都尉光祿大夫

漢晉南北朝印風

○尚書散郎田邑

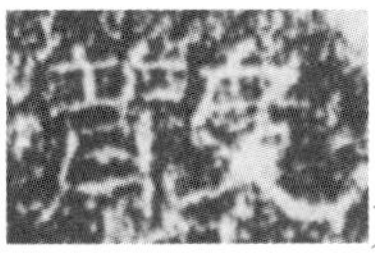
東漢・石門頌

○出散入秦

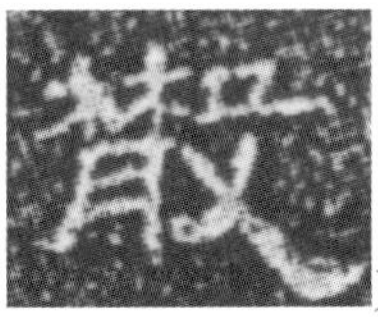
東漢・趙寬碑

○吏民流（沵）散

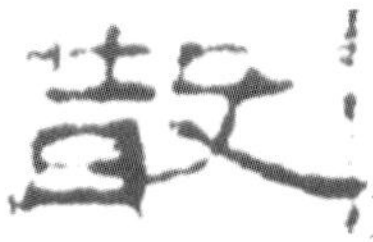
東漢・里仁誦德政碑

○方正散金

東晉・張鎮誌

北魏・崔隆誌

○君散積粟以濟賑

北魏・元顯魏誌

○始爲散騎侍郎

北魏・賈瑾誌蓋

○賈散騎之墓誌

北魏・韓顯宗誌

○散騎常侍

北魏・元弘嬪侯氏誌

○爲散騎常侍

北魏・元悌誌

北魏・劉賢誌

○散入燕齊

北魏・王悅及妻郭氏誌

○時散騎常侍

北魏・元略誌

○贈散騎常侍

北魏・辛穆誌

○遷中散大夫

北魏・奚智誌

○散騎常侍

北魏・公孫猗誌

○中散大夫

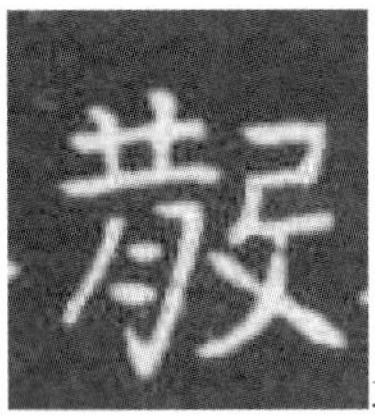
北魏・元子直誌

○散騎常侍

北魏・常季繁誌

○散騎常侍

北魏・李璧誌

○望旗鳥散

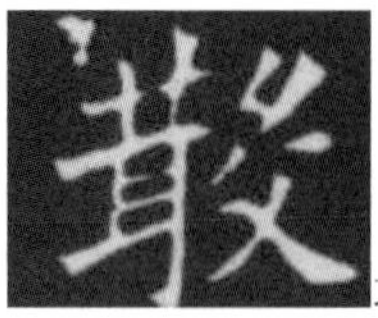
北魏・司馬紹誌

○遷散騎常侍

北魏・張玄誌

○澤從雨散

東魏・邸珍碑額

○散騎常侍

東魏・趙紹誌

○中散大夫

東魏・元均及妻杜氏誌

○乃除征虜將軍通直散騎常侍

東魏・司馬韶及妻侯氏誌

○散大夫

【膞】

《説文》：，切肉也。从肉專聲。

馬貳 62_13

〇上貫膞入郄

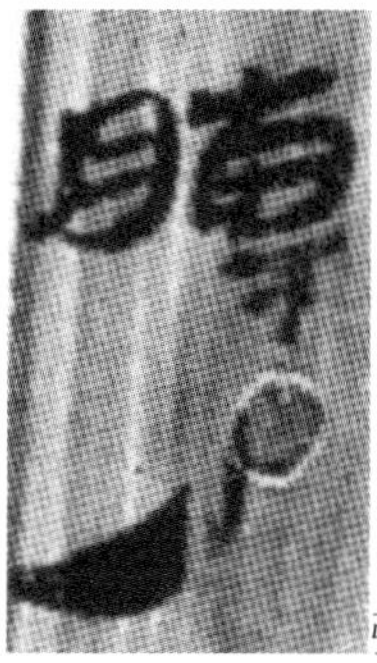
張・奏讞書 164

〇斬炙膞大不過

【腏】

《說文》：，挑取骨閒肉也。从肉叕聲。讀若《詩》曰“啜其泣矣”。

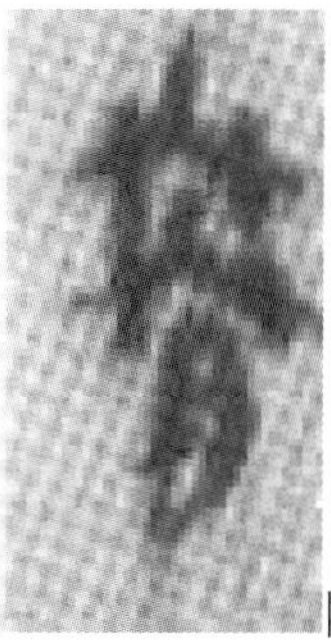
關・病方 354

〇取戶旁腏黍

馬貳 81_253/240

〇取內戶旁祠空中黍腏

【𦙶】

《說文》：，食所遺也。从肉仕聲。《易》曰：“噬乾𦙶。”

【胏】

《說文》：，楊雄說：𦙶从𠂔。

【脂】

《說文》：，食肉不猒也。从肉臽聲。讀若陷。

【肰】

《說文》：，犬肉也。从犬、肉。讀若然。

【𦟝】

《說文》：，古文肰。

【䏰】

《說文》：，亦古文肰。

【膹】

《說文》：，起也。从肉眞聲。

【肬】

《說文》：，肉汁滓也。从肉冘聲。

【膠】

《說文》：，昵也。作之以皮。从肉翏聲。

漢銘・膠東食官刀

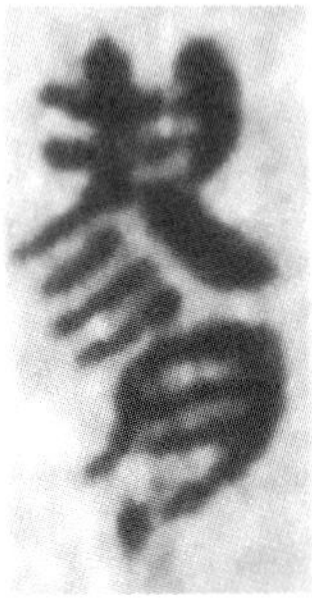
睡・秦律十八種 128

○買脂膠毋（無）

馬貳 214_29/130

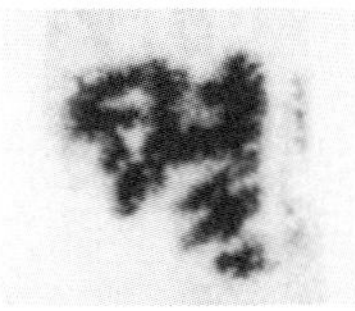
銀壹 58

○膠其所之也

銀貳 1518

○死爲膠（戮）邦

北壹・倉頡篇 20

○支衺牒膠竊鮒

廿世紀璽印三-GY

漢印文字徵

柿葉齋兩漢印萃

漢印文字徵

漢印文字徵

○膠西候印

漢印文字徵

○膠東中廐

東漢・鮮於璜碑陰

○膠東君諱弘

北魏・元壽安誌

○文昌膠葛

北魏・李榘蘭誌

○漢膠西王

東魏・廣陽元湛誌

○膠州軍事

【𦝫】

《説文》：𦝫，或曰：嘼名，象形。闕。

【胆】

《説文》：胆，蠅乳肉中也。从肉且聲。

北壹・倉頡篇 30

○胆貪欲資

【肙】

《説文》：肙，小蟲也。从肉囗聲。一曰空也。

【腐】

《説文》：腐，爛也。从肉府聲。

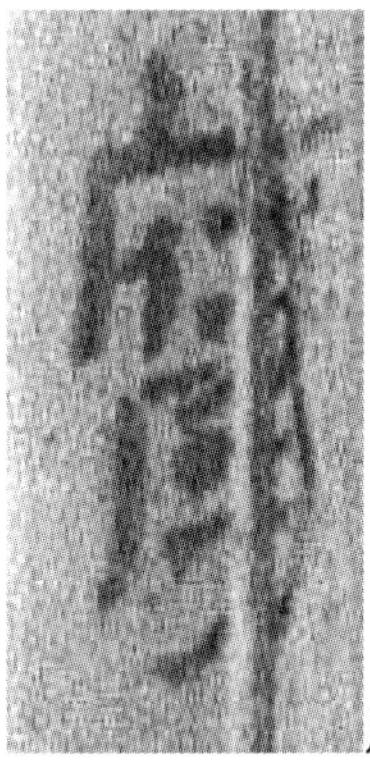
馬貳 206_35

張・金布律 433

○革腐敗毋用

張・脈書 52

銀壹 844

北魏・韓顯祖造像

○唯新豈腐含氣之徒

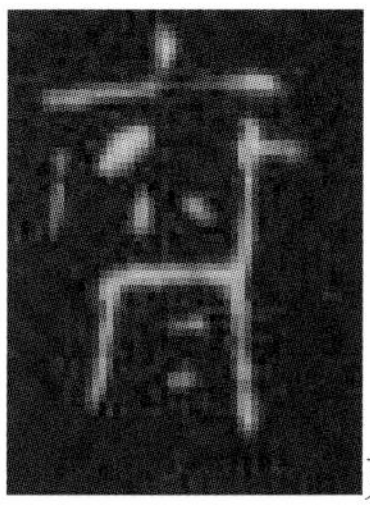
東魏・蕭正表誌

○皆已闇冥胸腐（府）者矣

【肎】

《說文》：，骨閒肉肎肎箸也。从肉，从冎省。一曰骨無肉也。

【肎】

《說文》：，古文肎。

睡・封診式 93

○皆莫肎與丙共栖

嶽・得之案 184

里・第八層 1454

馬壹 87_187

馬貳 70_46/46

○直肎攣筋

馬貳 32_6 上

敦煌簡 0239A

○主不肎到完取之兼

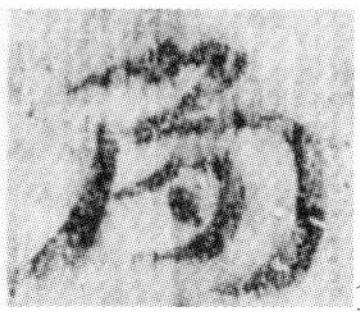
金關 T23:237A

○弟不肎來相視

金關 T10:409

東牌樓 021 背

○羌不肯□絕

廿世紀璽印二-GP

○王肯市豆

東魏・邑主造像訟

○方琢是肯

【肥】

《説文》：，多肉也。从肉从卪。

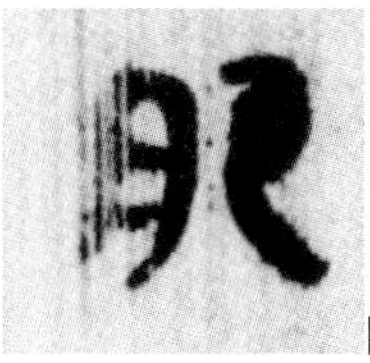
睡・為吏 35

○畜産肥犢

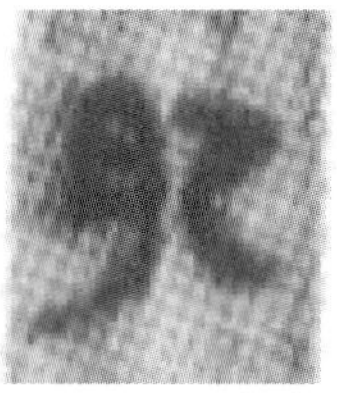
關・病方 373

○肥牛善食之

里・第八層 1619

○爲肥如尉

馬壹 111_8\359

○則以肥（配）天地

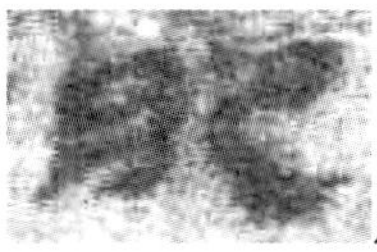
馬壹 3_10 上

○止其肥（腓）

馬壹 7_41 上

○其（亓）肥（配）主唯

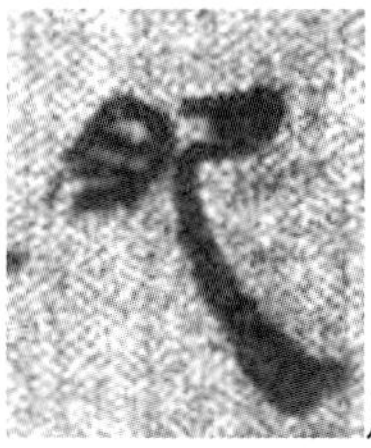
馬貳 32_6 上

○肉章肥不威（滅）

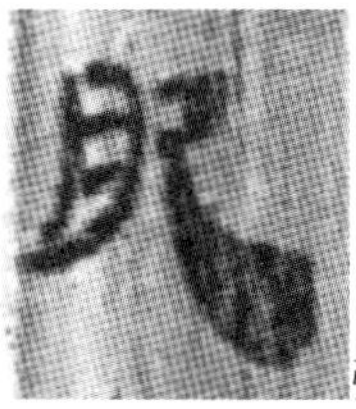
張・奏讞書 164

○切肥牛肉枹(庖)俎上

張・脈書 55

○君子肥而失其度

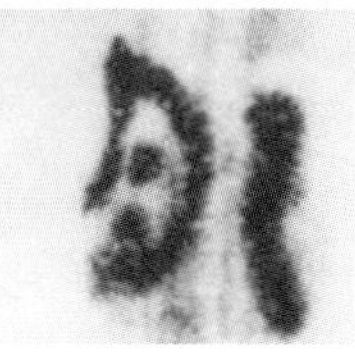
銀壹 820

○肥六畜者益其食

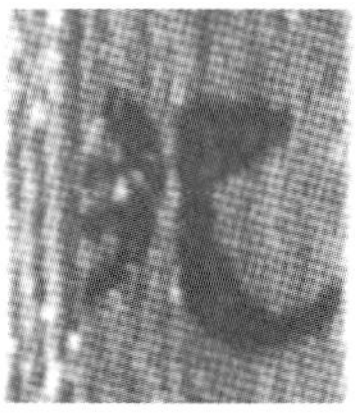
銀貳 1662

○稷者五陰之肥

北貳・老子 90

○是謂肥（配）天

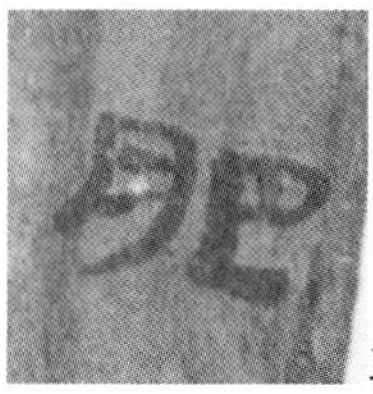
敦煌簡 639C

○山肥赦脩賈闌

敦煌簡 1617B

○十尚肥子

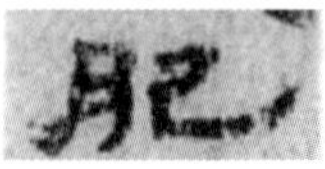
金關 T11:005

○聞微肥

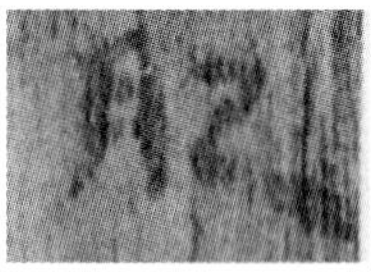
東牌樓 117 背

○如肥陽玉角所將

吳簡嘉禾・五・三四八

○女烝肥佃田四町

廿世紀璽印二-SY

○王肥

漢晉南北朝印風

漢印文字徵

○肥少孺

漢印文字徵

○肥福私印

漢印文字徵

○肥君光

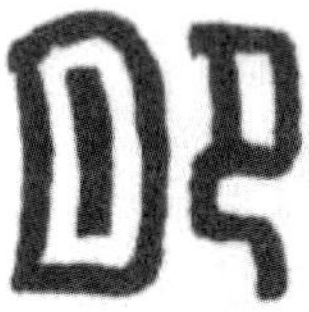
漢印文字徵

柿葉齋兩漢印萃

○肥兄之印

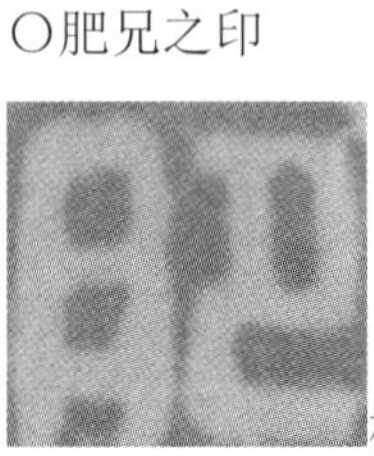
柿葉齋兩漢印萃

漢晉南北朝印風

○肥錯之印

東漢・肥致碑

○河南梁東安樂肥君之碑

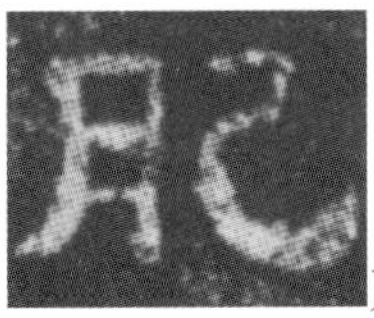東漢・肥致碑

○師事肥君

東漢・肥致碑

○河南梁東安樂肥君之碑

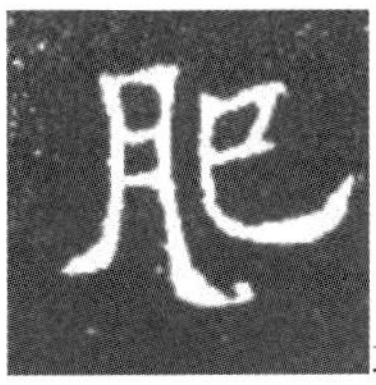北魏・常襲妻崔氏誌

○郡肥如縣征東大將

北魏・司馬金龍墓表

○縣肥鄉孝敬里

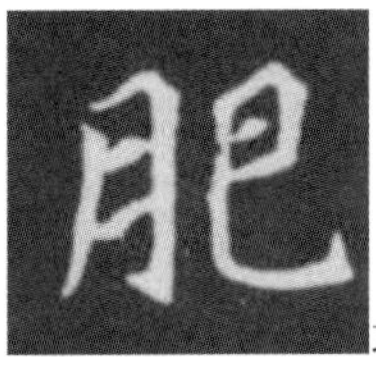北魏・王禎誌

【脅】

《説文》：，肥腸也。从肉，啓省聲。

【朘】

《説文》：，赤子陰也。从肉夋聲。或从血。

【腔】

《説文》：，内空也。从肉从空，空亦聲。

睡・封診式 53

○絕鼻腔

【朐】

《説文》：，朐肕，蟲名。漢中有朐肕縣，地下多此蟲，因以爲名。从肉句聲。考其義，當作潤蠢。

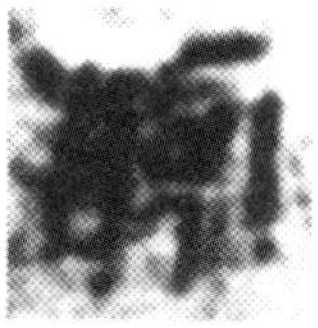秦文字編 655

【肕】

《説文》：，朐肕也。从肉忍聲。

〖肝〗

秦文字編 655

石鼓・而師

○□具肝來

〖肤〗

馬貳 223_33

○右方肤（膚）四笥

〖䏣〗

秦文字編 656

〖肵〗

武・甲《有司》65

〖肦〗

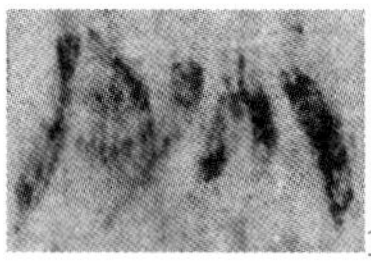
金關 T26:271

○一上肦

〖朐〗

里・第八層 703

○以朐具

〖肮〗

睡・語書 12

○閬強肮（伉）以

〖肓〗

睡・法律答問 74

○以肓（枯）死

〖背〗

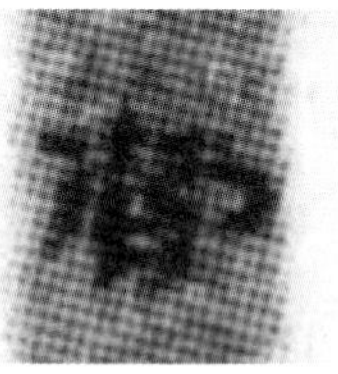
武・甲《燕禮》44

○背則庶子執燭

〖胈〗

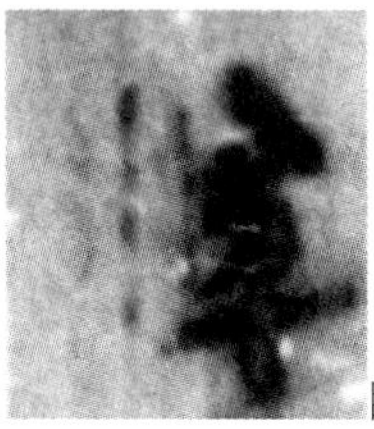
睡・封診式 54

○手毋胈

〖胭〗

張・引書 100

○以利喉胭（咽）

〖脡〗

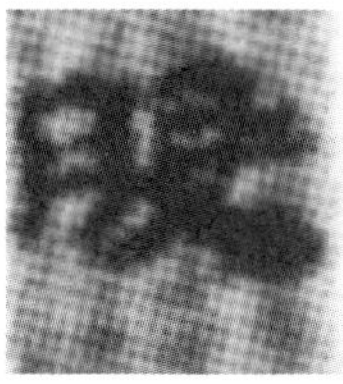
武・甲《少牢》16

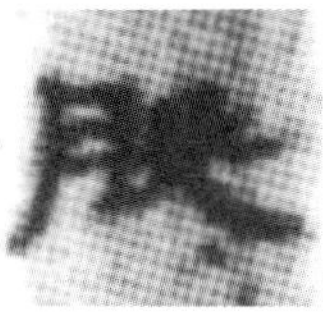
武・甲《有司》11

○脡膌（脊）

〖胕〗

張・脈書 58

○與胕（跗）之

張・引書 48

○縛兩胕於兩脅而力

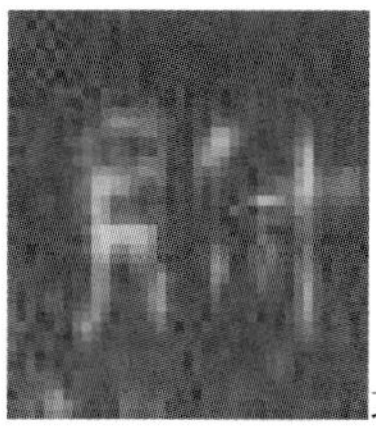
北周・賀蘭祥誌

○肺胕之功

〖脃〗

北貳・老子 74

○其脃（脆）易判也

北魏・楊泰誌

○脃均草木

北齊・邑義造像碑

○危脃若此

〖胶〗

居・EPS4T1.7

○淵一胶

〖胒〗

張・引書 13

○引胒者

〖胇〗

南朝梁・舊館壇碑

○皆謂金陵地肺者

南朝梁・舊館壇碑

○□壞胇浮

〖胈〗

漢印文字徵

○胈忠之印

漢印文字徵

○胈蒙私印

〖胠〗

漢印文字徵

○韓胠

〖脊〗

敦煌簡 1996

○詒馬脊方石方

〖胩〗

里・第八層 1243

○治病毋胩壹

〖脤〗

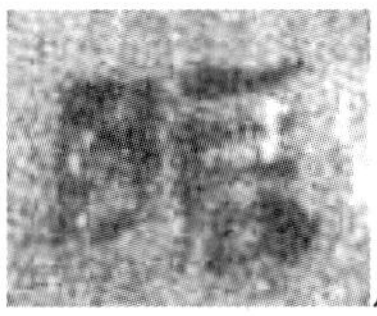
馬壹 10_57 下

○九四脤（臀）无膚

北魏・元融誌

○受脤出車

東魏・元均及妻杜氏誌

○公受脤出郊

〖脝〗

張・脈書 17

○出脝（郤）衷

〖脞〗

馬貳 63_19

〇上入脞間

〖脅〗

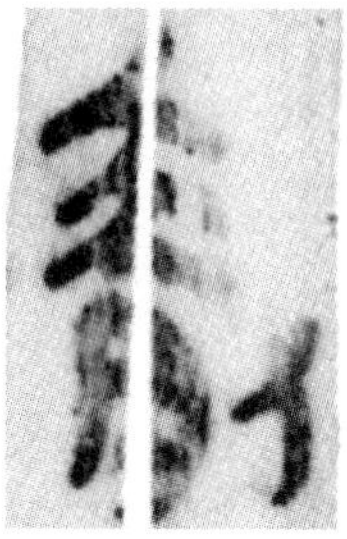
睡・日甲《馬禖》159

〇衡脅（脊）爲身

〖脼〗

北壹・倉頡篇 38

〇脼辛

漢印文字徵

〇衛脼

漢印文字徵

〇脼異人

東漢・石門頌

〇特遣行丞事西成韓脼

〖胬〗

金關 T26:151B

〇□胬穹真曾毋物

〖腈〗

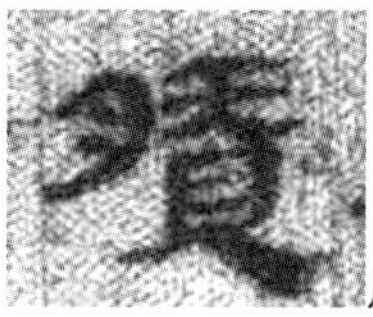
馬貳 36_51 上

〇與腈（脊）吾請

〖脧〗

睡・封診式 36

〇所不齊脧（戔）

〖腂〗

秦文字編 656

秦文字編 656

〖⿰月享〗

秦文字編 656

〖脺〗

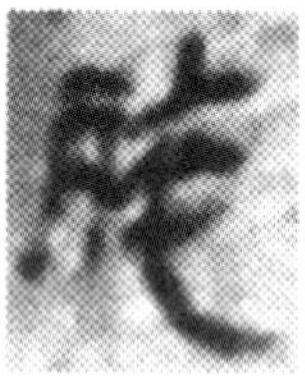
秦文字編 655

〖腋〗

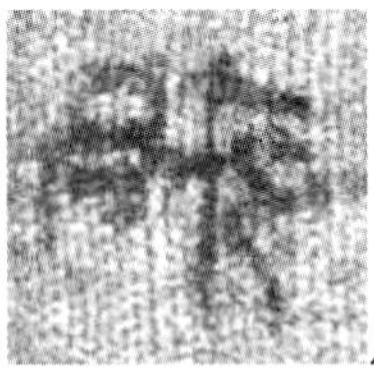
馬貳 62_6

○貫腋出於項

敦煌簡 0230B

○言腋君里田主人

北魏・元乂誌

東魏・公孫略誌

○門枉縫腋之賓

〖腑〗

北壹・倉頡篇 30

○敗蠹臭腑

〖腃〗

敦煌簡 1448

○腃體不安

〖腕〗

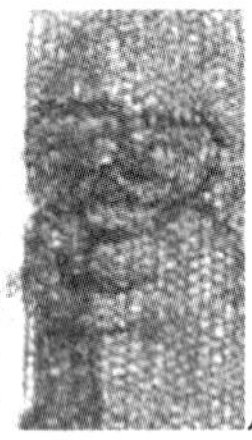
馬貳 87_393/383

○鼠□腕飲（歓）其

〖⿰月甚〗

秦文字編 655

〖⿰月索〗

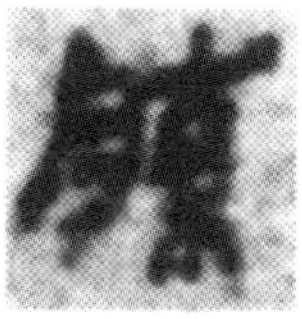
秦文字編 655

〖腰〗

北魏・元乂誌

〇宮徵鳴腰

北魏・元颺誌

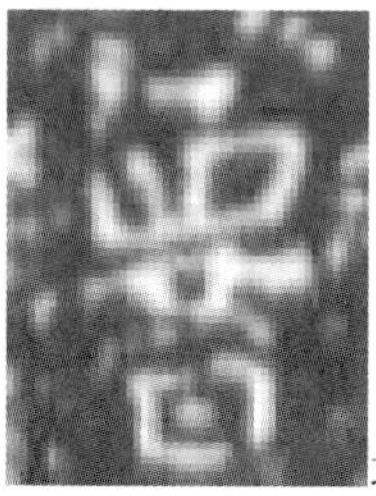
北齊・李雲誌

〇再腰青此

〖⿰月胃〗

馬壹 249_2-12 欄

〇⿰月胃（胃）須女

〖腮〗

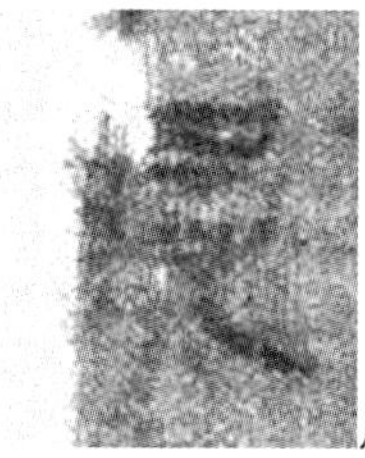
馬貳 111_51/51

〇取牛腮燔冶之

〖⿰月曷〗

秦文字編 655

〖⿰月侯〗

秦文字編 655

〖腞〗

銀貳 1049

漢印文字徵

〇張腞私印

漢印文字徵

〇林腞子

西魏・韋隆妻梁氏誌

〇幼稟享腞（豚）之訓

〖膖〗

馬壹 100_117

〇復歸於無（无）物

〖膉〗

馬貳 62_10

〇出膉（嗌）夾

〖膌〗

張・引書 51

〇兩手之指夾膌（脊）

〖膝〗

武・儀禮甲《士相見之禮》12

〇則視膝凡侍坐於君

東漢・郎中鄭固碑

〇造膝佹辭

西晉・臨辟雍碑

〇屈膝納贄

北魏・公孫猗誌

〇膝前有歡

北齊・無量義經二

〇踝膝不現陰馬藏

北齊・赫連子悅誌

〇前膝

〖膕〗

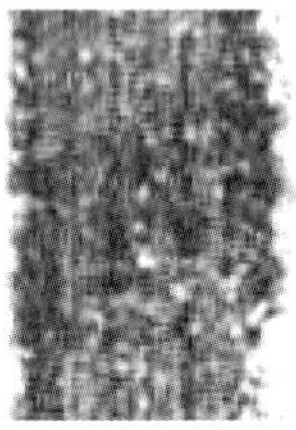
馬貳 220_50/61

○汗留（流）至膕（國）

〖朠〗

張・脈書 17

○上穿朠

〖腹〗

北貳・老子 151

○爲腹(腹)不爲目

〖腸〗

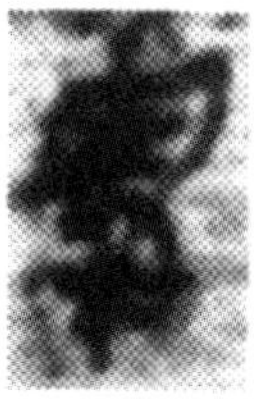
秦文字編 655

〖膱〗

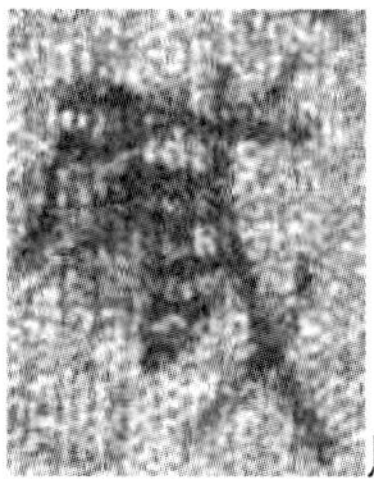
馬貳 81_253/240

○冶以膱膏濡而入之

〖膋〗

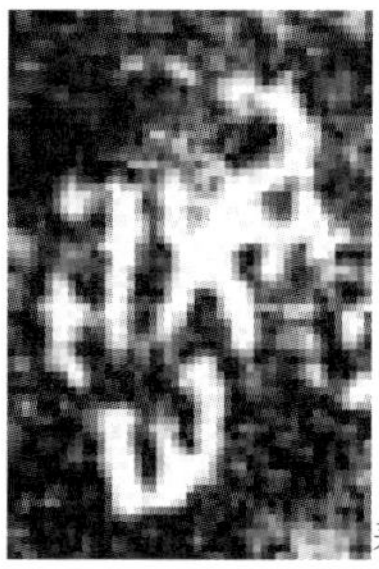
春早・秦子戈

○用膋宜

春早・秦子戈

○用膋宜

春早・秦子戈

○用膋宜

〖腤〗

漢印文字徵

○張腤

〖臚〗

張・脈書 3

○齕癰爲臞

〖臎〗

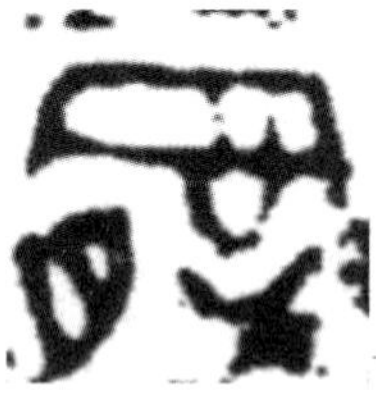
廿世紀璽印二-GP

○臎□鉨

〖臉〗

北齊・王鴨臉造像

○王鴨臉

〖臏〗

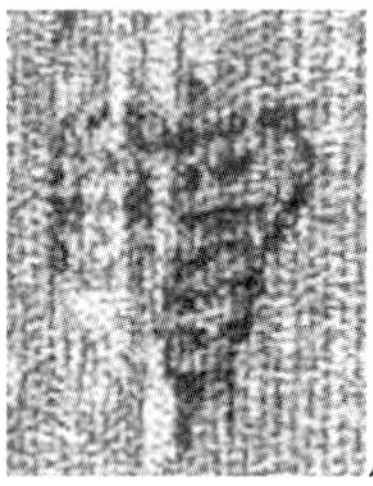
馬貳 64_9/43

○上穿臏（髕）出

〖朧〗

居・EPT65.45

○朧牝齒七歲

〖臟〗

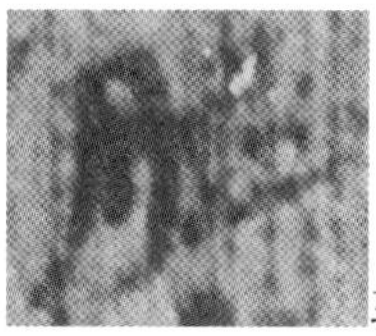
敦煌簡 0636B

○心臟

〖臛〗

秦代印風

○臛得

〖臞〗

北壹・倉頡篇 50

○殣棄臞

筋部

【筋】

《説文》：筋，肉之力也。从力从肉从竹。竹，物之多筋者。凡筋之屬皆从筋。

睡・秦律十八種 18

○入其筋革

睡・日甲《詰》39

〇一室之人皆夙(縮)筋

里・第八層 102

〇牛及筋

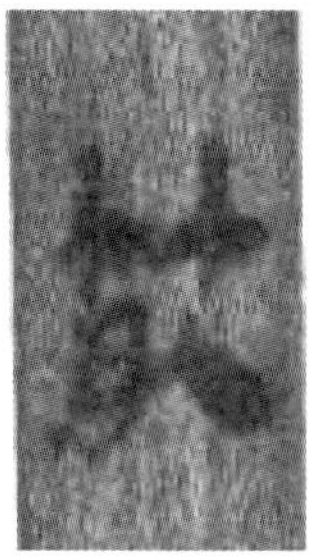
馬貳 216_10/21

〇筋骨浲(隆)强

馬貳 35_38 下

〇怒狄筋不躁動不能

張・奏讞書 164

〇筋盡斬

張・脈書 54

〇筋者束毆

張・引書 11

〇曰引陽筋

張・引書 92

〇筋胕脈視左

張・引書 99

〇閉息以利交筋

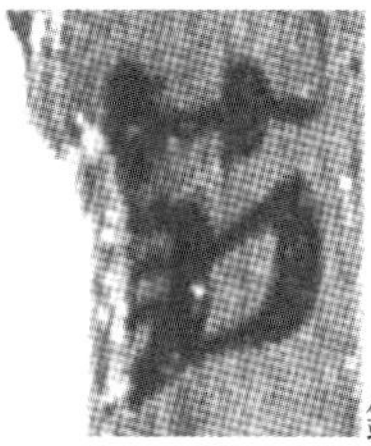
銀貳 1702

〇禁則筋

北貳・老子 48

〇骨弱筋柔

晉・黃庭內景經

○骨青筋赤髓如霜

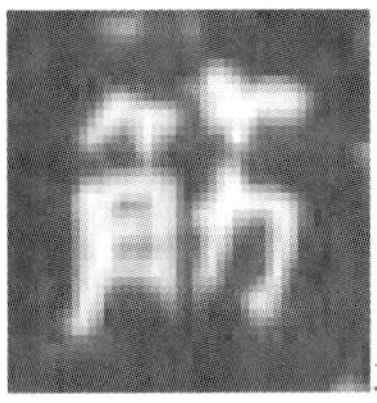北周・叱羅協誌

○方當盡其筋力

【笏】

《説文》：，筋之本也。从筋，从夗省聲。

【腱】

《説文》：，笏或从肉、建。

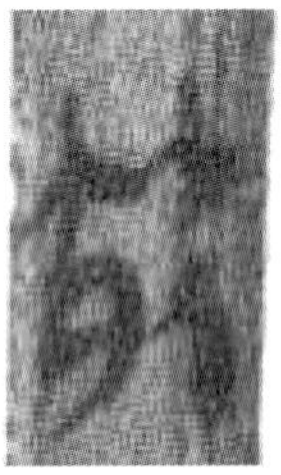馬貳 219_42/53

○通脈利笏

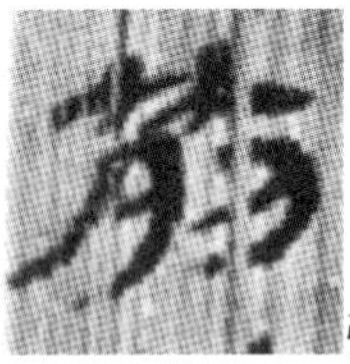張・引書 43

○右股陰笏

【筍】

《説文》：，手足指節鳴也。从筋省，勹聲。

【肑】

《説文》：，筍或省竹。

刀部

【刀】

《説文》：，兵也。象形。凡刀之屬皆从刀。

漢銘・膠東食官刀

漢銘・漢永建書刀

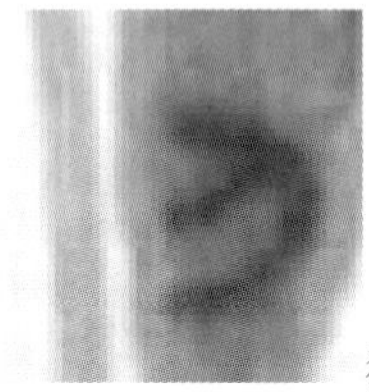嶽・譊妘等案 139

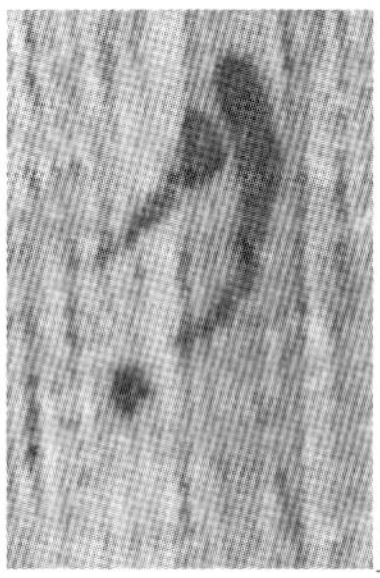里・第八層 834

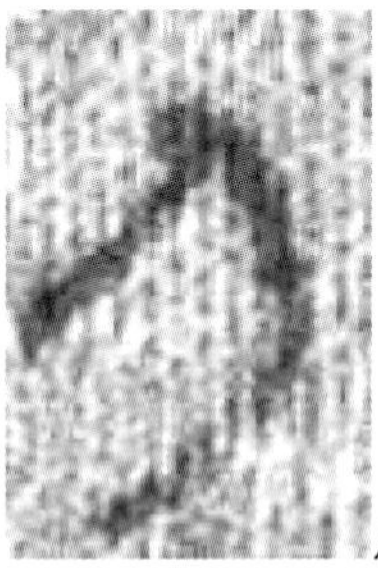馬壹 258_2 上\18 上

馬貳 242_235

張・奏讞書 217

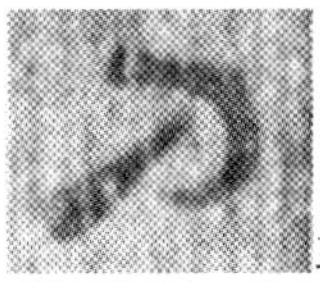
敦煌簡 0942

金關 T21:226

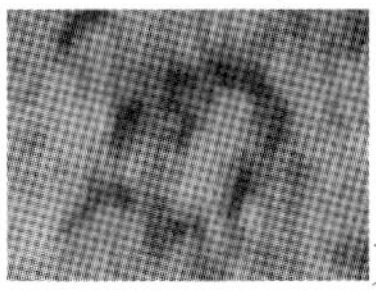
東牌樓 006

〇大刀一口

漢印文字徵

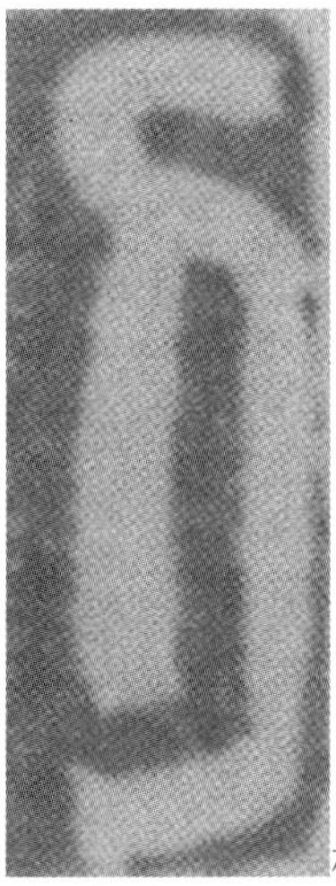
柿葉齋兩漢印萃

漢印文字徵

漢印文字徵

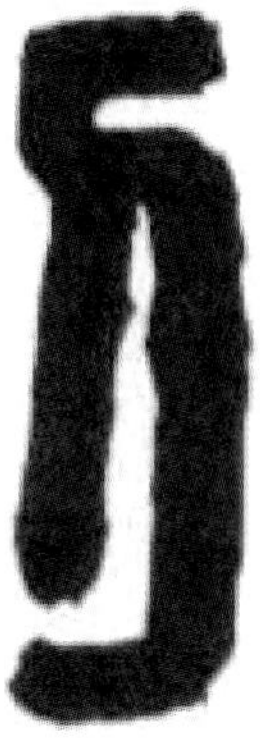
漢印文字徵

漢印文字徵

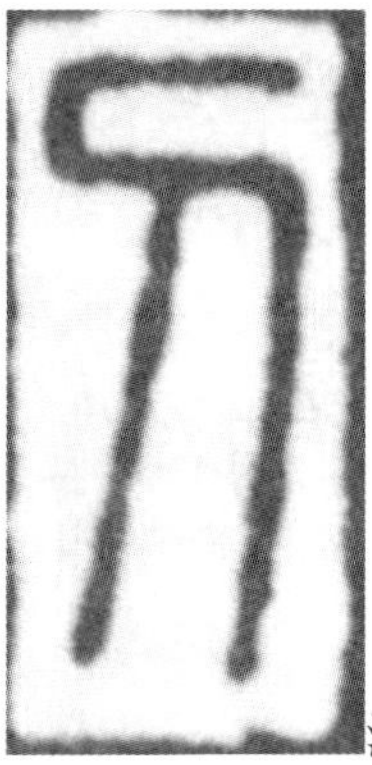
漢晉南北朝印風

漢晉南北朝印風

漢晉南北朝印風

東漢・永和二年畫像石題記

北魏・寇憑誌

【𠜾】

《説文》：，刀握也。从刀缶聲。

【剽】

《説文》：，刀劍刃也。从刀㖾聲。

【㓞各】

《説文》：，籒文剽从㓞从各。

【削】

《説文》：，鞞也。一曰析也。从刀肖聲。

睡・秦律雜抄 5

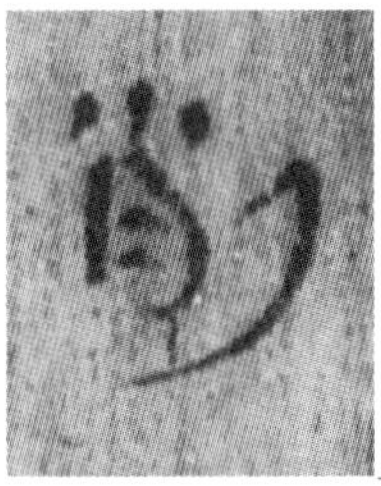
里・第八層背 70

馬壹 122_26 上

馬貳 38_68 上

銀壹 411

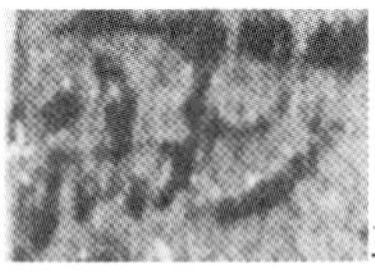
敦煌簡 1589

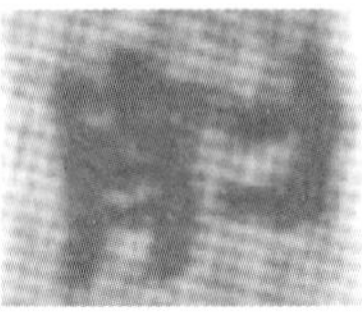
武・儀禮甲《服傳》12

北魏・張寧誌

北魏·爾朱紹誌

北魏·李超誌

北齊·爾朱元静誌

北齊·吐谷渾静媚誌

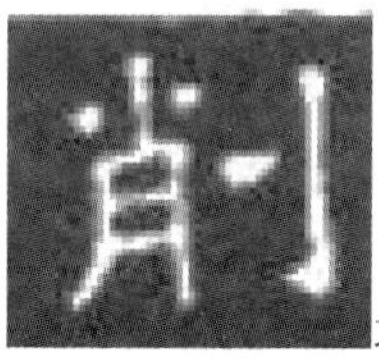
北齊·婁叡誌

北齊·姜纂造像

【𠛎】

《説文》：，鎌也。从刀句聲。

【剴】

《説文》：，大鎌也。一曰摩也。从刀豈聲。

馬壹 115_41\444

〇此剴(豈)弱者此強者

馬壹 88_195

〇剴(豈)非計長久

【剞】

《説文》：，剞𠜾，曲刀也。从刀奇聲。

東魏·嵩陽寺碑

〇剞劂鎸磨

【𠜾】

《説文》：，剞𠜾也。从刀屈聲。

【利】

《説文》：，銛也。从刀。和然後利，从和省。《易》曰："利者，義之和也。"

【𥝢】

《説文》：，古文利。

漢銘・大利壺

漢銘・蜀郡嚴氏富昌洗

漢銘・日利泉範二

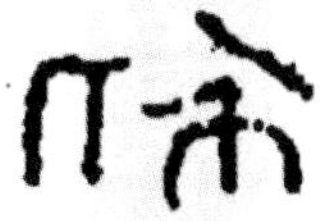
漢銘・日利千萬鉤

漢銘・大命日利壺

睡・為吏 27

睡・日乙《入官》225

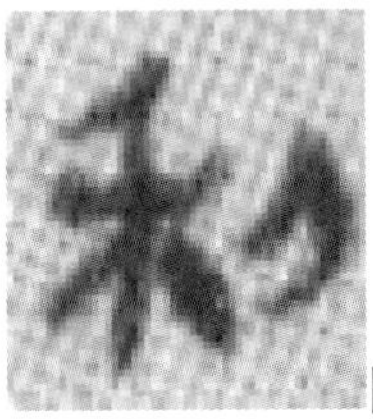
關・病方 368

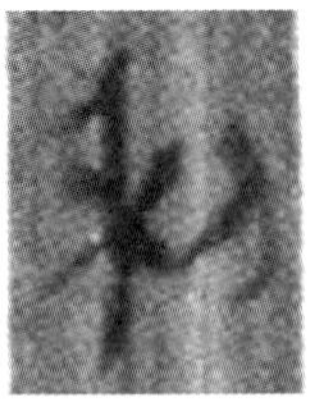
嶽・為吏 86

嶽・學為偽書案 216

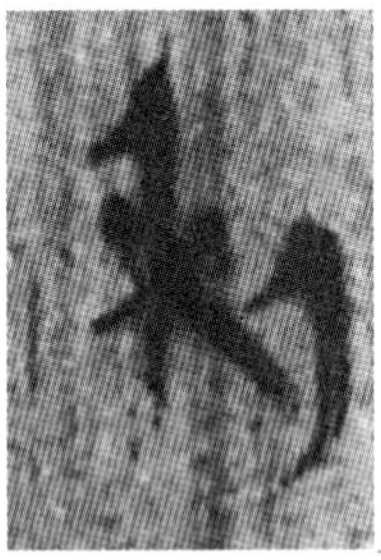
里・第八層 327

里・第八層背 67

馬壹 178_61 下

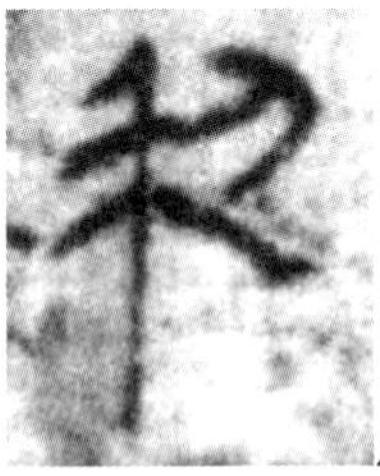
馬壹 89_216

馬壹 5_27 上

馬貳 248_308

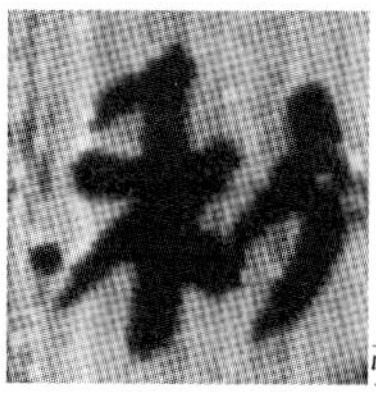
張・蓋盧 40

張・脈書 53

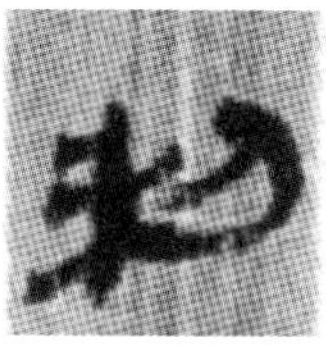
張・引書 101

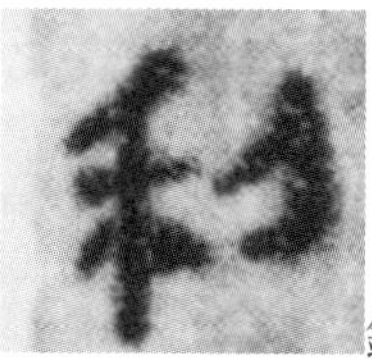
銀壹 167

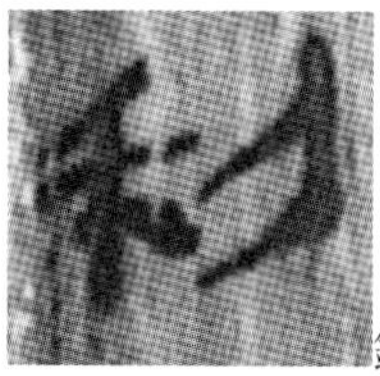
銀貳 1012

北貳・老子 169

敦煌簡 0052

○失戰利不敢入塞

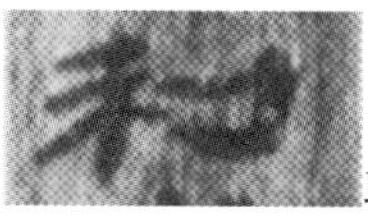
敦煌簡 0283

金關 T01:037

金關 T23:780

○戸不利

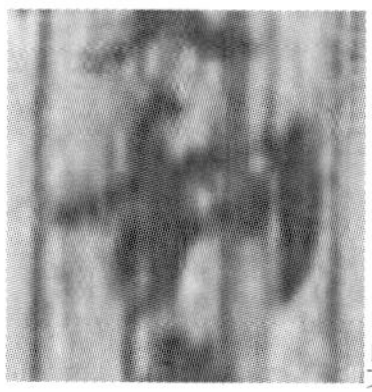
吳簡嘉禾・四・九四

○大女利妾佃田

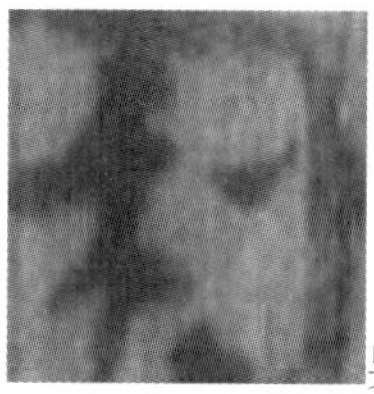
吳簡嘉禾・五・三一三

○利丘男子黃溺佃田

秦代印風

秦代印風

○楊獨利

秦代印風

○張利

秦代印風

廿世紀璽印三-SY

○大于利

廿世紀璽印三-SY

廿世紀璽印三-SY

歷代印匋封泥

○原利里附城

廿世紀璽印三-SY

廿世紀璽印三-SP

歷代印匋封泥

○利居鄉印

歷代印匋封泥

歷代印匋封泥

歷代印匋封泥

歷代印匋封泥

○日利

歷代印匋封泥

○日利

歷代印匋封泥

○日利

柿葉齋兩漢印萃

○日利

漢印文字徵

○王常利

歷代印匋封泥

○日利

漢印文字徵

柿葉齋兩漢印萃

○荊利親印

漢印文字徵

漢印文字徵

○出入利

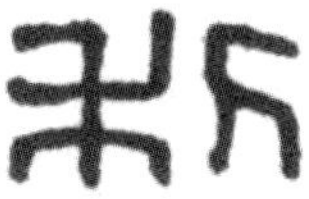
漢印文字徵

○大利樣敞

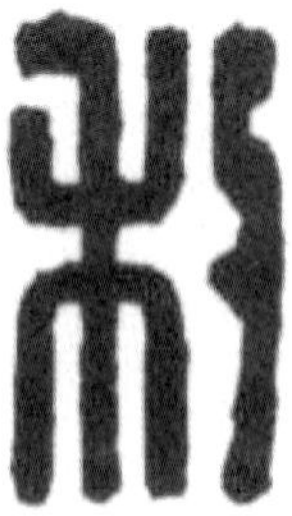
漢印文字徵

○日利

漢印文字徵

○日利

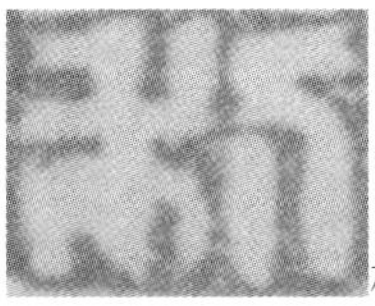
柿葉齋兩漢印萃

○大利

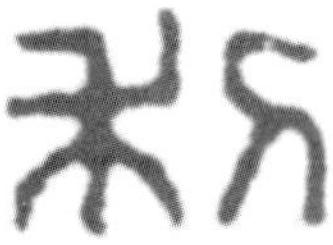
廿世紀璽印四-SY

○大利鮑長封

漢晉南北朝印風

○大利旦中公

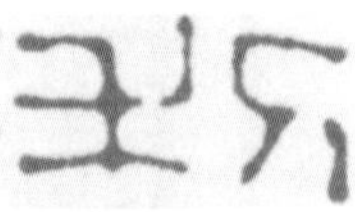
漢晉南北朝印風

○大利夏侯君孫

漢晉南北朝印風

○翟利

漢晉南北朝印風

漢晉南北朝印風

漢晉南北朝印風

○利城令印

漢晉南北朝印風

漢晉南北朝印風

漢晉南北朝印風

○大利吳小卿

漢晉南北朝印風

漢晉南北朝印風

○大吳常利

詛楚文・亞駝

○相爲不利親印不顯

泰山刻石

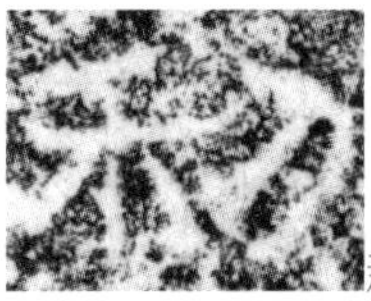
新莽・禳盜刻石

○天利之居

東漢・熹平石經殘石四

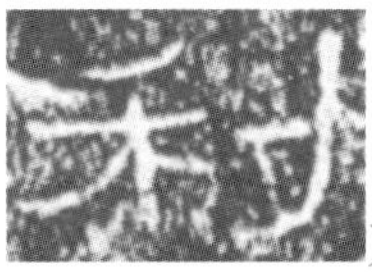
東漢・石門頌

北魏・淨悟浮圖記

○臻舍利以勖

北魏・奚智誌

北魏・奚真誌

北齊・赫連子悅誌

北周・華岳廟碑

【剡】

《説文》：剡，鋭利也。从刀炎聲。

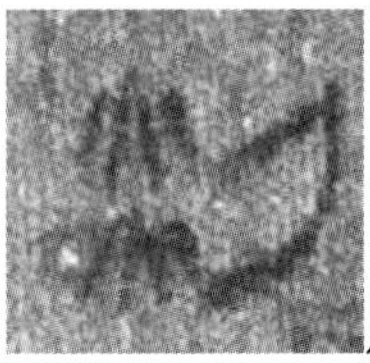
馬貳 86_366/356

○以肥滿剡豶膏夷

漢印文字徵

漢印文字徵

北齊・元賢誌

○□剡諸邑

【初】

《説文》：，始也。从刀从衣。裁衣之始也。

西晚・不其簋

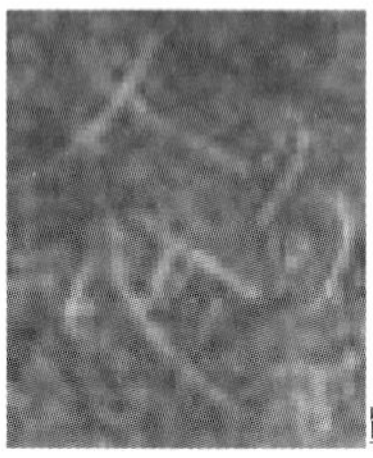
戰晚・寺工師初壺

漢銘・新嘉量二

漢銘・敬武主家銚

漢銘・永初鍾

漢銘・東阿宮鈁

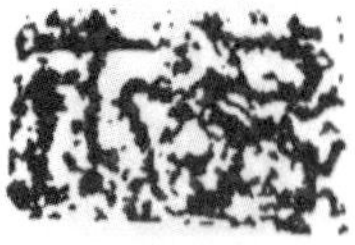
漢銘・建初六年洗

漢銘・建初元年鐎

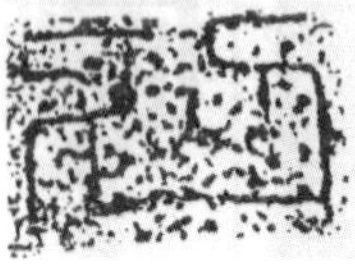
漢銘・永初元年堂狼造作洗

漢銘・新嘉量一

漢銘・初平五年洗

漢銘・新嘉量二

漢銘・尚浴府行燭盤

漢銘・谷口鼎

漢銘・建初八年洗

漢銘・元初七年洗

漢銘・永初元年堂狼洗

漢銘・新衡杆

漢銘・慮虒尺

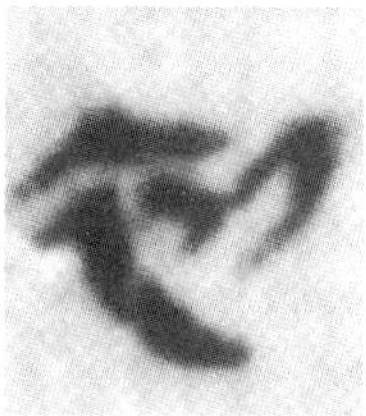
睡・秦律十八種 111

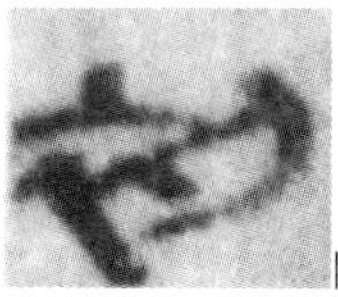
睡・法律答問 145

睡・日甲《門》143

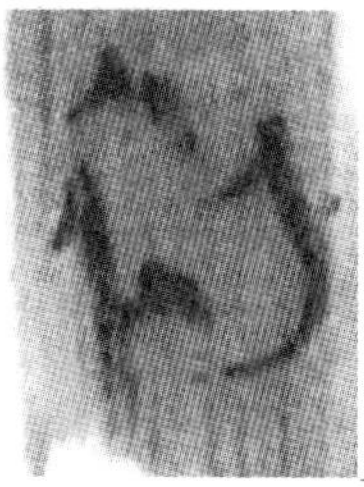
里・第八層 2460

里・第八層背 142

馬壹 5_22 上

馬壹 75_24

馬貳 3_13

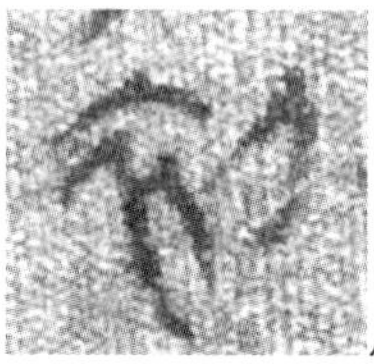
馬貳 75_147/146+殘片 1

張・奏讞書 177

敦煌簡 0241

金關 T09:086

金關 T10:066

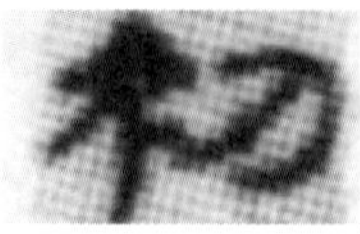
武・甲《特牲》42

○祝如初義（儀）

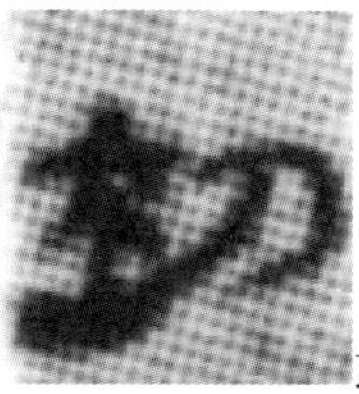
武・甲《特牲》5

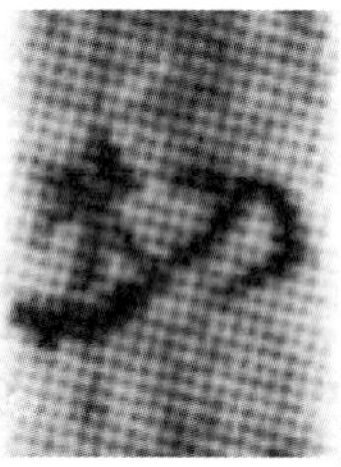
武・甲《燕禮》44

○上如初無筭

魏晉殘紙

漢印文字徵

漢印文字徵

○綦母初印

漢印文字徵

漢印文字徵

漢印文字徵

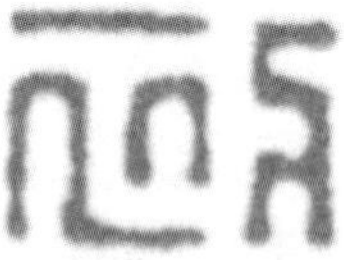
漢晉南北朝印風

漢晉南北朝印風

漢晉南北朝印風

秦公大墓石磬

東漢・張遷碑陽

○黃巾初起

東漢・李孟初神祠碑

東漢・司徒袁安碑

三國魏・管寧誌

○漢初平二年

北魏・劉滋誌

○初宦聖魏

北魏・薛慧命誌

○祖初古拔

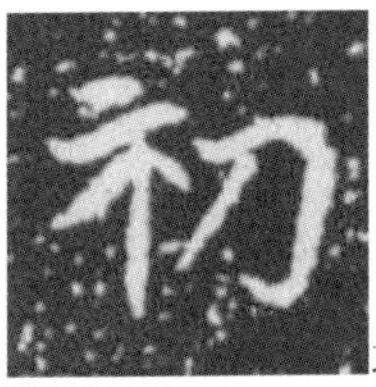
北魏・蘇屯誌

○爰初釋褐、

北魏・慈慶誌

○初睽未遇

北魏・侯剛誌

○正光初

北魏・元斌誌

○識洞丱初

北魏・元緒誌

○景明初登

北魏・崔隆誌

〇初除壽春令

北魏・元澄妃誌

北魏・淨悟浮圖記

〇初落髮

北魏・元謐誌

東魏・廣陽元湛誌

〇驥騄初騁

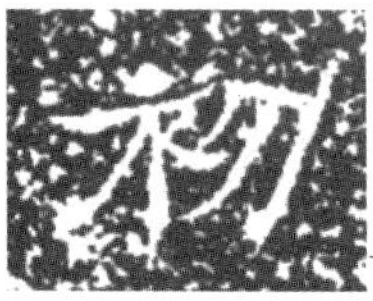
南朝宋・玄宮石碣

〇宋永初二年

【剪】

《説文》：，齊斷也。从刀歬聲。

北魏・丘哲誌

北魏・元顯俊誌

東魏・李挺誌

〇剪拂增價

北齊・暴誕誌

北齊・是連公妻誌

〇克剪殷國；

【則】

《説文》：，等畫物也。从刀从貝。貝，古之物貨也。

【副】

《説文》：，亦古文則。

【劆】

《説文》：，古文則。

【鼎刂】

《說文》：[illegible]，籀文則从鼎。

秦代・始皇詔八斤權二

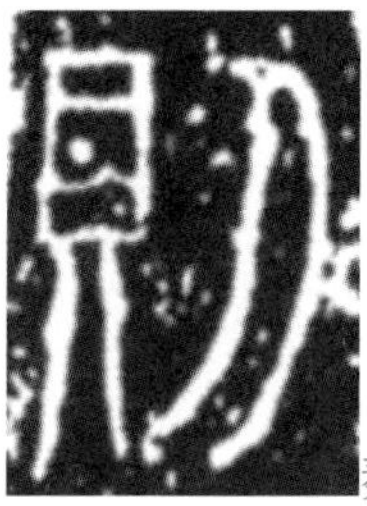
秦代・始皇詔銅權三

漢銘・陽泉熏鑪

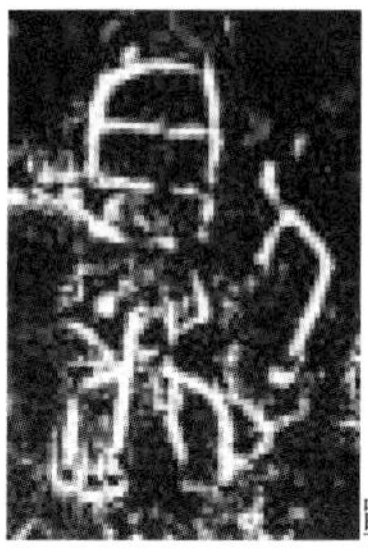
戰中・商鞅量

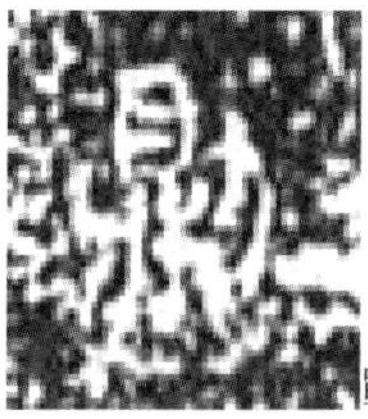
戰晚・左樂兩詔鈞權

秦代・兩詔銅權三

秦代・大騩銅權

秦代・始皇詔版一

秦代・始皇詔銅橢量四

睡・為吏 40

睡・日甲《詰》64

睡・日甲《詰》64

睡・日甲《詰》44

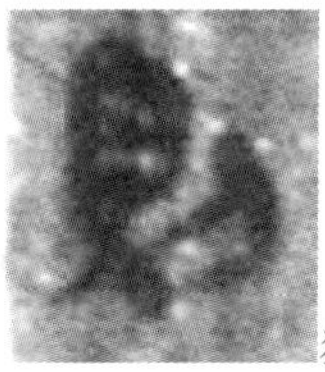
嶽・為吏 52

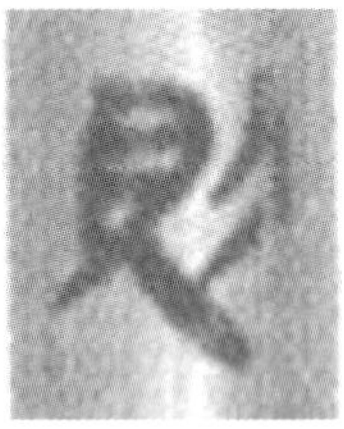
嶽・占夢書 19

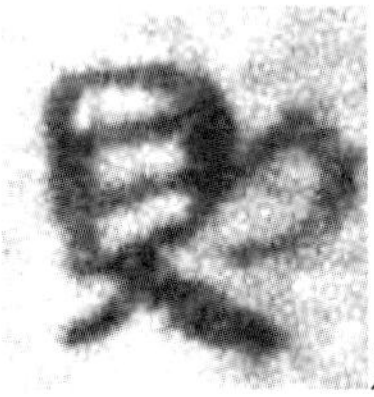
馬壹 112_27\378

馬壹 147_63/237 下

馬壹 175_56 上

馬壹 90_253

馬貳 204_18

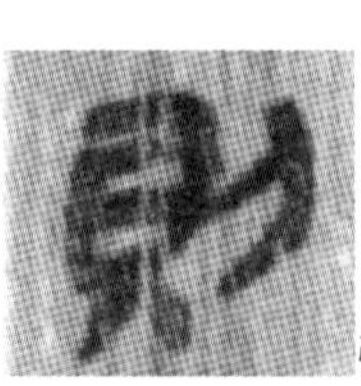
張・蓋廬 31

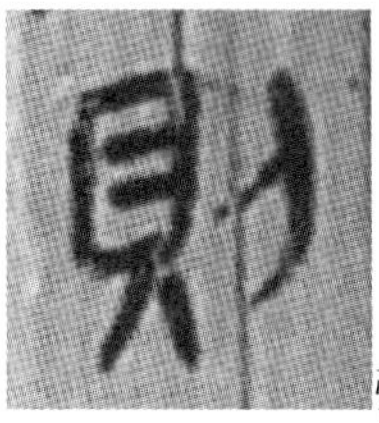
張・脈書 50

張・引書 92

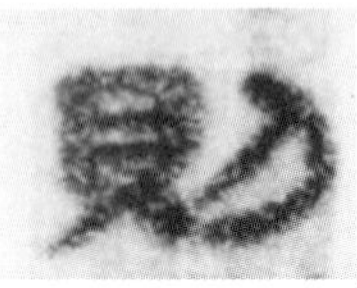
銀壹 248

銀壹 915

銀貳 1702

北貳・老子 179

敦煌簡 0066

○不和則中國之大利

居・EPT40. 206

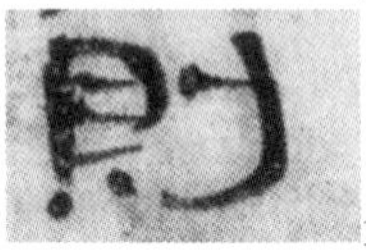
金關 T30:008

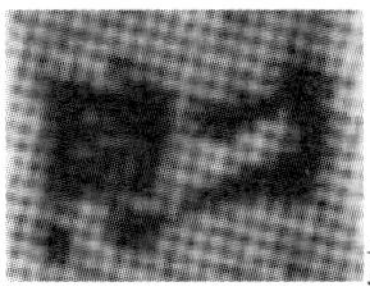
武・儀禮甲《士相見之禮》14

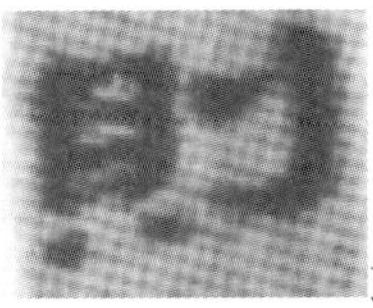
武・儀禮甲《服傳》16

武・甲《特牲》50

武・甲《泰射》55

北圖五卷四號

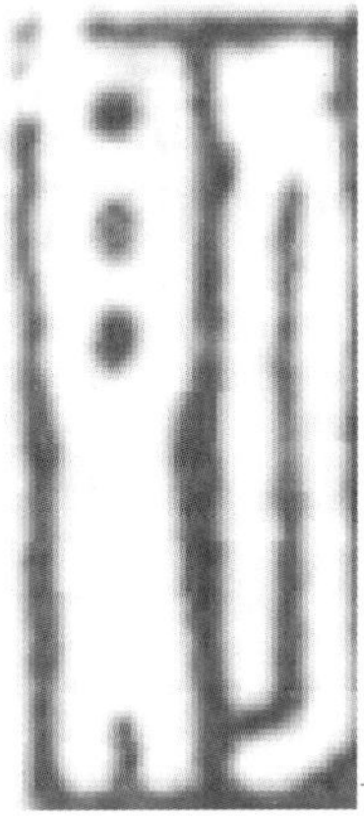
廿世紀璽印三-SY

○鄧則

漢晉南北朝印風

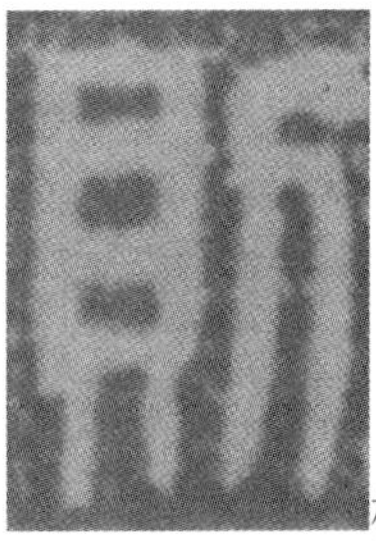
柿葉齋兩漢印萃

漢印文字徵

漢印文字徵

漢印文字徵

漢印文字徵

漢印文字徵

○李則之印

漢晉南北朝印風

○則和信印

東漢・從事馮君碑

東漢・元嘉元年畫像石題記二

東漢・桐柏淮源廟碑

東漢・夏承碑

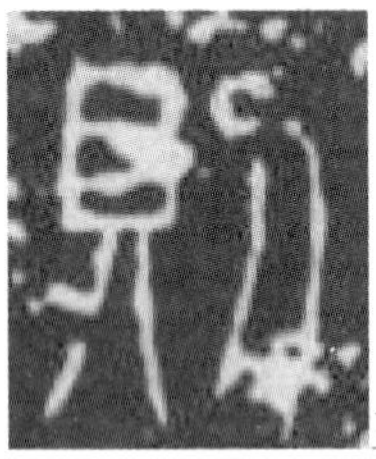
三國魏・三體石經尚書・篆文

○于皇天在大甲時則有若保

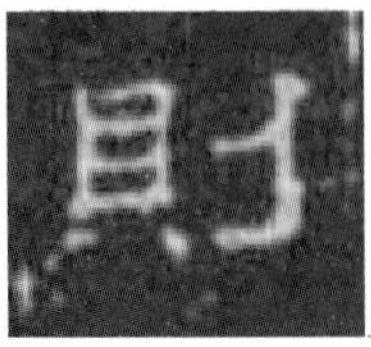
三國魏・上尊號碑

三國魏・三體石經尚書・隸書

西晉・臨辟雍碑

北魏・寇憑誌

北魏・檀賓誌

北魏・元爽誌

北魏・元誘妻馮氏誌

北齊・維摩經碑

詛楚文・沈湫

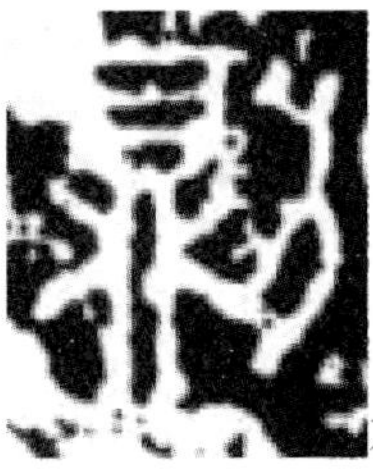
石鼓・吾水

〇嘉樹鼎（則）里

東漢・開母廟石闕銘

〇鼎（則）文燿以消搖

三國魏・三體石經尚書・古文

〇時則有若保

【剛】

《説文》：，彊斷也。从刀岡聲。

【信】

《説文》：，古文剛如此。

馬壹 36_22 上

〇不剛則不能僮（動）

馬壹 37_23 下

〇剛建（健）僮（動）發

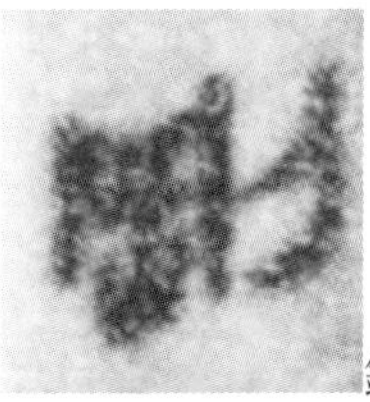
銀壹 417

銀貳 1728

北貳・老子 114

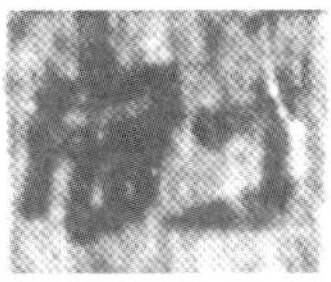
敦煌簡 0344

〇門下史馬剛

北壹・倉頡篇 4

〇勇猛剛毅

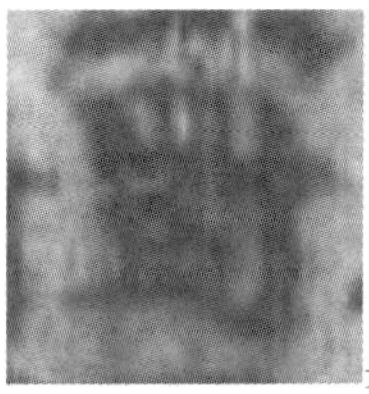
吴簡嘉禾・一三八四

〇上剛一枚

吴簡嘉禾・六六零九

秦代印風

廿世紀璽印三-SY

○賈剛

漢印文字徵

○剛羝右尉

柿葉齋兩漢印萃

漢印文字徵

○李剛之印

漢印文字徵

○鹿剛私印

漢印文字徵

漢印文字徵

○公孫剛

漢印文字徵

○王剛

漢晉南北朝印風

漢晉南北朝印風

○高剛私印

漢晉南北朝印風

○高剛私印

漢晉南北朝印風

○潘剛私印

東漢・熹平石經殘石四

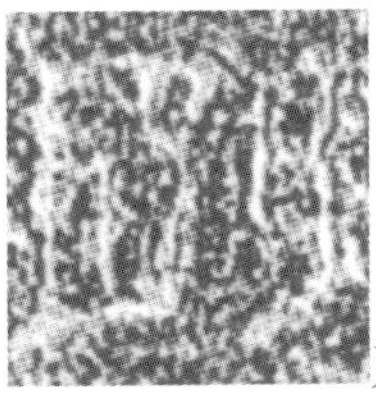
東漢・永壽元年畫像石闕銘

東漢・熹平石經殘石四

北魏・侯剛誌

○公諱剛

北魏・寇霄誌

○灼灼剛（綱）紀

北魏・元思誌

○家紹剛（綱）軌

東魏・劉懿誌

東魏・李顯族造像

○願如金剛

北齊・劉碑造像

○金剛力仕

北齊・殘塔銘

○金剛□頌

【剬】

《説文》：剬，斷齊也。从刀耑聲。

【劊】

《説文》：劊，斷也。从刀會聲。

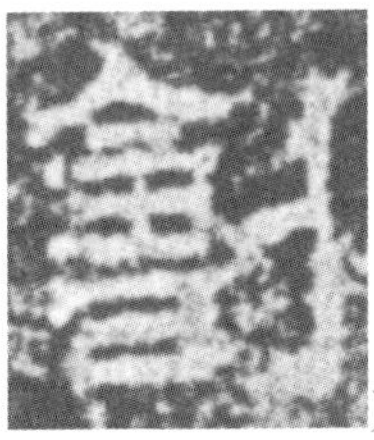
東漢・熹平石經殘石五

○于剝劊

【切】

《説文》：切，刌也。从刀七聲。

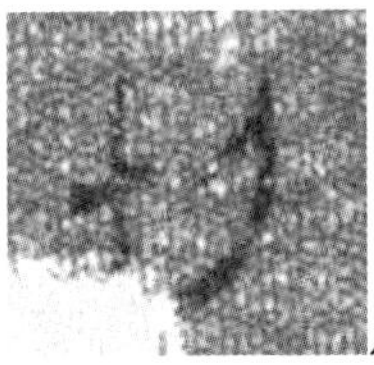
馬貳 83_309

○細切淳酒一斗

張・奏讞書 164

○所以切肉刀新磨甚利

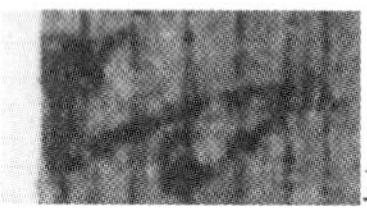
敦煌簡 0242B

○旦夕切聞記不多言

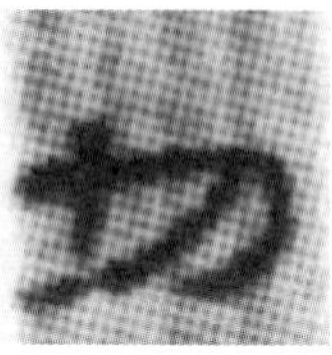
武・甲《有司》43

東漢・景君碑

○哀聲忉切

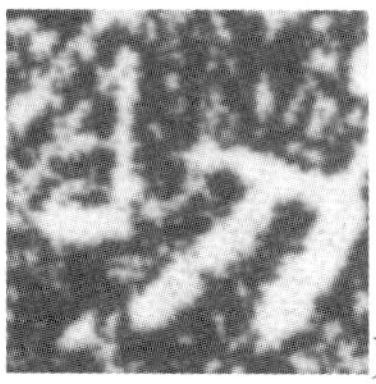
東漢・庚午等字殘碑

○切惡

東漢・陽三老石堂畫像石題記

○感切傷心

北魏・王温誌

北魏・塔基石函銘刻

○與一切臣民

北魏・高衡造像

○一切等類

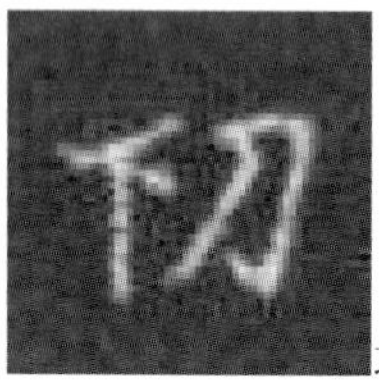
北魏・四十一人等造像

○並勸一切

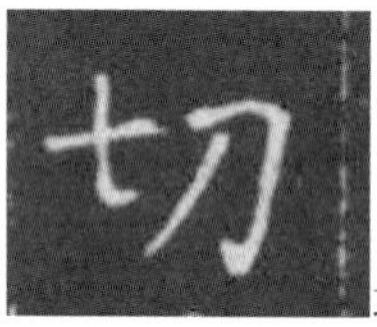
北魏・元倓誌

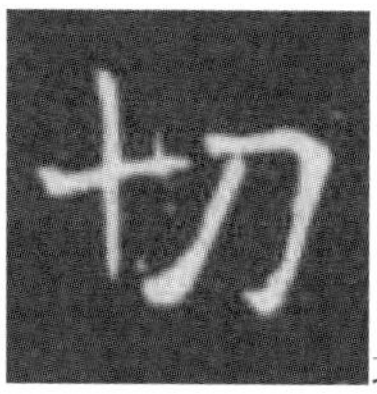
北魏・元誘誌

○捐珠之悲既切

東魏・杜文雅造像

○一切有形

北齊・王馬造像

○一切有形

北齊・張思文造像

○一切含靈

【刌】

《說文》：刌，切也。从刀寸聲。

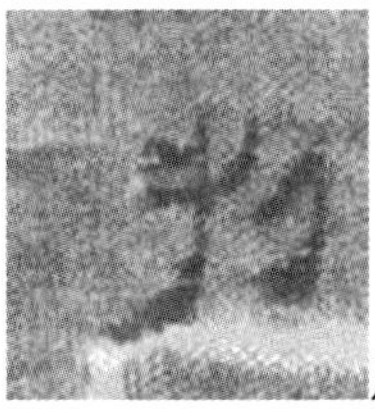
馬貳 115_101/100

○莖細刌之各四斗與

馬貳 89_425/415

○付小刌一升舂之以

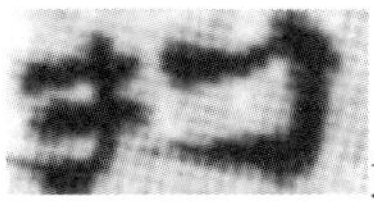
武・甲《特牲》51

○肺一刌肺三魚十有

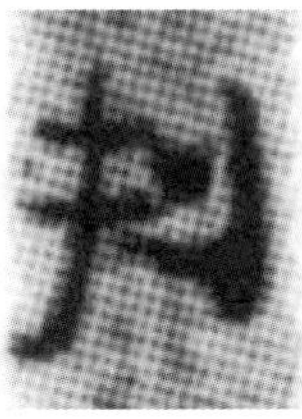
武・甲《少牢》31

○牢一刌肺以授上佐

【劈】

《說文》：劈，斷也。从刀辟聲。

【刉】

《說文》：刉，劃傷也。从刀气聲。一曰斷也。又讀若殪。一曰刀不利，於瓦石上刉之。

【劌】

《說文》：劌，利傷也。从刀歲聲。

【刻】

《說文》：刻，鏤也。从刀亥聲。

秦代・元年詔版二

秦代・美陽銅權

漢銘・苦宮行燭定

漢銘・更始泉範一

漢銘・更始泉範一

漢銘・駘蕩宮高鐙

睡・秦律十八種 102

睡・效律 40

睡・為吏 19

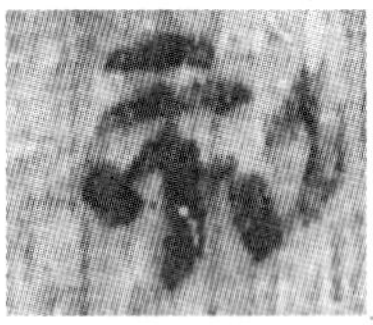
里・第八層 1234

里・第八層背 199

○十一刻

馬貳 33_2 下

張・奏讞書 64

○它如刻（劾）種

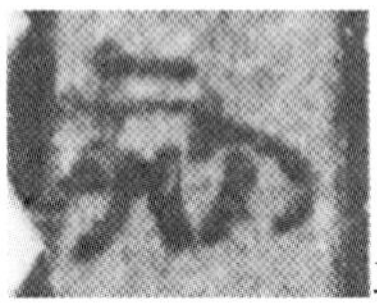
敦煌簡 2296

金關 T26:065

○毋苛刻煩擾奪民時

北壹・倉頡篇 12

○悝騁虧刻枊

秦代印風

○呂刻

漢晉南北朝印風

○單尉爲百衆刻千歲印

漢印文字徵

○單尉爲百衆刻千歲印

瑯琊刻石

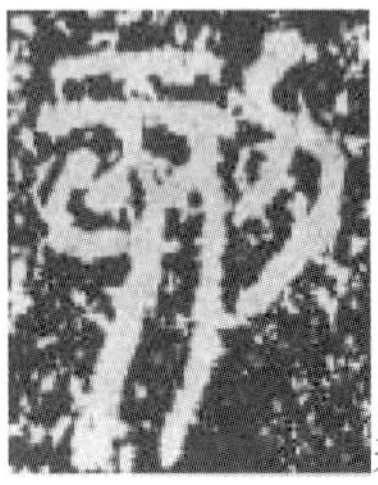
泰山刻石

琅琊刻石

琅琊刻石

東漢・景君碑

東晉・宋和之誌

○左故刻石爲識

北魏・李超誌

○刻茲陰石

北魏・韓震誌

北魏・甄凱誌

北齊・感孝頌

【副】

《説文》：副，判也。从刀畐聲。《周禮》曰："副辜祭。"

【疈】

《説文》：疈，籀文副。

里・第八層 454

○金布副

馬貳 241_225

○盛印副

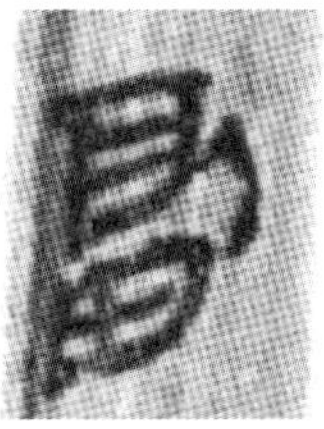
張・奏讞書 136

敦煌簡 2046

金關 T24:385

○長南副里大夫趙宗

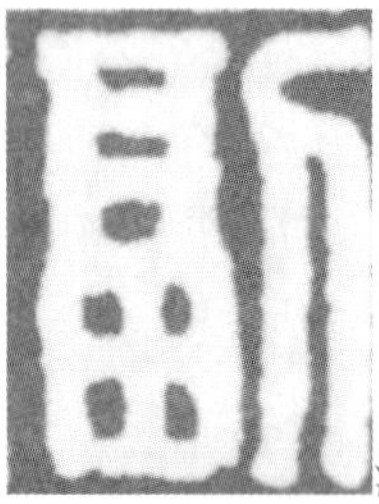
漢晉南北朝印風

廿世紀璽印三-GP

○沛郡副貳印

漢印文字徵

漢代官印選

柿葉齋兩漢印萃

柿葉齋兩漢印萃

漢印文字徵

漢晉南北朝印風

東漢・曹全碑陽

東漢・史晨後碑

北魏・檀賓誌

北魏・元壽安誌

北周・王榮及妻誌

【剖】

《説文》：剖，判也。从刀音聲。

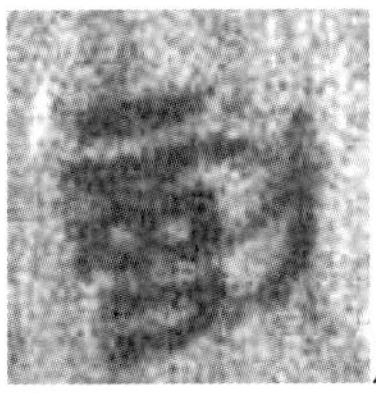
馬壹 41_16 上

馬壹 7_41 上

○豐其剖（蔀）日中

馬貳 81_258/245

○繩剖以刀

東漢・西狹頌

○是以三蔀（剖）符守

北魏・元暐誌

北魏・元懌誌

東魏・元玕誌

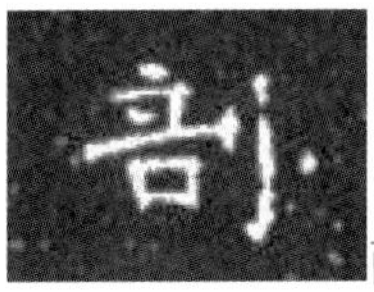
西魏・鄧子詢誌

北齊・赫連子悅誌

【辨】

《説文》：辨，判也。从刀辡聲。

睡・語書 10

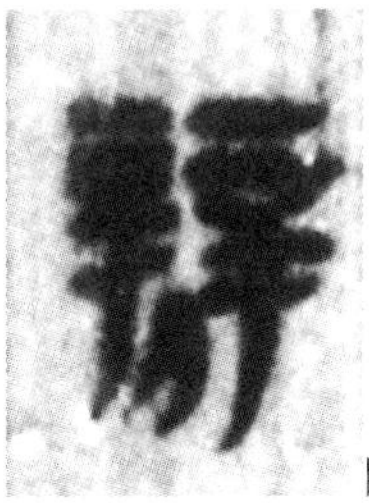
睡・秦律十八種 80

睡・日甲《盜者》81

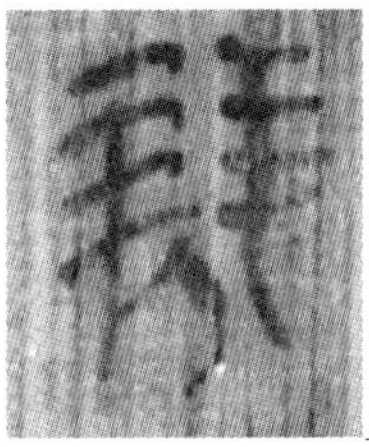
里・第八層 682

○章辨

馬壹 108_130\299

○不辨於道也

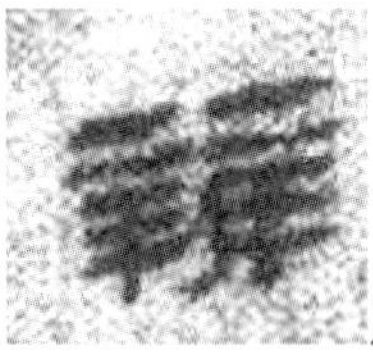
馬貳 33_19 下

張・金布律 429

敦煌簡 0999A

金關 T04:108A

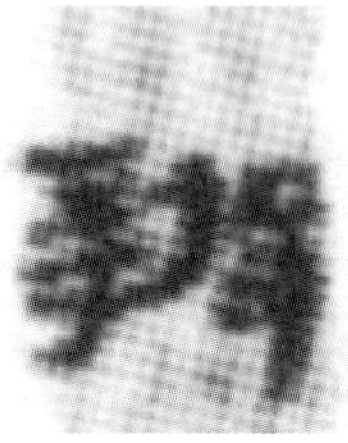
武・甲《特牲》40

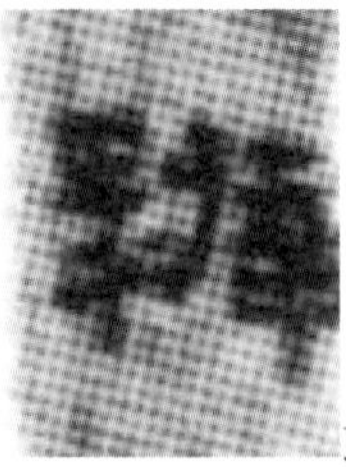
武・甲本《燕禮》41

廿世紀璽印三-GP

○下辨丞印

漢印文字徵

○辨慶

漢印文字徵

○辨安國

漢印文字徵

○富左壽辨

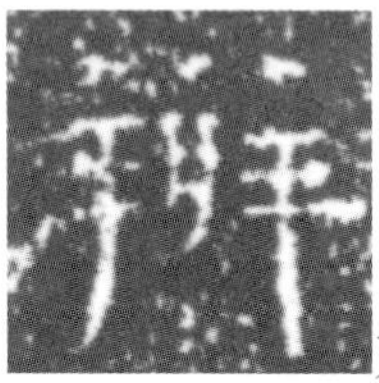
東漢・北海相景君碑陽

○辨秩東衍

三國魏・曹真殘碑

○州民下辨長天水趙□□□

北魏・元恩誌

〇雍也之辨

北魏・楊乾誌

〇恒農子辨之孫

北魏・劇市誌

〇辨之於志學

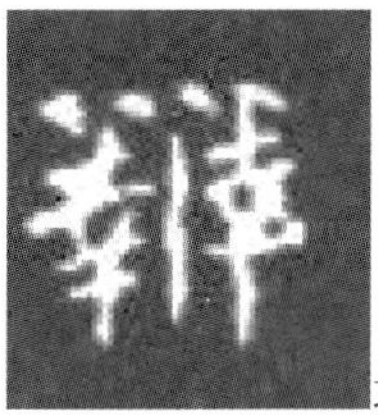
北魏・甄凱誌

〇辨悟過人

北魏・薛伯徽誌

〇四辨居質

北魏・李伯欽誌

〇談端辨密

東魏・李挺誌

北齊・高僧護誌

〇機惠辨悟

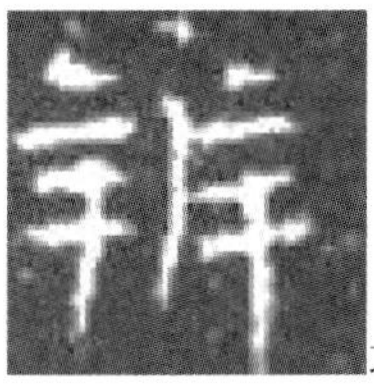
北齊・庫狄業誌

〇車聲可以夜辨

【判】

《説文》：，分也。从刀半聲。

北貳・老子 74

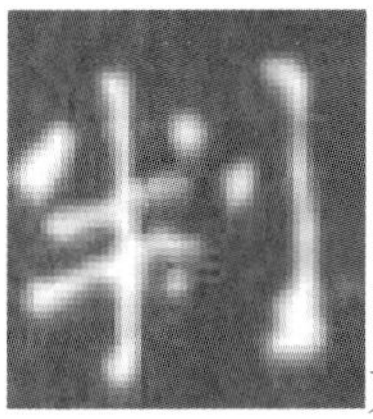
東漢・司馬芳殘碑額

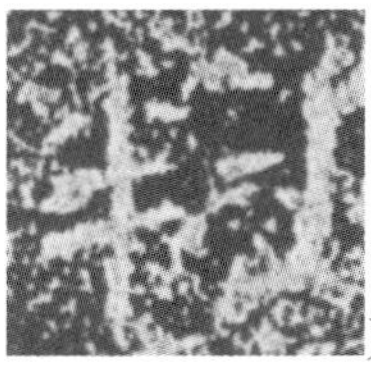
東漢・尹宙碑

北魏・胡明相誌

【剫】

《説文》：，判也。从刀度聲。

【刳】

《説文》：，判也。从刀夸聲。

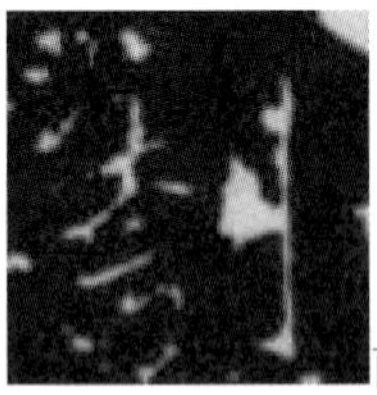
南朝宋・石䮛銘

○既刳既斲

【列】

《説文》：𠛱，分解也。从刀𡿪聲。

睡・秦律十八種 68

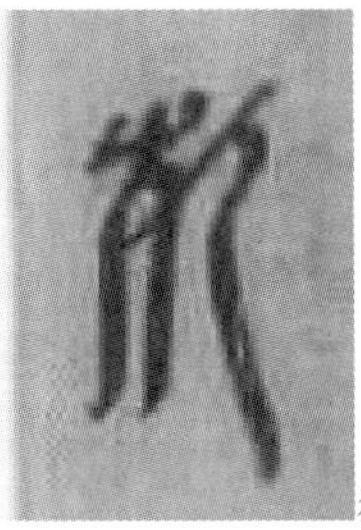
嶽・芮盜案 65

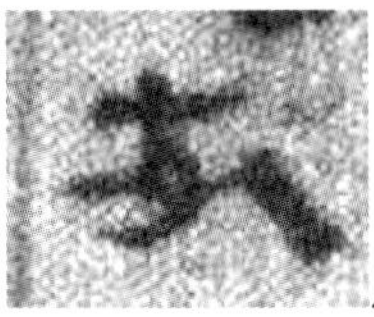
馬壹 127_49 下

○列星有數

馬壹 112_20\371

○并列百官之職者

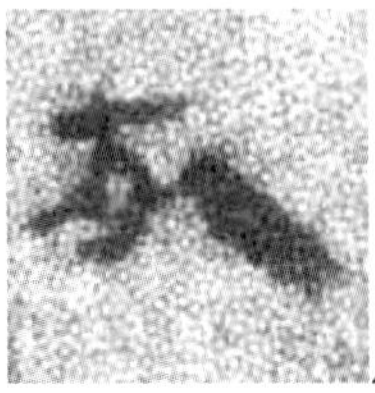
馬壹 44_39 下

張・市律 260

銀壹 434

銀貳 1543

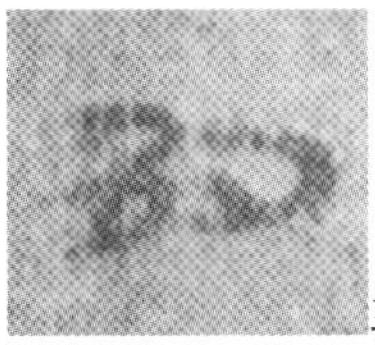
敦煌簡 1358

金關 T29:044

東牌樓 048 背

吳簡嘉禾・三七五

吳簡嘉禾・四・一

秦代印風

○王披列

漢印文字徵

○列寶私印

柿葉齋兩漢印萃

○列部司馬

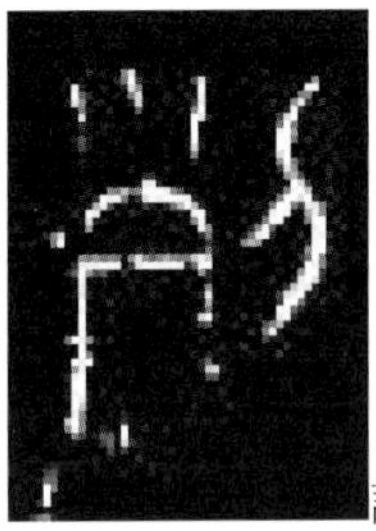
詛楚文・巫咸

○湫之光列威神，而兼倍

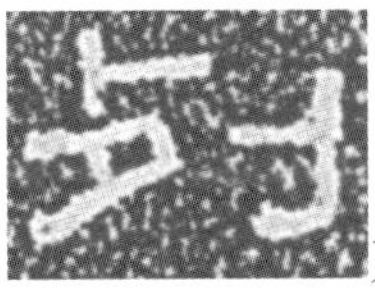
東漢・張景造土牛碑

○列長

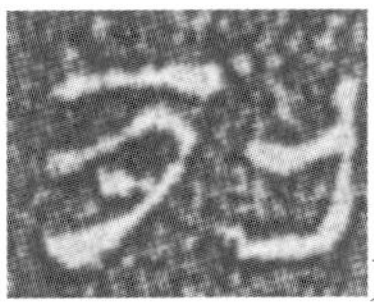
東漢・史晨後碑

西晉・臨辟雍碑

北魏・宋靈妃誌

北魏・元楨誌

○列耀星華

北魏・穆亮誌

○佐命列祖

北魏・韓氏誌

○大魏揚列大將軍

北魏・康健誌

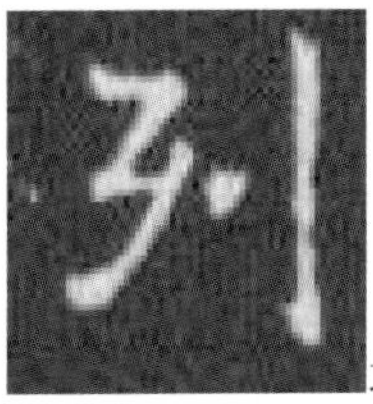
北魏・李媛華誌

○母儀列藩

北魏・元煥誌

○列蕚雲端

北魏・元朗誌

○列侍丹墀

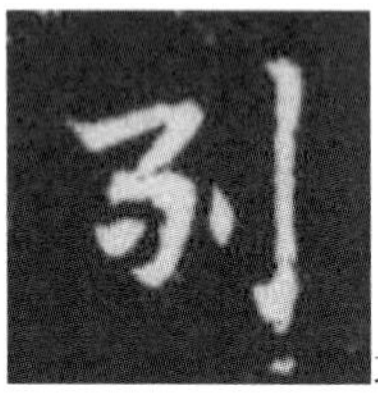
北魏・伏君妻昝雙仁誌

○信可以道映前列

北魏・元子正誌

北魏・元斌誌

東魏・元季聰誌

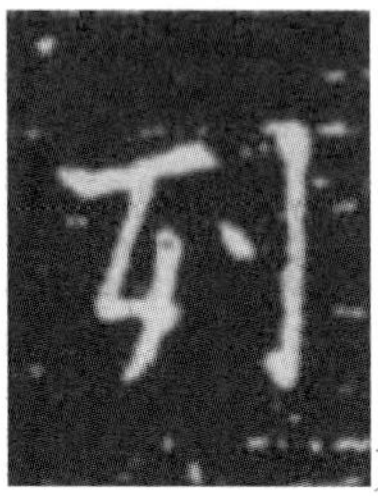
東魏・陸順華誌

○名踰列國

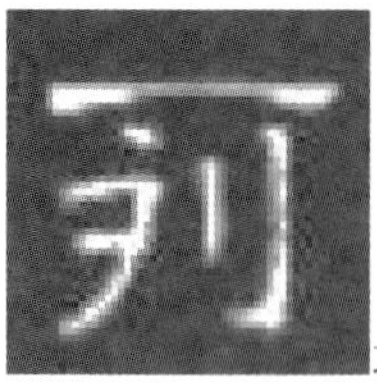
北齊・徐顯秀誌

○義列形于音旨

【刊】

《説文》：刊，剟也。从刀干聲。

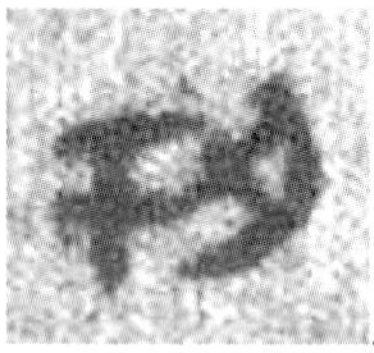
馬壹 43_43 上

○宮成刊隅

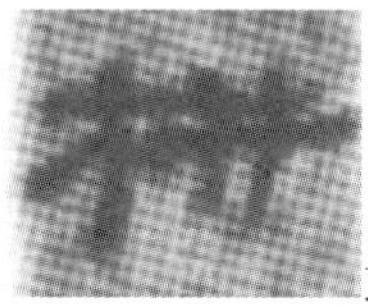
武・儀禮甲《服傳》60

○折栞（笄）首者

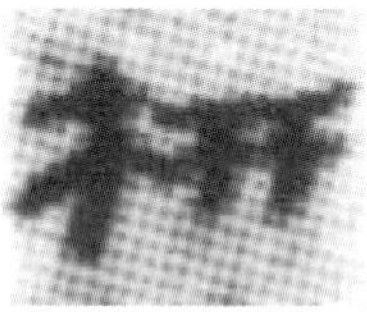
武・甲《特牲》12

○主婦絖栞（笄）宵衣立于房中

東漢・封龍山頌

東漢・楊著碑額

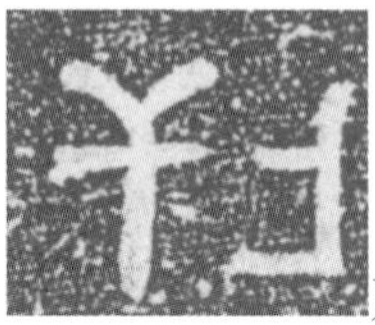
東漢・建寧三年殘碑

○乃刊石立銘

東漢・曹全碑陽

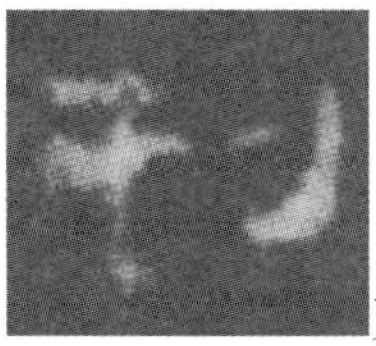
東漢・劉熊碑

東漢・西狹頌

西晉・石定誌

○刊名紀終

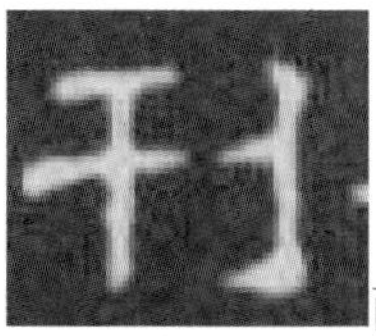
西晉・臨辟雍碑

西晉・石尠誌

北魏・元濬嬪耿氏誌

北魏・元孟輝誌

北魏・爾朱紹誌

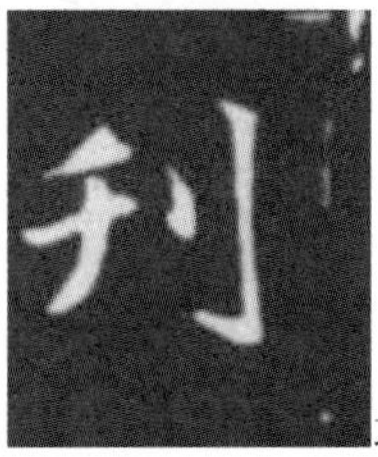
北魏・鄭黑誌

北魏・元冏誌

○刊景標立

北周・宇文儉誌

○遷式刊玄石

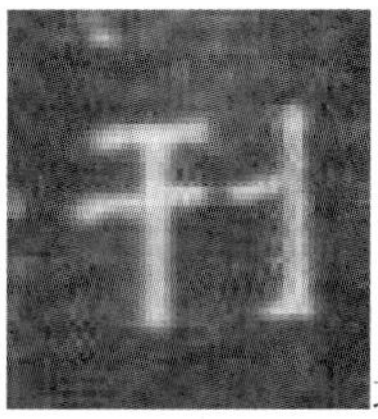
北周・王榮及妻誌

【剟】

《説文》：[seal glyph omitted]，刊也。从刀叕聲。

【删】

《説文》：[seal glyph omitted]，剟也。从刀、冊。冊，書也。

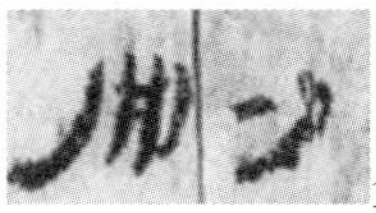
金關 T11:015

○刑屬删丹貧急毋它

金關 T22:111A

○刪丹右尉長安

東漢・史晨前碑

○刪定六藝

北魏・趙光誌

○皆述於史刪(冊)

北魏・楊熙僊誌

○刪定圖史

【劈】

《說文》：劈，破也。从刀辟聲。

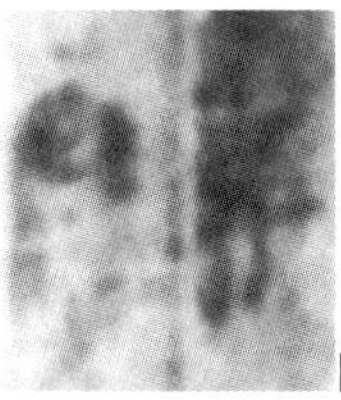睡・日甲《秦除》25

○可以劈決池

【剝】

《說文》：剝，裂也。从刀从录。录，刻割也。录亦聲。

【㓟】

《說文》：㓟，剝或从卜。

馬壹 4_12 下

○小人剥（剝）廬

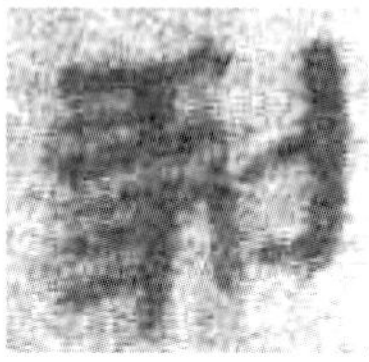馬壹 3_12 上

○剥（剝）不利有攸

馬貳 81_259/246

○方先剝之

東漢・營陵置社碑

○或剝或亨

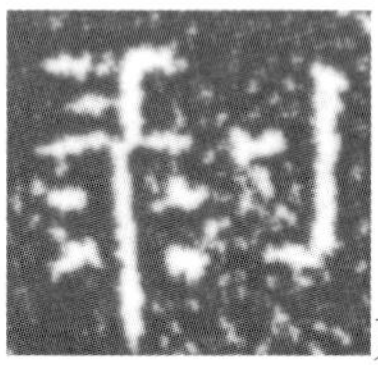東漢・北海相景君碑陽

○顛倒剝摧

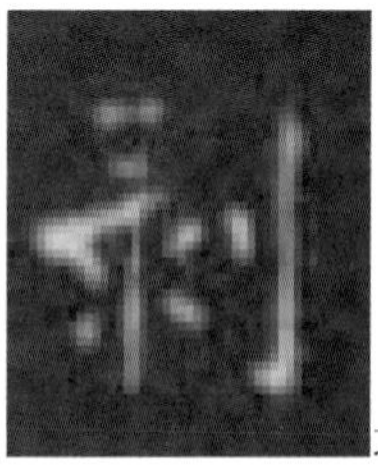北魏・元延明誌

○圮剝時來

【割】

《說文》：割，剝也。从刀害聲。

睡・為吏 29

〇斷割不刖（劌）

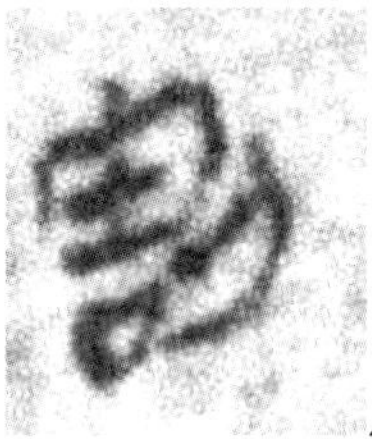
馬壹 109_138\307

〇尤割（害）人仁

馬壹 85_133

〇趙氏不割而邯戰（鄲）復歸

馬貳 285_303/29

〇象割刀一

銀壹 879

〇下吏能毋割利焉

北貳・老子 60

〇方而不割

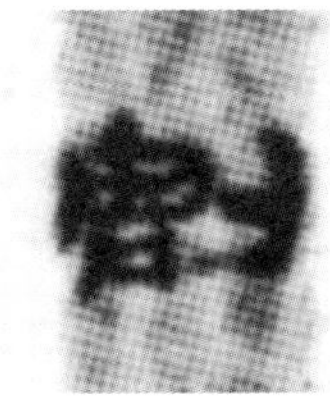
武・甲《少牢》15

〇上午割勿沒載于甑

東漢・北海相景君碑陰

〇以義割志

晉・黃庭內景經

〇以代割髮

北魏・元襲誌

〇遂割裂山河

北魏・元譚誌

〇居棘割雞

北魏・元昭誌

〇割哀從權

東魏・元玕誌

〇天割星河

北齊・法懃塔銘

○割素景明寺

北齊・高湝誌

○割地連城

【㓹】

《説文》：，剝也。劃也。从刀㓞聲。

【劃】

《説文》：，錐刀曰劃。从刀从畫，畫亦聲。

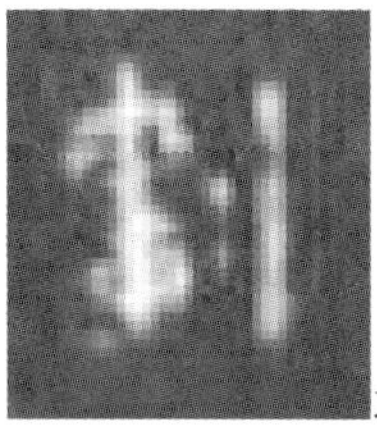
北周・尉遲運誌

○群胡劃面

【削】

《説文》：，挑取也。从刀肙聲。一曰室也。

【劀】

《説文》：，刮去惡創肉也。从刀矞聲。《周禮》曰：“劀殺之齊。”

【劑】

《説文》：，齊也。从刀从齊，齊亦聲。

詛楚文・巫咸

○靈德賜劑楚師

北魏・慈慶誌

○親監藥劑

【刷】

《説文》：，刮也。从刀，㕞省聲。《禮》：“布刷巾。”

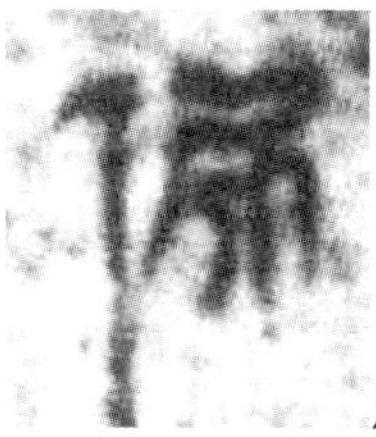
馬壹 87_176

○足以刷先王之餌（恥）

北齊・乞伏保達誌

○刷鴻鵠之羽

北齊・司馬遵業誌

○刷羽將飛

北齊・元賢誌

〇時皇帝刷羽依桐

【劀】

《説文》：劀，掊把也。从刀昏聲。

【剽】

《説文》：剽，砭刺也。从刀㮛聲。一曰剽，劫人也。

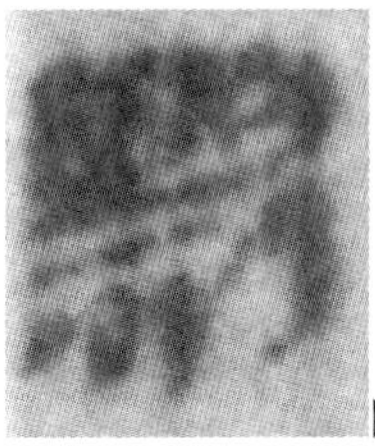
睡・日甲《啻》98

〇剽酉殺戌

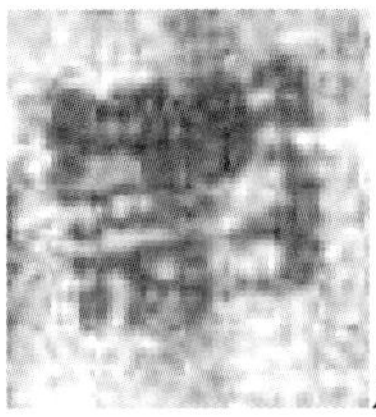
馬壹 226_90

〇以高木剽（杪）不見

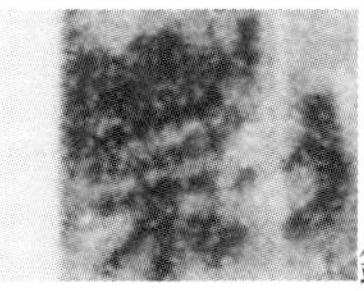
銀壹 282

〇剽（飄）風之陳（陣）者

北貳・老子 182

〇故剽（飄）風不終朝

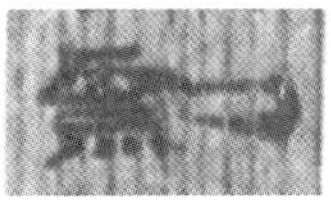
敦煌簡 1166

〇舍耳左剽

漢印文字徵

〇蘇印剽客

漢印文字徵

〇麗剽

漢印文字徵

〇妾剽

北魏・元天穆誌

〇攻剽郡縣

北魏・元壽安誌

〇是使剽群惡子

【刲】

《説文》：刲，刺也。从刀圭聲。《易》曰："士刲羊。"

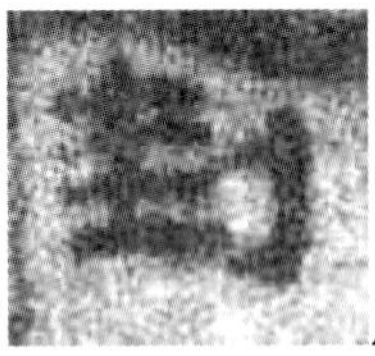
馬壹 43_44 上

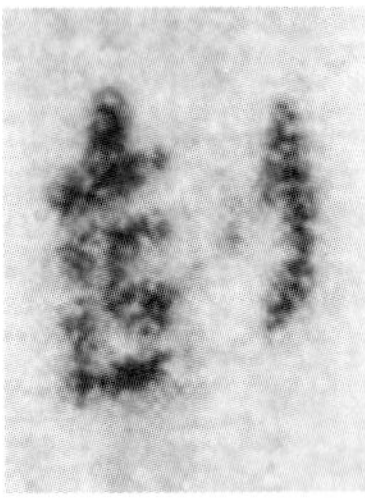
銀壹 407

〇用封（圭）險

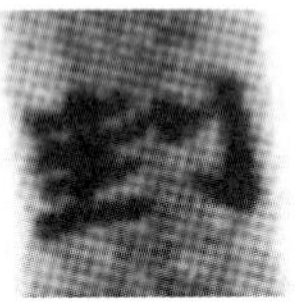
武・甲《少牢》3

廿世紀璽印三-GY

〇朱盧執封

漢晉南北朝印風

〇張封私印

【剉】

《說文》：剉，折傷也。从刀坐聲。

【剿】

《說文》：剿，絕也。从刀喿聲。《周書》曰："天用剿絕其命。"

【刖】

《說文》：刖，絕也。从刀月聲。

睡・為吏 29

馬貳 87_380/370

北貳・老子 60

【刜】

《說文》：刜，擊也。从刀弗聲。

【㓼】

《說文》：㓼，傷也。从刀桼聲。

【劖】

《說文》：劖，斷也。从刀毚聲。一曰剽也，釗也。

【刓】

《說文》：刓，剸也。从刀元聲。一曰齊也。

【釗】

《說文》：釗，刓也。从刀从金。周康王名。

里・第八層背 1435

北魏・□伯超誌

【制】

《説文》：，裁也。从刀从未。未，物成有滋味，可裁斷。一曰止也。

【㓡】

《説文》：，古文制如此。

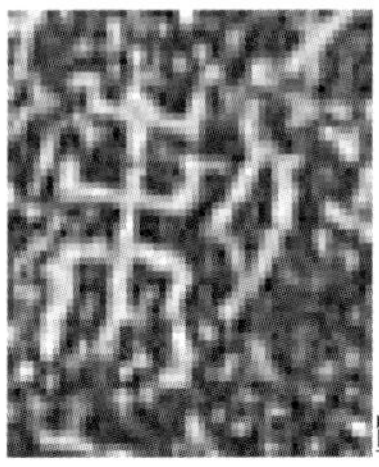
戰晚・左樂兩詔鈞權

漢銘・新一斤十二兩權

漢銘・新鈞權

漢銘・新量斗

漢銘・新城大盤

漢銘・新始建國尺二

里・第八層 528

○以當制秦

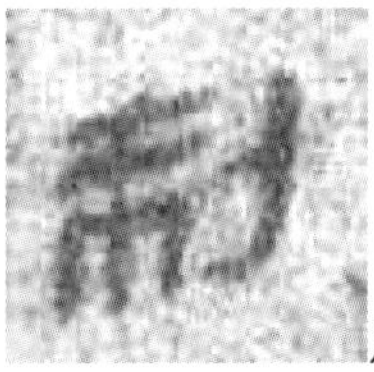
馬壹 36_44 上

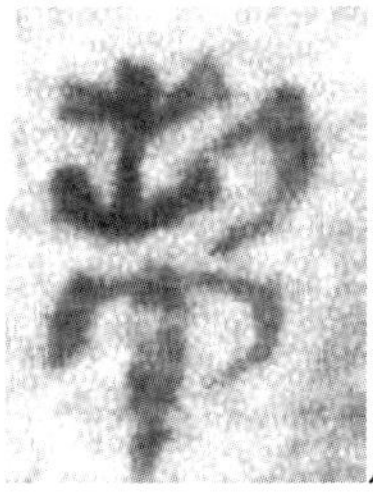
馬壹 111_15\366

○制命在主

馬壹 121_5 下

張・賊律 11

○撟（矯）制害者棄市

銀壹 66

○行兵因敵而制

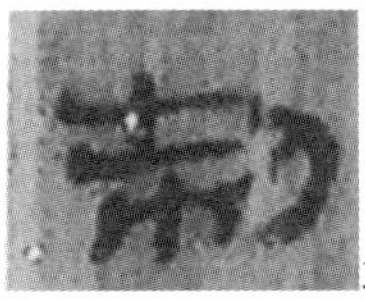
北貳・老子 198

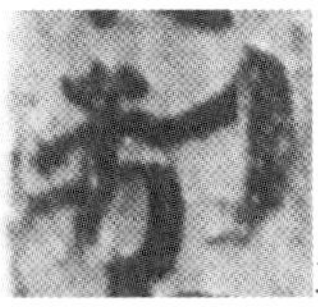
敦煌簡 0497

居・EPF22.221

○以舊制律令爲捕斬

金關 T28:071

○制曰刺史

金關 T22:020

武・王杖 2

○制詔御史

武・王杖 4

○制詔丞相御史高皇帝

東牌樓 048 正

○禁制抱情□營不

北壹・倉頡篇 9

○瀍變大制裁男

漢晉南北朝印風

○新西國安千制外羌佰右小長

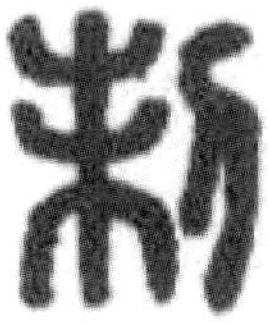
漢印文字徵

○新西國安千制外羌佰右小長

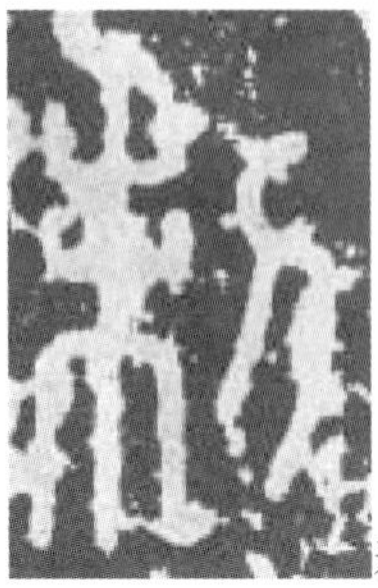
泰山刻石

東漢・成陽靈臺碑

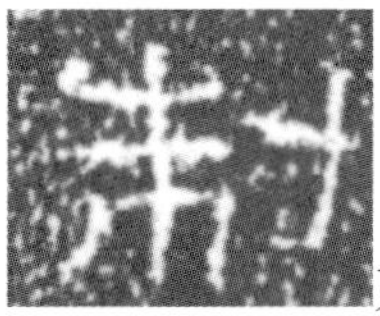
東漢・北海相景君碑陰

東漢・禮器碑

○俱制元道

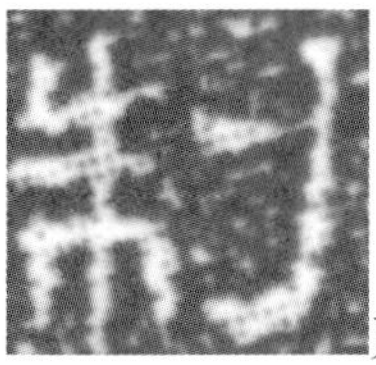
東漢・許安國墓祠題記

東漢・韓仁銘

東漢・史晨前碑

北魏・元偃誌

○除制詔

北魏・元偃誌

○除制詔

北魏・馮邕妻元氏誌

北齊・傅華誌

北周・寇熾誌

北齊・路衆及妻潘氏誌

○制詔咸陽太守

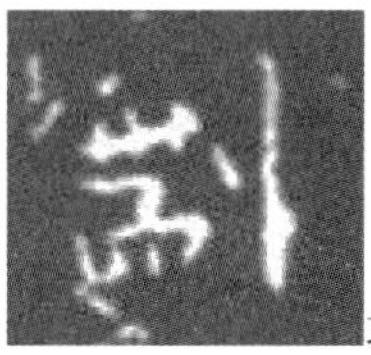
北齊・路衆及妻潘氏誌

○制詔趙郡太守

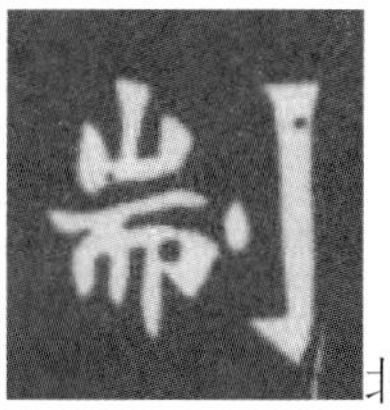
北魏・寇憑誌

○毀過禮制

北魏・劉玉誌

○制定雍境

北齊・魯思明造像

○貌制標

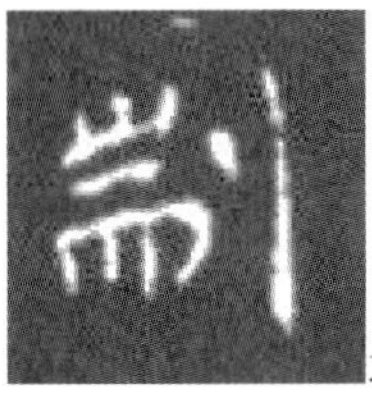
北齊・路衆及妻誌

○制詔趙郡太守

【㓠】

《説文》：，缺也。从刀占聲。《詩》曰："白圭之㓠。"

【罰】

《説文》：，辠之小者。从刀从詈。未以刀有所賊，但持刀罵詈，則應罰。

睡・秦律十八種 14

睡・為吏 7

睡・為吏 4

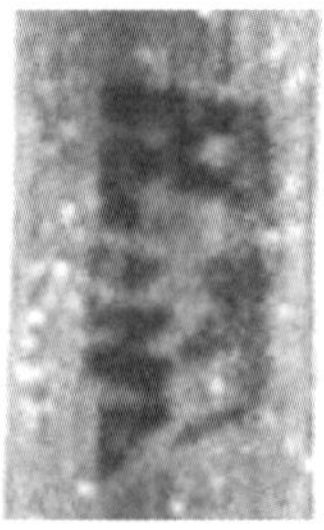
嶽・為吏 49

里・第八層 429

張・徭律 415

張・奏讞書 176

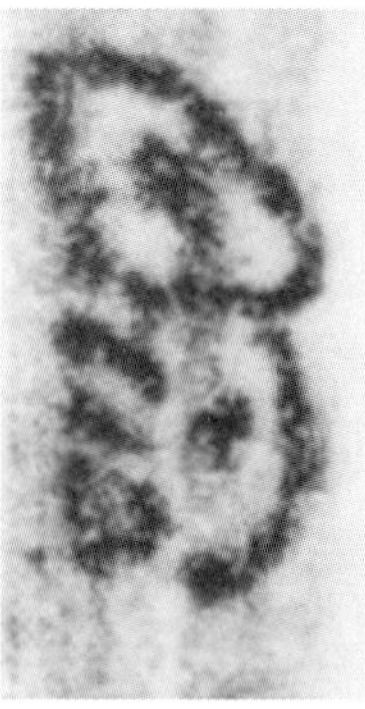
銀壹 941

敦煌簡 0615

北壹・倉頡篇 10

○誅罰貲耐

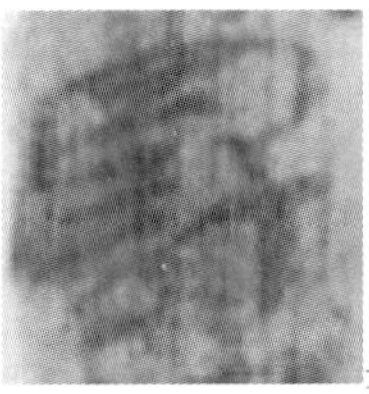吳簡嘉禾・一三七零

東漢・黨錮殘碑

○罰斥遣

三國魏・三體石經尚書・篆文

○紹厥心亂罰無辠

北魏・乞伏寶誌

○言思薄罰

北魏・爾朱襲誌

○躬行九罰

北魏・王紹誌

○俄鍾極罰

【刵】

《説文》：，斷耳也。从刀从耳。

【劓】

《説文》：，刑鼻也。从刀臬聲。《易》曰："天且劓。"

【劓】

《説文》：，劓或从鼻。

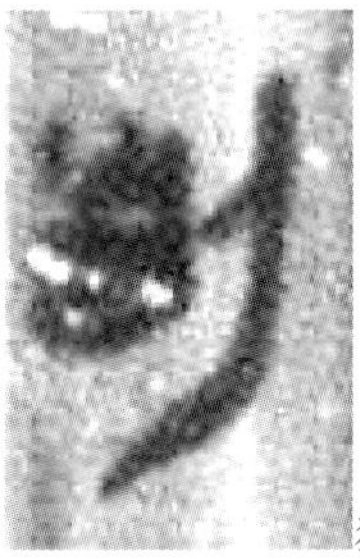嶽・占夢書 33

○夢繩外劓（劓）為外憂

馬貳 210_88

○墨湯(劓)惑

張・具律 88

○黥者劓(劓)之

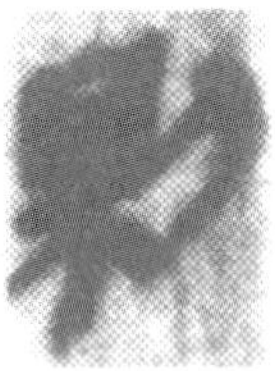
秦文字編 671

東漢・熹平石經殘石五

○于剿劊

【刑（刑）】

《說文》：刑，剄也。从刀幵聲。

嶽・譊妘案 140

北貳・老子 14

東漢・成陽靈臺碑

○下應□刑

東漢・成陽靈臺碑

東漢・景君碑

東漢・楊著碑額

東漢・尚博殘碑

西晉・石尠誌

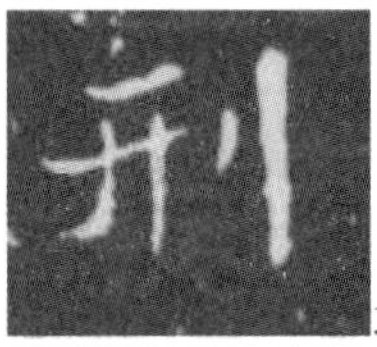
北魏・高廣誌

北魏・薛伯徽誌

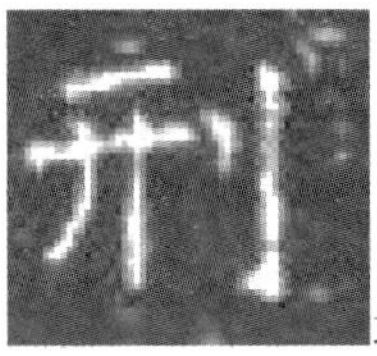
北齊・李難勝誌

【剄】

《說文》：剄，刑也。从刀巠聲。

【𠟭】

《說文》：𠟭，減也。从刀尊聲。

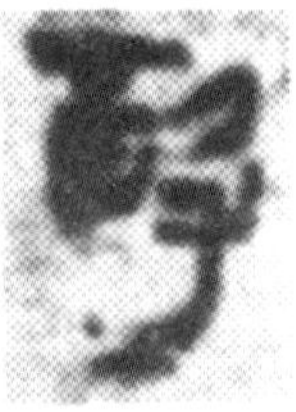
秦文字編 671

【魝】

《說文》：魝，楚人謂治魚也。从刀

从魚。讀若鍥。

【券】

《説文》：，契也。从刀舜聲。券別之書，以刀判契其旁，故曰契券。

睡・秦律十八種 80

睡・法律答問 179

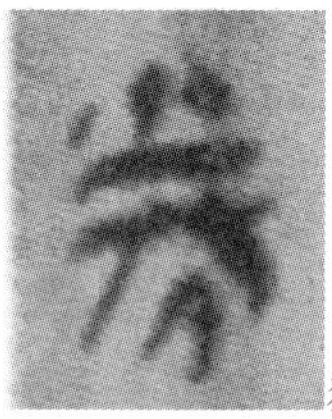
嶽・數 11

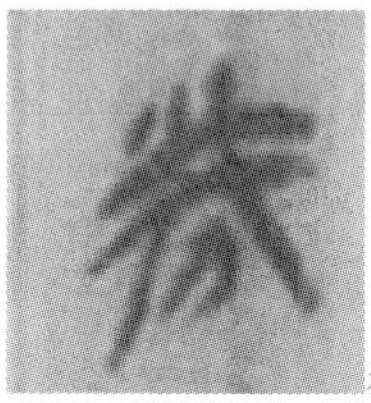
嶽・識劫案 109

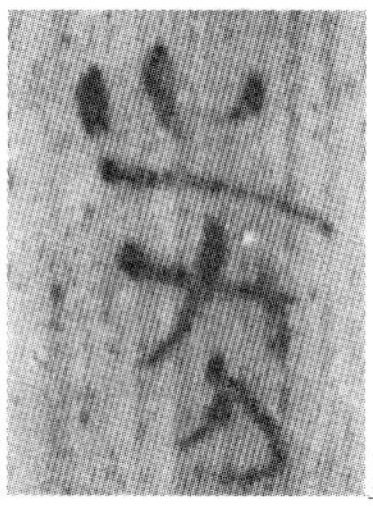
里・第八層 2334

里・第八層 1242

里・第八層 435

張・戶律 335

張・奏讞書 202

張・算數書 93

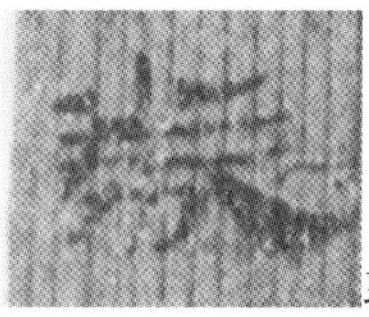
敦煌簡 1074

○安倉券檢繩遣車輪

金關 T02:020

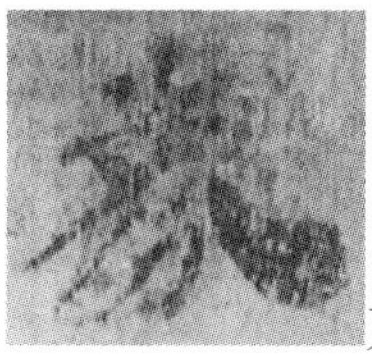
東牌樓 105 正

北壹・倉頡篇 18

○勠美數券契筆

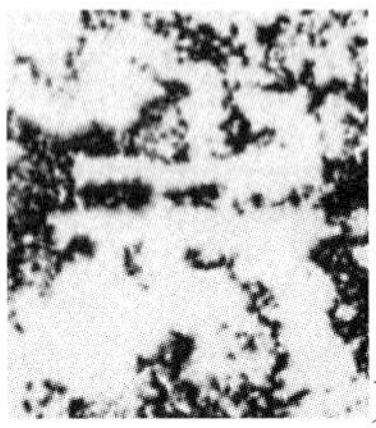
東漢・買田約束石券

○共爲約束石券

三國吳・浩宗買地券

○券書爲明

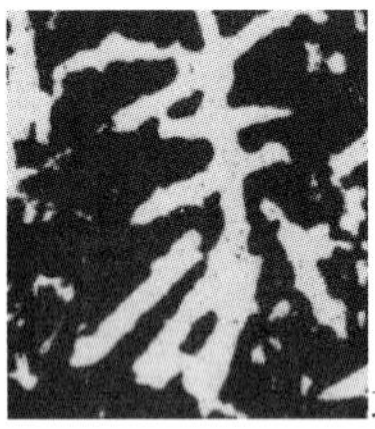
北魏・張神洛買田券

【刺】

《説文》：刺，君殺大夫曰刺。刺，直傷也。从刀从束，束亦聲。

睡・法律答問 173

○故相刺傷

睡・封診式 53

○腔壞刺其鼻

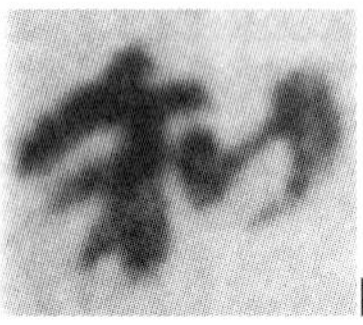
睡・日甲《玄戈》62

○東北刺離南精東南

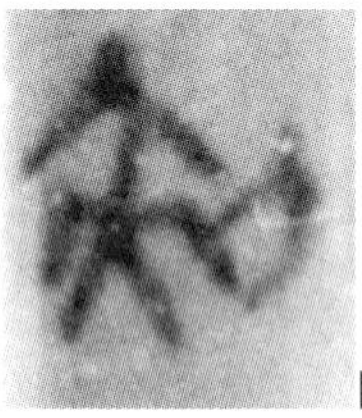
睡・日甲 124

睡・日甲《詰》35

○良劍刺其頸

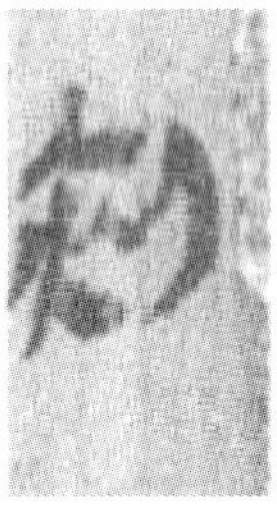
馬貳 219_41/52

○交股者刺大（太）過也

馬貳 32_9 上

○大直刺爲良

張・奏讞書 224

○券賊刺人盜奪錢

敦煌簡 2462

○劍刃刺傷乙

金關 T24:034

○過書刺

漢晉南北朝印風

○冀州刺史

漢代官印選

○青州刺史印

漢印文字徵

○冀州刺史

漢印文字徵

○徐州刺史

漢代官印選

○冀州刺史

廿世紀璽印四-GP

○幽州刺史

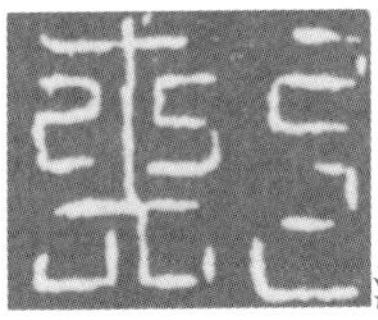
漢晉南北朝印風

○懷州刺史印

廿世紀璽印四-GY

○懷州刺史

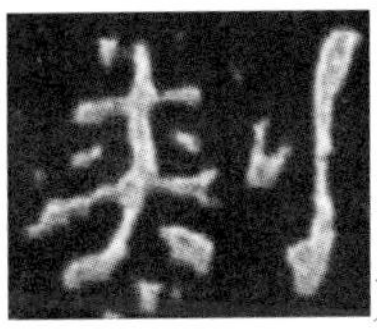
東漢・楊震碑

○荊州刺史

東漢・趙寬碑

○幽州刺史

三國魏・三體石經春秋・古文

○成刺之

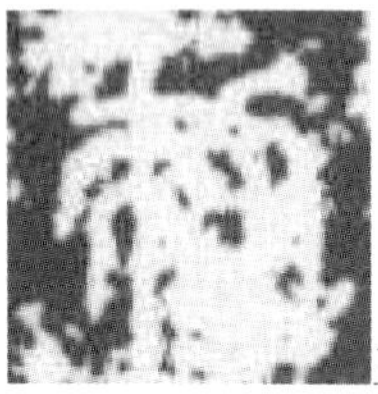
三國魏・三體石經春秋・篆文

○成刺之楚人救衛三月丙午

北魏・魚玄明誌

○安西將軍雍州刺史

北魏・元恭誌

○晉州刺史

北魏・王蕃誌

○定瀛二州刺史

北魏・給事君妻韓氏誌

○冀齊二州刺史

北魏・元賄誌

北魏・寇治誌

○魏秦州刺史

北魏・王悅及妻郭氏誌

○光州刺史

北魏・元肅誌

○青州刺史

北魏・趙廣者誌

○魏相州刺史故趙君墓誌

東魏・元寳建誌

○刺史臨涇公

北齊・狄湛誌蓋

○齊涇州刺史狄公墓誌

北齊・高湝誌

〇定州刺史

北齊・徐顯秀誌

〇汾州刺史

北齊・張思伯造浮圖記

〇刺史陸王字子璋

北齊・雲榮誌

〇趙州刺史

北周・宇文儉誌

〇十五州刺史

【剔】

《說文》：，解骨也。从刀易聲。

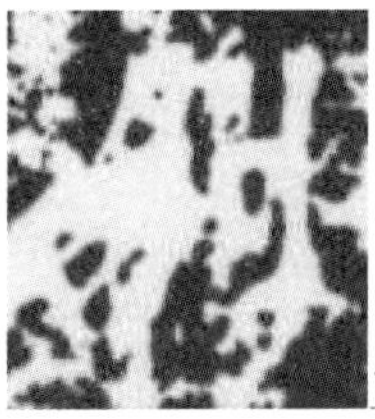
三國魏・范式碑

〇糾剔瑕慝

【刎】

《說文》：，到也。从刀勿聲。

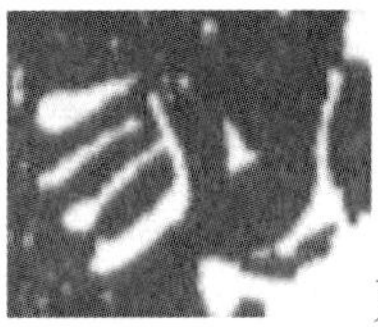
東漢・北海太守爲盧氏婦刻石

北齊・報德像碑

【剜】

《說文》：，削也。从刀宛聲。

【劇】

《說文》：，尤甚也。从刀，未詳。豦聲。

東牌樓 003 背

〇爲劇願乞備他

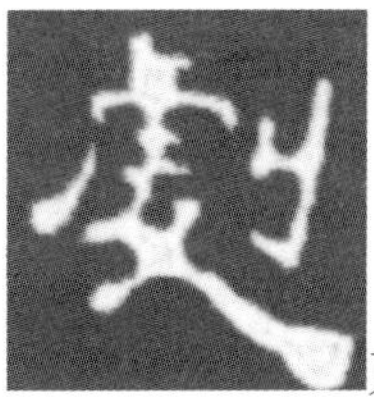
東漢・楊著碑額

〇舉□□□治劇

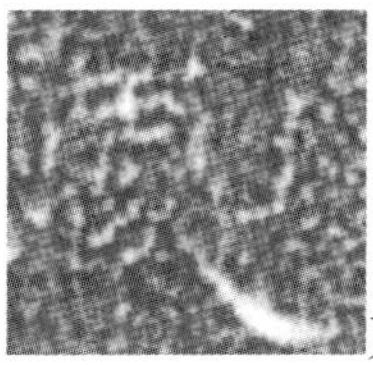
東漢・禮器碑陰

〇北海劇袁隆展世百

東漢・北海相景君碑陰

〇故書佐劇徐德

東漢・北海相景君碑陰

〇故騎吏劇咎麟

北魏・元延明誌

〇今劇斯任

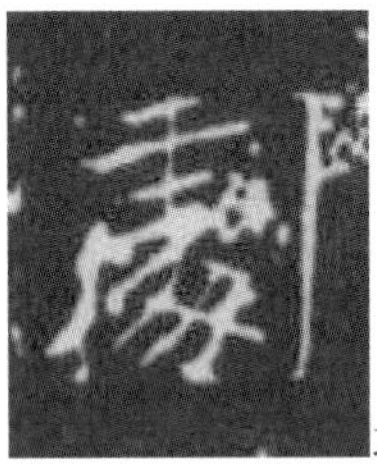
北魏・高廣誌

〇不好劇談

北魏・元昭誌

〇夙患增劇

西魏・朱龍妻任氏誌

〇勘攢劇務

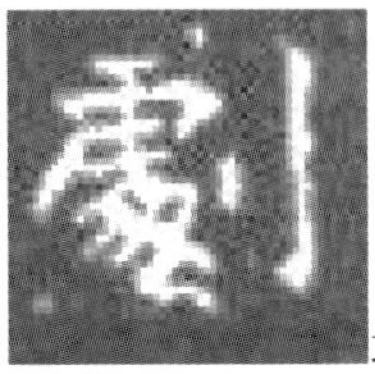
北齊・崔昂誌

〇理劇撥煩

【剎】

《説文》：剎，柱也。从刀，未詳。殺省聲。

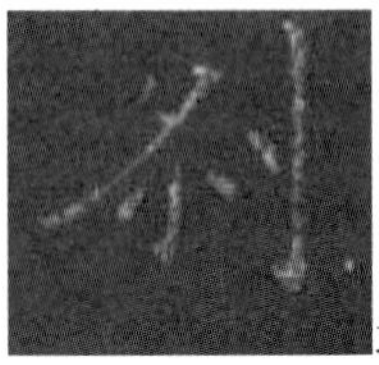
北魏・孫遼浮圖銘記

〇靈剎開神

東魏・南宗和尚塔銘

〇梵剎時常作棟梁

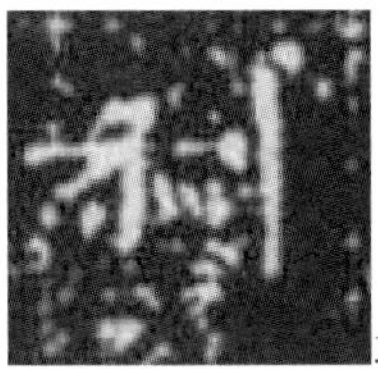
北周・匹婁歡誌

〇公孫羅剎

〖刁〗

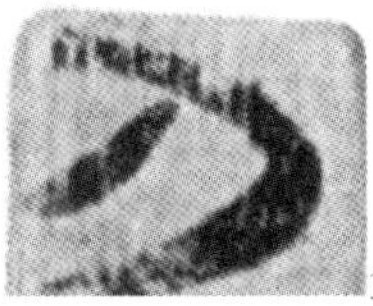
金關 T04:083

〇刁廣大奴記長七尺

北齊・刁翔誌

〇刁音之苗胄

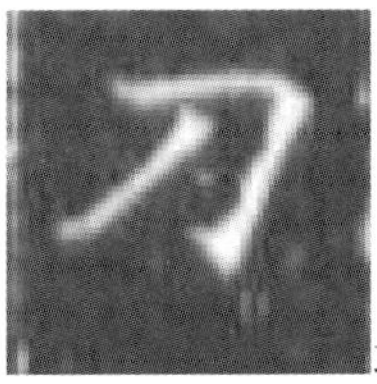
北齊・雲榮誌

○刁斗不息

〖𠚲〗

馬壹 139_16 下/158 下

○斬木𠚲(刈)新（薪）

〖刺〗

漢印文字徵

○李刺私印

〖剗〗

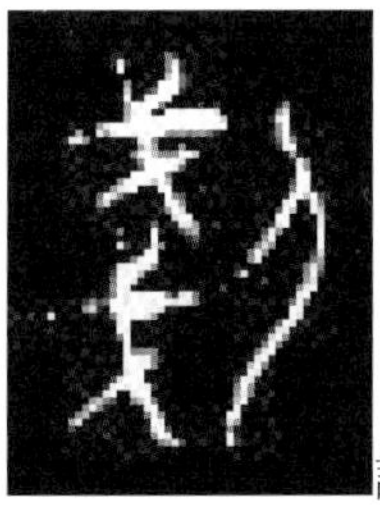
詛楚文・巫咸

○欲剗伐我社稷

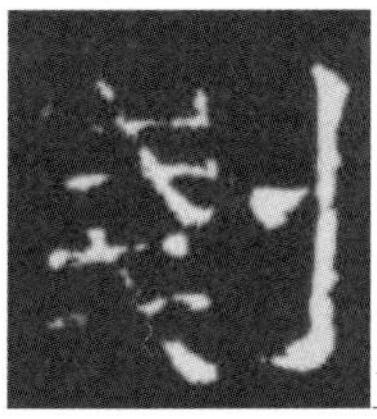
三國魏・張君殘碑

○建勿剗之化

〖𠛗〗

漢印文字徵

○𠛗廷之印

漢印文字徵

○王𠛗昌印

〖罚〗

廿世紀壐印二-SY

○罚南

〖剮〗

北魏・元顯俊誌

○剪桂剮(凋)蘭

〖𠜮〗

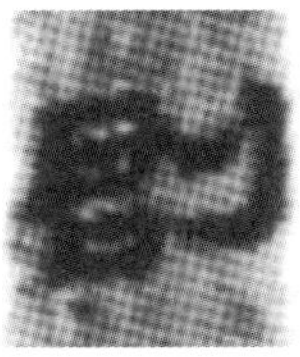
武・甲《少牢》13

○乃𠜮（啟）二尊之蓋幕（冪）

〖劍〗

張・行書律 268

○雞劊中

〖剖〗

廿世紀璽印三-SY

○偃剖私印

〖剞〗

秦文字編 673

〖酋刂〗

秦文字編 673

〖削〗

秦文字編 673

〖剶〗

關・病方 317

○牛肉剶（劙）之

馬壹 132_27 上\104 上

○而擒之剶(剝)亓（其）□

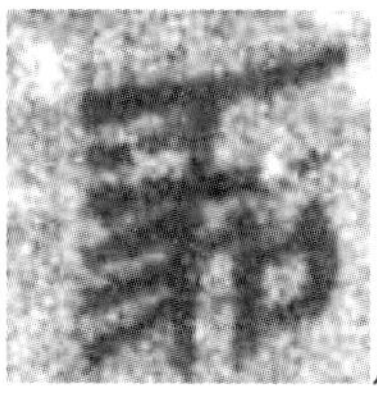馬壹 11_73 上

○得童剶（剝—僕）

〖剩〗

敦煌簡 1050

○陰剩功一斗

〖蒯〗

柿葉齋兩漢印萃

○蒯明私印

〖劃〗

南朝宋・石驪銘

○乃劉乃剷

〖崱〗

漢印文字徵

○崱瑢印信

〖廝〗

秦代印風

○王廝

東魏・嵩陽寺碑

○剞廝鐫磨

〖劁〗

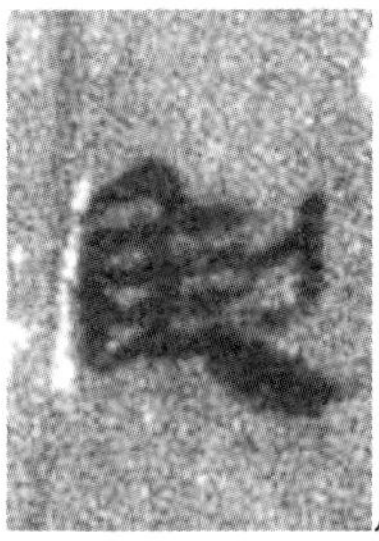
馬壹 133_27 下\104 下

○劁（翦）其髮

〖劉〗

漢銘・建武卅二年弩鐖

漢銘・張伯宗壺

漢銘・劉少君高鐙

漢銘・劉氏洗

漢銘・富貴昌宜侯王洗十二

漢銘・劉氏卣

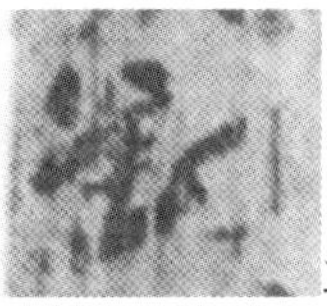
敦煌簡 0497

○衆候劉崇與相張紹

金關 T21:260

○甯里劉畢

東牌樓 007

○五官劉掾檐文書

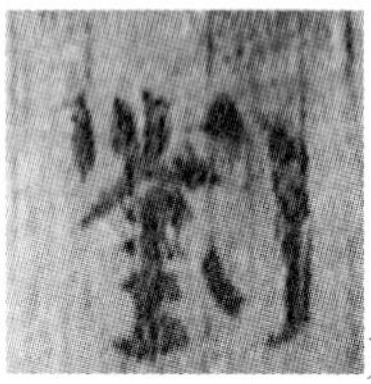
東牌樓 070 正

○□白劉寔忍有北里

東牌樓 154 正

○劉掾馬驛子起

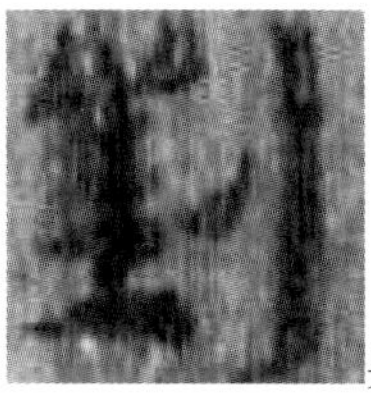
吳簡嘉禾・五・一〇四

○大女劉妾佃田三町

吳簡嘉禾・五・八七五

○男子劉康佃田十二

吳簡嘉禾・五・五七二

○大女劉妾佃田十八

秦代印風

○鄒劉

廿世紀璽印三-SY

○劉智

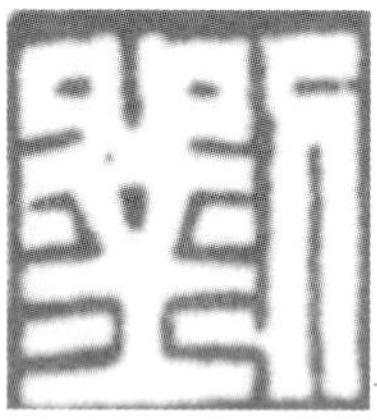
廿世紀璽印三-SY

○劉渠信印

廿世紀璽印三-SY

○劉遷

廿世紀璽印三-SY

○劉彊

廿世紀璽印三-SY

○劉注

廿世紀璽印三-SY

○劉婞

廿世紀璽印三-SY

○劉明

漢印文字徵

○劉讓之印

柿葉齋兩漢印萃

○劉勝私印

漢印文字徵

○劉禁

漢印文字徵

○劉慶忌

漢印文字徵

○劉長孫

柿葉齋兩漢印萃

○劉德新印

漢印文字徵

〇劉竟

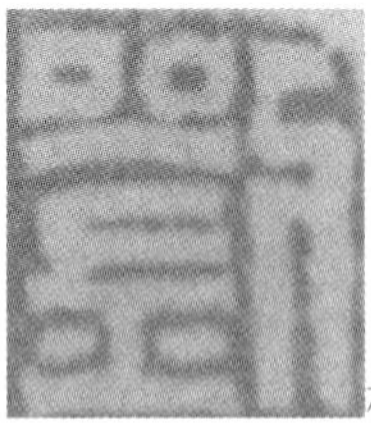
柿葉齋兩漢印萃

〇劉宣印信

漢印文字徵

〇劉瓊

漢印文字徵

〇劉匽

漢印文字徵

〇劉據印信

漢印文字徵

〇劉壽私印

漢印文字徵

〇劉不害

漢印文字徵

〇劉寄

廿世紀璽印四-SY

〇劉弘

漢晉南北朝印風

漢晉南北朝印風

○劉永

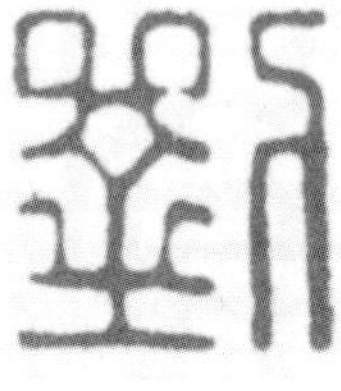
漢晉南北朝印風

○劉龍印信

漢晉南北朝印風

○劉冰印信

漢晉南北朝印風

○劉温

漢晉南北朝印風

○劉禹之印

漢晉南北朝印風

○劉君賓

漢晉南北朝印風

○劉冬古

漢晉南北朝印風

○劉說

漢晉南北朝印風

○劉疪

漢晉南北朝印風

○劉昌

漢晉南北朝印風

○劉憙

漢晉南北朝印風

○劉匽

漢晉南北朝印風

○劉萫

漢晉南北朝印風

○劉躭

漢晉南北朝印風

○劉纂

廿世紀璽印四-SP

○劉珍

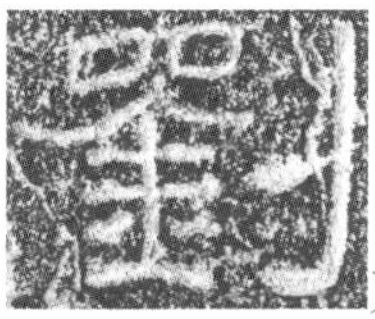
東漢・石獅子題記

○劉漢所作師子一雙

東漢・桐柏淮源廟碑

○劉訢

東晉・劉媚子誌

○故夫人南陽涅陽劉氏

北魏・劉阿素誌

○刺史劉無諱之孫

北魏・劉文朗造像

○兄道民劉文智

北魏・劉華仁誌

○劉齋之女

北魏・郭顯誌

○龍妻劉氏

北魏・元纂誌

○乃慕劉章之節

北魏・元項誌

○則劉毅未之匹也

北魏・韓顯祖造像

○邑子劉虎

北魏・劉賢誌

○豢龍孔甲受爵於劉

北魏・劉賢誌蓋

○劉戌主之墓誌

東魏・王令媛誌

○祖母彭城劉氏

東魏・唐小虎造像

○劉遠侍佛時

北齊・許儁卅人造像

○劉詳憐

北齊・劉僧信造像

○大像主劉僧信

〖劆〗

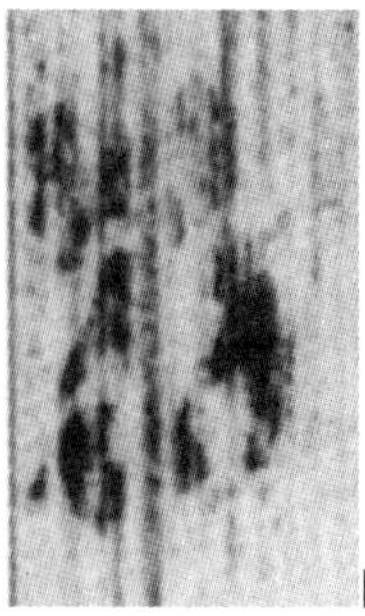
睡・封診式 61

○以布帬劆貍

刃部

【刃】

《説文》：，刀堅也。象刀有刃之形。凡刃之屬皆从刃。

睡・法律答問 90

睡・封診式 67

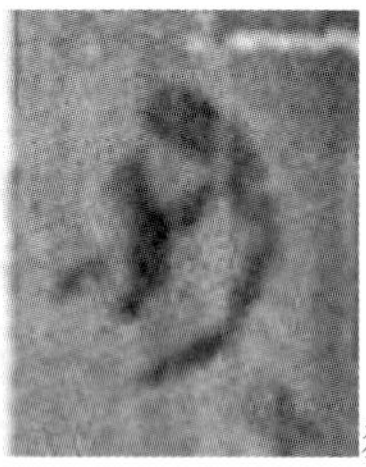
嶽・為吏 72

馬壹 85_142

○陵七刃（仞）之城

馬貳 216_2/13

張・賊律 32

銀貳 1459

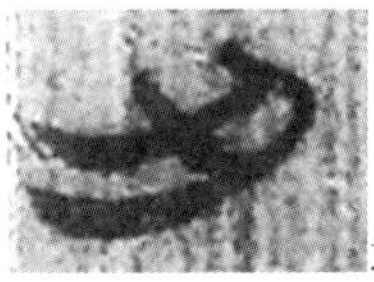
北貳・老子 36

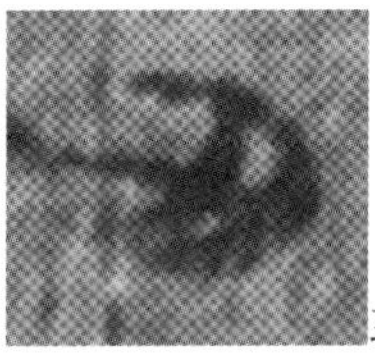
敦煌簡 1150

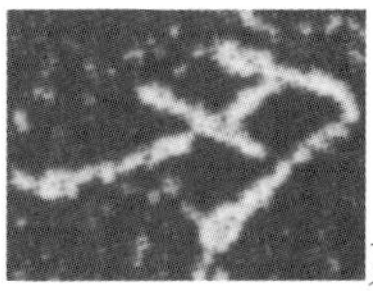
東漢・趙寬碑

○冒突鏠（鋒）刃

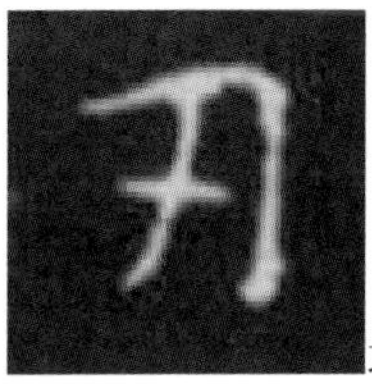
北魏・元恭誌

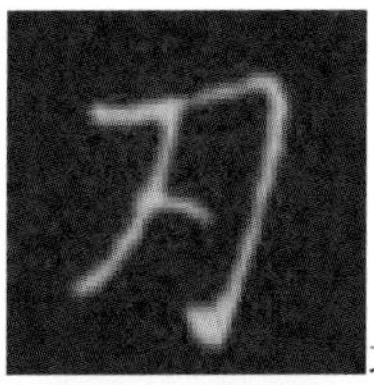
北魏・元鑽遠誌

北魏・元譚誌

北魏・檀賓誌

○交刃州境

北魏・元寶月誌

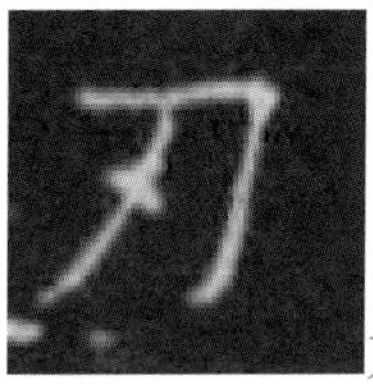
東魏・元悰誌

【刅】

《説文》：刅，傷也。从刃从一。

【創】

《説文》：創，或从刀倉聲。

銀壹 681

〇大兵無創與鬼神通

武·甲《特牲》48

〇末午創之實

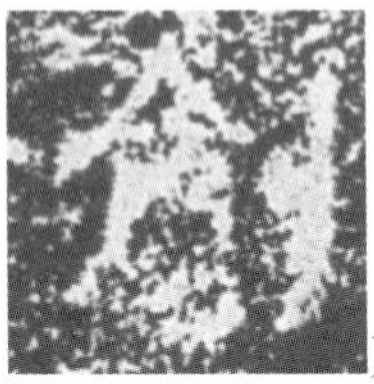
東漢·析里橋郙閣頌

〇莫不創楚於是

東漢·西狹頌

北魏·元朗誌

北魏·于景誌

北周·華岳廟碑

【劒】

《説文》：劒，人所帶兵也。从刃僉聲。

【劒（劍）】

《説文》：劍，籀文劒从刀。

金關 T21:226

金關 T24:551

〇大刀一劍一

金關 T07:005

金關 T22:134

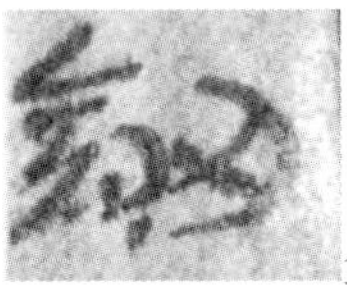
金關 T21:252

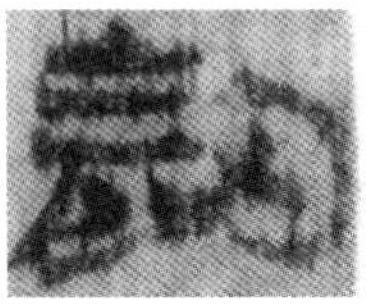
金關 T31:031

金關 T10:268

金關 T30:119

金關 T01:024

○劍大刀各一

睡・法律答問 85

睡・日甲《詰》35

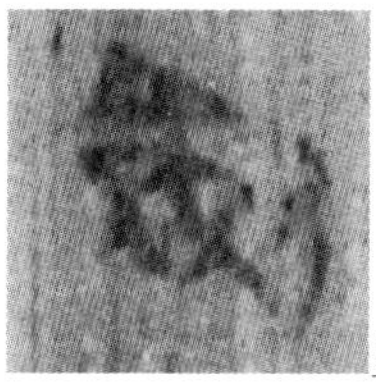
里・第八層 439

馬壹 114_20\423

○士握劍（鐱）者

馬貳 279_234/33

張・奏讞書 42

張・奏讞書 43

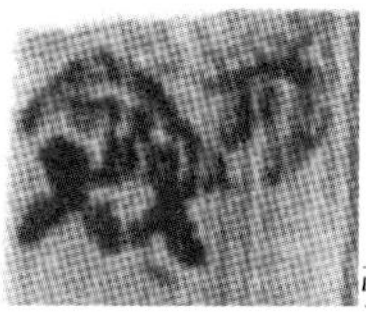
張・遣策 38

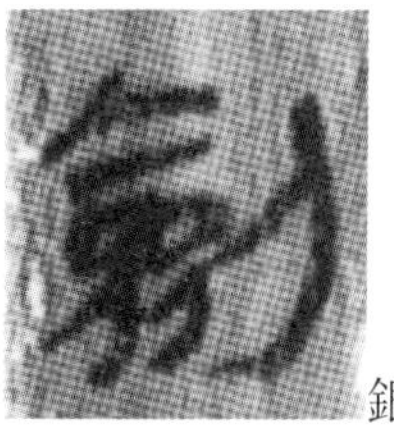
銀貳 1837

北貳・老子 44

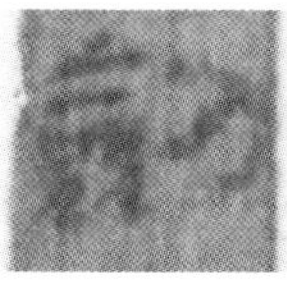
敦煌簡 0942

○□劍大刀西門

金關 T24:834

○劍一

金關 T23:774

金關 T10:293

○劍一刀一

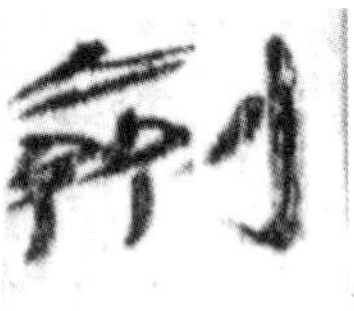
金關 T01:186

廿世紀璽印三-GP

北魏・元平誌

北魏・奚真誌

○書劍兩嫺

北魏・元平誌

北魏・李謀誌

東魏・趙胡仁誌

東魏・叔孫固誌

○負弩案劍

西魏・辛萇誌

北齊・徐顯秀誌

○寶劍

北齊・高百年誌

南朝梁・喬進臣買地券

○南至河劍閣

㓞部

【㓞】

《説文》：㓞，巧㓞也。从刀丯聲。凡㓞之屬皆从㓞。

【契】

《説文》：契，齘契，刮也。从㓞夬聲。一曰契，畫堅也。

【栔】

《説文》：栔，刻也。从㓞从木。

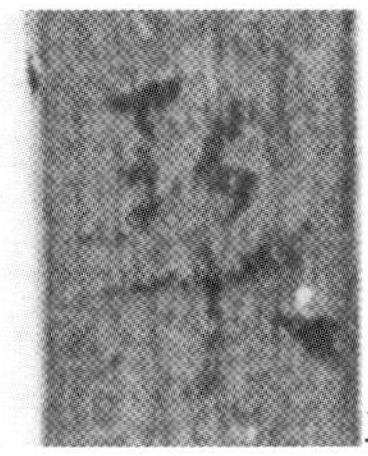
敦煌簡 0503A

○高取絜一

居・EPT59.6

丯部

【丯】

《説文》：丯，艸蔡也。象艸生之散亂也。凡丯之屬皆从丯。讀若介。

【挌】

《説文》：挌，枝挌也。从丯各聲。

耒部

【耒】

《説文》：耒，手耕曲木也。从木推丯。古者垂作耒相以振民也。凡耒之屬皆从耒。

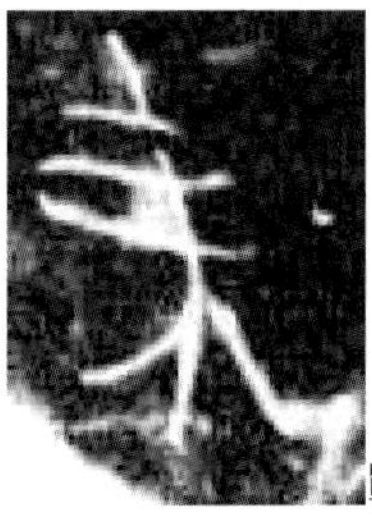
戰晚・二十六年蜀守武戈

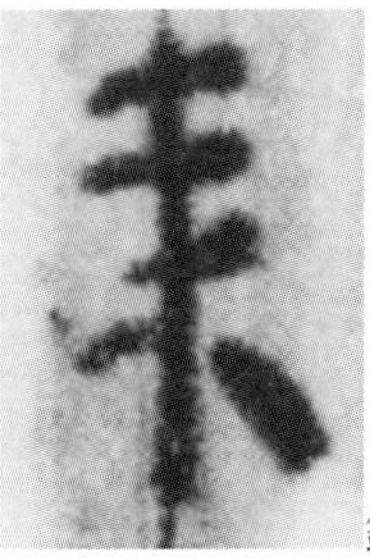
銀壹 900

北壹・倉頡篇 45

○耒旬粲氏百卌四

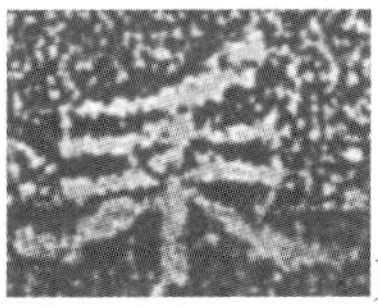
東漢・張景造土牛碑

○耒艸

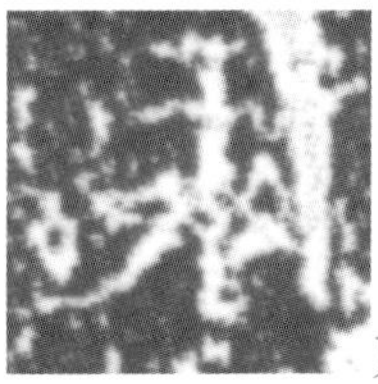
東漢・北海相景君碑陽

○農夫醳耒

東魏・元寶建誌

【耕】

《説文》：耕，犂也。从耒井聲。一曰古者井田。

馬壹 175_53 上

○耕星赤而角利

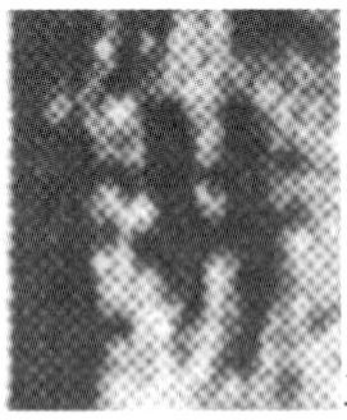
敦煌簡 1552

○田不耕畫不鉏治

北壹・倉頡篇 69

○穎犺播耕

廿世紀璽印三-SP

○耕田萬石

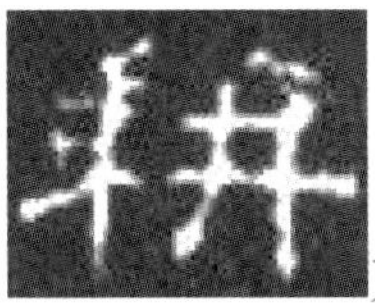
東漢・婁壽碑陽

○榮且溺之耦耕

北魏・楊侃誌

○耕道獵德

北齊・劉悅誌

【耦】

《說文》：耦，耒廣五寸爲伐，二伐爲耦。从耒禺聲。

睡・日甲《除》9

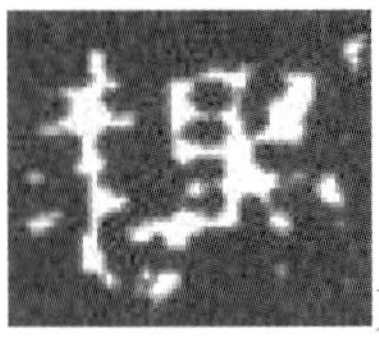
東漢・婁壽碑陽

○榮且溺之耦耕

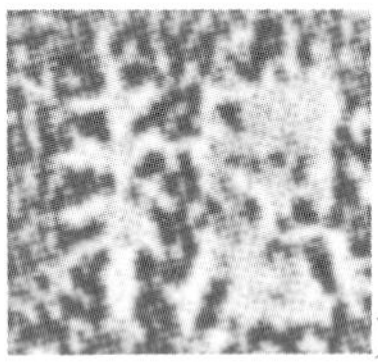
東漢・三公山碑

○億兩爲耦

【耤】

《說文》：耤，帝耤千畝也。古者使民如借，故謂之耤。从耒昔聲。

戰晚・四十年上郡守走殳戈

睡・法律答問 204

睡・為吏 2

睡・日甲《盜者》81

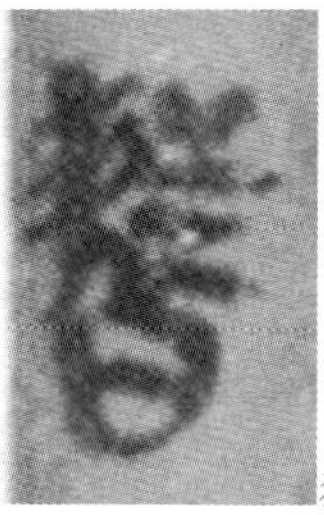
嶽・數 33

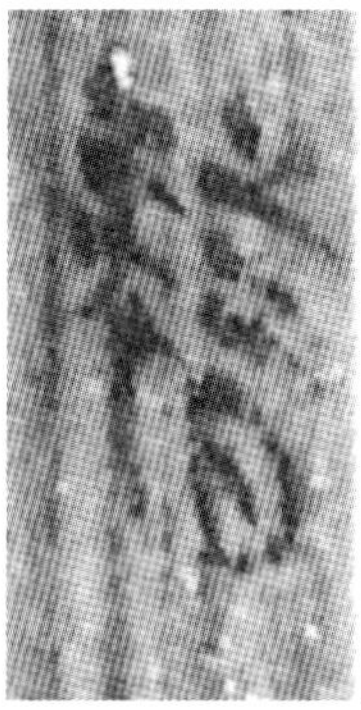
里・第八層 782

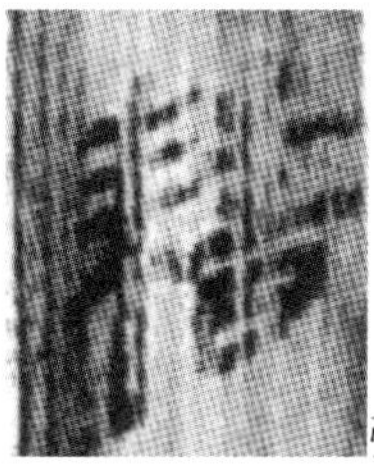
張・算數書 151

○術曰耤（藉）周

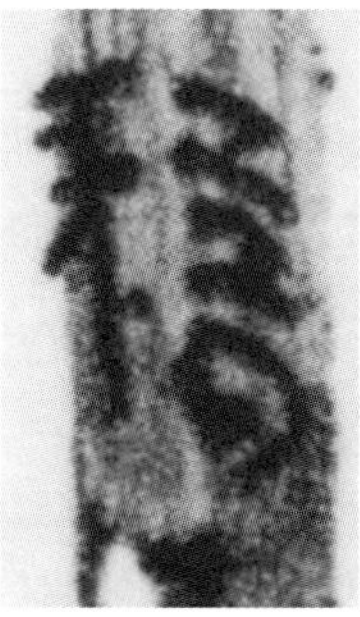
銀壹 795

○爲高耤（藉）車

敦煌簡 1819

○耤君夏□

北壹・倉頡篇 69

○娙娣叚耤合冥

秦代印風

○井耤

【⿰耒圭】

《説文》：⿰耒圭，冊又（段注作冊叉），可以劃麥，河内用之。从耒圭聲。

北壹・倉頡篇 42

○勸怖梅⿰耒圭某

【⿰耒員（耘）】

《説文》：⿰耒員，除苗閒穢也。从耒員聲。

【⿰耒芸】

《説文》：⿰耒芸，⿰耒員或从芸。

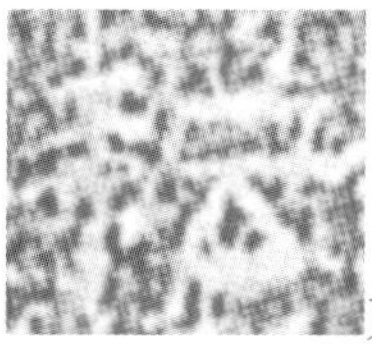
東漢・三公山碑

○或耘或芓

北魏・□伯超誌

○耘耔

北齊・狄湛誌

○耘耕

【耡】

《説文》：耡，商人七十而耡。耡，耤稅也。从耒助聲。《周禮》曰："以興耡利萌。"

〖耔〗

北魏・□伯超誌

〖積〗

北壹・倉頡篇 69

○積(頛)犺播耕

〖耩〗

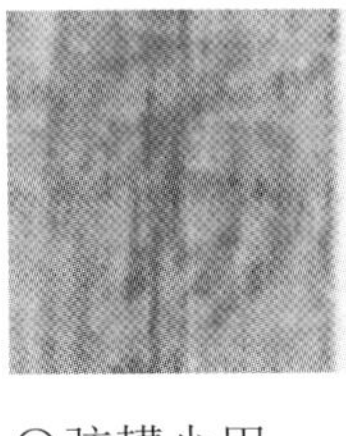
敦煌簡 1036

○弦耩少甲

〖耨〗

銀壹 900

○出耒耨之端

〖耰〗

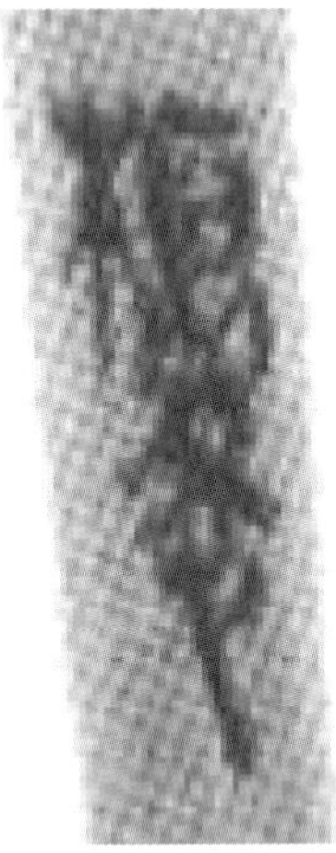
關・病方 316

○恒多取櫌（耰）桑木

角部

【角】

《説文》：角，獸角也。象形，角與刀、魚相似。凡角之屬皆从角。

戰晚・二年寺工讋戈

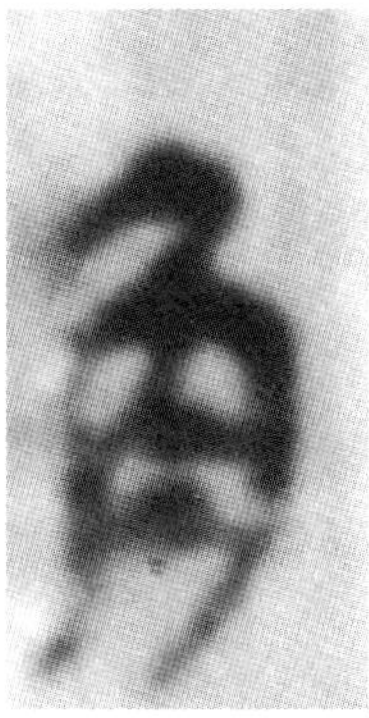
睡・秦律十八種 18

睡・封診式 57

○腦角出

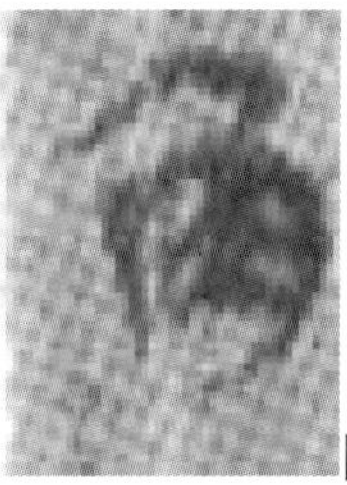
關・日書 187

里・第八層 541

馬壹 11_72 上

馬壹 36_23 上

馬壹 176_55 下

馬貳 20_29 上

張・脈書 17

銀貳 2010

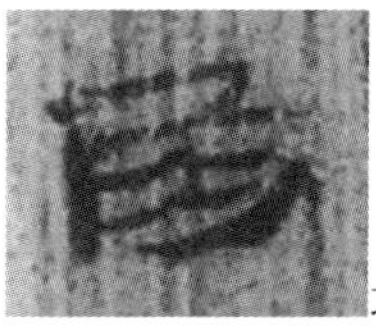
北貳・老子 36

敦煌簡 2135A

金關 T05:061

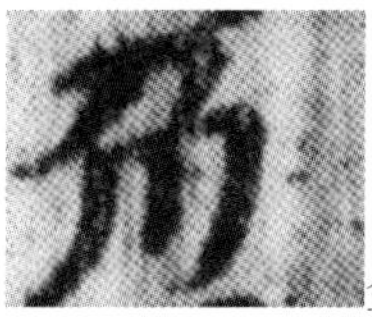
金關 T31:114B

○一封角得丞印詣居

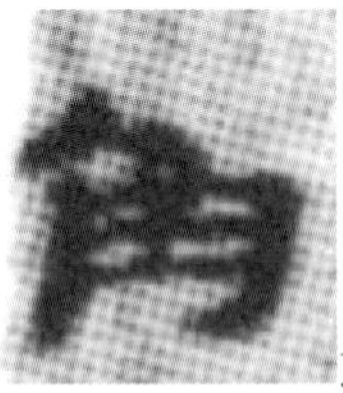
武・甲《特牲》23

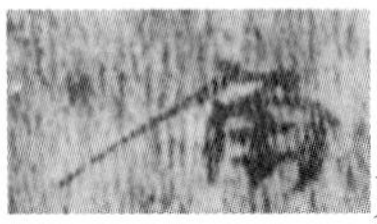
東牌樓 146

吳簡嘉禾・五・三〇〇

秦代印風

〇周角

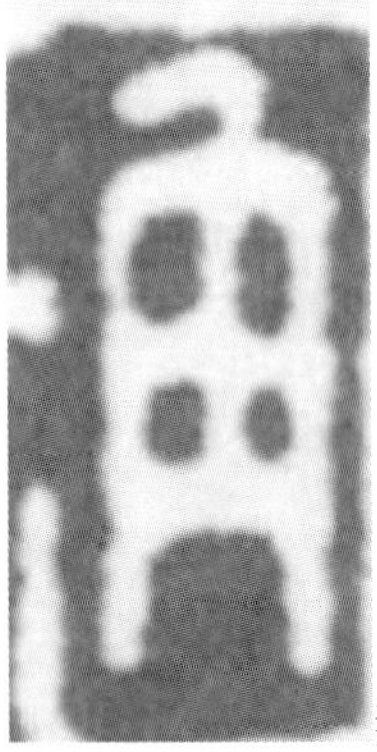
秦代印風

〇任角

廿世紀璽印三-SP

〇右角

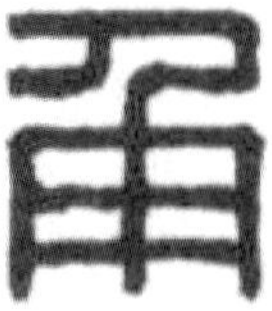
漢印文字徵

〇庚角霸印

柿葉齋兩漢印萃

〇四角羌王

漢印文字徵

〇杜角

漢印文字徵

〇郭角

漢印文字徵

〇莊角

漢印文字徵

○高角

廿世紀璽印四-GY

○四角羌王

廿世紀璽印四-GY

○四角王印

漢晉南北朝印風

○郭角

漢晉南北朝印風

○石角

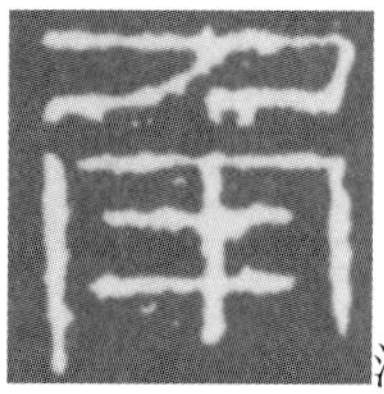
漢晉南北朝印風

○四角羌王

石鼓・車工

○角弓

東漢・曹全碑陽

北魏・高珪誌

北魏・元端誌

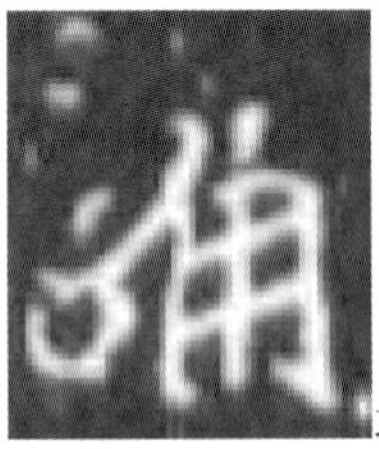
北魏·司馬悅誌

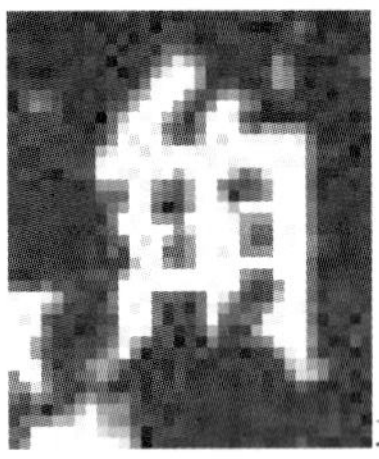
北齊·高叡修定國寺碑

【䚢】

《説文》：䚢，揮角皃。从角雚聲。梁隱縣有䚢亭，又讀若繸。

漢印文字徵

○䚢病已

【觻】

《説文》：觻，角也。从角樂聲。張掖有觻得縣。

金關 T24:384A

○丙辰觻得丞建寫移

金關 T24:022

○日與觻得□

金關 T07:037

○觻得安邑里男子王

金關 T05:083

○所移觻得候所

【䚡】

《説文》：䚡，角中骨也。从角思聲。

北壹·倉頡篇 48

○旅賈商䚡展賁

【觠】

《説文》：觠，曲角也。从角𢍏聲。

【觬】

《説文》：觬，角觬曲也。从角兒聲。西河有觬氏縣。

【觢】

《説文》：觢，一角仰也。从角㓞聲。《易》曰：“其牛觢。”

【䚦】

《説文》：䚦，角傾也。从角虒聲。

北壹・倉頡篇 10

○顫觽觭贏

【觭】

《説文》：觭，角一俛一仰也。从角奇聲。

北壹・倉頡篇 10

○顫顫觭贏

廿世紀璽印二-SY

○馮觭

秦代印風

○王觭

秦代印風

○□觭

漢印文字徵

○宋觭

漢印文字徵

○高觭之印

漢印文字徵

○觭間

漢印文字徵

○笱□觭

歷代印匋封泥

〇漆生觭

【觓】

《說文》：觓，角皃。从角丩聲。《詩》曰：“兕觵其觓。”

【䚹】

《說文》：䚹，角曲中也。从角畏聲。

【⿰爿角】

《說文》：⿰爿角，角長皃。从角爿聲。

【⿰角厥】

《說文》：⿰角厥，角有所觸發也。从角厥聲。

【觸】

《說文》：觸，抵也。从角蜀聲。

戰晚・丞相觸戈

馬壹88_196

〇左師觸龍

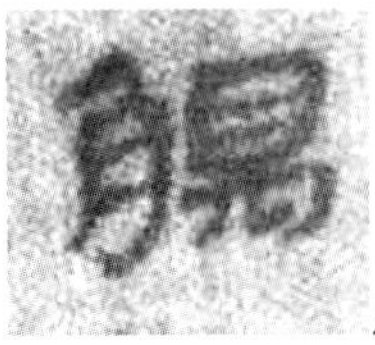
馬壹7_33上

〇羝羊觸藩羸

張・蓋盧40

〇從而觸之可使毋去

北壹・倉頡篇48

〇建武牴觸軍役

漢印文字徵

〇鄭觸

漢印文字徵

〇張觸

漢印文字徵

〇張觸龍

漢印文字徵
○馬觸

東漢・西岳華山廟碑陽

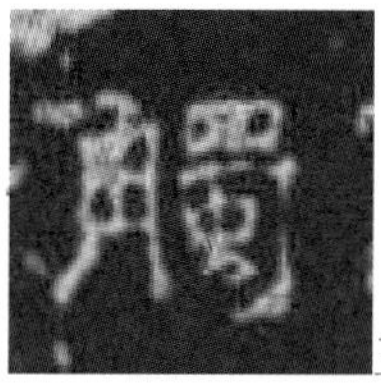
三國魏・上尊號碑

北魏・石婉誌

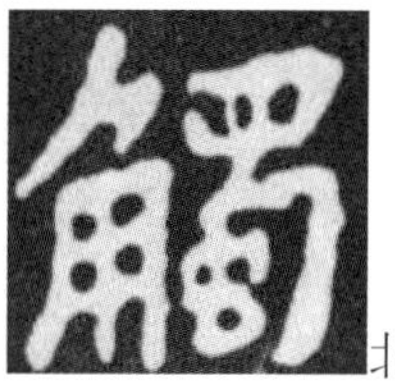
北魏・塔基石函銘刻

【觲】

《説文》：觲，用角低仰便也。从羊、牛、角。《詩》曰："觲觲角弓。"

【舩】

《説文》：船，舉角也。从角公聲。

【觷】

《説文》：觷，治角也。从角，學省聲。

【衡】

《説文》：衡，牛觸，横大木其角。从角从大，行聲。《詩》曰："設其楅衡。"

【奧】

《説文》：奧，古文衡如此。

漢銘・新銅丈

漢銘・新承水盤

漢銘・新嘉量一

漢銘・新嘉量二

睡・效律 7

○黄金衡羸（纍）

嶽・癸瑣案 13

○行戍衡山郡

里・第八層 548

○取車衡榦大八寸

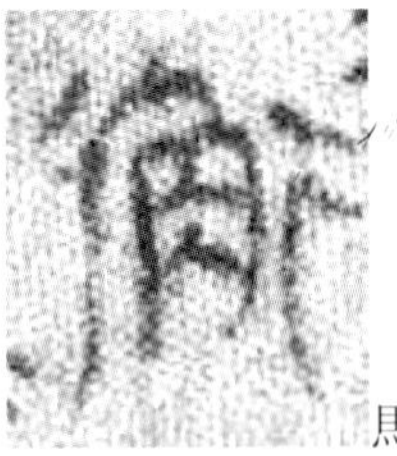
馬壹 266_9 欄

○亢掩衡

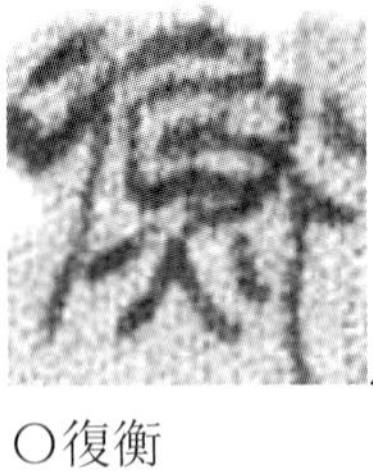
馬壹 249_1-16 欄

○復衡

馬壹 89_232

○嘗合衡（横）謀伐

馬貳 235_160

○杜衡貢三笥

銀貳 1561

○延而衡（横）二

敦煌簡 2337B

○徙居衡君家

武・甲《少牢》10

○衡（横）脊

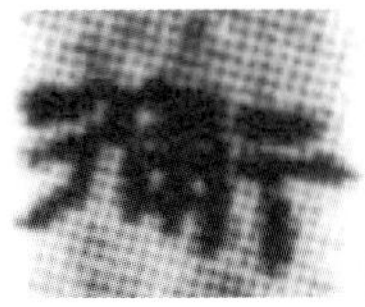
武・甲《有司》10

○衡（横）膌

吳簡嘉禾・五・六六四

○吏吳衡佃田廿八町

廿世紀璽印三-SP

○衡成安

廿世紀璽印三-GP

○衡山相印

漢印文字徵

○口衡里附城

漢印文字徵

○衡子家丞

歷代印匋封泥

○衡山相印

柿葉齋兩漢印萃

○坤衡都尉

漢代官印選

○水衡都尉

漢印文字徵

○董子衡

漢印文字徵

○衡□

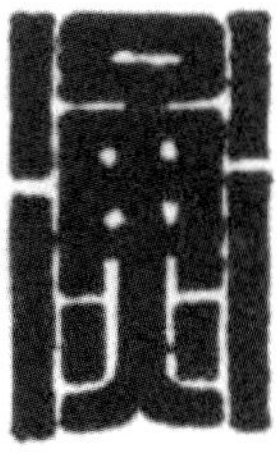
漢印文字徵

○公衡涂人

漢晉南北朝印風

〇衡博

漢晉南北朝印風

〇霍衡信印

漢代官印選

東漢・尚博殘碑

東漢・執金吾丞武榮碑

〇不竟台衡

東漢・西狹頌

東漢・婁壽碑陽

〇徲徠衡門

三國魏・曹真殘碑

北魏・嚴震誌

北魏・寇憑誌

〇曲肱衡門

北魏・王遺女誌

〇史競功亢衡

北魏・奚真誌

〇內讚樞衡

北魏・元纂誌

北魏・于纂誌

〇端委銓衡

北魏・元徽誌

○抑揚衡石

北魏・穆亮誌

北齊・高湝誌

○裁象資衡，

【觽】

《説文》：觽，角觽，獸也。狀似豕，角善爲弓，出胡休多國。从角耑聲。

【觰】

《説文》：觰，觰拏，獸也。从角者聲。一曰下大者也。

【觤】

《説文》：觤，羊角不齊也。从角危聲。

【觟】

《説文》：觟，牝牂羊生角者也。从角圭聲。

北貳・老子 204

○夫觟（佳）美

北壹・倉頡篇 43

○薁椅姘觟戻弆

廿世紀璽印二-SY

漢印文字徵

○李觟

【觡】

《説文》：觡，骨角之名也。从角各聲。

【觜】

《説文》：觜，鴟舊頭上角觜也。一曰觜觿也。从角此聲。

【解】

《説文》：解，判也。从刀判牛角。一曰解廌，獸也。

漢銘・臨虞宮高鐙三

漢銘・萬歲宮高鐙

漢銘・臨虞宮高鐙四

漢銘・延壽宮高鐙

睡・秦律十八種 130

睡・封診式 70

睡・日甲《詰》68

睡・日甲《詰》46

關・日書 207

嶽・田與案 202

嶽・暨過案 102

里・第八層 1753

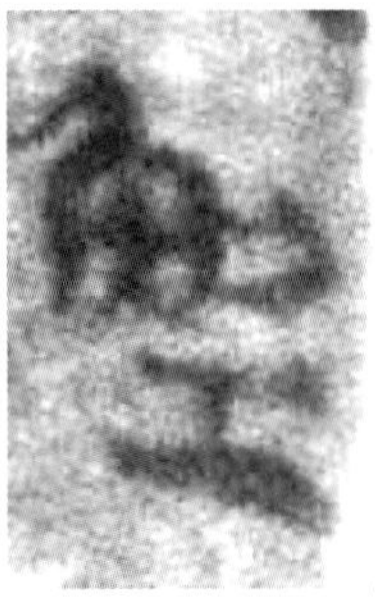
馬壹 99_100

馬壹 83_87

馬壹 82_66

馬壹 8_39 下

○九四解亓（其）栂

馬貳 33_4 下

張・奏讞書 29

銀貳 1730

○春始解可使人旁國

北貳・老子 51

敦煌簡 0263A

○病爲解有

金關 T07:087

○造唐解年五十

金關 T10:410

○進解卿

東牌樓 050 正

東牌樓 043 正

○案解人名

北壹・倉頡篇 40

○暈䡠解姎婞

吳簡嘉禾・五・六〇六

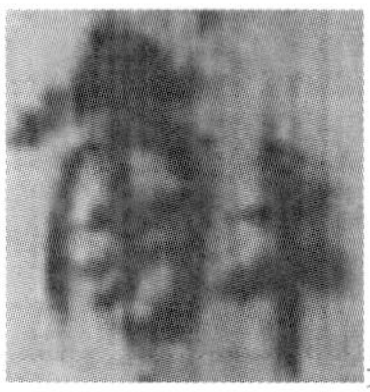
吳簡嘉禾・五・八一六

秦代印風

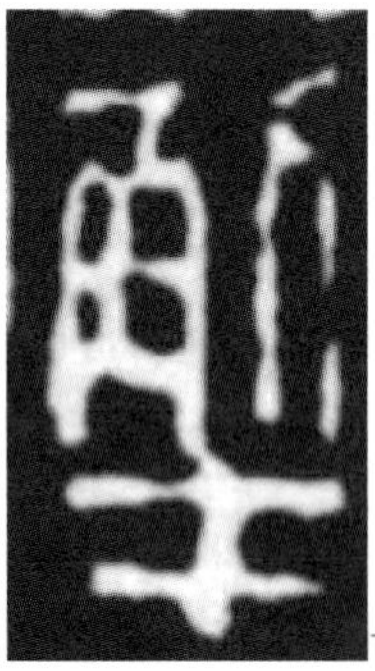
廿世紀璽印三-SY

〇解貴

秦代印風

〇解印

廿世紀璽印三-SP

〇孔解

廿世紀璽印三-SY

〇解地餘

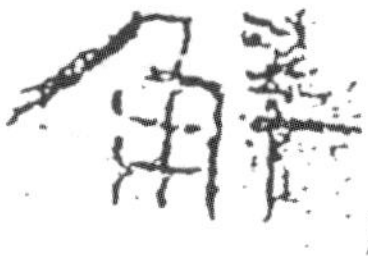
歷代印匋封泥

〇五解國

漢晉南北朝印風

漢印文字徵

〇解乃始

漢印文字徵

漢印文字徵

○解護

漢印文字徵

○解止

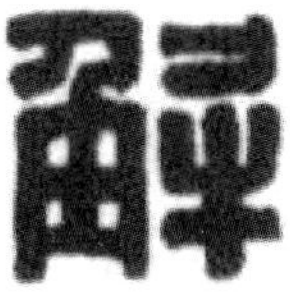
漢印文字徵

漢印文字徵

漢印文字徵

漢印文字徵

○筥解非

歷代印匋封泥

○孔解

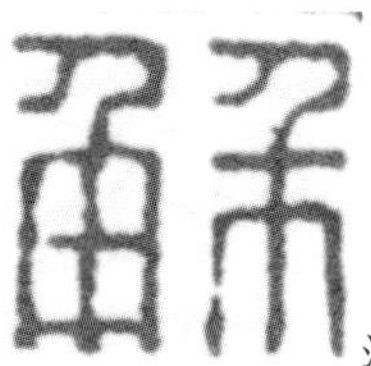
漢晉南北朝印風

○解噲印信

漢晉南北朝印風

○楊解中

東漢・肥致碑

東漢・石祠堂石柱題記額

東漢・石門頌

東漢・陽嘉殘碑陽

○功成匪解

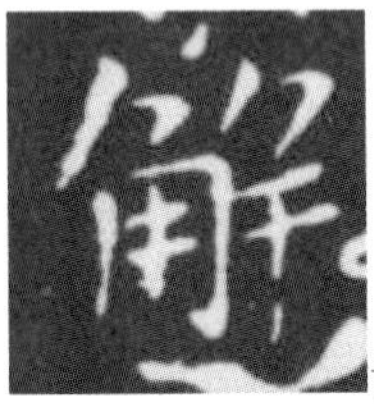
晉・洛神十三行

三國魏・孔羨碑

西晉・華芳誌

北魏・封魔奴誌

○以疾乞解

北魏・王誦誌

○解褐員外

北魏・高珪誌

北魏・元孟輝誌

北魏・楊叔貞誌

○解褐開府參軍事

北魏・解伯都等造像

○解伯達造彌

北魏・元朗誌

○匪解之音剋遠

北魏・元子直誌

北魏・劉滋誌

北魏·李榘蘭誌

○漢膠西王太傅解之後

北魏·元珍誌

北魏·元英誌

○馬援解鞍

北魏·陶浚誌

○即日解去印綬

北魏·楊順誌

○解褐員外

東魏·王偃誌

西魏·和照誌

○解褐殿中將軍

北齊·劉碑造像

○六□解羅

北齊·魯思明造像

○解於低枝

北周·張子開造像

○隨類斯解

【觿】

《説文》：觿，佩角，鋭耑可以解結。从角巂聲。《詩》曰："童子佩觿。"

北魏·唐耀誌

○故觿年處素

北魏·元彝誌

○王猶在佩觿之辰

北魏·元暐誌

○岐嶷表於觿年

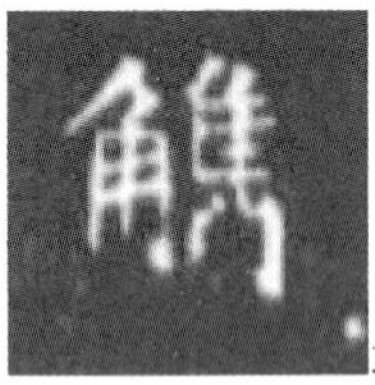
北魏·元則誌

○觿年通理

【觵】

《說文》：觵，兕牛角可以飲者也。从角黃聲。其狀觵觵，故謂之觵。

【觥】

《說文》：觥，俗觵从光。

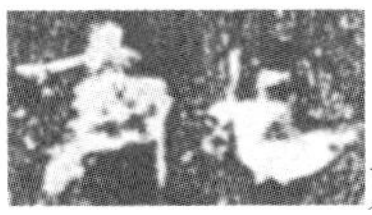
東漢·孔宙碑陽

○稱彼兕觥

北魏·王僧男誌

○安定太守觥之孫

【觶】

《說文》：觶，鄉飲酒角也。《禮》曰：“一人洗，舉觶。”觶受四升。从角單聲。

【觗】

《說文》：觗，觶或从辰。

【觝】

《說文》：觝，禮經觶。

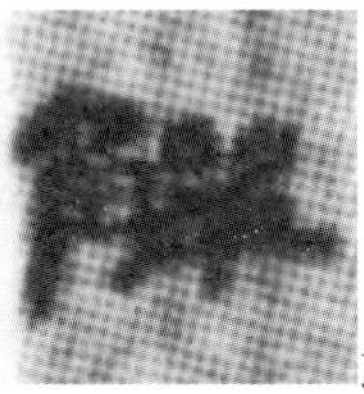
武·甲《有司》41

○則序進（奠）觶于匪（篚）

【觛】

《說文》：觛，小觶也。从角旦聲。

【觴】

《說文》：觴，觶實曰觴，虛曰觶。从角，煬省聲。

【𧢼】

《說文》：𧢼，籀文觴从爵省。

馬壹 15_13 上\106 上

○觴以壽

敦煌簡 2179A

○行壽觴酒

北魏·爾朱紹誌

○長源與濫觴並流

北魏·元煥誌

○置觴出館

北魏・吐谷渾璣誌

○觴交舒遠

北齊・獨孤思男誌

○濫觴激而遂遠

【觚】

《説文》：觚，鄉飲酒之爵也。一曰觴受三升者謂之觚。从角瓜聲。

里・第八層背205

○守觚敢言

武・甲《特牲》36

○觚爲加爵

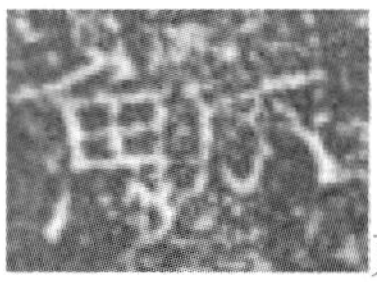
東漢・禮器碑

○雷洗觴觚

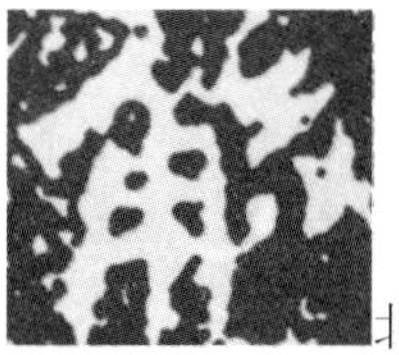
北魏・郭□買地券

○鴞觚民郭孟

【䚗】

《説文》：䚗，角匕也。从角亘聲。讀若讙。

【䚫】

《説文》：䚫，杖耑角也。从角敫聲。

【觼】

《説文》：觼，環之有舌者。从角夐聲。

【鐍】

《説文》：鐍，觼或从金、矞。

【䚡】

《説文》：䚡，調弓也。从角，弱省聲。

【𧤟】

《説文》：𧤟，隿射收繁具也。从角發聲。

【䚭】

《説文》：䚭，隿射收繳具。从角酋聲。讀若鰌。

北壹・倉頡篇29

○毛觳䚭（𧢳）蹭

【觳】

《説文》：觳，盛觵卮也。一曰射具。从角㱿聲。讀若斛。

北壹・倉頡篇 29

○毛觳⿰角酉（⿰角酉）⿰角曾

【觱（觱）】

《説文》：觱，羌人所吹角屠觱，以驚馬也。从角𤇾聲。𤇾，古文誖字。

睡・秦律十八種 87

○七月而觱（畢）都

〖⿰角亏〗

漢印文字徵

○⿰角亏少公

漢印文字徵

○⿰角亏益有印

〖⿱𠂉角〗

十六國北涼・沮渠安周造像

○不⿱𠂉角（觸）類□

北魏・元順誌

○或致⿱𠂉角（觸）鱗之失

〖⿰角亢〗

敦煌簡 0046

○司馬⿰角亢

〖觖〗

北魏・元宥誌

○時人觖其無簡

〖觝〗

馬壹 250_14 上

○埂（亢）觝(氐)

金關 T04:018

○舍郡觗

〖觟〗

漢印文字徵

○觟壽

〖觽〗

北壹・倉頡篇 22

○䚡斟掇謍謑觽聊